Erarbeitet von Dieter Aits
Ursula Aits
Helga Berkemeier
Wolfgang Fudicar
Wolfgang Hecht
Henning Heske
Reinhold Koullen
Hans-Helmut Paffen
Jutta Schaefer
Willi Schmitz
Herbert Strohmayer

Redaktion: Ludwig Heyder
Gestaltung und technische Umsetzung: Regine Schmidt
Satz: Universitätsdruckerei H. Stürtz AG, Würzburg
Umschlaggestaltung: Knut Waisznor
Titelfoto: Airport Köln / Bonn

1\. Auflage ✔ Druck 4 3 2 1 Jahr 01 2000 99 98

Alle Drucke dieser Auflage können im Unterricht nebeneinander verwendet werden.



Druck: Universitätsdruckerei H. Stürtz AG, Würzburg

ISBN 3-464-55115-6

Bestellnummer 551156

Inhalt gedruckt auf säurefreiem Papier, umweltschonend hergestellt aus chlorfrei gebleichten Faserstoffen

# Zahlen und Größen 5

Gesamtschule Nordrhein-Westfalen

Herausgegeben von Dieter Aits
Ursula Aits
Dr. Henning Heske
Reinhold Koullen

unter Mitarbeit
der Verlagsredaktion

Cornelsen

## Arbeit mit dem Buch

Zu jedem Themenfeld werden im Anhang des Buches **Trainingsaufgaben** angeboten, die insbesondere auch zum selbständigen Arbeiten mit Selbstkontrolle dienen. Die Lösungen dazu sind im Anhang gegeben.

Als Hilfe für die tägliche Arbeit mit Größen enthält der Anhang eine Übersicht zu den Größen und ihren Umwandlungen.

Mit Hilfe des Stichwortverzeichnisses lassen sich wichtige mathematische Begriffe im Buch schnell auffinden, wo sie erarbeitet wurden.

**Differenzierungszeichen**

1 kennzeichnet Aufgaben zur Einführung in neue Inhalte und Stoffgebiete.

2 kennzeichnet Aufgaben auf Grundniveau, durchschnittlicher Schwierigkeitsgrad.

3 kennzeichnet Aufgaben auf höherem Niveau, erhöhter Schwierigkeitsgrad.

4 kennzeichnet Aufgaben auf hohem Niveau, hoher Schwierigkeitsgrad.

## Symbole im Inhaltsverzeichnis

kennzeichnet die **Checkpoint-Seiten**, die der Selbstkontrolle nach einem Themenkomplex dienen. Die Lösungen sind im Anhang des Buches gegeben.

kennzeichnet die **offenen Seiten**. Sie ermöglichen in einem Themenfeld das selbsttätige Lernen und das Begreifen der Mathematik in Sachzusammenhängen.

kennzeichnet die Seiten, in denen **mathematische Reisen** durchgeführt werden.

# Inhaltsverzeichnis

# Daten

Die bevölkerungsreichsten Staaten der Erde
Einwohnerzahl in Millionen (Schätzungen)
Heute (1995)
China 1 200
Indien 936
263 USA
198 Indonesien
162 Brasilien
147 Russland
140 Pakistan
125 Japan
120 Bangladesch
Indien 1 640
China 1 606
381 Pakistan
349 USA
339 Nigeria
319 Indonesien
264 Brasilien
239 Bangladesch
194 Äthiopien
164 Zaire
163 Iran
© Globus
3937
Vorname
Name
Alter
Anschrift
Besondere Merkmale
Telefon & Fax
Geburtstag
Sternzeichen
Lieblingsfarbe
Lieblingsessen
Coolstes Computerspiel
Lieblingstiere
Lieblingsmensch
Traumberuf
Hobbys
Beste Musik
Das soll sich ändern
Das ist gut an der Welt
CALIFORNIA DREAMING
Tabelle
VfL Wolfsburg
TSV München 1860
Hamburger SV
Hertha BSC Berlin
Bor. Mönchengladb.
Arminia Bielefeld
Karlsruher SC
1. FC Köln
VfL Bochum

# Wir lernen uns kennen

Die Schülerinnen und Schüler einer fünften Klasse haben gemeinsam mit ihrer Mathematiklehrerin beschlossen einen Steckbrief zu erstellen. Es gibt verschiedene Vorschläge, welche Daten erhoben werden sollen.

Nach einzelnen Diskussionen einigen sie sich schließlich auf den abgebildeten **Fragebogen**.

**Persönliche Daten**

Vorname:

Geschlecht (ankreuzen) Junge ☐ Mädchen ☐

Alter

Körpergröße

Körpergewicht

Anzahl der Geschwister

Taschengeld im Monat

Lieblingstier

Wie lange brauchst du für den Weg zur Schule?

Wie kommst du meistens zur Schule? (bitte ankreuzen)

zu Fuß ☐ Fahrrad ☐ Bus ☐

Straßenbahn ☐ Zug ☐ Auto ☐

*Vielen Dank für deine Mitarbeit!*

Da einige Schülerinnen und Schüler ihr genaues Körpergewicht nicht wissen, wird im Klassenraum eine Waage aufgestellt. Um die Körpergröße zu ermitteln, messen sich die Schülerinnen und Schüler gegenseitig mit einem Zollstock.

Nachdem alle Schülerinnen und Schüler ihren Fragebogen ausgefüllt haben, werden die Daten gemeinsam in einem **Auswertungsbogen** zusammengestellt, den jeder erhält.

| | Vorname | Geschlecht | Alter (Jahre) | Größe (cm) | Gewicht (kg) | Anzahl der Geschwister | Taschengeld im Monat (DM) | Lieblingstier | Zeit für den Weg zur Schule (min) | womit die Schule erreicht wird |
|---|---|---|---|---|---|---|---|---|---|---|
| 1 | Nadine | M | 12 | 154 | 43 | 2 | 25 | Pferd | 20 | Fahrrad |
| 2 | Anna | M | 10 | 157 | 49 | 1 | 10 | Hund | 20 | Fahrrad |
| 3 | Bea | M | 10 | 145 | 37 | 1 | 30 | Hund | 10 | Fahrrad |
| 4 | Dina | M | 11 | 161 | 45 | 1 | 100 | Katze | 15 | Fahrrad |
| 5 | Björn | J | 11 | 150 | 32 | 2 | 20 | Hamster | 30 | Bus |
| 6 | Florian | J | 11 | 150 | 32 | 3 | 100 | Hund | 30 | Bus |
| 7 | Thomas | J | 12 | 151 | 35 | 2 | 30 | Pferd | 15 | Fahrrad |
| 8 | Sarah | M | 10 | 162 | 50 | 1 | 20 | Wal | 15 | Fahrrad |
| 9 | Stephanie | M | 10 | 159 | 50 | 0 | 40 | Hamster | 15 | Fahrrad |
| 10 | Timo | J | 11 | 157 | 47 | 0 | 30 | Katze | 20 | Auto |
| 11 | Seric | J | 10 | 146 | 32 | 1 | 25 | alle | 30 | Bus |
| 12 | Danny | J | 11 | 148 | 33 | 2 | 32 | Hund | 30 | Bus |
| 13 | Christian | J | 11 | 157 | 39 | 1 | 32 | Vogel | 20 | Fahrrad |
| 14 | Serkan | J | 10 | 140 | 35 | 1 | 40 | Hund | 30 | Bus |
| 15 | Claudia | M | 10 | 145 | 40 | 1 | | Pferd | 15 | Fahrrad |
| 16 | Jennifer | M | 11 | 137 | 28 | 1 | 24 | viele | 15 | Auto |
| 17 | Nicole | M | 11 | 152 | 31 | 2 | 20 | Löwe | 25 | Fahrrad |
| 18 | Nikolina | M | 11 | 150 | 40 | 2 | 20 | Wellensittich | 25 | Bus |
| 19 | Romina | M | 11 | 154 | 37 | 1 | 25 | Pferd | 15 | Bus |
| 20 | Damian | J | 10 | 148 | 29 | 2 | 0 | Meerschwein | 10 | Fahrrad |
| 21 | Christoph | J | 10 | 150 | 39 | 2 | 25 | Meerschwein | 10 | Fahrrad |
| 22 | Kai | J | 10 | 126 | 35 | 1 | 240 | Wellensittich | 10 | Fahrrad |
| 23 | Marcel | J | 10 | 159 | 40 | 1 | 40 | Meerschwein | 30 | Fahrrad |
| 24 | Bianco | J | 10 | 155 | 48 | 0 | 30 | Schäferhund | 15 | Auto |
| 25 | Indra | M | 12 | 149 | | 1 | 60 | Vogel | 20 | Bus |
| 26 | Zeliha | M | 10 | 151 | 33 | 0 | 30 | Wellensittich | 15 | Fahrrad |

## Strichliste und Häufigkeitstabelle

Die Klasse 5 c beginnt die Ergebnisse der Umfrage für das Steckbriefalbum auszuwerten. Als Grundlage dient der Auswertungsbogen (Seite 7), in dem alle Antworten aus den Fragebögen gesammelt sind.
Die Frage nach der Anzahl der Jungen und Mädchen in der Klasse lässt sich noch einfach durch Abzählen beantworten.

Zur Auswertung der Altersangaben wird eine **Strichliste** mit **Häufigkeitstabelle** angelegt. Fünf Nennungen werden günstig zu einem „Päckchen gebündelt“.

13 Schülerinnen und Schüler der Klasse 5 c sind 10 Jahre alt, 10 sind 11 Jahre und 3 sind sogar schon 12 Jahre alt. Zusammen sind es 26.

| Alter | Strichliste | Häufigkeit |
|---|---|---|
| 10 | ~~IIII~~ ~~IIII~~ III | 13 |
| 11 | ~~IIII~~ ~~IIII~~ | 10 |
| 12 | III | 3 |
| | | 26 |

Die Auswertung der Angaben zur Körpergröße ist schon etwas schwieriger, da viele verschiedene Zahlen auftreten. Deshalb ist es günstiger, bestimmte Zahlen zu **Klassen** zusammenzufassen.
Für eine solche Zusammenfassung gibt es keine Regel. Man muss überlegen, welche Klasseneinteilung für die Auswertung sinnvoll ist. Die Klasse 5 c entscheidet sich für diese Einteilung.

**1** Erläutere die von der Klasse 5 c angefertigte Häufigkeitstabelle zu den Körpergrößen.

| Größe in cm | Strichliste | Häufigkeit |
|---|---|---|
| 120 – 129 | I | 1 |
| 130 – 139 | I | 1 |
| 140 – 149 | ~~IIII~~ II | 7 |
| 150 – 159 | ~~IIII~~ ~~IIII~~ ~~IIII~~ | 15 |
| 160 – 169 | II | 2 |

### Übungen

**2** Fertige nach den Ergebnissen der Umfrage eine Strichliste mit Häufigkeitstabelle für
a) die Anzahl der Geschwister,
b) die Zeit für den Schulweg,
c) das Taschengeld im Monat an.

**3** Fertige nach den Ergebnissen der Umfrage eine Strichliste mit Häufigkeitstabelle für die Lieblingstiere in der Klasse 5 c an.

**4** a) Finde für die Auswertung der Körpergewichte der Schülerinnen und Schüler in der 5 c eine sinnvolle Klasseneinteilung.
b) Erstelle eine entsprechende Strichliste mit Häufigkeitstabelle.
c) Erläutere die Ergebnisse.

**5** Führt eine ähnliche Befragung auch in eurer Klasse durch. Benutzt bei der Auswertung Strichlisten mit Häufigkeitstabellen. Achtet auf mögliche Klasseneinteilungen.

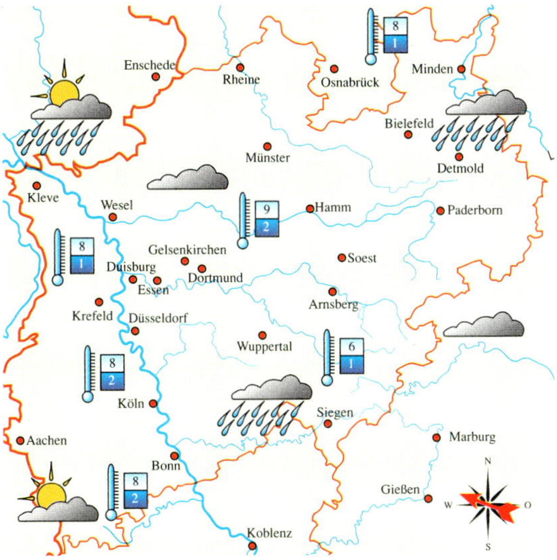


In vielen Fällen ist für die Beschreibung von Daten die Angabe des größten Werts und des kleinsten Werts besonders aussagekräftig.

Die Wettervorhersage für einen Tag im März sagte für das Gebiet zwischen Bonn und Aachen eine *Höchsttemperatur* von 8 °C und eine *Tiefsttemperatur* von 2 °C voraus.

**1** Suche den größten und den kleinsten Wert von allen in der Wetterkarte angegebenen Temperaturen.

Bei Daten nennt man den größten Wert das **Maximum**. Der kleinste Wert heißt **Minimum**.

### Übungen

**2** Bestimme das Maximum und das Minimum der vorhergesagten Temperaturen.

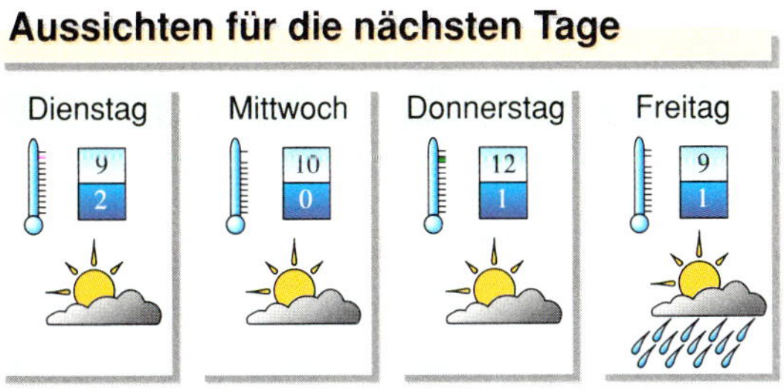


**3** Werte die Daten der Klasse 5 c (Seite 7) aus.
a) Welches ist das kleinste Kind der Klasse, welches das größte?
b) Bestimme das schwerste Mädchen und den leichtesten Jungen.
c) Wie groß ist das größte Mädchen, wie groß ist der kleinste Junge?

**4** Eine fast unerschöpfliche Fundgrube aller möglichen Höchst- und Tiefstwerte ist das „Guinness-Buch der Rekorde“. Sucht Beispiele heraus.

**5** Die Tabelle der Fußball-Bundesliga vom 24. November 1997 wurde durcheinander gebracht. Bringe die Mannschaften in die gewohnte Reihenfolge. Kläre dabei, welche Mannschaft die meisten Tore schoss und welche die wenigsten. Welche Mannschaft erhielt die meisten Gegentore, welche die wenigsten?

| | Spiele | Punkte | Tore |
|---|---|---|---|
| Hamburger SV | 16 | 19 | 22:26 |
| Karlsruher SC | 16 | 17 | 24:34 |
| FC Schalke 04 | 16 | 28 | 19:14 |
| Bor. Mönchengladbach | 16 | 18 | 27:30 |
| 1. FC Kaiserslautern | 16 | 36 | 35:20 |
| VfL Bochum | 16 | 13 | 19:30 |
| Borussia Dortmund | 17 | 21 | 26:24 |
| Bayer Leverkusen | 16 | 26 | 30:20 |
| TSV München 1860 | 16 | 20 | 21:28 |
| MSV Duisburg | 16 | 23 | 20:21 |
| Hertha BSC Berlin | 16 | 19 | 20:26 |
| Bayern München | 16 | 35 | 35:15 |
| Arminia Bielefeld | 16 | 18 | 22:27 |
| Werder Bremen | 16 | 21 | 17:23 |
| Hansa Rostock | 16 | 24 | 27:21 |
| 1. FC Köln | 17 | 16 | 24:38 |
| VfL Wolfsburg | 16 | 20 | 20:25 |
| VfB Stuttgart | 16 | 28 | 33:19 |

# Spannweite

Ein wichtiges Merkmal zur Beschreibung des Klimas ist der Unterschied zwischen der höchsten und der niedrigsten Temperatur, die an einem Tag oder in einem Monat oder auch innerhalb eines Jahres gemessen wurden. Der Unterschied gibt an, ob die Temperaturen stark oder schwach schwankten.

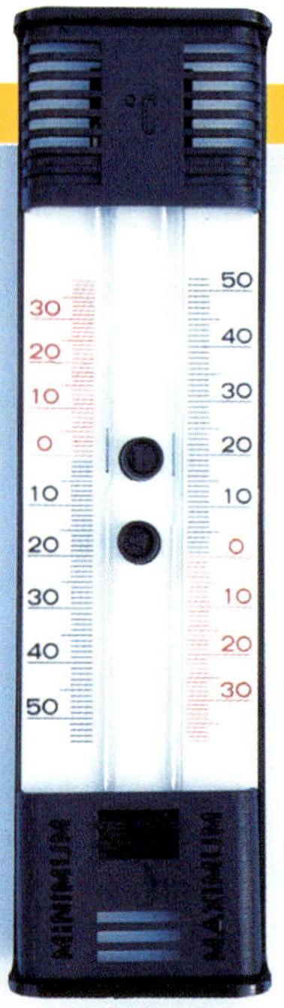


Mit einem Minimum-Maximum-Thermometer, wie es im Foto abgebildet ist, kann das geprüft werden. Das Thermometer auf dem Foto zeigt die Tiefsttemperatur 3 °C und die Höchsttemperatur 16 °C an. Der *Temperaturunterschied* wird aus der Differenz 16 °C – 3 °C = 13 °C berechnet.
Dieser Wert der Differenz heißt **Spannweite**.

Bei der Untersuchung von Daten kennzeichnet die Spannweite den Unterschied zwischen dem größten und dem kleinsten Wert. Die Spannweite ist der Wert der Differenz aus dem Maximum und dem Minimum.

## Übungen

**1** Werte die Daten der Klasse 5 c (Seite 7) aus.
a) Bestimme die Spannweite der Körpergröße aller Schülerinnen und Schüler.
b) Bestimme die Spannweite der Körpergröße der Mädchen und der Jungen.
c) Welche Spannweite ergibt sich in der Klasse beim Taschengeld?

**2** An einem Tag im März wurden in europäischen Großstädten die in der Tabelle zusammengestellten Temperaturen gemessen.

| | |
|---|---|
| Amsterdam | 7 °C |
| Athen | 14 °C |
| Berlin | 6 °C |
| Brüssel | 7 °C |
| Dresden | 3 °C |
| Düsseldorf | 7 °C |
| Frankfurt | 6 °C |
| Hamburg | 1 °C |
| Kopenhagen | 3 °C |
| Las Palmas | 21 °C |
| London | 12 °C |
| Madrid | 18 °C |
| Mallorca | 18 °C |
| München | 6 °C |
| Paris | 11 °C |
| Rom | 15 °C |
| Rostock | 4 °C |
| Zürich | 7 °C |

a) Bestimme das Maximum und das Minimum der Temperaturen.
b) Berechne die Spannweite der Temperaturen in Europa.
c) Berechne die Spannweite der Temperaturen in den deutschen Städten.

# Zentralwert

Wie viel Taschengeld bekommen die Schülerinnen und Schüler der Klasse 5 c im Monat?

Bei den Schülerinnen und Schülern dieser Klasse liegt der Wert zwischen 0 DM und 240 DM. Mit dem Minimum, dem Maximum und der Spannweite lässt sich keine zufriedenstellende Antwort finden. Auch Strichliste und Häufigkeitstabelle helfen nicht weiter. Gesucht ist ein **Mittelwert**.

Eine geeignete Methode dafür ist die Bestimmung des **Zentralwerts** (auch **Median** genannt).

Zuerst werden alle Daten der Größe nach geordnet. Nach der Tabelle auf der Seite 7 erhalten wir für die Taschengeldbeträge die folgenden 25 Werte:

0 10 20 20 20 20 24 25 25 25 25 30 30 30 30 30 32 32 40 40 40 60 100 100 240

Als Zentralwert wird *der Wert* bestimmt, der *in der Mitte* dieser geordneten Liste liegt. In der Klasse 5 c bekommen die Schülerinnen und Schüler im Mittel 30 DM Taschengeld im Monat.

Bei der Bestimmung des Zentralwerts der Zeit für den Schulweg ergeben sich folgende 26 geordneten Werte:

10 10 10 10 15 15 15 15 15 15 15 15 15 20 20 20 20 20 25 25 30 30 30 30 30 30

16 17 18 19

17,5

Die Schülerinnen und Schüler der Klasse 5 c brauchen im Mittel 17,5 Minuten für den Weg zur Schule.

Der Zentralwert (Median) ist der mittlere Wert in der nach der Größe geordneten Datenliste.

Bei *ungerader* Anzahl stehen vor und hinter dem Zentralwert gleich viele Werte. Bei *gerader* Anzahl wird der Zentralwert als mittlerer Wert der beiden in der Mitte stehenden Werte bestimmt.

**Beispiel**

In einer Klasse werden die 8 Kinder, die von den Eltern mit dem Pkw zur Schule gefahren werden, nach der Entfernung der Wohnung zur Schule befragt. Wie viel Kilometer werden diese Kinder im Mittel von zu Hause bis zur Schule gefahren?

ungeordnete Werte in km: 4 2 3 7 2 11 6 6

geordnete Werte in km: 2 2 3 4 6 6 7 11

Zentralwert: **5**

Diese Kinder der Klasse werden im Mittel 5 Kilometer von zu Hause zur Schule gefahren.

**Übungen**

**1** Bestimme aus dem Auswertungsbogen der Klasse 5 c (Seite 7) jeweils den Zentralwert für das Alter der Mädchen und für das Alter der Jungen.

**2** Bestimme aus dem Auswertungsbogen der Klasse 5 c (Seite 7) den Zentralwert für

a) die Körpergröße der Mädchen, der Jungen und aller Kinder der Klasse,

b) das Gewicht der Mädchen, der Jungen und aller Kinder der Klasse.

**1** Erstelle mit dem Auswertungsbogen der Klasse 5 c (Seite 7) eine Strichliste mit Häufigkeitstabelle für die auf dem Weg zur Schule benutzten Verkehrsmittel.

**2** Bei einem Sportfest erzielten die Mädchen einer Klasse diese Punktzahlen:
83, 67, 68, 84, 56, 72, 38, 51, 86, 74, 62, 46, 52.
a) Ordne die Punktzahlen der Größe nach.
b) Gib das Maximum und das Minimum an.
c) Bestimme die Spannweite.
d) Wie groß ist der Zentralwert?

**3** Bestimme aus den Bildangaben den teuersten und den billigsten Fahrradhelm, die Spannweite der Preise und ihren Zentralwert.

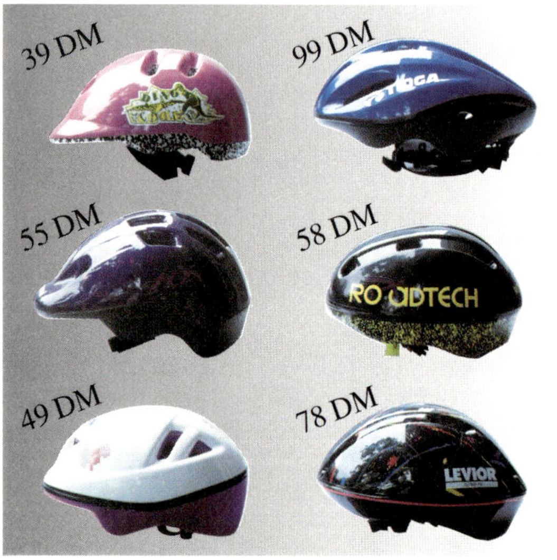


**4** Von Januar bis Dezember 1995 fielen am Flughafen Frankfurt am Main folgende Niederschläge (in mm der Auffanggefäßhöhe):

| | | | |
|---|---|---|---|
| *Januar* | *119* | *Juli* | *44* |
| *Februar* | *70* | *August* | *80* |
| *März* | *58* | *September* | *87* |
| *April* | *51* | *Oktober* | *27* |
| *Mai* | *79* | *November* | *32* |
| *Juni* | *30* | *Dezember* | *39* |

a) Ordne die Niederschläge der Größe nach.
b) Gib das Maximum und das Minimum an.
c) Bestimme die Spannweite.
d) Wie groß ist der Zentralwert?

**5** Mit den „Steckbriefen" von 10 Top-Formel-1-Fahrern des Jahres 1997 lassen sich zu verschiedenen Daten das Maximum, das Minimum, die Spannweite und der Zentralwert bestimmen.

Die Fallschirmspringer bilden keine Formation. Es ist schwer, sie zu zählen.

Wenn sie sich zu einer Formation angeordnet haben, lassen sie sich leichter zählen.

Nicht angeordnete Personen oder Gegenstände lassen sich oft nur schwer abzählen. Angeordnete Dinge lassen sich leichter abzählen.

Es ist schwierig anzugeben, wie viele Zuschauer in diesem Bild auf der Gegentribüne zu sehen sind.

Wenn man die Zuschauer in einem Kästchen des Rasters zählt, kann man die Anzahl der Zuschauer auf der Gegentribüne schätzen.

Zum Abzählen benutzt man die **natürlichen Zahlen**: 1, 2, 3, 4, 5, 6, 7, …

## Übungen

**1** a) Wie viele Sitzplätze der Haupttribüne sind auf dem Foto abgebildet?

b) Wie viele Plätze sind bereits vor Spielbeginn besetzt?
c) Wie viele Zuschauer können auf diesem Zuschauerblock noch Platz nehmen?

**2** Ermittle die Anzahl der
a) Fächer in deinem Stundenplan,
b) Unterrichtsstunden in einer Woche,
c) Lehrerinnen und Lehrer, bei denen du Unterricht hast,
d) Schülerinnen und Schüler deiner Klasse,
e) Schülerinnen und Schüler deiner Schule.

**3** Während der Eröffnungsfeier von Olympischen Spielen marschieren die Sportler der teilnehmenden Länder nacheinander in das Stadion ein. Das Foto zeigt einen Ausschnitt dieses Einmarsches. Wie viele Sportler marschieren hier ein?

**4** Weiße Blutkörperchen werden unter dem Raster eines Mikroskops gezählt.
a) Wie viele Blutkörperchen sind in dem gekennzeichneten Rasterfeld?

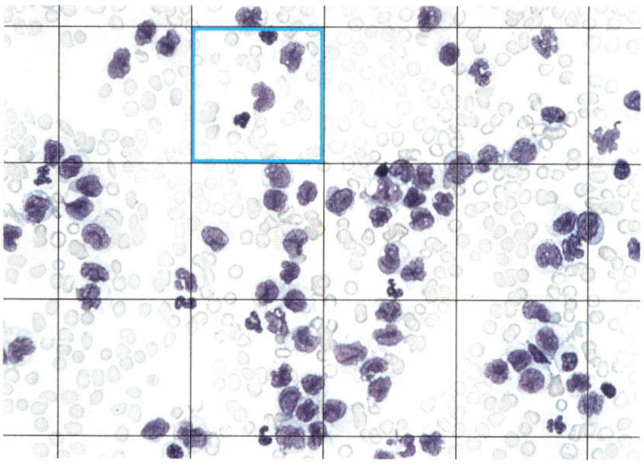

b) Wie viele Blutkörperchen sind es etwa auf dem Bild?

**5** Wie viele Bienen krabbeln wohl auf den Waben herum? Sind es mehr als 100?

**6** Alle Schulkinder (20 Klassen) sind auf dem Schulhof. Sind es mehr als 200?

**7** Wie viele weiße Latten und wie viele grüne Pfosten siehst du in dem Bildausschnitt?

**8** Bestimme jeweils die Anzahl.

a)

b)

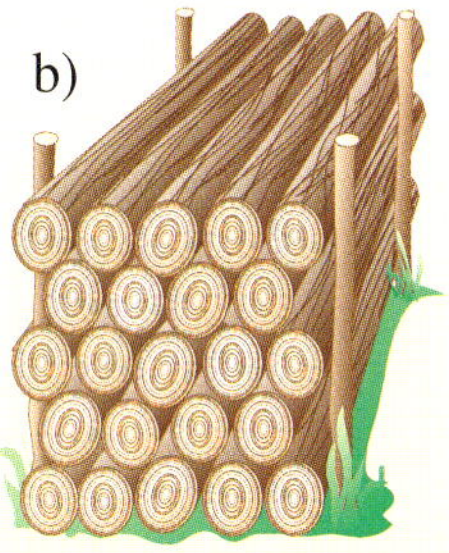

c)

**9** Wie viele Punkte enthält die gezeichnete Figur?

a)

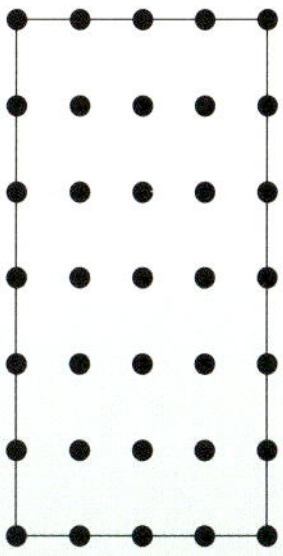

b)

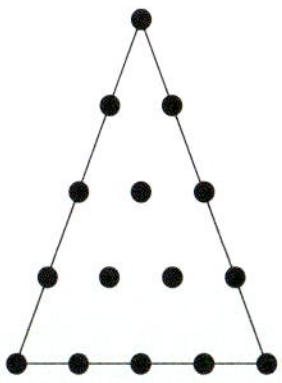

c)

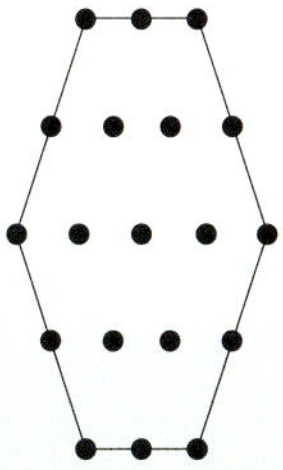

**10** Michaels Mutter fährt mit dem Auto auf ein Stopp-Schild zu.
Vor ihr stehen noch vier Autos und ein Fahrrad. Wie oft muss Michaels Mutter mindestens anfahren, um die Straße überqueren zu können?

**11** Der erste Tag der Herbstferien ist Montag, der 5. Oktober. Der letzte Ferientag in den Herbstferien ist Freitag, der 9. Oktober.
Wie viele Unterrichtstage sind schulfrei?

**12** Bei einem Schulfest hat Claudia für die Tombola von ihrem Block alle Lose verkauft, außer denen mit den Nummern 142 bis 215.
Wie viele Lose hat Claudia noch nicht verkauft?

**13** Wie viele Zahlen liegen zwischen
a) 1 und 112,
b) 345 und 416,
c) 992 und 1007,
d) 1050 und 1062,
e) 1009 und 1037,
f) 1499 und 1522?

**14** Thomas sagt: „Ich habe die größte natürliche Zahl gefunden. Sie heißt 37 456 739 329.“
Was sagst du dazu?

**15** Gib wenn möglich die beschriebenen Zahlen an:
a) die kleinste natürliche Zahl,
b) die größte natürliche Zahl,
c) die ersten zehn natürlichen Zahlen,
d) die natürlichen Zahlen zwischen 1 und 50, die eine 5 als Ziffer enthalten,
e) alle natürlichen Zahlen zwischen 72 998 und 73 012.

# Natürliche Zahlen auf dem Zahlenstrahl

Einige Schülerinnen wollen einen neuen Schulrekord im Ballweitwurf aufstellen. Der bisherige Rekord liegt bei 60 m. Wie viele Marken muss der Platzwart noch mindestens einzeichnen?

Hier sind **natürliche Zahlen** auf einem **Zahlenstrahl** markiert:

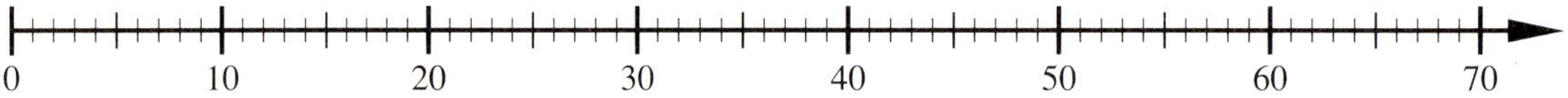


| | | | | | | | |
|---|---|---|---|---|---|---|---|
| Auf dem Zahlenstrahl liegt: | | | | Auf dem Zahlenstrahl liegt: | | | |
| | 155 | links von | 180 | | 237 | rechts von | 205 |
| | 155 | ist kleiner als | 180 | | 237 | ist größer als | 205 |
| In Zeichen: | 155 | < | 180 | In Zeichen: | 237 | > | 205 |

## Übungen

**1** Welche Zahlen sind hier markiert?

**2** Übertrage den oben abgebildeten Zahlenstrahl und markiere diese Zahlen.
a) 20, 30, 55, 15, 65, 70
b) 3, 9, 18, 19, 27, 39, 59, 64

**3** Übertrage diesen Ausschnitt des Zahlenstrahls und markiere die Lage der Zahlen.

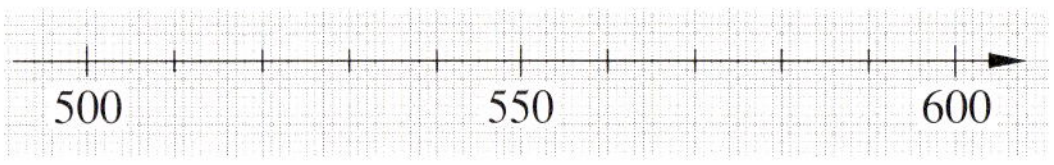


a) 560, 580, 550, 565, 525, 585, 590
b) 522, 548, 584, 592, 568, 536, 598

**4** Zeichne einen Zahlenstrahl und markiere die Lage der Zahlen.
a) 3, 7, 9, 11, 14, 15, 17, 19, 20
b) 110, 260, 370, 380, 420, 430, 450, 500

**5** Welche natürliche Zahl liegt auf dem Zahlenstrahl rechts neben (links neben) 56, 179, 999, 1099, 10 990, 1 990 999?

**6** Schreibe die nächstkleinere und die nächstgrößere Zahl auf.
a) 4090 c) 78 999 e) 20 999
b) 201 040 d) 1 000 000 f) 45 098

**7** Setze im Heft zwischen die Zahlen das richtige Zeichen (>, <, =).
a) 10 010 ☐ 10 100 c) 8 710 543 ☐ 8 710 443
b) 90 909 ☐ 90 899 d) 1 117 876 ☐ 1 127 876

**8** Übertrage die Punkte auf Transparentpapier. Verbinde die Zahlen der Größe nach mit dem Lineal.

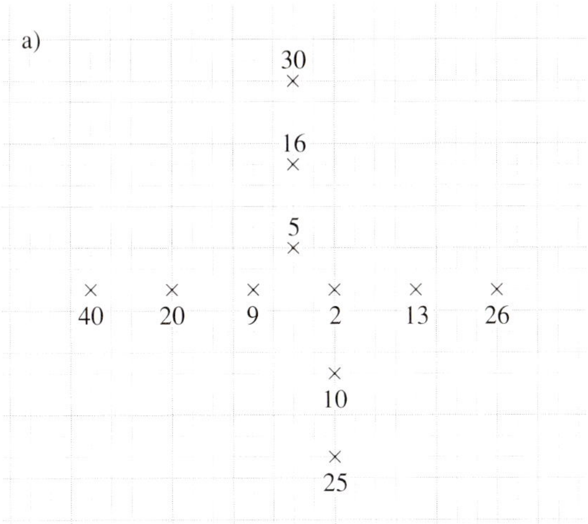


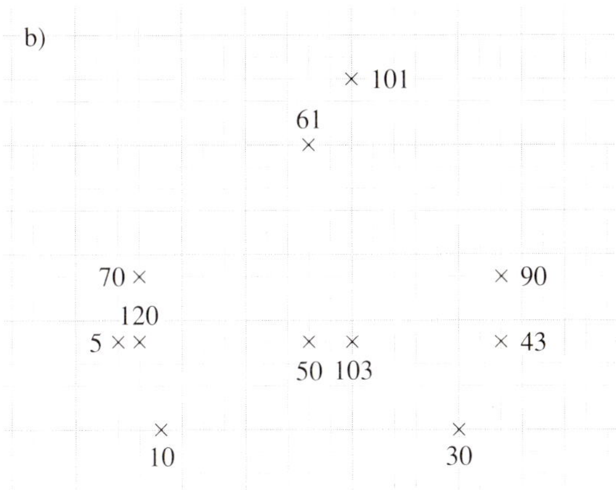


**9** Ordne folgende Zahlen.

Beispiel: $2 < 5 < 7 < 25$

a) 44, 102, 12, 300, 99, 199, 201
b) 889, 898, 89, 888, 999
c) 7079, 8000, 8009, 7999, 7908, 7889
d) 5655, 6555, 5565, 5556, 5665, 6655

**10** Schreibe die Tabelle ab und trage die Zeichen (<, >, =) ein.

| | 5 | 8 | 16 | 27 | 28 |
|---|---|---|---|---|---|
| 5 | | | | | |
| 8 | | | < | | |
| 16 | | | | | |
| 27 | | | | | |
| 28 | | | | | |

**11** Schreibe alle Bundesländer Deutschlands auf und ordne sie
a) nach der Größe der Fläche,
b) nach der Einwohnerzahl,
c) nach der Anzahl ihrer Großstädte.
Atlas und Lexikon helfen dir weiter.

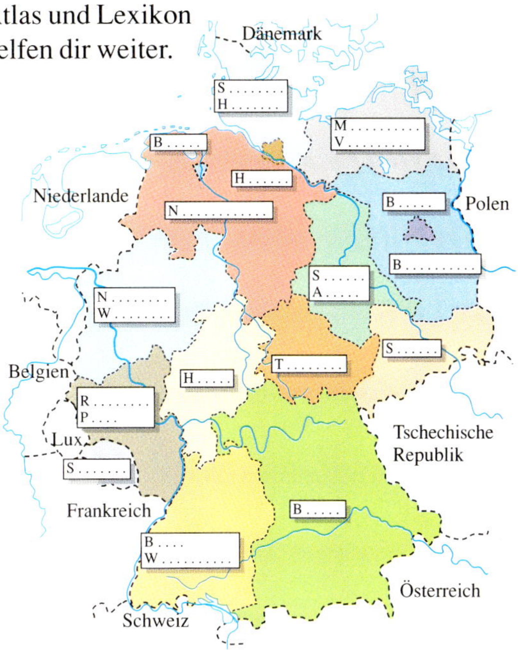


**12** Gib die nächsten fünf Zahlen an.
a) 63, 68, 73, …
b) 26, 23, 20, …
c) 70, 60, 50, …
d) 14, 25, 36, …
e) 28, 41, 54, …

**13** Berechne die fehlenden Zahlen der Zahlenfolgen und notiere sie in deinem Heft.
a) 2, 4, 8, ■, 32, ■, 128, 256, ■
b) ■, 64, 48, ■, ■
c) 3, ■, 27, 81, ■
d) 1, ■, 9, 16, 25, ■, ■, 64, 81, ■
e) ■, 102, 103, ■, 105, 106, ■, ■, ■, 110
f) 1, ■, ■, 7, 9, ■
g) ■, 35, 28, ■, ■, 7

**14** Gib alle natürlichen Zahlen an, die
a) 3 als Endziffer haben, größer als 45 und kleiner als 98 sind,
b) 11 als Endziffern haben, größer als 111 und kleiner als 1000 sind.

## Kerbzeichen, römische Zahlzeichen

Die Menschen haben nicht immer die Zahlen so geschrieben, wie wir das heute tun.

Das Einkerben eines Stocks als Zählwerkzeug gab es schon in den frühesten Zeiten. Jede Kerbe bedeutete eine „eins".

Die Babylonier schrieben ihre Zahlen auf Tontafeln.

Zeichen auf ägyptischen Krügen gaben oft den Rauminhalt an.

In den frühesten Zeiten schnitzte man oft zum Aufschreiben von Zahlen Kerben in Holz. Die ältesten aufgeschriebenen Zahlzeichen kennen wir aus Mesopotamien um 3000 v. Chr. Dort lebten die Babylonier. Sie benutzten die Keilschrift.

Von ihnen haben dann die Ägypter gelernt Zahlzeichen aufzuschreiben. Sie ritzten ihre Zahlzeichen mit einem Rohrgriffel in weichen Ton oder meißelten sie in die Steine ihrer Pyramiden. Später schrieben sie auf einer Papierart, die aus Schilfrohr hergestellt wurde. Die Ägypter nannten sie „Papyros".

Unabhängig von den Ägyptern schrieben die Chinesen und die Maya in Amerika ihre Zahlen.

In fast allen Schreibweisen findet man jedoch die „Kerbenzeichen" wieder.

Die Zahl 23 schrieben die alten Völker so:

Babylonier

Ägypter

Chinesen

Maya

Römer

Auch wir benutzen manchmal noch zum Aufschreiben von Zahlen die „Kerben".

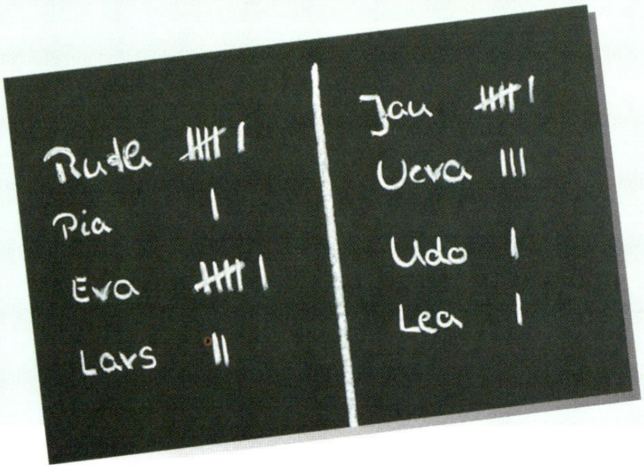

Weil das römische Reich viele Länder umfasste, ist auch die Art der Römer, Zahlen zu schreiben, weit verbreitet gewesen. Noch heute findet man an Kirchen, in alten Büchern und auf Grabsteinen ihre Zahlzeichen.

Hier siehst du auf einem Denkmal römische Zahlzeichen.

Die obere Zahl lautet MDCCXI oder mit unseren Zahlzeichen 1711.

Die untere Zahl lautet MDCCCXXXI oder mit unseren Zahlzeichen 1831.

Die Römer benutzten folgende Zeichen:

| | |
|---|---|
| **1** | **I** |
| **10** | **X** |
| **100** | **C** |
| **1000** | **M** |

Zusätzlich verwendeten sie Zwischenzeichen:

| | |
|---|---|
| **5** | **V** |
| **50** | **L** |
| **500** | **D** |

In römisch geschriebenen Zahlen darf jedes Zeichen höchstens dreimal, jedes Zwischenzeichen höchstens einmal vorkommen.

Deshalb schrieb man

| | | | |
|---|---|---|---|
| **III** für 3 | **CCC** für 300 | **IV** für 4 | **XL** für 40 |
| **XXX** für 30 | **MMM** für 3000 | **IX** für 9 | **CX** für 90 |

Ab 4000 schrieben die Römer die Zahlen in Worten.
Das römische Zahlensystem ist ein **Additionssystem**, weil die Zeichenwerte addiert werden.

**Beispiele**

**1.** Schreibe mit unseren Zahlzeichen.

| | |
|---|---|
| **VI** | 5 + 1 = 6 |
| **XII** | 10 + 2 = 12 |
| **LVIII** | 50 + 5 + 3 = 58 |
| **DLXX** | 500 + 50 + 10 + 10 = 570 |
| **MDCCCVI** | 1000 + 500 + 100 + 100 + 100 + 5 + 1 = 1806 |

**2.** Drehe die Zettel in die richtige Lage und ordne die Zahlen der Größe nach.

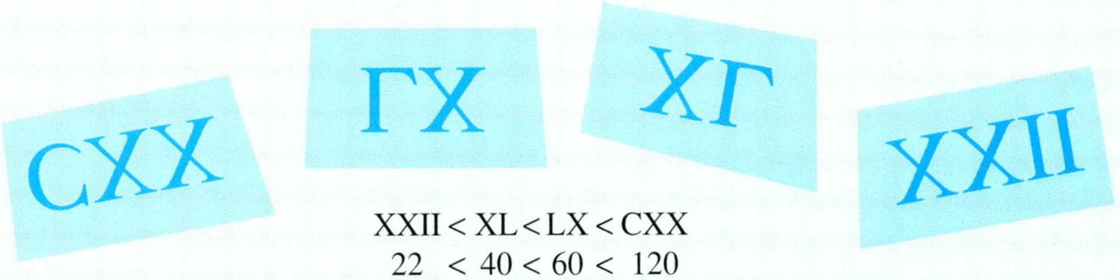


XXII < XL < LX < CXX
22 < 40 < 60 < 120

## Übungen

**1** Schreibe die Zahlen von 1 bis 20 mit römischen Zahlzeichen.

**2** Schreibe mit unseren Zahlzeichen.

a) XX e) MMCCXXII
b) XXXIII f) MCCCXXI
c) MCC g) MCCX
d) CCXXXII h) MMMCCCXXXII

**3** Schreibe mit unseren Zahlzeichen.

a) VIII e) MDCXXXII
b) LX f) MDCCLVI
c) DLV g) MDCCLXXVII
d) DCXVI h) MMDCCCLXXXVIII

**4** Schreibe mit unseren Zahlzeichen.

a) IV f) MCDLXVIII
b) DXC g) MDCCXLIV
c) CD h) MCMXVI
d) MCD i) MCMXLVIII
e) MCDXL j) MCMXXXIV

**5** Schreibe in römischen Zahlzeichen.

a) 9 e) 51 i) 136
b) 19 f) 74 j) 249
c) 24 g) 96 k) 280
d) 42 h) 101 l) 444

**6** Schreibe dein Geburtsdatum mit römischen Zahlzeichen.

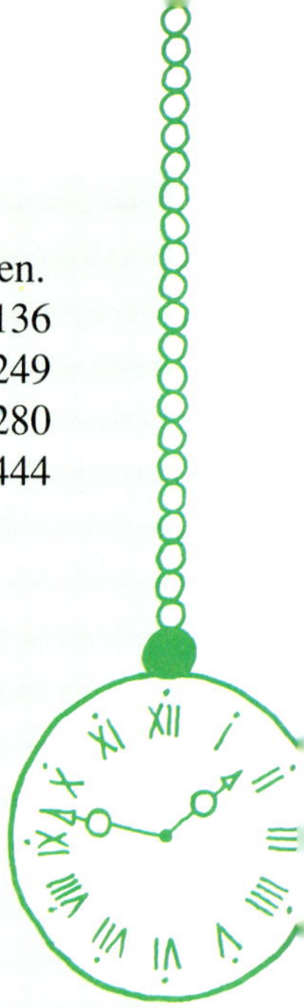

**7** Auf Ziffernblättern von Uhren mit römischen Zahlzeichen ist fast immer ein Zeichen falsch.
Finde das Zahlzeichen und nenne die Regel, die verletzt wurde.

**8** Schreibe die nächstkleinere römische Zahl.

a) XVII b) XXX c) C d) DCCCL

**9** Schreibe in römischen Zahlzeichen.

a) 748 d) 1556 g) 2853
b) 902 e) 1924 h) 3248
c) 1205 f) 2671 i) 3389

### Info

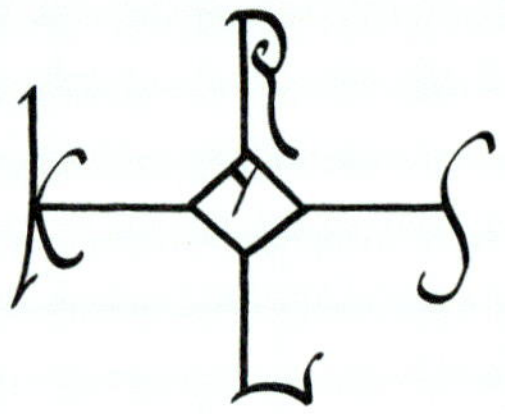

Das ist das Signum oder die Unterschrift Kaiser Karls.

Der Frankenkönig Karl wurde im Jahr DCCXLII geboren. Er ließ in Aachen seine Pfalz (befestigte Wohnstatt) bauen.Zu dieser Pfalz gehörte eine Pfalzkapelle. Daraus entstand der heutige Dom. DCCCV war das Oktogon (achteckiges Kernstück des Doms) vollendet.

Im Jahr DCCC wurde Karl zum Kaiser gekrönt. Schon zu seinen Lebzeiten wurde er „Karl der Große“ genannt. Karl der Große starb DCCCXIV.

Im Jahr MDCLVI vernichtete ein verheerender Brand fast die ganze Stadt Aachen. Die Pfalz wurde dabei zerstört, der Dom blieb jedoch unversehrt.

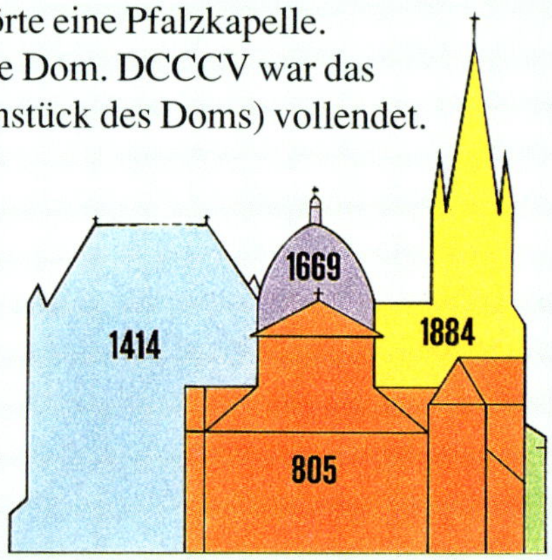


**10** a) Übertrage die Zahlen des Textes in unsere Zahlzeichen.
b) Schreibe die Zahlen der Skizze als römische Zahlzeichen. Sie geben die Jahre der Fertigstellung der Domgebäude an.

## Das Dezimalsystem

Unsere heutigen Zahlzeichen stammen von den Arabern. In Europa benutzt man diese Zeichen seit etwa 500 Jahren.
So haben sich die arabischen Ziffern im Laufe der Geschichte zu unseren heutigen Zeichen entwickelt:

Die Araber haben schon früh die zehn Zahlzeichen gekannt. Sie haben beim Zahlenschreiben immer Zehnerbündel verwendet. Sie schrieben im **Dezimalsystem**. (Zehnersystem)

Die Tafel zeigt die Zehnerbündelung im Dezimalsystem. Man nennt sie **Dezimaltafel.**

| Billionen | | | Milliarden | | | Millionen | | | Tausender | | | | | |
|---|---|---|---|---|---|---|---|---|---|---|---|---|---|---|
| H | Z | E | H | Z | E | H | Z | E | H | Z | E | H | Z | E |
| · 10 | · 10 | · 10 | · 10 | · 10 | · 10 | · 10 | · 10 | · 10 | · 10 | · 10 | · 10 | · 10 | · 10 | · 10 |
| | | | | | | | | | | | | | | 1 |
| | | | | | | | | | | | | | 1 | 0 |
| | | | | | | | | | | | | 1 | 0 | 0 |
| | | | | | | | | | | | 1 | 0 | 0 | 0 |
| | | | | | | | | | | 1 | 0 | 0 | 0 | 0 |
| | | | | | | | | | 1 | 0 | 0 | 0 | 0 | 0 |
| | | | | | | | | 1 | 0 | 0 | 0 | 0 | 0 | 0 |
| | | | | | | | 1 | 0 | 0 | 0 | 0 | 0 | 0 | 0 |
| | | | | | | 1 | 0 | 0 | 0 | 0 | 0 | 0 | 0 | 0 |
| | | | | | 1 | 0 | 0 | 0 | 0 | 0 | 0 | 0 | 0 | 0 |
| | | | | 1 | 0 | 0 | 0 | 0 | 0 | 0 | 0 | 0 | 0 | 0 |
| | | | 1 | 0 | 0 | 0 | 0 | 0 | 0 | 0 | 0 | 0 | 0 | 0 |
| | | 1 | 0 | 0 | 0 | 0 | 0 | 0 | 0 | 0 | 0 | 0 | 0 | 0 |
| | 1 | 0 | 0 | 0 | 0 | 0 | 0 | 0 | 0 | 0 | 0 | 0 | 0 | 0 |
| 1 | 0 | 0 | 0 | 0 | 0 | 0 | 0 | 0 | 0 | 0 | 0 | 0 | 0 | 0 |

**Beispiel**

In der Dezimaltafel ist die Zahl $8888 = 8 \cdot 1000 + 8 \cdot 100 + 8 \cdot 10 + 8 \cdot 1$ dargestellt.

| | Millionen | | | Tausender | | | | | |
|---|---|---|---|---|---|---|---|---|---|
| … | H | Z | E | H | Z | E | H | Z | E |
| | | | | | | 8 | 0 | 0 | 0 |
| | | | | | | | 8 | 0 | 0 |
| | | | | | | | | 8 | 0 |
| | | | | | | | | | 8 |

· 10 · 10 · 10

· 1000

## Übungen

**1** Trage in die Dezimaltafel ein.
a) $3 \cdot 1000 + 4 \cdot 100 + 6 \cdot 10 + 9 \cdot 1$
b) $5 \cdot 1000 + 0 \cdot 100 + 3 \cdot 10 + 0 \cdot 1$
c) $3 \cdot 1000 + 6 \cdot 100 + 0 \cdot 10 + 3 \cdot 1$
d) $6 \cdot 1000 + 0 \cdot 100 + 4 \cdot 10 + 0 \cdot 1$

**2** Zeichne in dein Heft die folgende Tabelle und trage die Zahlen ein.
Beispiel:
$2348 = 2 \cdot 1000 + 3 \cdot 100 + 4 \cdot 10 + 8 \cdot 1$

| Eintausender | Hunderter | Zehner | Einer |
|---|---|---|---|
| 2 | 3 | 4 | 8 |

799, 8374, 9670, 304, 6076, 1003

**3** Ordne und gib das Ergebnis an.
a) $8 \cdot 10 + 3 \cdot 100 + 4 \cdot 1 + 5 \cdot 1\,000 =$
b) $7 \cdot 1 + 4 \cdot 1000 + 3 \cdot 100 + 5 \cdot 10 =$
c) $6 \cdot 10 + 0 \cdot 100 + 6 \cdot 1000 + 9 \cdot 1 =$
d) $0 \cdot 10 + 2 \cdot 1000 + 0 \cdot 100 + 1 \cdot 1 =$
e) $5 \cdot 1000 + 3 \cdot 10 =$

**4** Schreibe die Zahl auf, die 10-mal so groß ist wie
a) 7, 18, 100, 99, 170, 585;
b) 708, 999, 9304, 6804, 7005;
c) 9099, 9909, 90 099, 90 909.

**5** Schreibe die Zahl auf, die 1000-mal so groß ist wie
a) 4, 8, 70, 50, 82, 46;
b) 71, 86, 400, 550, 505;
c) 600, 784, 605, 1000, 2320.

**6** Übertrage die Dezimaltafel in dein Heft und schreibe die Zahlwörter mit Ziffern.

| Mrd. | | | Mio. | | | T | | | | | |
|---|---|---|---|---|---|---|---|---|---|---|---|
| H | Z | E | H | Z | E | H | Z | E | H | Z | E |
| | | | | | | | | | | | |

a) siebentausenddreihundertvierundfünfzig
b) zwölf Millionen vierhunderttausend
c) elf Millionen dreihunderteintausend
d) dreizehn Milliarden vierhunderttausend
e) vierhunderttausendeins

**7** Schreibe als Zahlwort.
a) 5768 d) 895 423 g) 12 300 100
b) 30 357 e) 3 600 212 h) 37 435 344
c) 300 531 f) 4 000 417 i) 111 333 222

**8** Die nächstgrößere Zahl heißt auch der **Nachfolger** dieser Zahl. Notiere jeweils den Nachfolger der folgenden Zahlen.
a) 6543 c) 143 699 e) 124 999
b) 12 409 d) 47 999 f) 6 000 999

**9** Die nächstkleinere Zahl heißt auch der **Vorgänger** dieser Zahl. Notiere jeweils den Vorgänger der folgenden Zahlen.
a) 4000 c) 9999 e) 11 000
b) 598 d) 18 300 f) 1 100 000

**10** Welche Zahl ist um 10 (100; 1000) größer als
a) 567, c) 19 919, e) 19 199,
b) 56 888, d) 5 090 990, f) 109 991?

**11** Welche Zahl ist um 10 (100; 1000) kleiner als
a) 7891, d) 15 101, g) 10 001,
b) 6101, e) 81 109, h) 100 009,
c) 1001, f) 12004, i) 100 101?

**12** a) Übertrage die Dezimaltafel in dein Heft.

| B | | | Mrd. | | | Mio. | | | T | | | | | |
|---|---|---|---|---|---|---|---|---|---|---|---|---|---|---|
| H | Z | E | H | Z | E | H | Z | E | H | Z | E | H | Z | E |
| | | | | | | | | | | | | | | |

Trage die folgenden Zahlen ein: 26 753, 845 671 203, 26 743, 30 743, 845 771 203.
b) Wie heißt die kleinste Zahl?
c) Wie heißt die größte Zahl?
d) Vervielfache alle Zahlen mit 10 000. Nenne die größte und die kleinste Zahl.

**13** Wie viele Nullen enthalten die folgenden Zahlen?
a) eintausend d) drei
b) drei Millionen e) zwei Milliarden
c) sechzig Millionen f) neun Billionen

**14** Wie heißen die kleinste und die größte
a) dreistellige, b) vierstellige Zahl?

# Runden



Ein Fährunternehmen bestimmt den Preis für den Transport von Lkw mit Hilfe der folgenden Gewichtsgruppen.

| zulässiges Gesamtgewicht | Gewichtsgruppe |
|---|---|
| 5 t – 14 t | 10 t |
| 15 t – 24 t | 20 t |
| 25 t – 34 t | 30 t |
| 35 t – 44 t | 40 t |

Das Unternehmen transportiert bei einer Fährfahrt 5 Lkw.
Das zulässige Gesamtgewicht und die entsprechende Gewichtsgruppe von jedem Lkw sind hier im Balkendiagramm dargestellt.
In den Gewichtsgruppen wird das zulässige Gesamtgewicht an der Zehnerstelle **gerundet**.

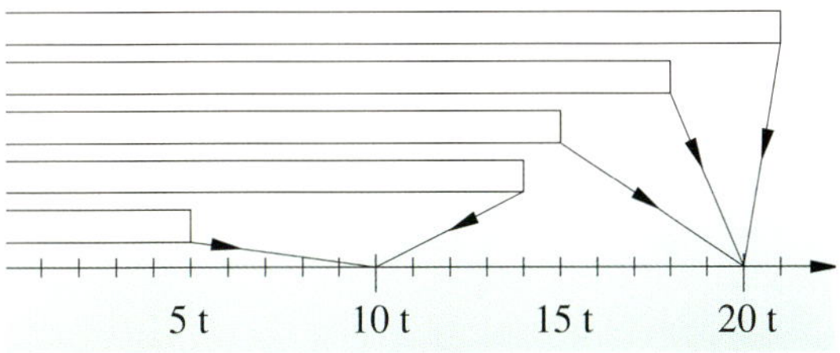


Beim **Runden** von Zahlen betrachtet man die Ziffer rechts von der Stelle, auf die gerundet werden soll (**Grenzstelle**).

Ist diese Ziffer 0, 1, 2, 3, 4, dann wird **abgerundet**.
Ist diese Ziffer 5, 6, 7, 8, 9, dann wird **aufgerundet**.

Beim Runden verwendet man das Zeichen „≈“ („ist ungefähr“, „rund“).

**Beispiele**

**1.** Runde die Zahlen von 450 bis 459 an der Zehnerstelle.

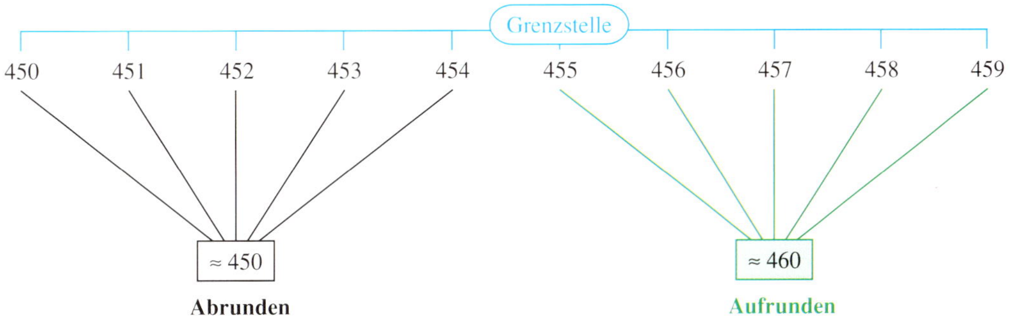


**2.** Runde die Zahl 89 471 an den Stellen Z, H, T, ZT.

an Z: 89 471 ≈ 89 470
an H: 89 471 ≈ 89 500
an T: 89 471 ≈ 89 000
an ZT: 89 471 ≈ 90 000

## Übungen

**1** Runde an der Zehnerstelle.
a) 43; 81; 52; 171; 293; 984; 2342; 410
b) 59; 36; 78; 487; 958; 999; 3666; 235
c) 64; 45; 87; 291; 299; 555; 6342; 108

**2** Runde an der Hunderterstelle.
a) 234; 751; 1232; 6344; 12 911; 654
b) 178; 736; 3455; 1899; 25 356; 999
c) 348; 551; 8375; 7777; 67 148; 555

**3** Runde an der Tausenderstelle.
a) 35 457; 67 201; 47 257; 102 498
b) 11 678; 96 941; 32 589; 280 582
c) 54 765; 98 467; 99 865; 110 499

**4** Flugentfernungen ab Frankfurt:

| | | | |
|---|---|---|---|
| New York | 6188 km | Moskau | 2022 km |
| Athen | 1808 km | Rio | 9564 km |
| Lissabon | 1873 km | Kairo | 2919 km |
| Madrid | 1421 km | Las Palmas | 3181 km |
| Tel Aviv | 2953 km | Tokio | 13 095 km |

a) Runde an der Hunderterstelle.
b) Runde an der Tausenderterstelle.

**5** Gib die Länge der Flüsse an. Runde an der Tausenderstelle.

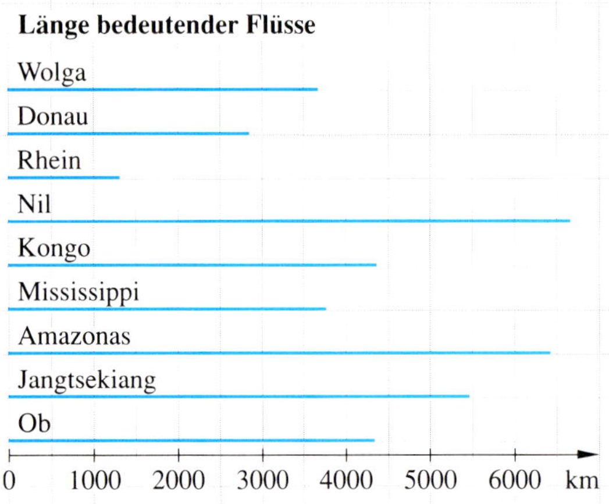


**6** Runde an der Hunderttausenderstelle.
a) 645 879; 123 987; 986 234; 765 012
b) 805 678; 197 056; 997 345; 949 999
c) 78 100; 51 675; 99 003; 49 888
d) 433 125; 889 500; 795 999; 500 555

**7** An den beiden Tagen eines Leichtathletikländerkampfes wurden 6728 und 9348 Eintrittskarten an den Kassenhäuschen verkauft. Im Fernsehen hieß es: „Es haben rund 20 000 Zuschauer den Länderkampf besucht.“
Bist du einverstanden?
Begründe.

**8** Peter sagt zur Großmutter: „In meiner Spardose habe ich rund 60 DM gespart.“ Großmutter gibt ihm noch 5 DM für die Spardose. Hat Peter jetzt 65 DM gespart?

**9** In einem Geschichtsbuch aus dem Jahr 1900 steht geschrieben: „Die Pyramiden in Ägypten sind rund 5000 Jahre alt.“ Kannst du sagen, wie alt sie heute sind?

**10** Stelle fest, ob das Runden sinnvoll ist:
a) Barbara hatte im letzten Mathematiktest 49 Punkte.
b) Am 30. September 1996 hatte München 1 228 110 Einwohner.
c) Die Telefonnummer der Familie Müller ist 66 00 77.

**11** a) Mike findet in einem statistischen Jahrbuch von 1997 Zahlen über Produkte einzelner Staaten. Er fragt Petra: „Weißt du, wie viel Tonnen Fische in China gefangen wurden?“ Petra antwortet: „Ungefähr 18 Millionen.“ Hat sie richtig gerundet?
b) Runde alle Zahlen auf Hunderttausender.

**12** Hier sind von vier Großstädten die Einwohnerzahlen von 1994 angegeben:

| | | | |
|---|---|---|---|
| Schanghai | 7 780 000 | Mexiko | 8 237 000 |
| Peking | 7 050 000 | Moskau | 8 570 000 |

a) Runde auf Millionen.
b) Suche im Atlas weitere Millionenstädte und runde sie auf Millionen.

**13** a) Wir können das Auf- und Abrunden von Zahlen in einem Flussdiagramm erfassen. Kannst du die Anweisungen richtig zuordnen? Übertrage das Diagramm in dein Heft und trage die Anweisungen ein.

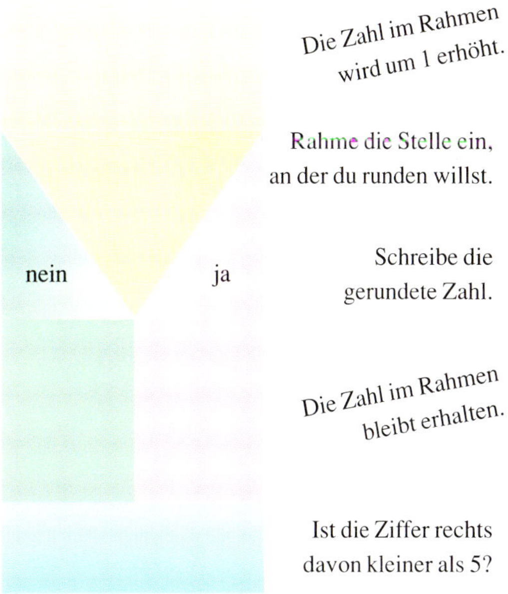


b) Runde mit Hilfe des Diagramms folgende Zahlen auf Zehntausender.

| | | |
|---|---|---|
| (1) 18 715 | (3) 22 222 | (5) 477 777 |
| (2) 87 283 | (4) 29 472 | (6) 299 999 |

# Tabellen und Diagramme

Zahlen spielen in vielen Bereichen unseres Lebens eine große Rolle. Oft ist das entsprechende Zahlenmaterial sehr umfangreich. Um Daten besser vergleichen und auswerten zu können, werden sie häufig in Tabellen und Diagrammen dargestellt.

Die abgebildete Tabelle verschafft einen Überblick über Einwohnerzahlen von Kontinenten. Sie gibt die Einwohnerzahlen nicht genau an. Um die Tabelle übersichtlicher zu machen, sind alle Zahlen gerundet worden, zum Beispiel: Afrika hatte 1995 rund 730 Millionen Einwohner.

Wenn man die Einwohnerzahlen in eine Dezimaltafel einträgt, erkennt man, dass sie auf Millionen gerundet wurden.

| Einwohnerzahlen | 1995 |
|---|---|
| Afrika | 730 Mio. |
| Amerika | 774 Mio. |
| Asien | 3498 Mio. |
| Australien/Ozeanien | 32 Mio. |
| Europa | 682 Mio. |

| | Milliarden | | | Millionen | | | Tausender | | | | | |
|---|---|---|---|---|---|---|---|---|---|---|---|---|
| | H | Z | E | H | Z | E | H | Z | E | H | Z | E |
| Afrika | | | | 7 | 3 | 0 | 0 | 0 | 0 | 0 | 0 | 0 |
| Amerika | | | | 7 | 7 | 4 | 0 | 0 | 0 | 0 | 0 | 0 |
| Asien | | | 3 | 4 | 9 | 8 | 0 | 0 | 0 | 0 | 0 | 0 |
| Australien/Ozeanien | | | | | 3 | 2 | 0 | 0 | 0 | 0 | 0 | 0 |
| Europa | | | | 6 | 8 | 2 | 0 | 0 | 0 | 0 | 0 | 0 |

Oft werden Daten in Diagrammen dargestellt, weil sie anschaulicher sind. Es gibt sehr viele verschiedene Arten von Diagrammen. Besonders häufig treten die folgenden drei Arten auf.

**Säulendiagramm**

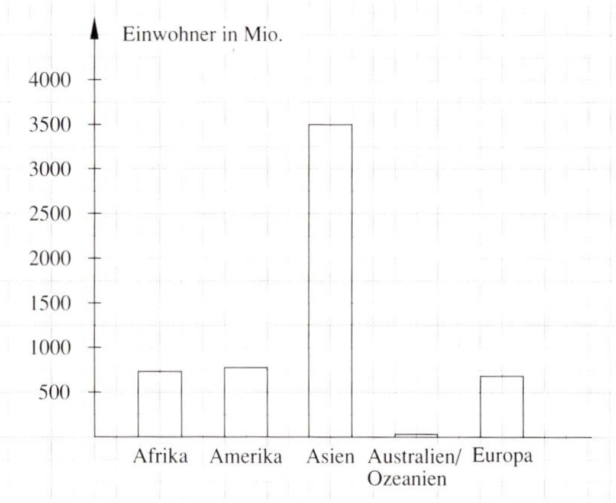


**Stabdiagramm**

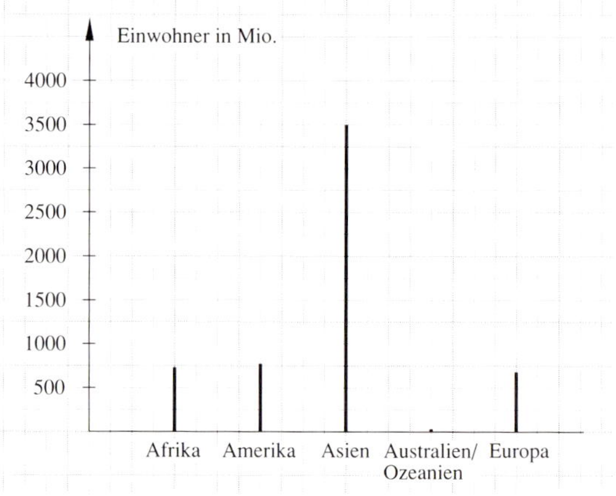


**Figurendiagramm** (Piktogramm)

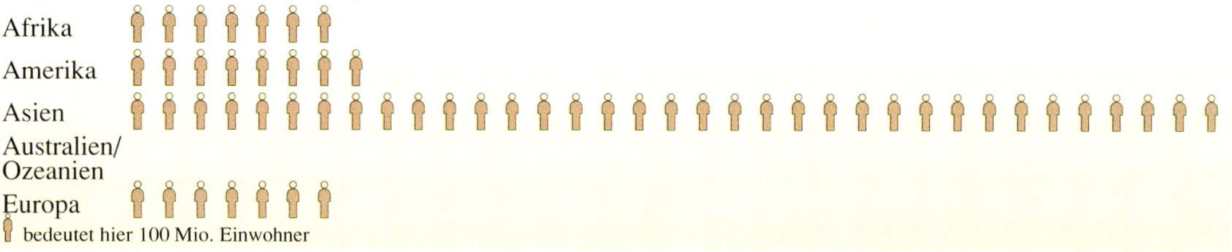


> Tabellen und Diagramme dienen der übersichtlichen Darstellung von Daten.
> Sie werden häufig mit Hilfe von gerundeten Zahlen erstellt.

## Übungen

**1** Zeichne für das Gewicht der zwei Flugzeuge ein Säulendiagramm. 1 Kästchen Höhe soll 10 Tonnen (10 t) Gewicht entsprechen.

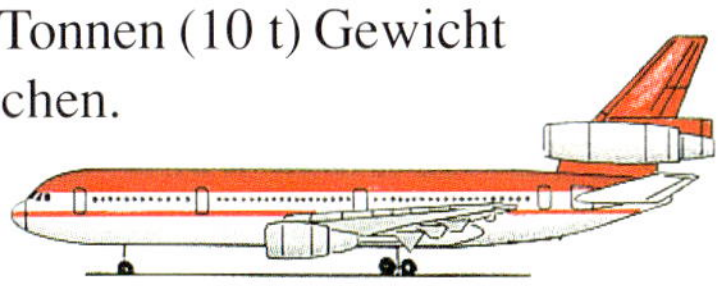

**DC-10** 250 t

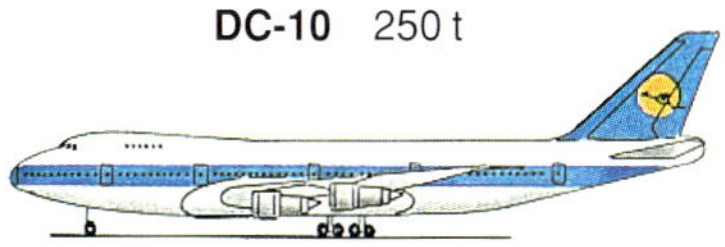

**Boeing 747 – Jumbo** 350 t

**2** Frankfurt am Main ist der größte deutsche Flughafen. In dem Jahr 1995 wurden dort rund 38 Millionen Fluggäste befördert.
Die Tabelle nennt bezogen auf die Personenbeförderung die nächstkleineren deutschen Flughäfen, wobei die Angabe für Berlin aus der Personenbeförderung der Flughäfen Tegel, Tempelhof und Schönefeld gebildet wurde.

| Flughafen | Fluggäste 1995 |
|---|---|
| Düsseldorf | 15 100 000 |
| München | 14 900 000 |
| Berlin (gesamt) | 11 000 000 |
| Hamburg | 8 200 000 |
| Stuttgart | 5 200 000 |
| Köln/Bonn | 4 700 000 |
| Hannover | 4 300 000 |
| Nürnberg | 2 300 000 |
| Leipzig/Halle | 2 100 000 |
| Dresden | 1 700 000 |
| Bremen | 1 500 000 |

Zeichne für die Tabellenangaben auf Millimeterpapier ein Säulendiagramm mit 1 cm breiten Säulen. Dabei soll 1 mm Höhe 100 000 Fluggästen entsprechen.

**3** In der Tabelle sind die gerundeten Einwohnerzahlen der Mitgliedsländer der Europäischen Union (EU) von 1995 angegeben.

| Land | Einwohner |
|---|---|
| Belgien | 10 000 000 |
| Deutschland | 82 000 000 |
| Dänemark | 5 000 000 |
| Finnland | 5 000 000 |
| Frankreich | 57 000 000 |
| Griechenland | 10 000 000 |
| Großbritannien/ Nordirland | 58 000 000 |
| Irland | 4 000 000 |
| Italien | 57 000 000 |
| Luxemburg | 400 000 |
| Niederlande | 15 000 000 |
| Österreich | 8 000 000 |
| Portugal | 10 000 000 |
| Schweden | 9 000 000 |
| Spanien | 39 000 000 |

Zeichne nach den Angaben der Tabelle auf Millimeterpapier ein Säulendiagramm mit 1 cm breiten Säulen. 1 mm soll 1 Million Einwohnern entsprechen. (Lass dabei Luxemburg unberücksichtigt.)

**4** Das Bevölkerungswachstum in verschiedenen Gebieten der Erde ist sehr unterschiedlich. Die Tabelle zeigt dies für die Jahre 1960, 1980 und 1995.

| Gebiet | Einwohner in Mio. | | |
|---|---|---|---|
| | 1960 | 1980 | 1995 |
| Europa | 566 | 648 | 682 |
| Nord-/Mittelamerika | 268 | 370 | 454 |
| Südamerika | 147 | 240 | 320 |
| Afrika | 282 | 477 | 730 |
| Asien | 1741 | 2684 | 3498 |
| Erde insgesamt | 3021 | 4444 | 5716 |

a) Um wie viel Millionen stieg die Einwohnerzahl jeweils von 1960 bis 1980?
b) Um wie viel Millionen stieg die Einwohnerzahl jeweils von 1980 bis 1995?
c) Zeichne auf Millimeterpapier für jedes Jahr und jedes Gebiet (außer Asien) ein Säulendiagramm. 1 mm soll 10 Millionen Einwohnern entsprechen. Runde die Zahlenangaben vorher geeignet.

**5** a) Stelle die Höhen der Berge durch senkrechte Strecken in einem Stabdiagramm dar. Wähle auf der senkrechten Meterskala für 1000 m die Einheit 1 cm.
b) Vergleiche die gegebenen Höhen der Berge miteinander, indem du sie ordnest. Beginne mit der größten Höhe.

| Berg | Höhe in m (1995) |
|---|---|
| Großglockner | 3797 |
| Olymp | 2917 |
| Zugspitze | 2962 |
| Snowdon | 1085 |
| Schneekoppe | 1603 |
| Montblanc | 4807 |
| Ätna | 3350 |
| Brocken | 1142 |
| Vesuv | 1277 |

**6** Die 1994 meist angebauten Forstpflanzen in Deutschlands Baumschulen sind:

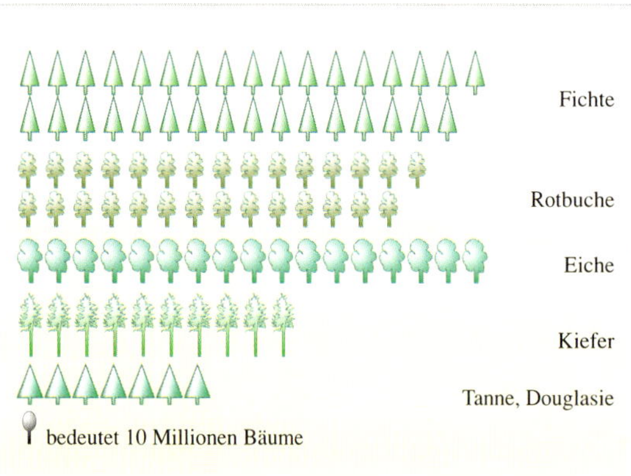


Bestimme für jede Baumart die Zahl der angepflanzten Bäume.

**7** Lies die Flächen der Kontinente in Mio. Quadratkilometern ab.

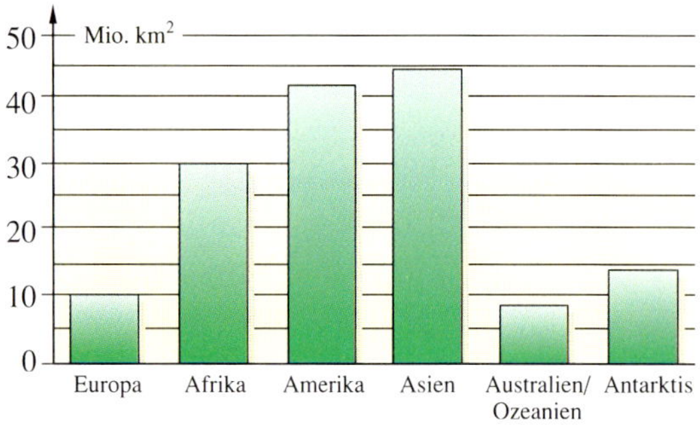


**8** Stelle jeweils die Anzahl der Nachkommen der in der Grafik dargestellten Haustiere fest. Schätze ihre Zahl.

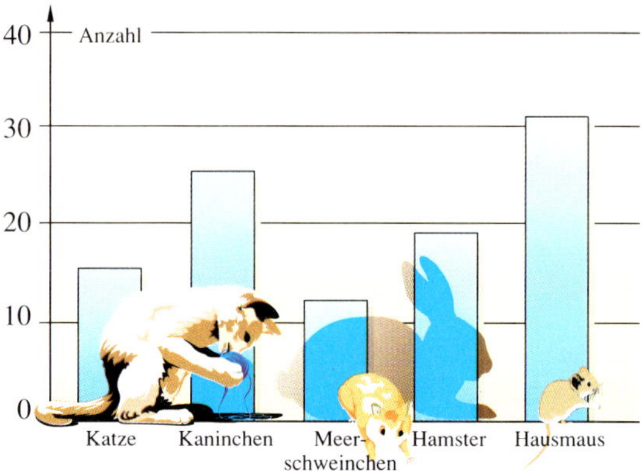


**9**

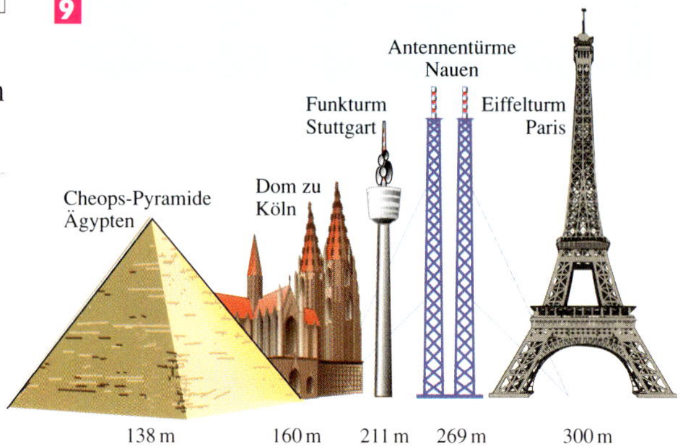


Stelle die Höhen der Bauwerke durch Strecken in einem Stabdiagramm dar. Überlege dir den Maßstab. Gehe dabei von der Höhe des höchsten Bauwerks aus.

**10** Beschreibe das Schaubild und notiere deine Ergebnisse.

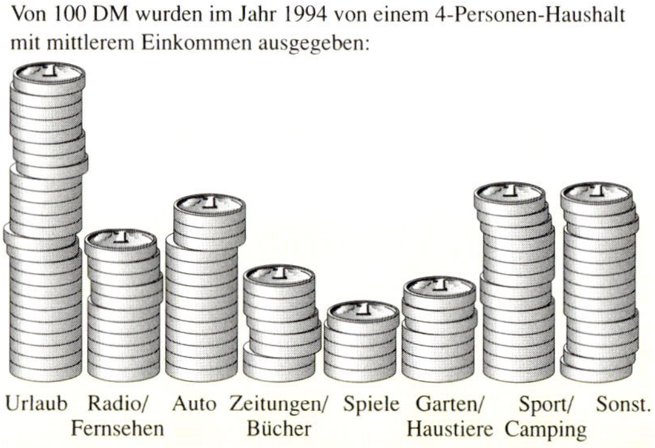

## Das Dualsystem

Käpt'n Schiffy betreibt seit Jahren einen gut gehenden Bootsverleih mit nur 5 Ruderbooten. Käpt'n Schiffy behauptet, diese Miniflotte sei für seine Besuchergruppen völlig ausreichend. Er sagt, er kann die Boote immer so aussuchen, dass sie stets voll besetzt sind. Zur Auswahl hat er je ein 1er-, 2er-, 4er-, 8er- und 16er-Ruderboot.

Im Bootshaus hängt eine Liste, wie der Käpt'n die Boote bei entsprechenden Besuchergruppen füllt.

**1** Überprüfe die Behauptung von Käpt'n Schiffy. Zeichne dazu eine Liste, wie sie in dem Bootshaus des Käpt'ns hängt, und fülle sie aus.

**2** Bis zu welcher Personenzahl kann Käpt'n Schiffy Boote ausleihen?

**3** Käpt'n Schiffy hat Geld für ein noch größeres Boot gespart. Welche Bootsgröße würdest du ihm empfehlen? Begründe.

Käpt'n Schiffy hat seine Bootsgrößen nach dem **Zweiersystem** zusammengestellt. Normalerweise schreiben wir Zahlen im Zehnersystem. Durch eine **Zweierbündelung** lässt sich auch jede Zahl darstellen.

**Beispiel**

Darstellung der Zahl 871 im Zweiersystem:

(jeweils ·2 von rechts nach links)

| 512 | 256 | 128 | 64 | 32 | 16 | 8 | 4 | 2 | 1 |
|---|---|---|---|---|---|---|---|---|---|
| 1 | 1 | 0 | 1 | 1 | 0 | 0 | 1 | 1 | 1 |

$1 \cdot 512 + 1 \cdot 256 + 0 \cdot 128 + 1 \cdot 64 + 1 \cdot 32 + 0 \cdot 16 + 0 \cdot 8 + 1 \cdot 4 + 1 \cdot 2 + 1 \cdot 1 = 871$

$1101100111_{(2)} = 871$

Zahldarstellung im Zweiersystem — Zahldarstellung im Zehnersystem

Man kann jede natürliche Zahl nicht nur im Zehnersystem (Dezimalsystem) darstellen, sondern auch im Zweiersystem (**Dualsystem**).

Solche Zahlensysteme, bei denen der Wert der Ziffer einer Zahl von der Stelle abhängt, an der sie steht, nennt man **Stellenwertsysteme**.

**Beispiele**

**1.** Schreibe Zahlen des Dualsystems in das Dezimalsystem um.

a) $11011_{(2)} = 1 \cdot 16 + 1 \cdot 8 + 0 \cdot 4 + 1 \cdot 2 + 1 \cdot 1$
$11011_{(2)} = 27$

b) $101101_{(2)} = 1 \cdot 32 + 0 \cdot 16 + 1 \cdot 8 + 1 \cdot 4 + 0 \cdot 2 + 1 \cdot 1$
$101101_{(2)} = 45$

**2.** Schreibe Zahlen des Dezimalsystems in das Dualsystem um.

a) $47 = 1 \cdot 32 + 0 \cdot 16 + 1 \cdot 8 + 1 \cdot 4 + 1 \cdot 2 + 1 \cdot 1$
$47 = 101111_{(2)}$

b) $75 = 1 \cdot 64 + 0 \cdot 32 + 0 \cdot 16 + 1 \cdot 8 + 0 \cdot 4 + 1 \cdot 2 + 1 \cdot 1$
$75 = 1001011_{(2)}$

**Übungen**

**4** Übertrage aus dem Zweiersystem ins Zehnersystem.

| | 128 | 64 | 32 | 16 | 8 | 4 | 2 | 1 |
|---|---|---|---|---|---|---|---|---|
| a) | 1 | 0 | 0 | 1 | 1 | 0 | 0 | 1 |
| b) | | 1 | 1 | 1 | 0 | 0 | 0 | 0 |
| c) | 1 | 0 | 0 | 0 | 1 | 1 | 1 | 0 |
| d) | 1 | 1 | 0 | 0 | 1 | 0 | 0 | 1 |

**5** Schreibe im Dezimalsystem.

a) $11_{(2)} =$
b) $100_{(2)} =$
c) $111_{(2)} =$
d) $1011_{(2)} =$
e) $100110_{(2)} =$
f) $1001100_{(2)} =$
g) $1010101_{(2)} =$
h) $10101010_{(2)} =$
i) $11111111_{(2)} =$
j) $10_{(2)} =$
k) $110_{(2)} =$
l) $1000_{(2)} =$
m) $10101_{(2)} =$
n) $110001_{(2)} =$
o) $1110001_{(2)} =$
p) $1100110_{(2)} =$
q) $11010101_{(2)} =$
r) $10111110_{(2)} =$

**6** Schreibe im Dualsystem.

a) $6 = \ _{(2)}$
b) $7 = \ _{(2)}$
c) $8 = \ _{(2)}$
d) $12 = \ _{(2)}$
e) $15 = \ _{(2)}$
f) $20 = \ _{(2)}$
g) $30 = \ _{(2)}$
h) $56 = \ _{(2)}$
i) $67 = \ _{(2)}$
j) $99 = \ _{(2)}$
k) $118 = \ _{(2)}$
l) $196 = \ _{(2)}$

**7** Gib jeweils die nächstkleinere und die nächstgrößere Zahl an.

a) $11_{(2)}$ d) $1000_{(2)}$ g) $1100_{(2)}$ j) $101101_{(2)}$
b) $100_{(2)}$ e) $10101_{(2)}$ h) $1110_{(2)}$ k) $110111_{(2)}$
c) $101_{(2)}$ f) $1001_{(2)}$ i) $1111_{(2)}$ l) $101010_{(2)}$

**8** Nenne die kleinste und die größte Zahl, die im Zweiersystem

a) zwei Stellen, c) vier Stellen,
b) drei Stellen, d) fünf Stellen hat.

**9** Wie heißt die Zahl im Zweiersystem, die doppelt so groß ist?

a) $10_{(2)}$ c) $101_{(2)}$ e) $1001_{(2)}$ g) $11111_{(2)}$
b) $11_{(2)}$ d) $111_{(2)}$ f) $1010_{(2)}$ h) $10001_{(2)}$

**10** Eine Mathematiklehrerin verspricht zur Geburt ihres Sohnes Felix: „Felix bekommt heute von mir 1 Pf. An jedem Geburtstag werde ich mein Geburtstagsgeschenk verdoppeln.“ „Bist du aber knauserig“, meint der 10-jährige Sohn. Der Vater runzelt die Stirn und sagt: „Rechne doch einmal nach. Wie viel bekommt Felix denn nun an seinem 10. Geburtstag von Mutti, und an seinem 20. Geburtstag?“

**11** Seltsame Lebewesen:

a) Der Hund hat 100 Beine.
b) Der Mensch hat 1010 Finger.
c) Der Tausendfüßler hat 11001000 Füße.

## Der Düsseldorfer Rheinturm

In Düsseldorf, der Hauptstadt des Bundeslandes Nordrhein-Westfalen, steht direkt am Rhein ein 236 m hoher Fernmeldeturm, der Rheinturm. An ihm lässt sich auf die Sekunde genau die Uhrzeit ablesen. Allerdings hat man an diesem Turm keine gewöhnliche, sondern eine originelle Uhr angebracht.

Sie ist mathematisch deshalb besonders interessant, weil sie bei der Darstellung der Uhrzeit eine Kombination von Stellenwertsystem (wie z. B. Dezimalsystem, Dualsystem) und Additionssystem (wie z. B. bei den römischen Zahlen) verwendet.

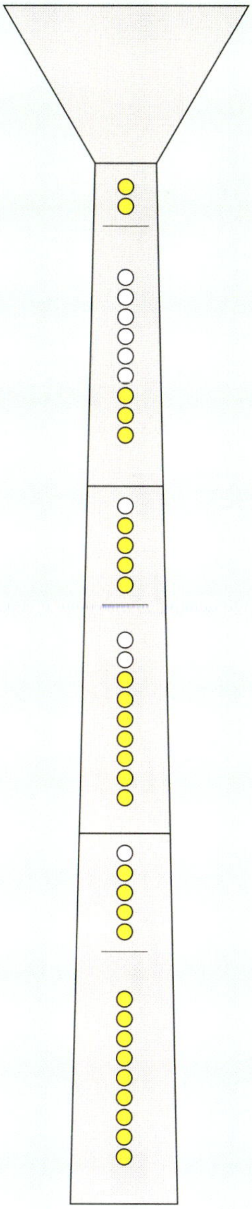

Das große Foto wurde um 23 : 47 : 49 Uhr (23 Uhr 47 Minuten 49 Sekunden) gemacht.

| | |
|---|---|
| *2 Zehner-Stunden* | *23 Stunden* |
| *3 Einer-Stunden* | |
| *4 Zehner-Minuten* | *47 Minuten* |
| *7 Einer-Minuten* | |
| *4 Zehner-Sekunden* | *49 Sekunden* |
| *9 Einer-Sekunden* | |

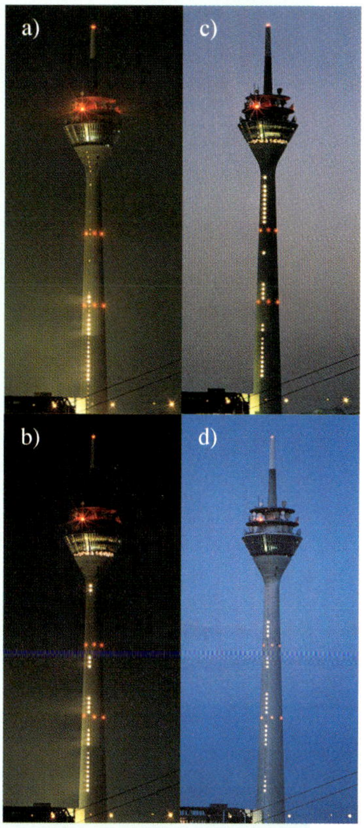


**1** Um wie viel Uhr wurden die Fotos a) bis d) gemacht?

**2** Skizziere den Rheinturm und stelle daran diese Uhrzeiten dar:
a) 11 : 13 : 45 Uhr
b) 22 : 09 : 17 Uhr
c) 04 : 56 : 09 Uhr
d) 16 : 00 : 30 Uhr

Hier sind die Banknoten der Bundesrepublik Deutschland abgebildet.

Die Grundeinheit unseres Geldes ist 1 **Deutsche Mark** (DM).

1 Deutsche Mark hat 100 Pfennige (Pf).

**Beispiele**

**1.** Miriam hat in drei Geschäften eingekauft. Zu Hause trägt sie die Ausgaben in das Haushaltsbuch ein.

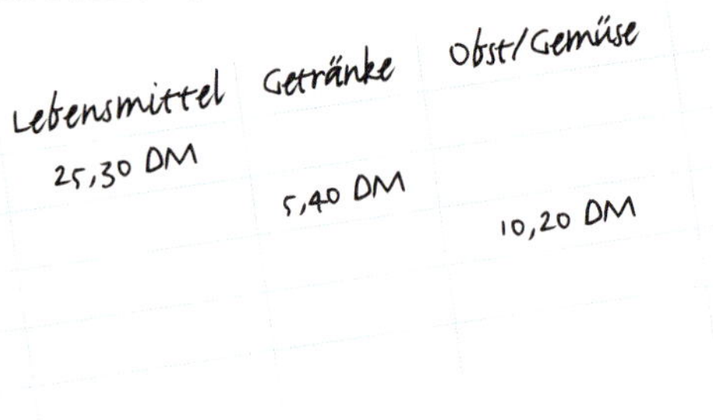


Miriam möchte wissen, wie viel DM sie insgesamt ausgegeben hat. Dazu rechnet sie die einzelnen Beträge in Pfennige um und addiert sie.

| | | |
|---|---|---|
| Lebensmittel | 25,30 DM | 2530 Pf |
| Obst/Gemüse | 10,20 DM | + 1020 Pf |
| Getränke | 5,40 DM | + 540 Pf |
| | | 4090 Pf |

Miriam hat insgesamt 40,90 DM ausgegeben.

**2.** Im Baumarkt zeigt die Kasse Herrn Walters Rechnungsbetrag an:

Er bezahlt mit 2 Hundert-Mark-Scheinen.

Herr Walter bekommt zurück:

4 Zwanzig-Mark-Scheine
1 Zehn-Mark-Schein
1 Fünf-Mark-Stück
2 Ein-Mark-Stücke
2 Zehn-Pfennig-Stücke

Prüfe nach, ob an der Kasse richtig herausgegeben wurde.

## Übungen

**1** Wandle um in DM.
a) 110 Pf, 101 Pf, 1001 Pf, 1101 Pf, 505 Pf
b) 550 Pf, 50 Pf, 1050 Pf, 1505 Pf

**2** Wandle um in Pf.
a) 10,03 DM; 0,34 DM; 1,30 DM; 1,03 DM
b) 2,05 DM; 25,50 DM; 12,05 DM; 0,09 DM

**3** Lisa hat kleine Münzen gesammelt.
Sie zählt 233 Pf-Stücke, 53 Zwei-Pf-Stücke, 25 Fünf-Pf-Stücke. Sie will die Münzen auf der Sparkasse gegen 1-Mark-Stücke und 10-Pf-Stücke eintauschen.
Wie viel erhält sie von jeder Sorte?
Wie viel behält sie übrig?

**4** Gib die Beträge mit möglichst wenig Geldscheinen und Münzen an.
a) 25,65 DM c) 132,57 DM e) 587,23 DM
b) 67,15 DM d) 222,22 DM f) 693,87 DM

**5** Gib die Geldbeträge mit 10-DM-Scheinen, 5-DM-Stücken und 2-DM-Stücken an.
a) 57 DM b) 69 DM c) 92 DM

**6** Zahle die Waren mit möglichst wenig Münzen. Wie viele Münzen benötigst du?

**7** Ein Gast bezahlt im Hotel „Lessing" seine Rechnung von insgesamt 362,54 DM mit einem 500-DM-Schein. Die Hotelangestellte hat nur 20-DM-Scheine, 10-DM-Scheine und alle Münzsorten. Stelle das Wechselgeld für den Gast mit möglichst wenig Geldscheinen und Münzen zusammen.

**8** Peter kauft Briefmarken, und zwar 8 Marken zu 110 Pf, 8 Marken zu 100 Pf, 15 Marken zu 10 Pf. Er bezahlt am Schalter des Postamtes mit einem 20-DM-Schein. Wie viel DM bekommt er zurück?

**9** In der Stadt sind Trödelmarkt und Kinderbasar. Maren tauscht auf dem Kinderbasar 1 Legokasten, 1 Puzzle, 1 Auto und 1 Memoryspiel gegen 4 Asterixhefte. Marens Mutter meint: „Für deine Sachen hättest du mehr Hefte bekommen können. Ich stelle dir eine Preisliste zusammen. Dann kannst du vergleichen."

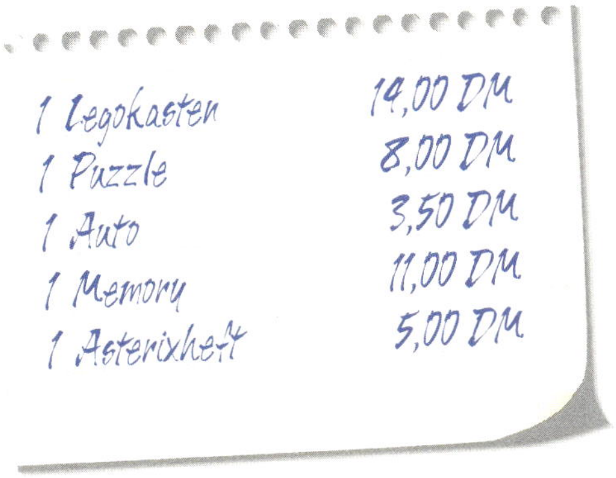


Wie viele Hefte hätte Maren noch bekommen können?

# Messen von Längen

Natürliche Längenmaße

International vereinbarte Längenmaße

Auf einem Bolzplatz spielen die „Little Tigers" gegen die „Crazy Corners" Fußball. Die „Crazy Corners" sind gerade mit einem Elfmeter bestraft worden.
Weil kein Elfmeterpunkt auf dem Bolzplatz eingetragen ist, wählt jede Mannschaft einen Spieler aus, um die „Elfmeterstrecke" mit Schritten festzulegen.

Der Platzwart in einem Fußballstadion kann die Elfmeterstrecke mit Schritten nicht genau genug ausmessen.
Er benutzt zum Messen ein Maßband.
Mit diesem Maßband kann er die Elfmeterstrecke einheitlich für beide Mannschaften ausmessen und den Elfmeterpunkt genau festlegen.

Um Längen einheitlich messen zu können, haben sich viele Länder auf **1 Meter** als **Maßeinheit** für Längen geeinigt.

**1 km = 1000 m**
**1 m = 10 dm = 100 cm = 1000 mm**
**1 dm = 10 cm = 100 mm**
**1 cm = 10 mm**

1 km ⇄ (: 1000 / · 1000) 1 m ⇄ (: 10 / · 10) 1 dm ⇄ (: 10 / · 10) 1 cm ⇄ (: 10 / · 10) 1 mm

## Übungen

**1** Miss die Länge (Breite) deines Klassenraums in Schrittlängen. Vergleicht eure Ergebnisse miteinander.

**2** Ergänze die Maßeinheit im Heft.
a) Die Tiefe eines Regals beträgt 30 ▢.
b) Das Stockwerk eines Wohnhauses ist 3 ▢ hoch.
c) Ein Fußballplatz ist 90 ▢ lang.

**3** Übertrage und ergänze die Maßeinheit.
a) Von Minden (Westfalen) nach Hannover sind es 80 ▢.
b) Ein Streichholz ist 2 ▢ dick.
c) Ein Lineal ist 30 ▢ lang.

**4** Mit welcher Maßeinheit (km, m, cm, mm) misst man zweckmäßig
a) den Durchmesser eines Markstücks,
b) die Länge eines DIN-A4-Hefts,
c) die Breite eines Grundstücks?

**5** Früher waren die abgebildeten Maße weit verbreitet.

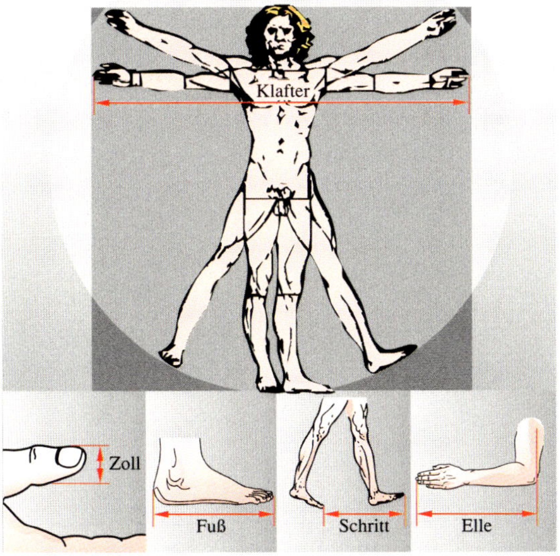


a) Miss die Länge deines Tisches mit Elle, Fuß, Zoll, Klafter, Schritt und Lineal. Stelle die Längen übersichtlich in einer Tabelle zusammen.
b) Vergleicht die Ergebnisse eurer Tischgruppe miteinander.

**6** Bestimme die Länge deiner Schuhe mit dem Lineal. Vergleiche sie mit der angegebenen Schuhgröße. Vergleiche deine Maße mit den Messungen deiner Nachbarn.

**7** a) Stelle deine Schrittlänge in cm fest.
b) Wie viele Schritte machst du in einer Minute, wenn du ruhig gehst?
c) Wie viel m legst du dabei zurück?
d) Welche Zeit brauchst du bei ruhigem Gehen für 4000 m?

**8** a) Fertige dir eine Messschnur von 10 m Länge an. Kennzeichne auf ihr mit einem Farbstift 1 m, 2 m, …10 m.
b) Miss mit dieser Messschnur Länge und Breite des Schulhofes.
c) Miss die Entfernung zweier Bäume.
d) Miss die Länge eines Autos.
e) Finde selbst Entfernungen, die du mit der Schnur messen kannst, und schreibe sie in deinem Heft auf.

**9** Wie hoch sind die Michaeliskirche und die abgebildeten Bäume? Schätze.

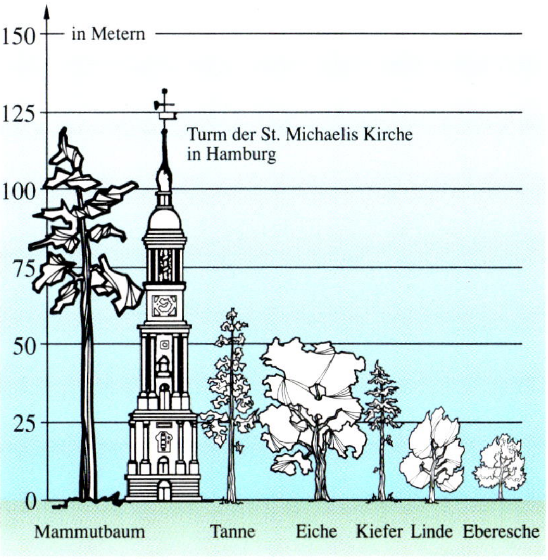


**10** Miss die Längen der Gegenstände in der Abbildung mit einem Lineal.

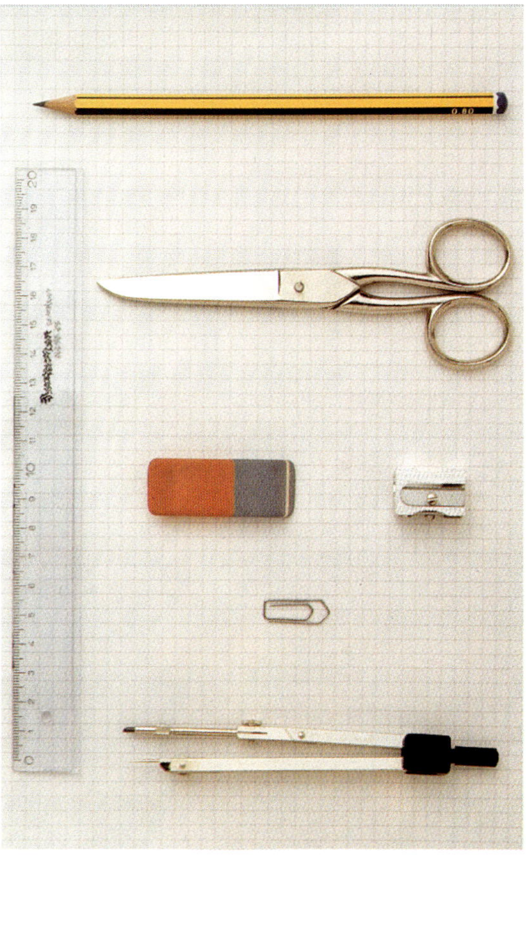

**11** Miss folgende Strecken (in mm).

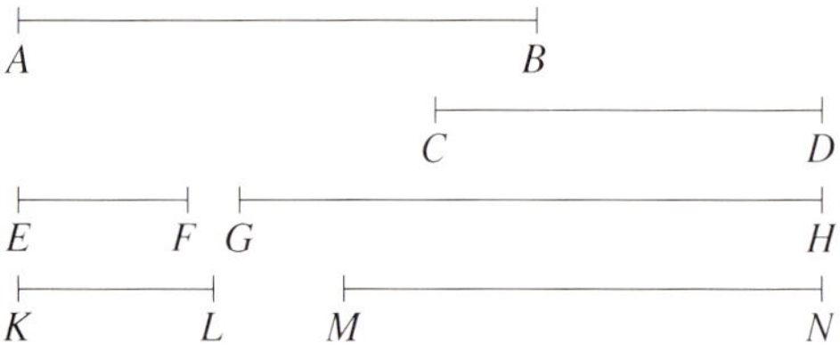


**12** Miss die Seiten der Figuren und gib die Längen in mm an.

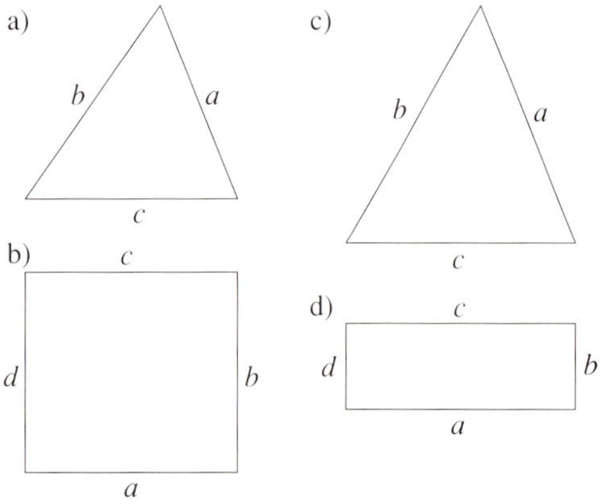


**13** Ein vierstöckiges Haus ist 12 m hoch. Wie viele Stockwerke müsste ein Haus haben, damit es etwa so hoch ist wie der Kölner Dom (Höhe 156 m)?

**14** Der höchste Berg in den Alpen ist der Mont Blanc. Er ist 4807 m hoch. Wie oft müsste man den Kölner Dom (Höhe 156 m) übereinander setzen, um die Höhe des Mont Blanc ungefähr zu erreichen?

**15** Eine Läuferin soll auf Anordnung ihrer Trainerin täglich rund 5 km laufen. Die Läuferin trainiert im Stadion und läuft auf der 400-m-Bahn insgesamt 12 Runden. Hat sie ihr Trainingsprogramm erfüllt?

**16** Eine Seemeile beträgt 1852 m. Ein Schiff hat 1000 Seemeilen zurückgelegt. Gib die Entfernung in km an.

**17** Welche der Strecken $a$ und $b$ ist länger? Schätze erst, dann miss nach.

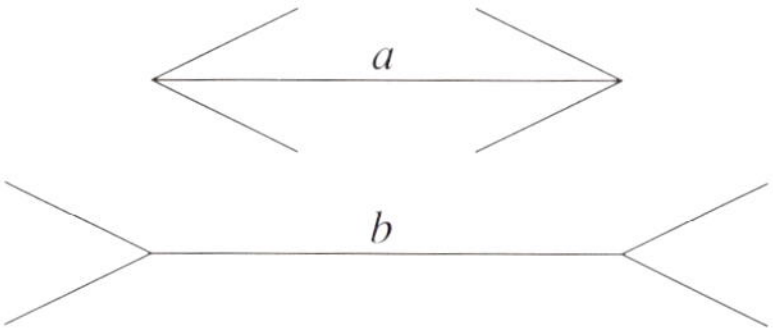


**18** Brinjas Vater will im Wohnzimmer neue Fußleisten am Fußboden anbringen. Er hat insgesamt 18,40 m ausgemessen. Er sagt: „Ich werde für das Wohnzimmer etwa 19 m Leisten brauchen." Brinja widerspricht: „Es reichen doch auch 18,40 m." Wer hat Recht? Begründe deine Antwort.

# Umrechnen in kleinere Längenmaße

Simonas Vater will in einem 6 m langen Beet 20 Kohlrabipflanzen setzen.
Die Pflanzen sollen untereinander den gleichen Abstand haben. Wie groß muss der Abstand der Pflanzen voneinander sein?

Wir dividieren: 6 m : 20 = __
Wir rechnen 6 m in cm um:

6 m = 6 · 100 cm = 600 cm

Also: 6 m : 20 = 600 cm : 20 = 30 cm

Der Abstand der Pflanzen voneinander muss 30 cm betragen.

Längen können wir auch mit Hilfe von Tabellen umrechnen.

**Beispiele**

**1.** Rechne 2 m um in cm.

| | km | | | m | | | dm | cm | mm | |
|---|---|---|---|---|---|---|---|---|---|---|
| | H | Z | E | H | Z | E | | | | |
| 2 m | | | | | | 2 | | | | |
| | | | | | | 2 | 0 | | | |
| | | | | | | 2 | 0 | 0 | | 200 cm |

**2.** Schreibe ohne Komma: 3,005 km.

| km | | | m | | | dm | cm | mm |
|---|---|---|---|---|---|---|---|---|
| H | Z | E | H | Z | E | | | |
| | | 3 | 0 | 0 | 5 | | | |

3,005 km = 3 km 5 m
3,005 km = 3005 m

**Übungen**

**1** Ergänze die Maßeinheit im Heft.
a) 25 m = 250 __ = 2500 __ = 25 000 __
b) 1000 cm = 100 __ = 10 __

**2** Rechne in die angegebene Einheit um. Benutze die Tabelle.
Beispiel: 25 m = 250 dm = 2500 cm

| | km | | | m | | | dm | cm | mm |
|---|---|---|---|---|---|---|---|---|---|
| | H | Z | E | H | Z | E | | | |
| in cm | | | | | 2 | 5 | | | |
| in m | | | 2 | | | | | | |
| in dm | | | | 4 | 0 | 5 | | | |
| in cm | | | | | 1 | 0 | | | |
| in cm | | | | | 1 | 5 | | | |
| in mm | | | | | | | 5 | | |
| in m | | 2 | 0 | | | | | | |

**3** Rechne um in die in Klammern angegebene Einheit.
a) 12 dm (cm)
b) 2 cm (mm)
c) 4 m (dm)
d) 7 km (m)
e) 42 cm (mm)
f) 15 dm (cm)
g) 105 m (cm)
h) 36 km (m)

**4** Rechne in die angegebene Einheit um.
a) 15 m (cm)
b) 150 m (cm)
c) 22 m (dm)
d) 102 m (dm)
e) 120 m (dm)
f) 1020 m (dm)

**5** Rechne um.
Beispiel: 2 m 5 cm = 205 cm

a) 10 m 2 cm
b) 5 dm 8 cm
c) 10 m 2 dm 6 cm
d) 1 m 9 dm 1 cm
e) 3 m 1 cm
f) 20 m 2 dm
g) 4 dm 2 cm
h) 1 m 2 cm
i) 16 m 1 dm 1 cm
j) 48 dm 7 cm

**6** Gib die Strecken in mm an und zeichne sie in dein Heft.

a) 6 cm  
b) 8 cm 7 mm  
c) 7 cm 8 mm  
d) 6,2 cm  
e) 9,5 cm  
f) 0,95 dm  
g) 1,3 cm  
h) 7 cm 25 mm

**7** In dem Bild der Alpen bei Oberstdorf haben die Berge unübliche Höhenangaben.

Schreibe die Höhen der folgenden Berge in m und ordne die Berge nach ihrer Höhe.

a) Strahlkopf, Großer Krottenkopf, Mädelegabel, Öfnerspitze, Trettachspitze  
b) Seilhenker, Kegelkopf, Fürschiesser, Riffenkopf, Himmelschrofen, Schmalhorn

**8** Schreibe in Zentimeter und ordne die Kinder nach ihrer Größe.

**9** Familie Schäfer aus Hannover machte Urlaub am Möhnesee. Bei der Rückfahrt benutzte sie die Autobahn von Soest über das Autobahnkreuz Wünnenberg-Haaren.

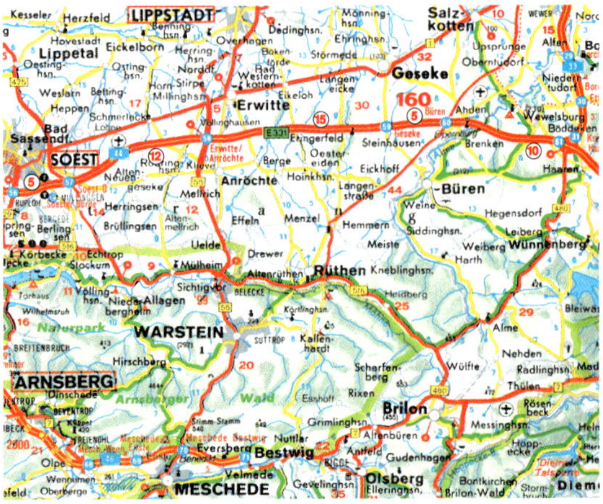


a) Matthias hat nach der Autokarte während der Fahrt eine Entfernungstabelle für die Ausfahrten bis zum Autobahnkreuz gezeichnet. Vervollständige diese Tabelle im Heft.

| ist entfernt von (in km) | Soest | Soest-Ost | Erwitte | Geseke | Büren | Wünnenberg |
|---|---|---|---|---|---|---|
| Soest | 0 | | 17 | | | |
| Soest-Ost | | | | | | |
| Erwitte | 17 | | | | | |
| Geseke | | | | | | |
| Büren | | | | | | |

b) Übertrage ins Heft und setze für die entsprechenden Autobahnstrecken das richtige Zeichen (>, <, =) ein.

Soest – Erwitte ▢ Erwitte – Büren  
Geseke – Soest-Ost ▢ Erwitte – Wünnenberg

c) Gib nach der Autokarte die Entfernung Soest – Wünnenberg in m an.

Der Tageskilometerzähler des Autos hatte bei der Auffahrt Soest den Stand 11,8 km und beim Autobahnkreuz Wünnenberg-Haaren den Stand 59,2 km. Wandle in m um und rechne aus, wie viel m die Familie auf dieser Strecke gefahren ist. Vergleiche mit der Entfernung nach der Autokarte.

**10** Schreibe ohne Komma.

a) 2,001 km; 10,210 km; 15,505 km
b) 1,80 m; 18,08 m; 10,80 m; 1,75 m; 0,80 m
c) 42,5 cm; 12,05 dm; 10,005 m; 0,8 cm
d) 14,5 km; 3,02 m; 13,85 dm; 0,005 km
e) 34,28 km; 7,90 dm; 28,764 m; 53,410 m

**11** Berechne.

a) 3 m + 5 dm = ▒ cm
b) 4 km + 205 m = ▒ m
c) 4 m + 15 cm = ▒ mm
d) 22 dm + 52 cm + 3 mm = ▒ mm
e) 2 m + 11 dm + 4 cm = ▒ cm

**12** Eine 120 m lange Baustelle auf einer Autobahn soll durch Warnleuchten gesichert werden. Dazu stellt man alle 8 m eine Leuchte auf.

a) Fertige eine Zeichnung an (10 m entsprechen 1 cm).
b) Wie viele Leuchten werden gebraucht?

**13** Übertrage ins Heft, rechne in das kleinste Längenmaß um und setze das richtige Zeichen (>, <, =) ein.

a) 4 dm ▒ 17 cm + 33 cm
b) 125 m ▒ 100 m + 250 dm
c) 3500 m ▒ 3 km + 1000 m
d) 73 cm ▒ 6 dm + 25 cm
e) 45 km ▒ 52 km – 7500 m
f) 17 cm ▒ 5 dm – 32 mm
g) 81 mm ▒ 6 dm – 511 mm
h) 3 cm + 4 dm ▒ 1 m – 57 cm
i) 1 m – 2 cm ▒ 8 dm + 25 cm
j) 6 mm + 11 cm ▒ 4 dm – 33 mm
k) 1 km – 145 m ▒ 400 m + 3200 dm
l) 250 m – 740 cm ▒ 318 cm + 240 m

**14** Berechne.

a) 6 m – 5 dm = ▒ cm
b) 5 km – 308 m = ▒ m
c) 7 m – 150 cm = ▒ cm
d) 8 dm – 23 cm = ▒ cm
e) 7 dm – 65 cm = ▒ cm
f) 3 m – 12 dm – 4 cm = ▒ cm
g) 2 m – 180 mm – 167 cm = ▒ mm
h) 7 m – 58 cm – 23 dm = ▒ cm
i) 6 m – 172 cm – 25 dm – 694 mm = ▒ mm

**15** Ein Schrebergarten soll eingezäunt werden. Alle Pfähle sollen die gleiche Entfernung haben.

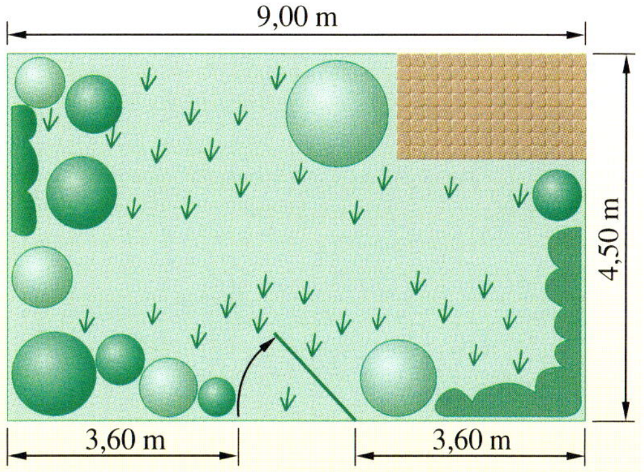


a) Welche Entfernung ist möglich:
120 m, 90 cm, 130 cm?
b) Wie viele Pfähle werden gebraucht?
c) Reichen zum Einzäunen 2 Rollen Maschendraht zu je 13 m aus?

**16** In einer Schonung sollen Bäume angepflanzt werden. Wie viele Bäume werden nach dem Pflanzplan benötigt?

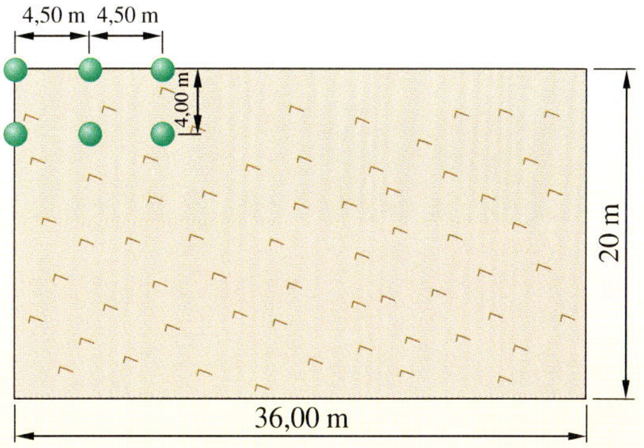

# Umrechnung in größere Längenmaße

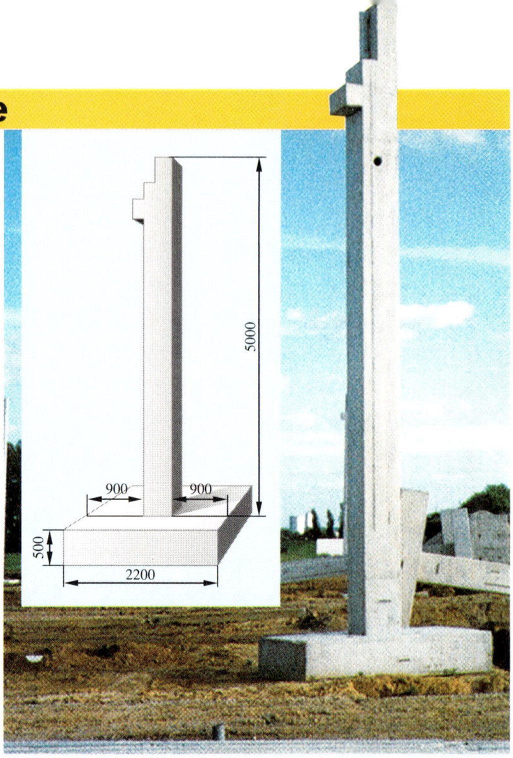


Von den Stützpfeilern für eine Decke sind die Maße in mm angegeben. Wir rechnen die Längenangabe 5000 mm schrittweise in m um.

Umrechnung von:

mm in cm: 5000 mm = (5000 : 10) cm = 500 cm
mm in dm: 5000 mm = (5000 : 100) dm = 50 dm
mm in m: 5000 mm = (5000 : 1000) m = 5 m

In Tabellenform:

| | km | | | m | | | dm | cm | mm | |
|---|---|---|---|---|---|---|---|---|---|---|
| | H | Z | E | H | Z | E | | | | |
| 6000 m | | | | | | 5 | 0 | 0 | 0 | 500 cm |
| | | | | | | 5 | 0 | 0 | | 30 cm |
| | | | | | | 5 | 0 | | | 5 cm |
| | | | | | | 5 | | | | |

## Beispiele

**1.** Rechne 400 dm in dm um.

| | km | | | m | | | dm | cm | mm | |
|---|---|---|---|---|---|---|---|---|---|---|
| | H | Z | E | H | Z | E | | | | |
| 400 m | | | | | | | 4 | 0 | 0 | |
| | | | | | | | 4 | | | 5 cm |

**2.** Gib 1400 mm und 304 dm in m an.

| | km | | | m | | | dm | cm | mm | |
|---|---|---|---|---|---|---|---|---|---|---|
| | H | Z | E | H | Z | E | | | | |
| 1400 mm | | | | | | 1 | 4 | 0 | 0 | 1,4 m |
| 304 m | | | | | 3 | 0 | 4 | | | 30,4 m |

## Übungen

**1** Rechne um in die angegebene Einheit.

Beispiel: 500 mm = 50 cm = 5 dm

| | km | | | m | | | dm | cm | mm |
|---|---|---|---|---|---|---|---|---|---|
| | H | Z | E | H | Z | E | | | |
| in dm | | | | | | | 5 | 0 | 0 |
| in cm | | | | | | 7 | 2 | 0 | 0 |
| in km | | 2 | 5 | 0 | 0 | 0 | | | |
| in cm | | | | | | 2 | 0 | 0 | 0 |
| in dm | | | | | | | 7 | 0 | 0 |
| in cm | | | | | | 3 | 7 | 0 | 0 |
| in cm | | | | | 1 | 0 | 2 | 0 | 0 |

**2** Rechne alle Angaben in der oben abgebildeten Zeichnung des Stützpfeilers in cm um. Benutze eine Tabelle.

**3** Übertrage ins Heft und ergänze die fehlenden Maßeinheiten.

a) 25 000 mm = 2500 ___ = 25 ___
b) 4000 cm = 40 ___ = 400 ___

**4** Rechne um in die in Klammern angegebene Einheit. Benutze eine Tabelle.

a) 700 mm (dm)
b) 9500 mm (cm)
c) 16 000 m (km)
d) 300 mm (cm)
e) 1200 mm (dm)
f) 1900 mm (cm)
g) 22 000 m (km)
h) 750 dm (m)

**5** Gib in cm an.

Beispiel: 12 mm = 1,2 cm

a) 35 mm
b) 125 mm
c) 16 mm
d) 45 mm
e) 95 mm
f) 8 mm
g) 108 mm
h) 79 mm
i) 112 mm

**6** Rechne um.

Beispiel: 35 cm in dm und cm
35 cm = 3 dm 5 cm

a) 344 cm in dm und cm
b) 320 mm in dm und cm
c) 122 cm in m und cm
d) 508 cm in m und cm
e) 1010 mm in m und cm
f) 58 mm in cm und mm
g) 102 mm in cm und mm
h) 2035 m in km und m
i) 20 005 m in km und m

**7** Rechne um.

| | |
|---|---|
| a) 200 cm (m) | f) 250 cm (dm) |
| b) 2300 mm (dm) | g) 250 mm (cm) |
| c) 60 cm (dm) | h) 5000 m (km) |
| d) 700 mm (dm) | i) 60 000 m (km) |
| e) 400 dm (m) | j) 72 000 m (km) |

**8** Rechne in m um.

| | | |
|---|---|---|
| a) 300 cm | d) 170 dm | g) 2 km |
| b) 1200 cm | e) 7000 mm | h) 15 km |
| c) 80 dm | f) 15 000 mm | i) 24 km |

**9** Gib in m an.

| | | |
|---|---|---|
| a) 155 cm | c) 1500 mm | e) 500 cm |
| b) 46 dm | d) 325 dm | f) 2100 mm |

**10** Gib in cm an.

| | | |
|---|---|---|
| a) 102 mm | c) 58 mm | e) 6 mm |
| b) 280 mm | d) 109 mm | f) 1420 mm |

**11** Gib in m an.

| | | |
|---|---|---|
| a) 555 cm | c) 505 cm | e) 5550 cm |
| b) 550 cm | d) 5505 cm | f) 5055 cm |

**12** Gib in km an.

| | | |
|---|---|---|
| a) 2500 m | c) 22 505 m | e) 20 005 m |
| b) 2050 m | d) 22 050 m | f) 25 025 m |

**13** Schreibe mit Komma.

| | |
|---|---|
| a) 40 cm 7 mm | e) 10 m 55 cm |
| b) 4 cm 7 mm | f) 8 m 150 mm |
| c) 4 dm 7 mm | g) 33 m 8 dm 5 cm |
| d) 4 m 7 dm | h) 2 m 7 cm 5 mm |

**14** Bei einem Sportfest laufen 40 Schülerinnen und Schüler eine Pendelstaffel über 75 m.

Wie viel km laufen sie insgesamt?

**15** In der Zeichnung ist ein Querschnitt durch den Zylinder eines Mofas dargestellt.

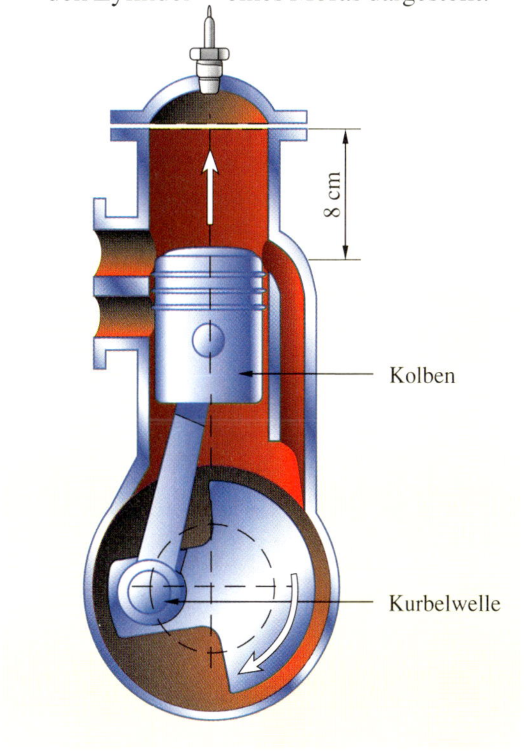


Bei einer Umdrehung der Kurbelwelle hebt und senkt sich der Kolben einmal. Er legt dabei einen Weg von 16 cm zurück.

a) Bei einem Mofa dreht sich die Kurbelwelle in 1 Minute 8000-mal. Welchen Weg (in m) legt der Kolben dabei zurück?

b) Welchen Weg (in m) legt der Kolben in 2 Minuten (5, 10 Minuten) zurück?

# Basketball

„Der Ball muss kugelförmig sein. Er besteht aus einer Gummiblase, die von einer Hülle aus Leder, Gummi oder synthetischem Material umgeben ist. Der Umfang darf nicht weniger als 75 cm oder mehr als 78 cm betragen. Der Ball darf nicht weniger als 600 g oder mehr als 650 g wiegen und soll so aufgepumpt sein, dass er, wenn man ihn aus einer Höhe von etwa 1,80 m, gemessen von der Unterseite des Balles, auf einen festen Holzboden fallen lässt, bis zu einer Höhe von nicht weniger als etwa 1,20 m und nicht mehr als etwa 1,40 m zurückspringt, gemessen zur Oberseite des Balles."

## Die Spielzeit

Die reine Spielzeit besteht aus 2 × 20 Minuten, die Pause zwischen den Halbzeiten beträgt 10 bis 15 Minuten.
Verlängerung – bei Gleichstand – nach zwei Minuten Pause um jeweils fünf Minuten, bis eine Mannschaft mit mindestens einem Punkt führt.
Die eigentlichen Beschleuniger des Spiels sind die **Zeitregeln**. Da gibt es gleich eine ganze Reihe, nämlich die 30-, 10-, 5- und 3-Sekunden-Regel. Innerhalb von 30 Sekunden muss die Mannschaft, die im Ballbesitz ist, einen Korbwurf ausgeführt haben. Nach 10 Sekunden muss der Ball aus der eigenen Spielhälfte herausgespielt sein, das gilt während der letzten drei Spielminuten und während aller Verlängerungen. Ein- und Freiwürfe müssen innerhalb von 5 Sekunden ausgeführt sein, sonst geht der Ball an den Gegner. Die 3-Sekunden-Regel endlich besagt, dass sich ein Angreifer nicht länger als drei Sekunden im gegnerischen Freiwurfraum aufhalten darf, wenn seine Mannschaft im Besitz des Balles ist. Wenn doch – Einwurf für die anderen.

**Basketball** [engl. ˈbaːskitbɔːl; engl. basket ›Korb‹] *der* oder *das*, *-s*. Mannschaftssportart: Ziel zweier gegeneinander spielender Mannschaften (je 5 Feld- und bis zu 7 Auswechselspieler) ist es, einen Hohlball (Umfang zw. 75 und 78 cm, Gewicht 600 – 650 g) so oft wie möglich in den gegner. Korb zu werfen. Die Länge des Spielfelds beträgt 26 m, Breite 14 m, bei Olymp. Spielen und Weltmeisterschaften 28 × 15 m

„Shaq“ O’Neal half aus

# Schuhe in Größe 62

LOS ANGELES (sid). Basketballschuhe in Größe 62 zu finden – das ist in der Tat ein riesiges Problem. Diese Erfahrung machte jetzt der 15jährige Allen Joseph aus Brampton (Kanada). Weil der Highschool-Spieler im ganzen Land keine passenden Treter auftreiben konnte, bat er Superstar Shaquille O’Neal (Los Angeles Lakers) aus der nordamerikanischen Profiliga NBA um Hilfe. Der 2,16 m große „Shaq“, bei Schuhgröße 56 mit ähnlichen Problemen behaftet, kontaktierte seine Ausrüsterfirma, und dem Nachwuchs-Korbjäger wurde prompt ein Paar zugesandt. Joseph war bereits der Dritte in einem Jahr, der bei O’Neal anklopfte. Zuvor hatten sich Josh Halexa aus dem US-Bundesstaat Washington und Josh Moore aus New Jersey an den Multimillionär gewandt. Auch sie hatten zuvor alle Schuhläden mit leeren Händen verlassen müssen – bei einer Schuhgröße von sogar 63 kein Wunder.

*(Rheinische Post: 6. Februar 1997)*

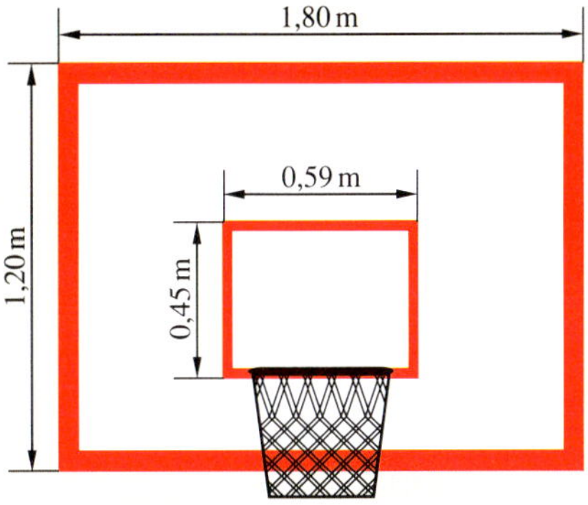


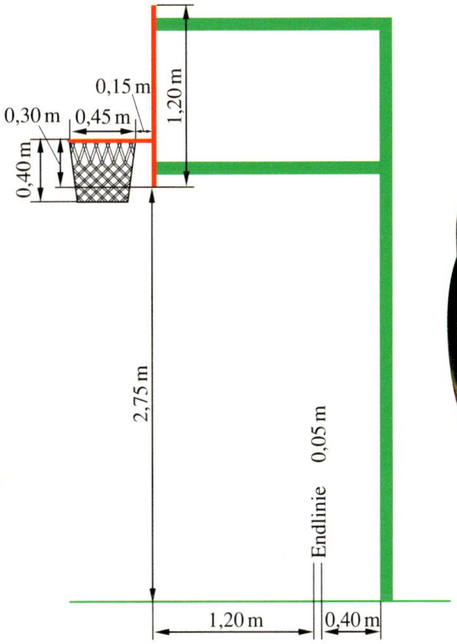


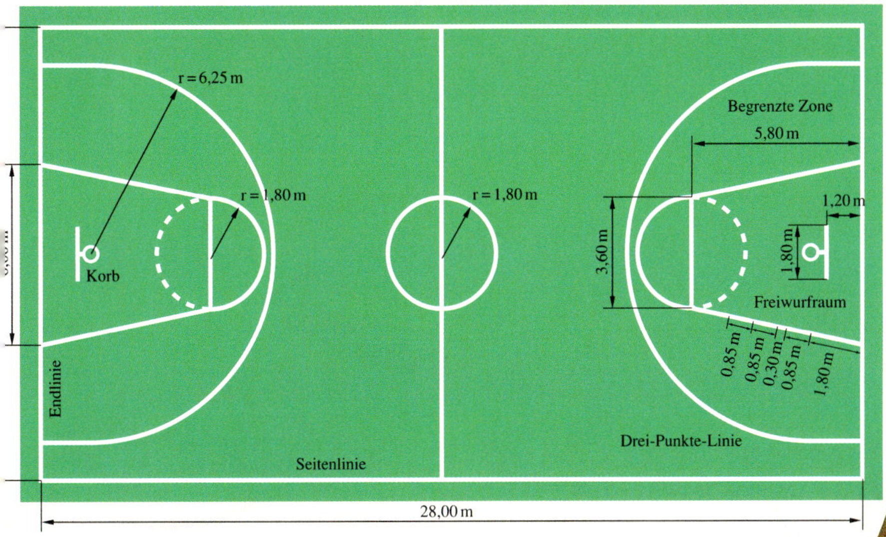

# Gewichte

## Beispiele

**1.** Das Leergewicht eines Lastwagens wird überprüft. Er fährt dazu über eine Lkw-Waage. In den Kfz-Papieren wird sein Gewicht mit 12 Tonnen (12 t) angegeben.

Die Lkw-Waage zeigt an:

$12\,t = \;\; 12\,000\,kg$

$12\,t = 12 \cdot 1000\,kg = 12\,000\,kg$

Das Leergewicht des Lastwagens beträgt 12 t oder 12 000 kg.

| | t | | | kg | | | |
|---|---|---|---|---|---|---|---|
| | H | Z | E | H | Z | E | |
| 12 t | | 1 | 2 | | | | |
| | | 1 | 2 | 0 | 0 | 0 | 12 000 kg |

**2.** Ein Fleischer wiegt einem Kunden 2 Kilogramm (2 kg) Schweinefleisch auf seiner Digitalwaage ab.

$2\,kg = \;\; 2000\,g$

$2\,kg = 2 \cdot 1000\,g = 2000\,g$

| | kg | | | g | | | |
|---|---|---|---|---|---|---|---|
| | H | Z | E | H | Z | E | |
| 2 kg | | | 2 | | | | |
| | | | 2 | 0 | 0 | 0 | 2000 g |

Gewichte werden in **Tonnen (t)**, in **Kilogramm (kg)** oder in **Gramm (g)** angegeben.

**1 t = 1000 kg**

**1 kg = 1000 g**

1 t → (: 1000) → 1 kg → (: 1000) → 1 g

1 g → (· 1000) → 1 kg → (· 1000) → 1 t

## Übungen

**1** Ordne die folgenden Gewichte zu: 1 kg, 4 t, 1 g, 1 t, 500 g, 350 t, 20 g, 300 000 t.

a)

b)

c)

d)

e)
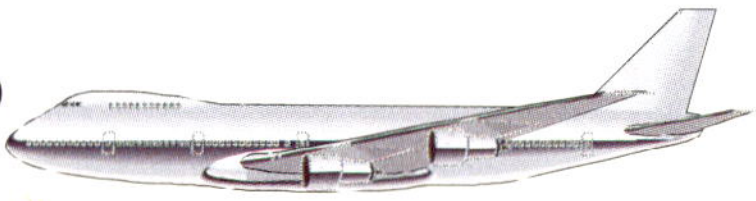

g)
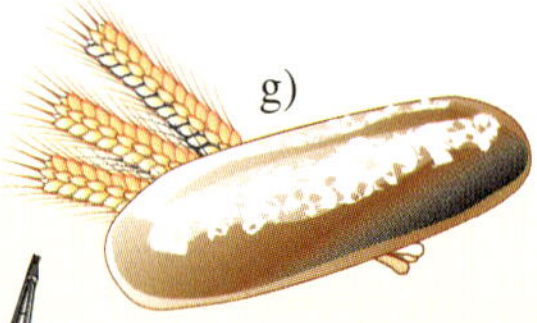

f)

h)

**2** Ordne den Gegenständen das richtige Gewicht zu.

Gewichte: ungefähr 1 kg, 10 kg, 1 t, 10 g.

**3** Schätze das Gewicht
a) deines Mathematikbuchs,
b) deiner leeren Schultasche,
c) deiner gepackten Schultasche.

**4** Schreibe in der angegebenen Einheit.

| | t | | | kg | | | g | | |
|---|---|---|---|---|---|---|---|---|---|
| | H | Z | E | H | Z | E | H | Z | E |
| in kg | | 5 | 0 | | | | | | |
| in g | | | | 1 | 0 | 5 | | | |
| in kg | 1 | 0 | 5 | | | | | | |
| in g | | | | | 2 | 0 | | | |
| in kg | | | | 1 | 5 | 0 | 0 | 0 | 0 |
| in kg | | | | | 2 | 5 | 0 | 0 | 0 |

**5** Schreibe in der angegebenen Einheit. Benutze eine Gewichtstabelle.

Beispiel: 1,5 t (kg) = 1500 kg

| | t | | | kg | | | g | | | |
|---|---|---|---|---|---|---|---|---|---|---|
| | H | Z | E | H | Z | E | H | Z | E | |
| 1,5 t | | | 1 | 5 | | | | | | 1500 kg |
| | | | 1 | 5 | 0 | 0 | | | | 1 t 500 kg |

a) 12,3 t (kg)
b) 15,05 t (kg)
c) 10,005 t (kg)
d) 3,05 kg (g)
e) 13,005 kg (g)
f) 10,505 kg (g)

**6** Übertrage die Gewichtstabelle in dein Heft und schreibe in der in Klammern angegebenen Einheit.

Beispiel: 15 t 2 kg (t) = 15,002 t

| | t | | | kg | | | g | | | |
|---|---|---|---|---|---|---|---|---|---|---|
| | H | Z | E | H | Z | E | H | Z | E | |
| 15 t 2 kg | | 1 | 5 | | | 2 | | | | 15,002 t |
| | | 1 | 5 | 0 | 0 | 2 | | | | 15,002 t |

a) 2 t 5 kg (t)
b) 40 t 5 kg (t)
c) 400 t 50 kg (t)
d) 4 kg 95 g (kg)
e) 10 kg 50 g (kg)
f) 100 kg 500 g (kg)
g) 10 kg 5 g (kg)
h) 10 kg 500 g (kg)
i) 5 kg 50 g (kg)
j) 5 kg 5 g (kg)

**7** Schreibe in der angegebenen Einheit.
a) 6 t = □ kg
b) 85 kg = □ g
c) 108 kg = □ g
d) 7000 kg = □ t
e) 14 000 g = □ kg
f) 107 000 kg = □ t

**8** Schreibe in der in Klammern angegebenen Einheit.
a) 0,202 t (kg)
b) 3,040 t (kg)
c) 0,007 kg (g)
d) 1,002 t (kg)
e) 15,960 kg (g)
f) 0,200 t (kg)

**9** Schreibe in der angegebenen Einheit.
a) 500 g = □ kg
b) 250 g = □ kg
c) 125 g = □ kg
d) 1500 kg = □ t
e) 1750 kg = □ t
f) 1250 kg = □ t

**10** Welche Gewichte sind gleich?
4,9 kg; 4,09 kg; 4,009 kg; 4,090 kg; 4,900 kg; 4900 g; 4009 g; 4 kg 9 g

**11** Wenn 1 kg Gold 35 000 DM kostet, wie viel DM kosten dann
a) 1 g,
b) 10 g,
c) 100 g,
d) 500 g,
e) 50 g,
f) 5 g?

**12** Ein Karton enthält 40 Pakete Butter zu je 250 g. Gib das Gesamtgewicht des Kartons mit der Butter in kg an.

**13** Eine Fernheizanlage verbraucht an einem Tag 7500 kg Koks. Wie viele Tonnen verbraucht sie in 30 Tagen?

## Beispiele

**1.** Die großen Bagger im Braunkohlentagebau baggern riesige Mengen von Erde aus. Manche schaffen mehr als 6 000 000 t im Monat, das sind 200 000 t am Tag.
Solche großen Gewichte gibt man so an:
6 000 000 t = 6 **Mt (Megatonnen)**
200 000 t = 200 **kt (Kilotonnen)**

| | Mt | | | kt | | | t | | |
|---|---|---|---|---|---|---|---|---|---|
| | H | Z | E | H | Z | E | H | Z | E |
| 1 Mt | | | 1 | 0 | 0 | 0 | 0 | 0 | 0 |
| | | | | | | | | | |
| 1 kt | | | | | | 1 | 0 | 0 | 0 |

**1 Mt = 1000 kt = 1 000 000 t**
**1 kt = 1 000 t**

**2.** Bei der Zusammensetzung von Nahrungsmitteln verwendet man bei sehr geringen Mengen das **Milligramm (mg)**.

100 g Milch enthalten:
112 mg Kalzium
95 mg Phosphor
2 mg Vitamin C

| | kg | | | g | | | mg | | |
|---|---|---|---|---|---|---|---|---|---|
| | H | Z | E | H | Z | E | H | Z | E |
| 1 g | | | | | | 1 | 0 | 0 | 0 |

100 g Grünkohl enthalten:
108 mg Kalzium
45 mg Phosphor
54 mg Vitamin C

**1 g = 1000 mg (Milligramm)**

## Übungen

**1** Schreibe 48 Mt in kt und t.

**2** Schreibe in der angegebenen Einheit.

| | Mt | | | kt | | | t | | |
|---|---|---|---|---|---|---|---|---|---|
| | H | Z | E | H | Z | E | H | Z | E |
| in t | | | | | 1 | 2 | | | |
| in kt | | | 1 | 0 | 3 | | | | |
| in t | 1 | 0 | 5 | 0 | 1 | 0 | | | |
| in Mt | | | 1 | 2 | 5 | 0 | 0 | 0 | 0 |

**3** Schreibe in kt.
a) 6 Mt c) 48 Mt e) 2 kt 500 t
b) 200 Mt d) 5 Mt 300 kt f) 3 kt 100 t

**4** Schreibe in kt und t.
a) 16 Mt d) 11 Mt 3 kt
b) 2 Mt 120 kt e) 9 Mt 18 kt
c) 1 Mt 2 kt f) 26 kt 30 t

**5** Schreibe in Mt und kt.
a) 3 000 000 t d) 9350 kt 800 t
b) 120 000 000 t e) 3125 kt 26 t
c) 1 500 000 t f) 1975 kt 7 t

**6** Schreibe in der in Klammern angegebenen Einheit. Benutze eine Gewichtstabelle.

a) 105 t (kg)
b) 14 kt (kg)
c) 0,002 kt (kg)
d) 5 Mt 4 kg (kg)
e) 13 Mt (t)
f) 103 kt (t)
g) 50,5 kt (t)
h) 3 kt 5 t (t)

**7** Schreibe in der in Klammern angegebenen Einheit.

a) 10 kg (g)
b) 20 kg (g)
c) 50 g (mg)
d) 500 g (mg)

**8** Schreibe in der angegebenen Einheit.

a) 1,5 kg (g)
b) 40 kg 5 g (g)
c) 0,03 kg (mg)
d) 3 g 8 mg (mg)

**9** Rechne um in die angegebene Einheit.

a) 2000 g (kg)
b) 4 t (kg)
c) 5 kt (t)
d) 5000 kg (t)
e) 10 000 t (kt)
f) 100 000 t (kt)

**10** Rechne mit den Angaben aus dem Beispiel der vorangehenden Seite.

a) Wie viel mg Kalzium sind in 1000 g Grünkohl enthalten?

b) Wie viel mg Phosphor sind in 500 g Grünkohl enthalten?

c) Wie viel mg Vitamin C sind in 1 Liter Milch (1000 g) enthalten?

d) Wie viel mg Kalzium sind in 1 Liter Milch enthalten?

**11** Fische benötigen zum Leben ausreichend Sauerstoff im Wasser. Ist der Sauerstoffgehalt des Wassers auch von der Wassertemperatur abhängig?

| Wassertemperatur °C | Sauerstoffgehalt mg Sauerstoff pro l |
|---|---|
| 0 | 14,6 |
| 5 | 12,7 |
| 10 | 11,3 |
| 15 | 10,1 |
| 20 | 9,1 |
| 25 | 8,3 |
| 30 | 7,6 |

Berechne, wie viel Gramm Sauerstoff in 1000 l Wasser enthalten sind.

**12** Ein Güterzug hat 50 Waggons. Jeder Waggon kann mit 20 t Eisenerz beladen werden. Wie viele solcher Züge braucht man, um 1 Mt Eisenerz abzutransportieren?

**13** Deutschland ist trotz rückläufiger Förderzahlen noch der größte Braunkohleproduzent der Welt. Die Tabelle gibt Fördermengen der wichtigsten Abbaugebiete Deutschlands an. Berechne die jährliche Fördermenge insgesamt in diesen Abbaugebieten.

| Jahr | Rheinland | Lausitz | Mitteldeutschland | Helmstedt |
|---|---|---|---|---|
| 1992 | 107,5 | 93,1 | 36,3 | 4,7 |
| 1993 | 102,1 | 87,4 | 28,2 | 3,9 |
| 1994 | 101,4 | 79,4 | 22,3 | 3,8 |

(Angaben in Mt)

**14** Bei normalem Haarwuchs setzt sich das Kopfhaar beim Menschen aus 80 000 bis 100 000 Haaren zusammen. Jedes Haar wiegt ungefähr 1 mg. Gib das Gewicht des Kopfhaars in g an.

**15** In einer Fabrik sollen 600 kg Schokolade in 100-g-(150-g-)Tafeln abgepackt werden. Wie viele Tafeln erhält man?

# Zeitmaße

Nadines Familie plant eine Zugfahrt von Osnabrück nach Münster. Nadine informiert sich im Fahrplan der Deutschen Bahn über Abfahrts- und Ankunftszeiten sowie über die Fahrzeiten der Züge.

| | | | | | | | | | | | | |
|---|---|---|---|---|---|---|---|---|---|---|---|---|
| 20 | Barrien | | 8 50 | | | | | | | | | 10 50 |
| 24 | Syke | | 75 9 02 | | | | | 9 22 | | | | 10 22 | 77 11 02 |
| 29 | Bramstedt (b. Syke) | | 9 06 | | | | | | | | | 11 06 |
| 33 | Bassum | 386 3 | 9 10 | | | | | 9 29 | | | 10 29 | 11 10 |
| 42 | Twistringen | 4 | ○ 9 16 | | | | | 9 36 | | | 10 36 | ○ 11 15 |
| 56 | Barnstorf (Han) | | | | | | | 9 45 | | | 10 45 | |
| 70 | Diepholz | ○ | | | | 9 33 | | 9 54 | | | 10 54 | |
| | Diepholz | | | | | 9 34 | | 9 56 | | | 10 56 | |
| 86 | Lemförde | | | | | | | 10 06 | | | 11 06 | |
| 98 | Bohmte | | | | | | | 10 15 | | | 11 15 | |
| 123 | Osnabr. Hbf | 375, 392, 394 ○ | | | 9 38 | 10 01 | | 10 32 | | 10 38 | | 11 32 | |
| | Osnabrück Hbf | | | | 9 40 | 10 03 | 10 12 | | | 10 40 | 11 12 | | |
| 131 | Hasbergen (Kr. Osnabrück) | | | | | | 10 18 | | | | 11 18 | | |
| 136 | Natrup-Hagen | | | | | | 10 22 | | | | 11 22 | | |
| 141 | Lengerich (Westf.) | | | | | | 10 26 | | | | 11 26 | | |
| 149 | Kattenvenne | | | | | | 10 32 | | | | 11 32 | | |
| 155 | Brock-Ostbevern | | | | | | 10 37 | | | | 11 37 | | |
| 161 | Westbevern | | | | | | 10 42 | | | | 11 42 | | |
| 173 | **Münster** (Westf.) Hbf | ○ | | | 10 04 | 10 28 | 10 52 | | | 11 04 | 11 52 | | |
| | | nach | | | Wien | Saarbrücken | | | | Nürnberg/ München | | | |
| | Münster (Westf.) Hbf | 411 | | | 10 06 | *10 38* | | | | 11 06 | | | |
| | Dortmund Hbf | ○ | | | 10 34 | *11 28* | | | | 11 34 | | | |

Sie notiert die Zeitpunkte von Abfahrt und Ankunft verschiedener Züge:

| ab Osnabrück | an Münster |
|---|---|
| 9:40 Uhr | 10:04 Uhr |
| 10:03 Uhr | 10:28 Uhr |
| 10:12 Uhr | 10:52 Uhr |

Sie notiert auch die Zeitspannen zwischen Abfahrt und Ankunft dieser Züge:

24 Minuten
25 Minuten
40 Minuten

Nadines Familie entscheidet sich für den Zug, der Osnabrück um 9:40 Uhr verlässt und Münster um 10:04 Uhr erreicht.

Uhrzeit 9:40 Uhr

Zeitspanne 24 min

Uhrzeit 10:04 Uhr

**Zeitspannen** werden mit folgenden **Zeitmaßen** gemessen:

**1 Jahr = 365 Tage**
**1 Tag = 24 Stunden** (h)
**1 Stunde = 60 Minuten** (min)
**1 Minute = 60 Sekunden** (s)

1 Tag —(: 24 / · 24)— 1 h —(: 60 / · 60)— 1 min —(: 60 / · 60)— 1 s

## Übungen

**1** Was ist gemeint, Zeitpunkt oder Zeitspanne?
a) Ich komme um 18:00 Uhr.
b) Ich war den ganzen Nachmittag beschäftigt.
c) Die Pause beginnt um 9:35 Uhr.
d) Die Erde dreht sich in 24 Stunden einmal um ihre Achse.
e) Der Mathematiker Leonhard Euler lebte vom 4. 4. 1707 bis zum 18. 9. 1783.

**2** Schreibe in der in Klammern angegebenen Einheit.
a) 3 Tage (h)
b) 2 h 30 min (min)
c) 4 min 21 s (s)
d) 5 min (s)
e) 1 h 15 min (min)
f) 3 min 18 s (s)

**3** Rechne in Sekunden um.
a) 15 min; 48 min; 23 min; 60 min
b) 4 min 35 s; 2 min 3 s; 8 min 15 s
c) 12 min 15 s; 25 min 30 s; 45 min 50 s

**4** a) Rechne in Minuten um.
3600 s; 3060 s; 3000 s; 2520 s
b) Gib in Minuten und Sekunden an.
124 s; 296 s; 2096 s; 3003 s
c) Gib in Stunden und Minuten an.
198 min; 256 min; 2050 min

**5** Schreibe in der angegebenen Einheit.
a) 2 h 3 min (min)
b) 3 Tage 6 h (h)
c) 7 min (s)
d) 2 h 50 min (min)
e) 240 min (h)
f) 28 min 10 s (s)
g) 48 h (Tage)
h) 96 h (Tage)
i) 3 min 28 s (s)
j) 360 s (min)

**6** Schreibe in Jahren und Tagen.
Beispiel: 400 Tage = 1 Jahr 35 Tage
a) 800 Tage
b) 1000 Tage
c) 1200 Tage
d) 2000 Tage
e) 1600 Tage
f) 3000 Tage

**7** Ein Jahr hat 12 Monate. Gib die Zeitspannen in Jahren an.
a) Ein Kredit hat 84 Monate Laufzeit.
b) Eine Stadtchronik berichtet: „Unser ältester Bürger ist 1248 Monde (Monate) alt geworden.“

**8** Übertrage die Tabelle in dein Heft und ergänze sie.

| Zug.-Nr. | ab Bielefeld | an Hannover | Zeitspanne |
|---|---|---|---|
| IC 604 | 14:10 | 15:01 | |
| IR 2645 | 14:45 | 15:43 | |
| RE 3927 | 14:20 | 15:52 | |
| IC 943 | 19:57 | 20:56 | |

**9** a) Übertrage die Tabelle in dein Heft und ergänze sie.

| Station | an | ab | Aufenthaltszeit |
|---|---|---|---|
| Wilhelmshaven | – | 11:11 | – |
| Sande | 11:18 | | 6 min |
| Jever | 11:40 | | 1 min |
| Esens | 12:07 | – | – |

b) Gib die Reisedauer an: von Wilhelmshaven nach Esens (Ostfriesland), von Sande nach Jever, von Wilhelmshaven nach Jever, von Jever nach Esens.

**10** Ermittle aus dem Fahrplan auf Seite 48:
a) Abfahrtszeit und Ankunftszeit der Züge, die insgesamt 40 Minuten von Osnabrück nach Münster brauchen,
b) die Reisedauer des 10:40-Uhr-Zuges von Osnabrück nach Münster,
c) die Reisedauer des 9:36-Uhr-Zuges von Twistringen nach Osnabrück.

**11** In dem Fahrplan auf Seite 48 sind die von Bremen aus zurückgelegten Entfernungen abzulesen. Bis Osnabrück sind die Züge von Bremen aus bereits 123 km gefahren. Du findest die Zahl 123 links neben Osnabrück. Gib die Entfernungen zwischen den Städten an.
a) Osnabrück – Münster
b) Osnabrück – Lengerich
c) Hasbergen – Westbevern

**12** Überprüfe mit dem Fahrplan auf Seite 48:
a) Der 10:12-Uhr-Zug von Osnabrück fährt in 10 Minuten 12 Kilometer.
b) Der 9:22-Uhr-Zug von Syke legt in 53 Minuten 80 Kilometer zurück.

**checkpoint**

**1** Bestimme das Maximum, das Minimum, die Spannweite und den Zentralwert der vorhergesagten Temperaturen. (5 Punkte)

**2** Ordne die Zahlen.
Beispiel: 3 < 17 < 69 < 123.

870; 351; 1309; 3190; 87; 9013; 513; 135 (4 Punkte)

**3** Übertrage die römischen Zahlen ins Dezimalsystem.
a) XXIV b) MCMXCVIII (2 Punkte)

**4** Übertrage die Dualzahlen ins Dezimalsystem.
a) $1011_{(2)}$ b) $110110_{(2)}$ (2 Punkte)

**5** Runde auf ganze DM-Beträge.
a) 29,12 DM c) 134,50 DM
b) 59,80 DM d) 79,49 DM
(4 Punkte)

**6** Stelle die sechs längsten Flüsse Afrikas in einem Stabdiagramm dar. Wähle 1 mm für 100 km auf der senkrechten Achse. Runde vorher geeignet.

| | | | |
|---|---|---|---|
| Nil | 6671 km | Kongo | 4374 km |
| Niger | 4184 km | Sambesi | 2736 km |
| Oranje | 2092 km | Senegal | 1430 km |

(8 Punkte)

**7** Rechne in die in Klammern angegebene Einheit um.
a) 27 cm (mm) c) 135 cm (m) e) 213 g (kg) g) 1,8 t (kg)
b) 13 dm (cm) d) 52 mm (cm) f) 1,52 kg (g) h) 48 min (s)
(8 Punkte)

# Mathematische Grundfertigkeiten

## ZEICHENTECHNIKEN

# Im Zeichenraum

Auch du benötigst zum Zeichnen Zeichengeräte.

Leonardo da Vinci aus der Toskana in Italien war einer der bedeutendsten Maler aller Zeiten. Er lebte von 1452 bis 1519. Eines seiner bekanntesten Bilder hängt im Louvre in Paris.
Viele Besucher reisen nach Paris, um die „Mona Lisa“ zu sehen.

Neben seiner genialen Begabung als Maler war Leonardo auch ein sehr bekannter Techniker.

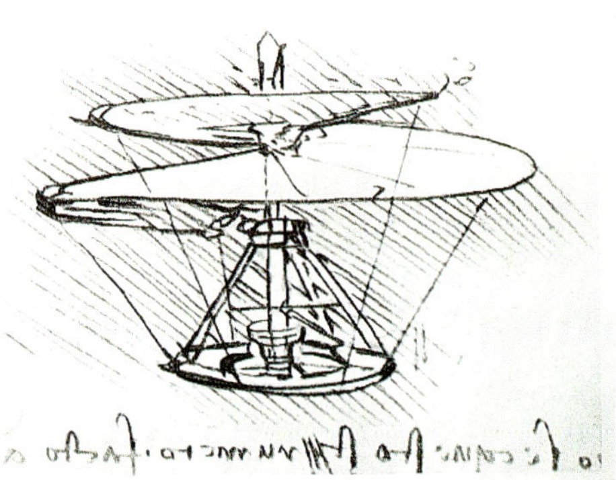

Entwurf eines „Helikopters“ von Leonardo da Vinci.
Rotor in Form einer archimedischen Schraube (1486/90).

Bis heute ist er als Maler und Techniker weltberühmt.

Mit Hilfe dieser Zeichnung sollten Handwerker den von Muskelkraft angetriebenen Hubschrauber bauen. Das gelang damals nicht. Erst 400 Jahre später baute im Jahr 1906 der Franzose Berguét den ersten flugfähigen Hubschrauber.

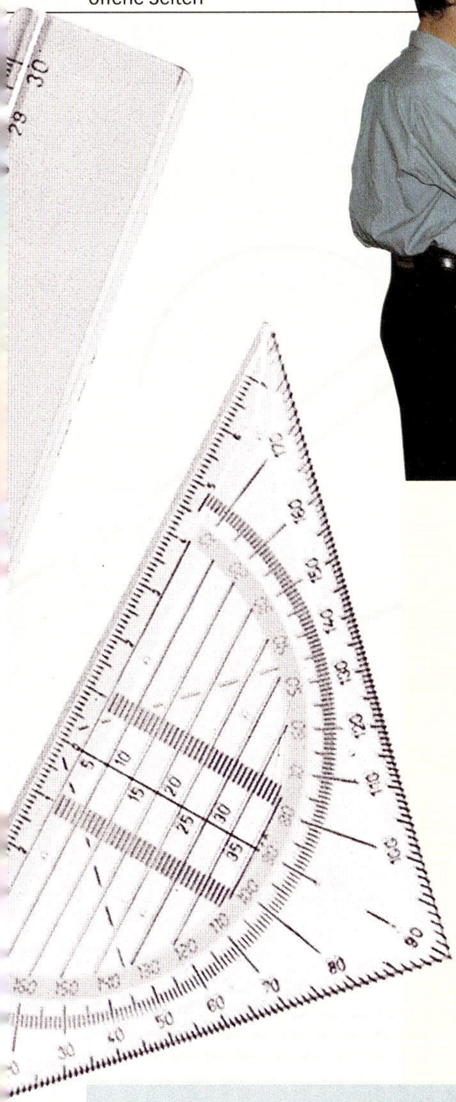

Konstruktionszeichnungen wie diese entstehen heute besser, auch schneller auf Computern und können in beliebigen Größen „geplottet“ (ausgedruckt) werden.

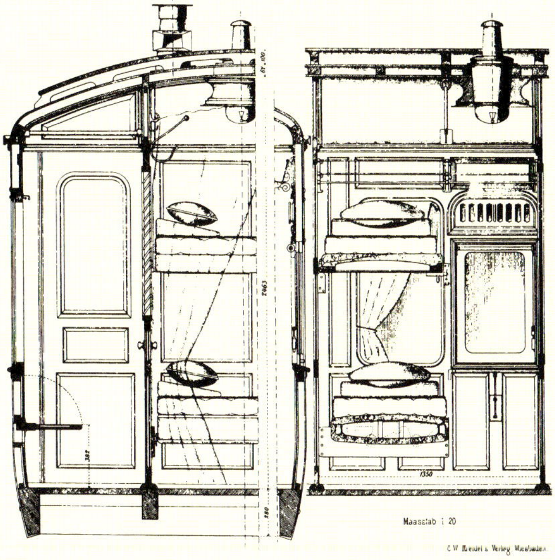

# Zeichnen von geraden Linien

Beim Setzen von Kantensteinen für einen Gehweg wird eine Schnur mit zwei Stäben benutzt.
Die Schnur wird straff gespannt, um die Platten in **gerader Linie** verlegen zu können.

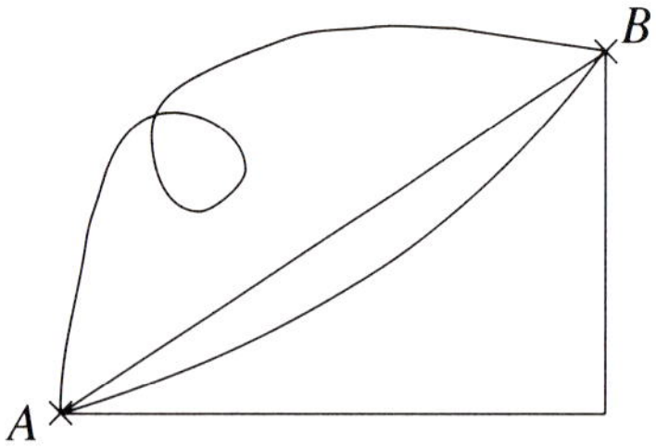


Hier sind die beiden Punkte $A$ und $B$ durch vier verschiedene Linien miteinander verbunden.
Du siehst, dass die kürzeste Verbindung eine gerade Linie ist.

Gerade Linien zeichnet man mit dem Lineal oder mit dem Geodreieck.

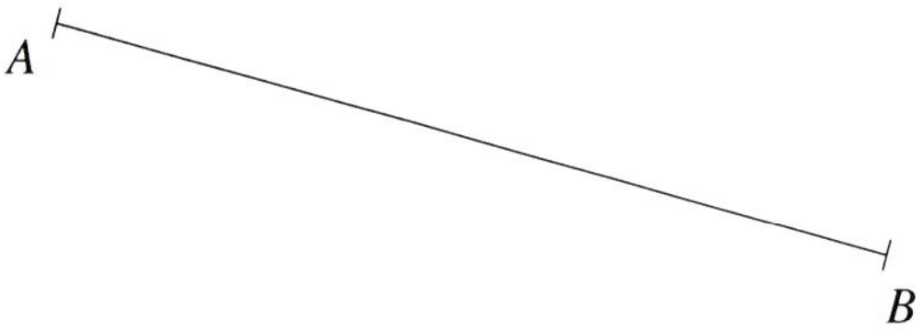


Die kürzeste Verbindung der Punkte $A$ und $B$ wird **Strecke** $AB$ genannt.

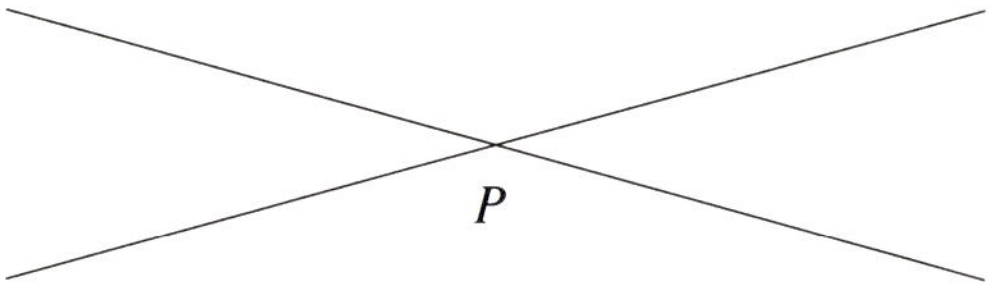


Diese beiden Linien schneiden sich in einem Punkt $P$. Punkte benennen wir mit großen Buchstaben.

## Übungen

**1** a) Zeichne zwei gerade Linien, die sich schneiden. Nenne den Schnittpunkt $A$.
b) Zeichne durch $A$ eine dritte gerade Linie.

**2** Zeichne eine Strecke mit den Endpunkten $A$ und $B$. Zeichne einen Punkt $C$, der nicht auf der Strecke $AB$ liegt, und verbinde ihn mit $A$ und $B$. Wie viele Strecken entstehen?

**3** Wie viele gerade Linien kannst du durch einen Punkt zeichnen, wie viele gerade Linien kannst du durch zwei Punkte $A$ und $B$ zeichnen?

**4** Zeichne drei Punkte $A$, $B$ und $C$ so in dein Heft, dass sie nicht auf einer geraden Linie liegen. Zeichne durch den Punkt $A$ drei verschiedene gerade Linien, zeichne die Strecke $BC$.

**5** Zeichne zwei gerade Linien, die sich im Punkt $E$ schneiden. Zeichne eine dritte gerade Linie so, dass sich zwei weitere Schnittpunkte ergeben. Nenne sie $F$ und $G$. Wie viele Strecken entstehen?

**6** Zeichne vier Punkte $A$, $B$, $C$ und $D$ so in dein Heft, dass niemals drei Punkte auf einer geraden Linie liegen. Verbinde alle Punkte durch gerade Linien. Wie viele Linien erhältst du?

**7** Welchen Spielern kann *A* den Ball zuspielen? Übertrage. Zeichne die Strecken.

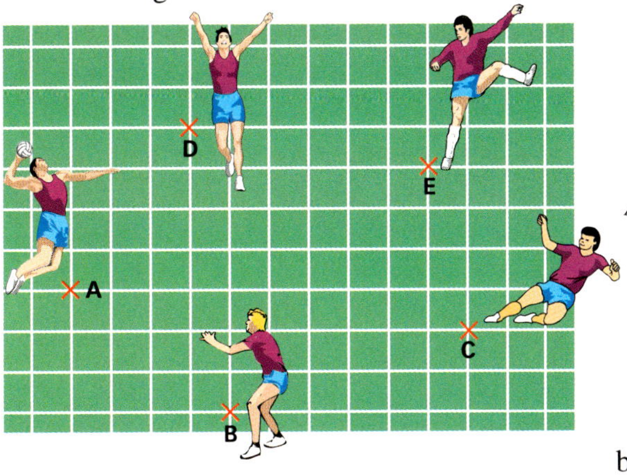


**8** Übertrage die Punkte ins Heft und verbinde sie durch Strecken. Wie viele sind es?

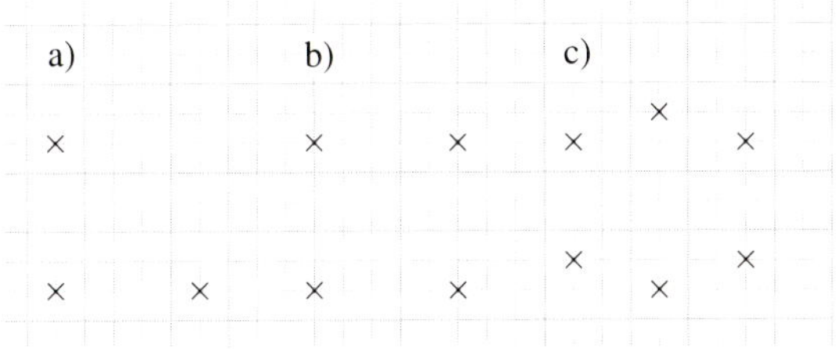


**9** Ein Flugzeug fliegt nach folgendem Flugplan: Hamburg – Köln – Paris – Frankfurt – Köln – Hamburg.
Zeichne die Flugstrecken in dein Heft.

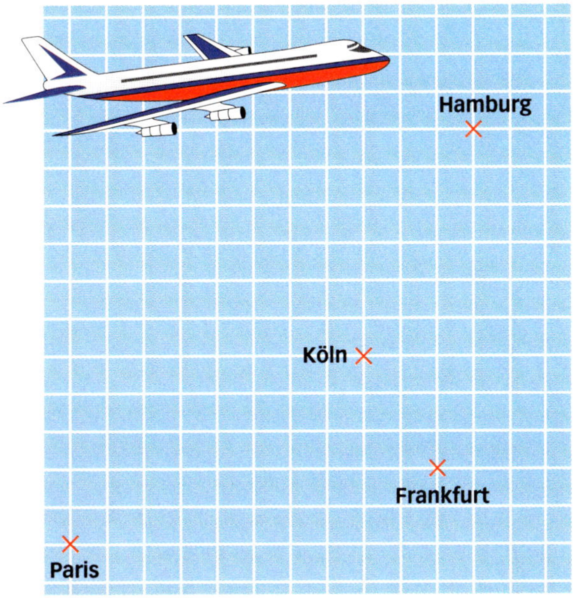


**10** a) Zeichne mit dem Lineal einen ähnlichen fünfzackigen Stern in dein Heft.

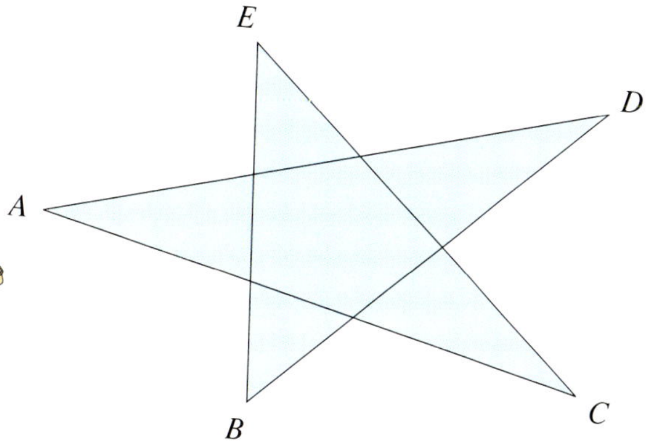


b) Zeichne einen solchen Stern ohne Lineal. Setze dabei den Bleistift nicht ab und zeichne keine Linie doppelt.

**11** Zeichne die Figur ab. Beginne mit den blauen Linien.

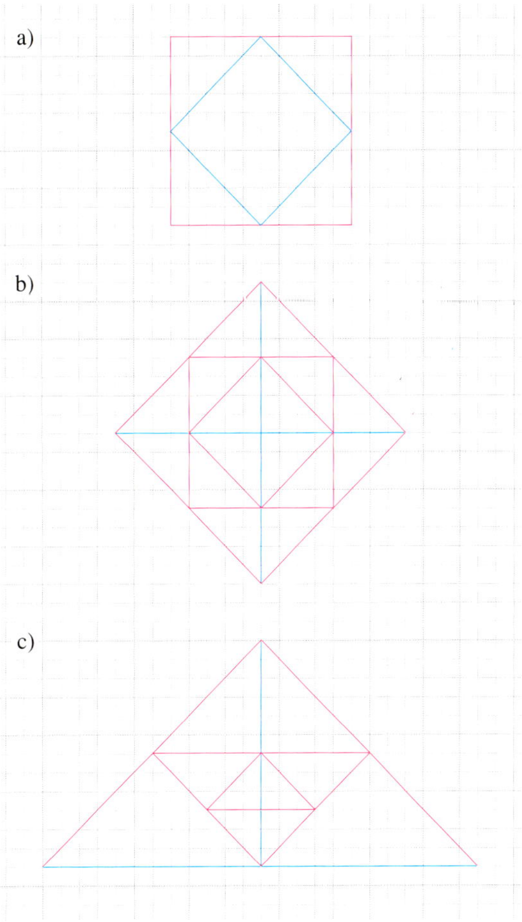

# Messen von Strecken

Strecken können wir mit dem Lineal oder mit dem Geodreieck messen.

Hier wird die Länge einer Schraube mit dem Lineal gemessen.

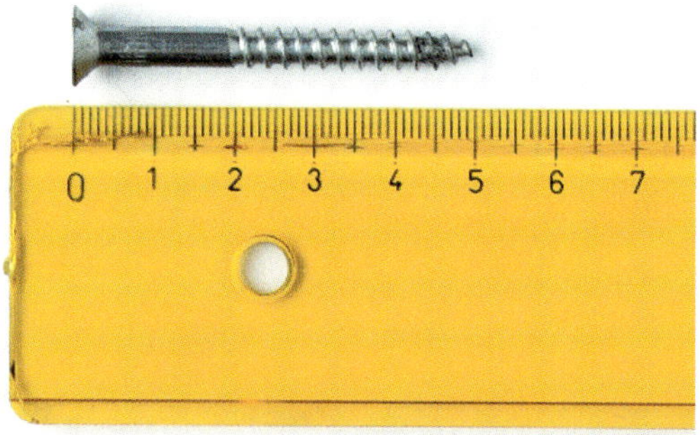


Die Schraube ist 5 cm lang.

Hier wird die Länge der Strecke $AB$ mit dem Geodreieck gemessen.

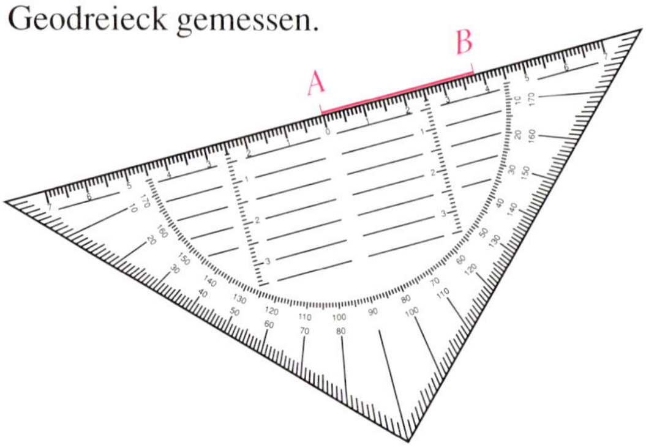


Die Strecke $AB$ ist 38 mm lang.
Wir schreiben: $AB = 38$ mm.

## Übungen

**1**

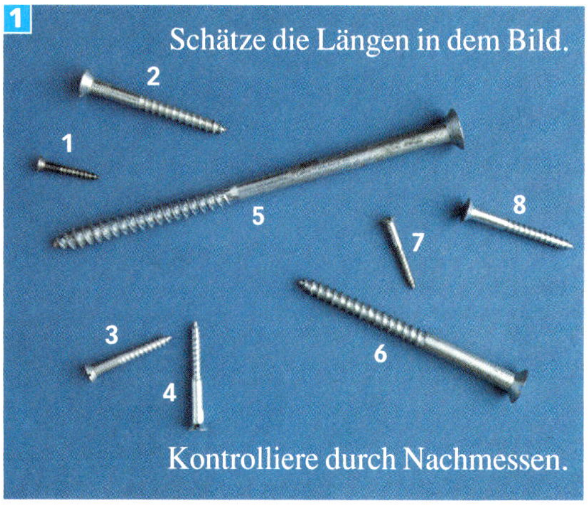


**2** a) Welche Strecken in der Zeichnung haben die gleiche Länge?

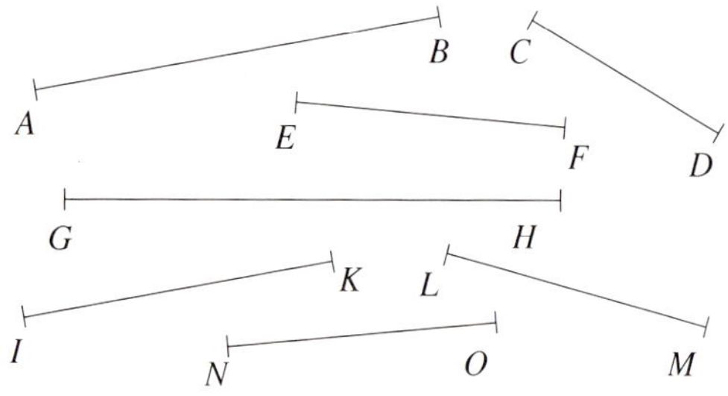


b) Welches ist die kürzeste Strecke, welches ist die längste Strecke?

**3** Miss die Längen der Vierecksseiten und schreibe sie auf.

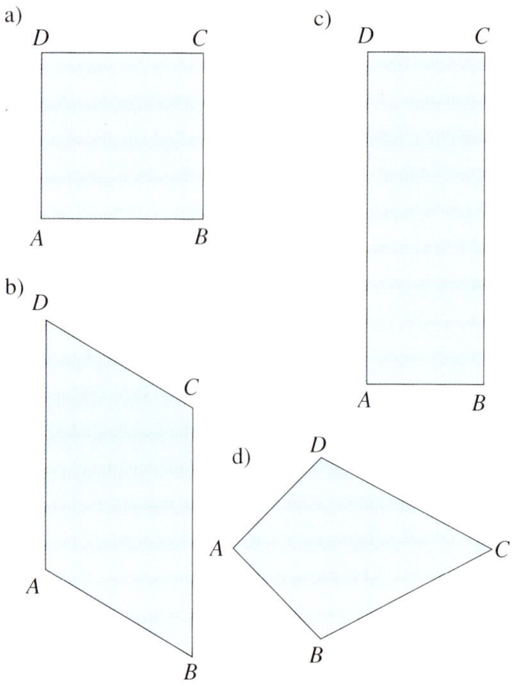


**4** a) Miss mit einem Lineal die Längen der Seiten deines Geodreiecks. Miss dann die Längen der Seiten des Lineals.
b) Miss die Länge der rechten Buchdeckelkante, wenn dieses Buch geschlossen vor dir liegt.

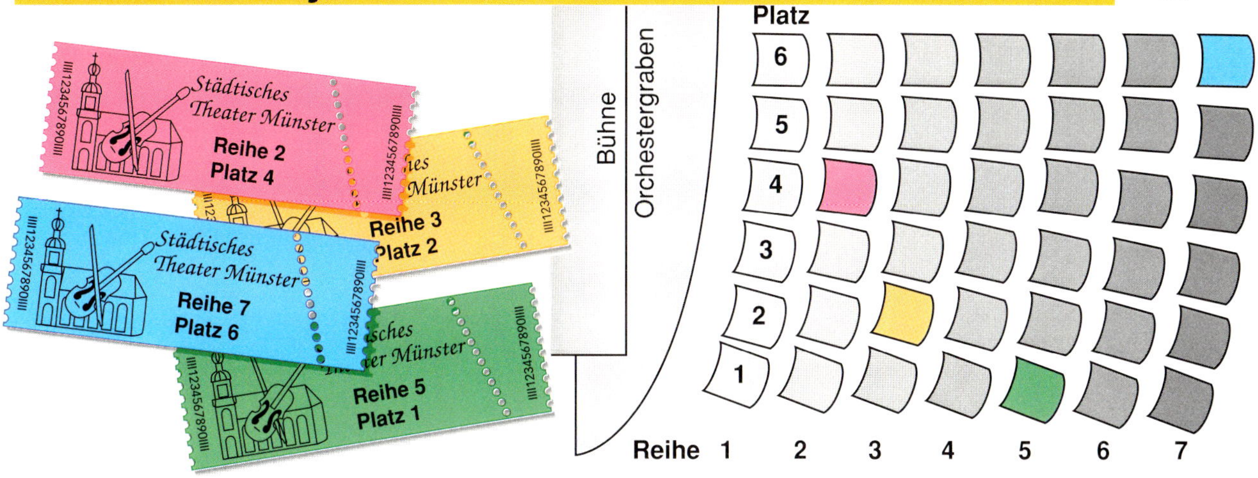


An der Abendkasse des Theaters hat Familie Sachs diese Karten erhalten. Auf dem Sitzplan kann jeder seinen Sitzplatz suchen.

Mit einem ähnlichen Plan bestimmt man in der Mathematik die Lage von Punkten. Man sagt: Die Punkte werden im **Koordinatensystem** angegeben. Dazu benötigt man zwei Zahlenstrahlen. Der waagerechte Zahlenstrahl wird ***x*-Achse** (oder **Rechtsachse**) und der senkrechte Zahlenstrahl wird ***y*-Achse** (oder **Hochachse**) genannt. Jeder Punkt wird dann durch ein Paar von **Koordinaten** (**Gitterzahlen**) festgelegt.

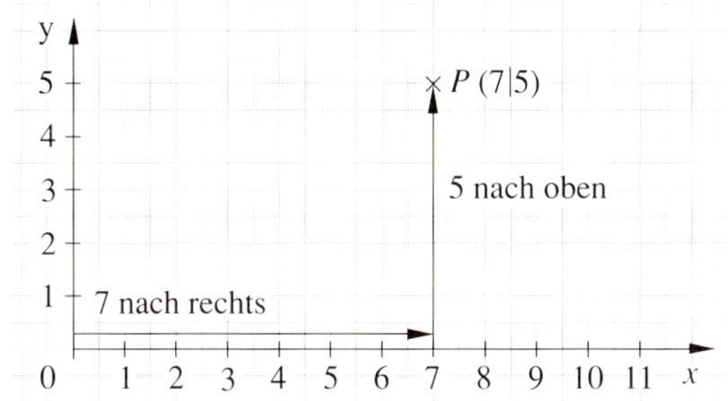


So bestimmt man die Lage des Punktes $P$: Gehe vom gemeinsamen Anfangspunkt der beiden Achsen
7 Einheiten nach rechts und
5 Einheiten nach oben.

Der Punkt $P$ hat die Koordinaten $(7 \mid 5)$.
Kurz: $P\,(7 \mid 5)$.

**Beispiele**

Übertrage die mit ihren Koordinaten gegebenen Punkte in ein Koordinatensystem.

$A\,(3 \mid 1)$
$B\,(8 \mid 3)$
$C\,(5 \mid 7)$
$D\,(2 \mid 4)$
$E\,(11 \mid 0)$
$F\,(0 \mid 7)$

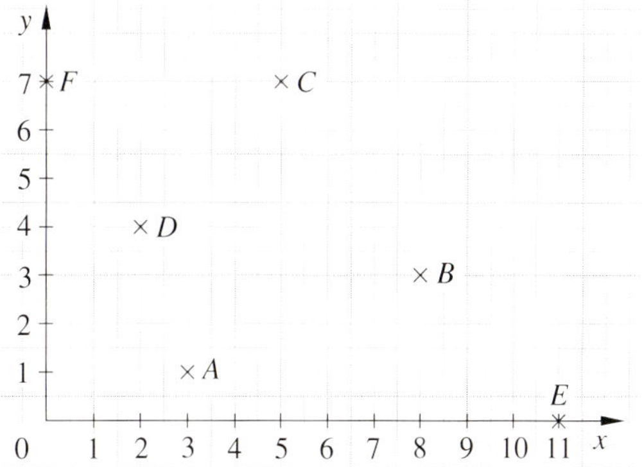

## Übungen

**1** Gib die Koordinaten der angegebenen Punkte an. Schreibe: $A\,(0\,|\,0)$; $B$ … .

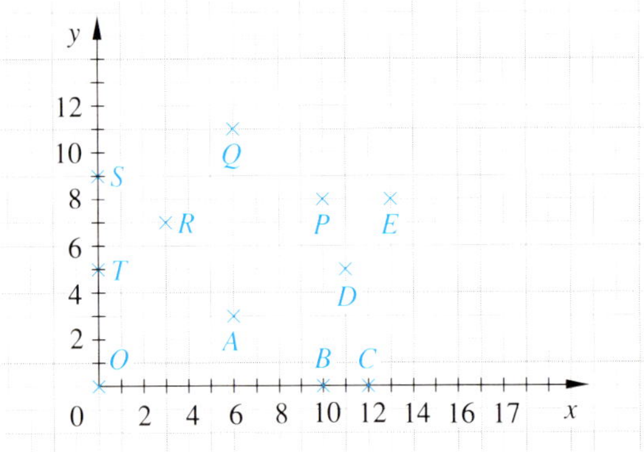


**2** Benenne die Eckpunkte der Hausfront.

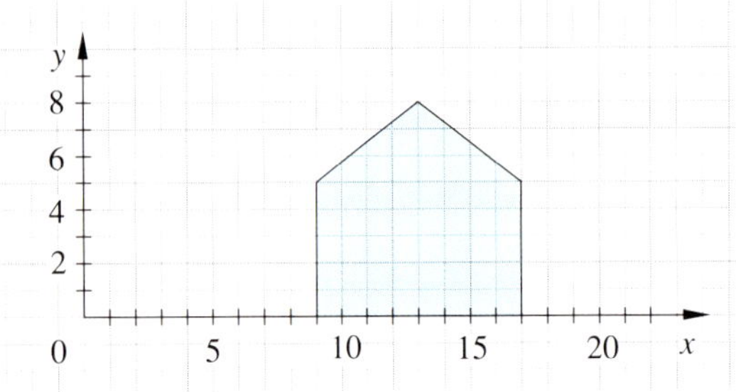

**3** Vervollständige im Heft zu einem Stern und gib die Koordinaten der Punkte an.

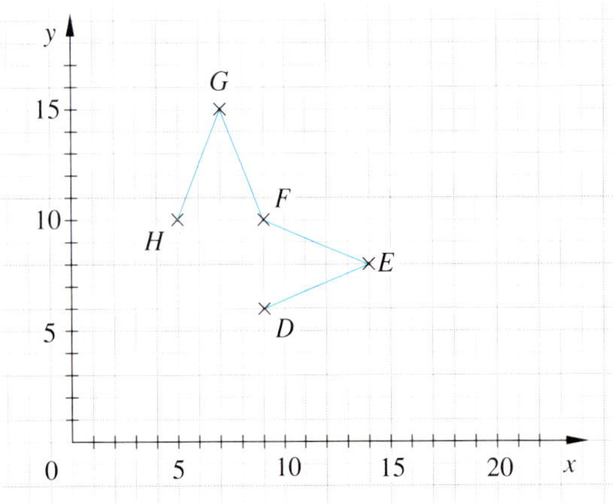


**4** Zeichne ein Segelboot.
Boot: $(6\,|\,0)$; $(12\,|\,0)$; $(15\,|\,2)$; $(3\,|\,2)$
Mast: $(7\,|\,2)$; $(7\,|\,10)$
Segel: $(7\,|\,9)$; $(7\,|\,2)$; $(13\,|\,3)$

**5** Wenn du die Maus vergrößern willst, musst du alle Seiten zweimal (dreimal, …) so lang zeichnen.

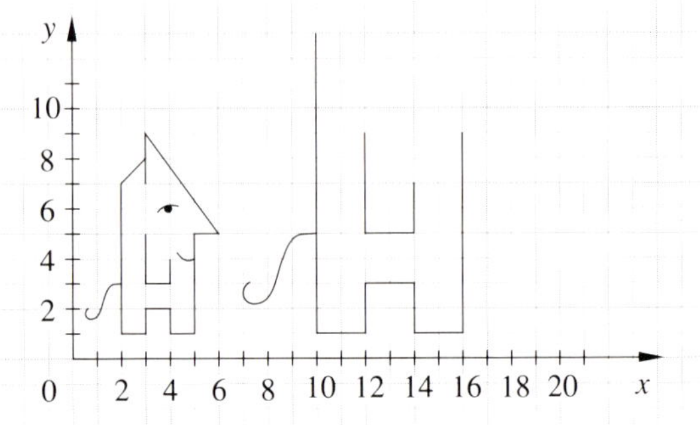

**6** Übertrage die Koordinatensysteme und verbinde die Punkte zu Sternbildern des nördlichen Nachthimmels.

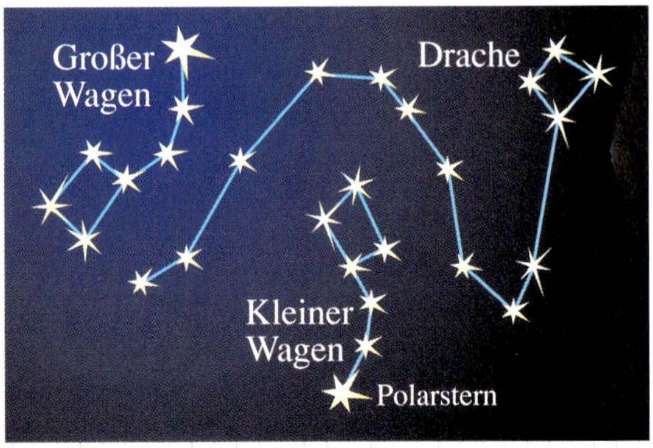


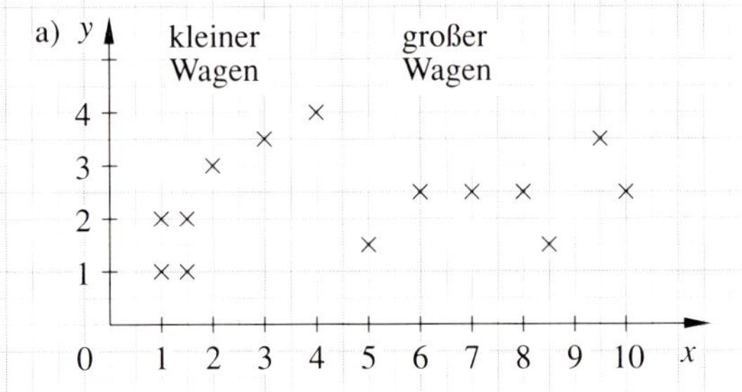


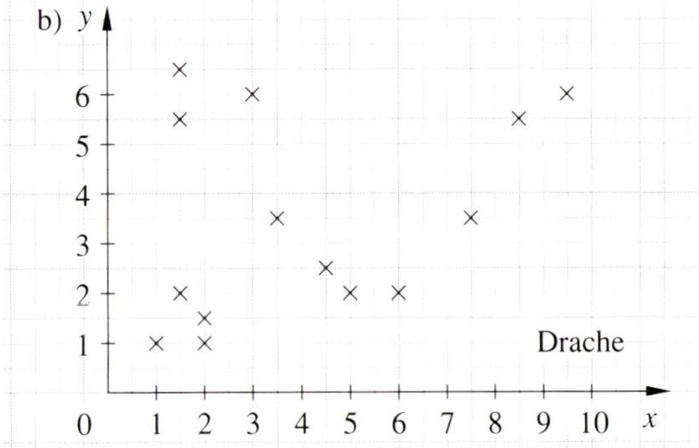

# Zeichnen von Strecken, Strahlen und Geraden

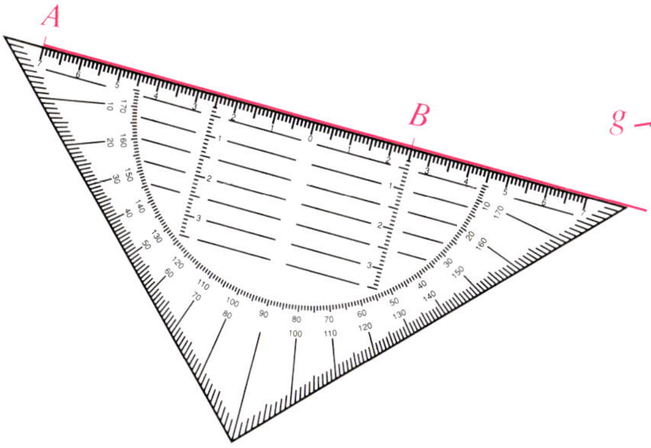


Wenn du bei der Strecke *AB* so über einen Endpunkt hinaus zeichnest, dann zeichnest du einen **Strahl**.

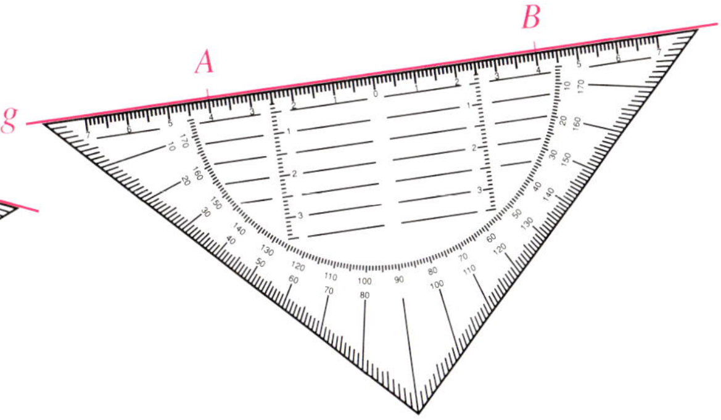


Wenn du bei der Strecke *AB* so über Anfangs- und Endpunkt hinaus zeichnest, dann zeichnest du eine **Gerade**. Geraden bezeichnen wir mit kleinen Buchstaben.

Eine **Strecke** hat einen Anfangspunkt und einen Endpunkt.

Ein **Strahl** hat einen Anfangspunkt, aber keinen Endpunkt.

Eine **Gerade** hat keinen Anfangspunkt und keinen Endpunkt.

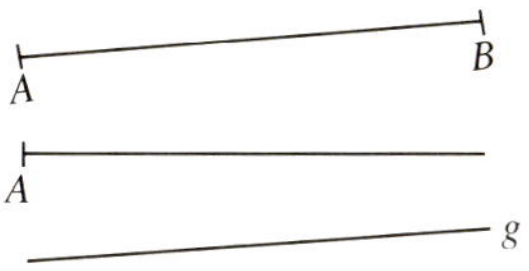


## Übungen

**1** Zeichne Strecken mit folgenden Längen.
a) 4 cm; 6 cm; 7 cm; 3 cm; 9 cm
b) 36 mm; 58 mm; 24 mm; 67 mm; 41 mm
c) 3,5 cm; 7,9 cm; 5,3 cm; 6,4 cm; 8,6 cm

**2** Übertrage die drei Punkte in dein Heft. Zeichne von *A* aus einen Strahl durch *B* und einen Strahl durch *C*.

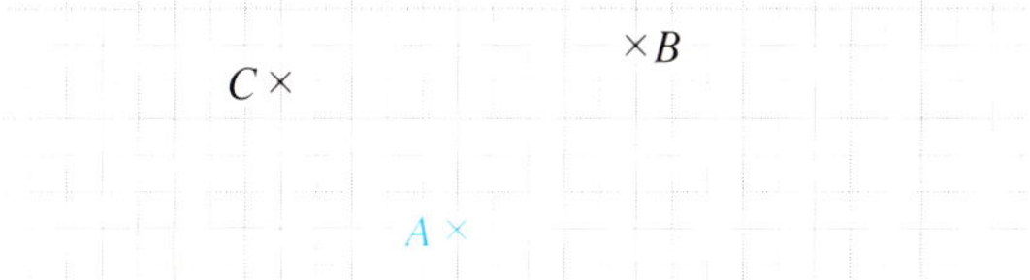


**3** Übertrage die Punkte ins Heft. Zeichne von *A* aus durch jeden Punkt einen Strahl. Wie viele Strahlen musst du zeichnen?

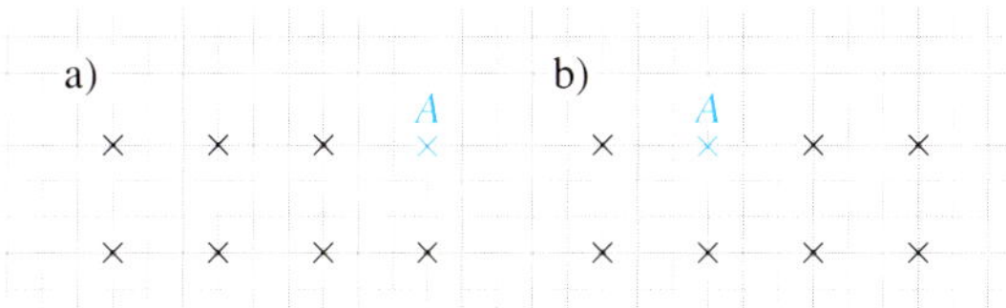


**4** Übertrage die Punkte ins Heft. Zeichne die Geraden durch *A* und *B*, durch *B* und *C*, durch *C* und *A*.

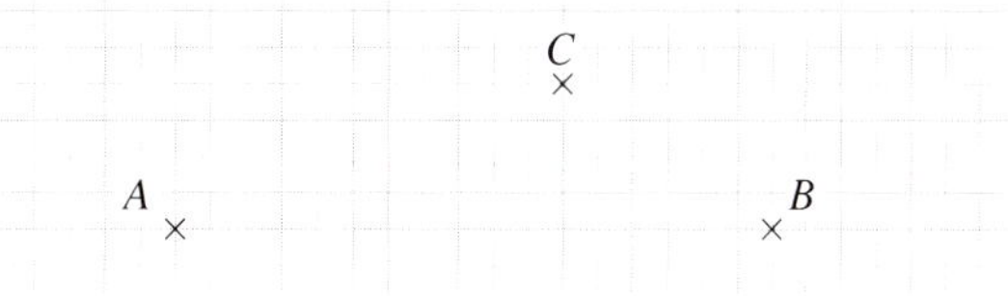


**5** Zeichne die Geraden durch *A* und *B*, durch *B* und *C*, durch *C* und *D*, durch *D* und *A*.

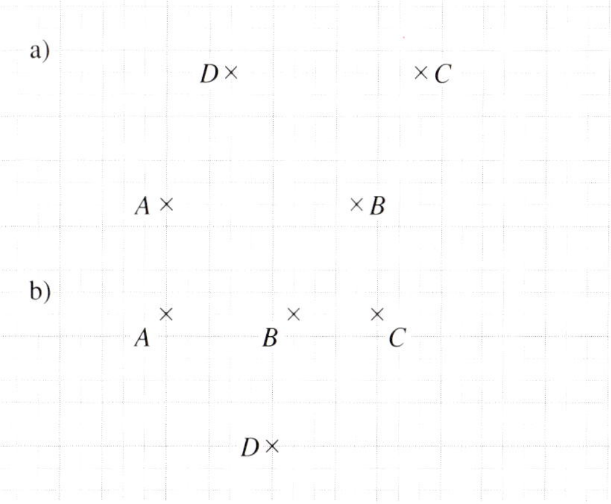

**6** Zeichne drei Geraden, die sich
a) in nur einem Punkt schneiden,
b) in drei Punkten schneiden.

**7** Übertrage die drei Geraden in dein Heft. Zeichne eine vierte Gerade so ein, dass
a) drei weitere Schnittpunkte entstehen,
b) zwei weitere Schnittpunkte entstehen,
c) ein weiterer Schnittpunkt entsteht,
d) kein weiterer Schnittpunkt entsteht.

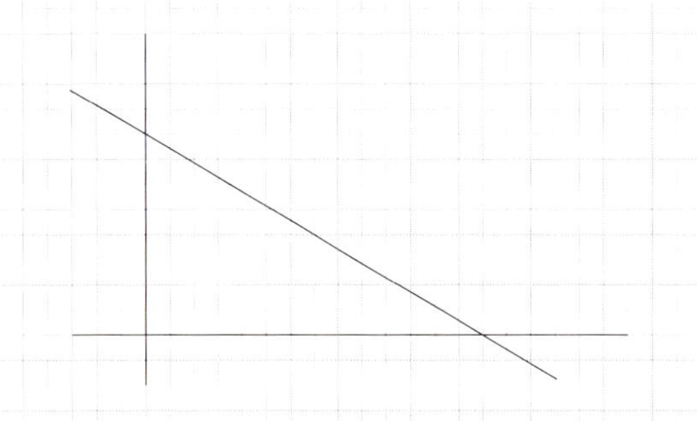

**8** Zeichne vier verschiedene Punkte $A$, $B$, $C$ und $D$ in dein Heft. Zeichne von jedem Punkt aus einen Strahl, sodass sich die vier Strahlen nicht schneiden.

**9** Zeichne jeweils zwei Geraden $g$ und $h$ und einen Punkt $P$.
a) $P$ soll auf der Geraden $h$ liegen.
b) $P$ soll auf $g$ und auf $h$ liegen.

**10** Notiere alle Strecken.

a)
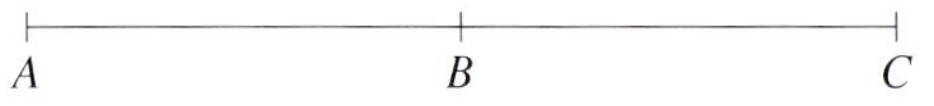


b)

c)
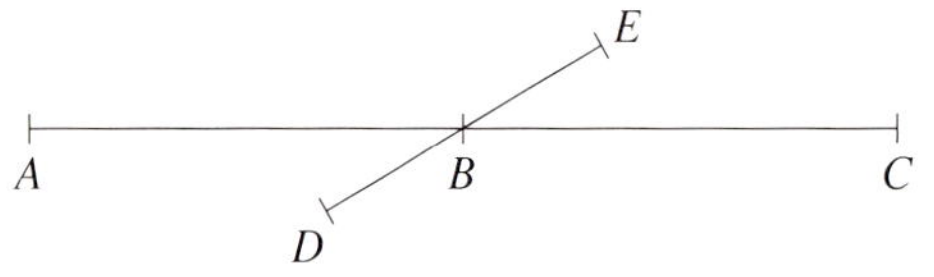


**11** Übertrage die Zeichnung in dein Heft, benenne alle Geraden mit Kleinbuchstaben.

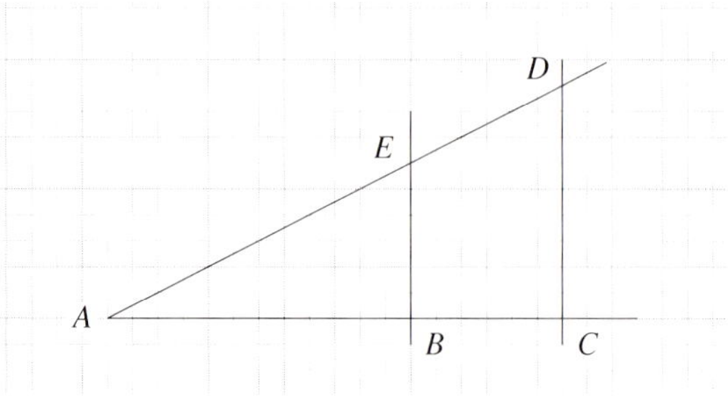


**12** a) Wie viele Geraden kannst du durch einen Punkt zeichnen?
b) Zeichne zwei verschiedene Punkte $A$ und $B$. Wie viele Geraden kannst du durch *beide* Punkte zeichnen? Überprüfe dies an mehreren Beispielen.

**13** Zeichne den Stern in dein Heft.

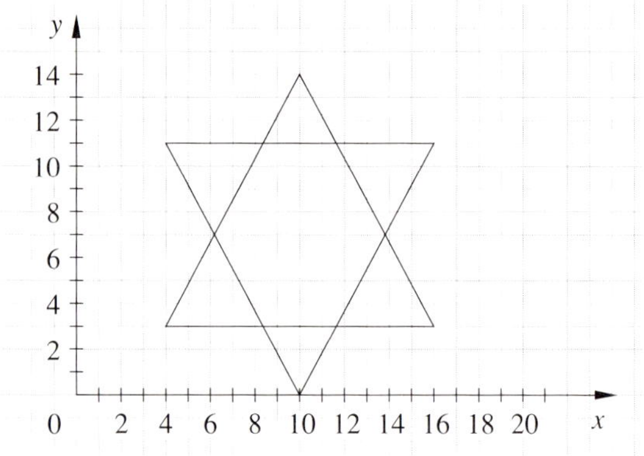


**14** Zeichne das Muster in dein Heft.

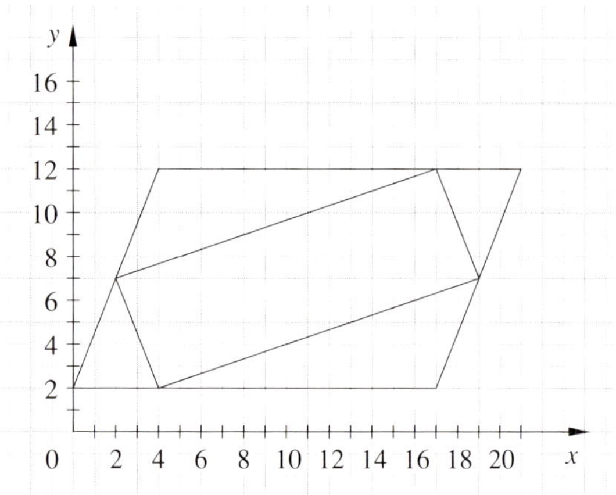

# Zueinander senkrechte Linien

Die Gerade $g$ und der Strahl $h$ sind senkrecht zueinander.

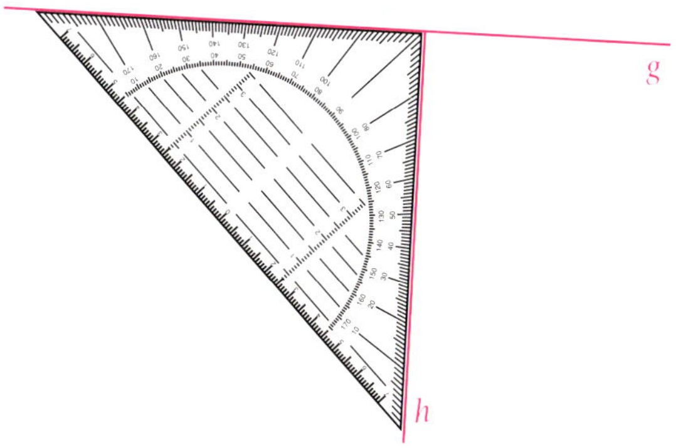


Die Gerade $g$ und die Gerade $h$ sind senkrecht zueinander.

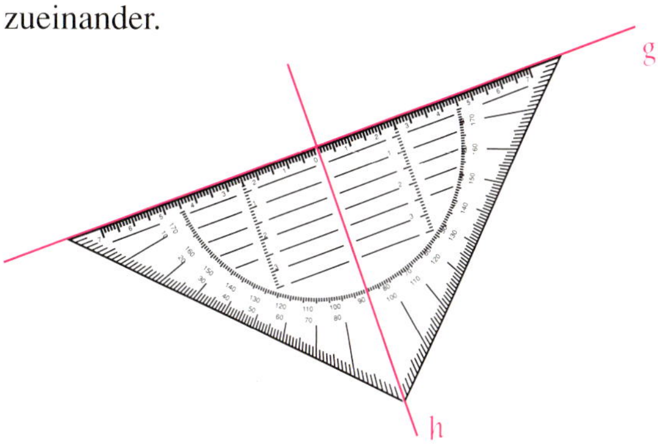


So zeichnet man mit dem Geodreieck zueinander senkrechte Geraden.

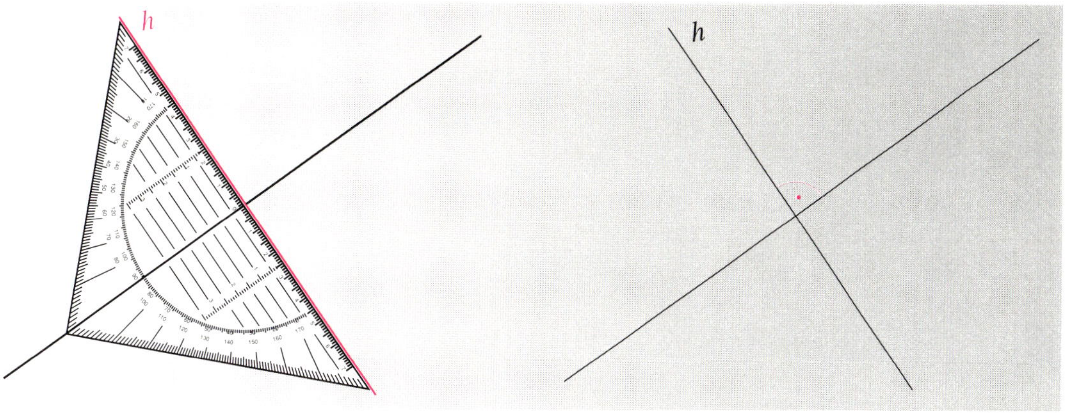


$g$ und $h$ sind senkrecht zueinander. Wir schreiben kurz: $g \perp h$. In Zeichnungen verwendet man häufig das Zeichen ⊾.

## Übungen

**1** Überprüfe mit dem Geodreieck, ob die Zeiger senkrecht zueinander sind.

**2** Sind die Gleise und die Bahnschwellen zueinander senkrecht?

**3** Nimm ein Blatt Papier und falte es zweimal wie in der Bildfolge dargestellt ist. Überprüfe mit dem Geodreieck, ob die beiden Faltlinien senkrecht zueinander stehen.

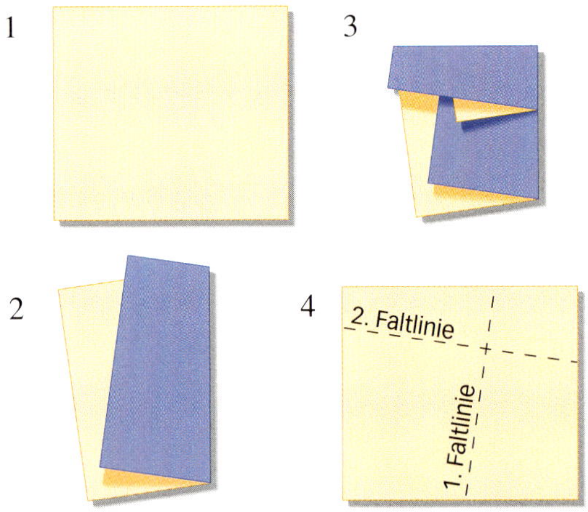


**4** Überprüfe mit dem Geodreieck, welche Geraden in der Abbildung senkrecht zueinander sind und notiere deine Ergebnisse in dieser Form:

$g_1 \perp$ ▒ $g_3 \perp$ ▒ $h_2 \perp$ ▒
$g_2 \perp$ ▒ $h_3 \perp$ ▒ $h_1 \perp$ ▒

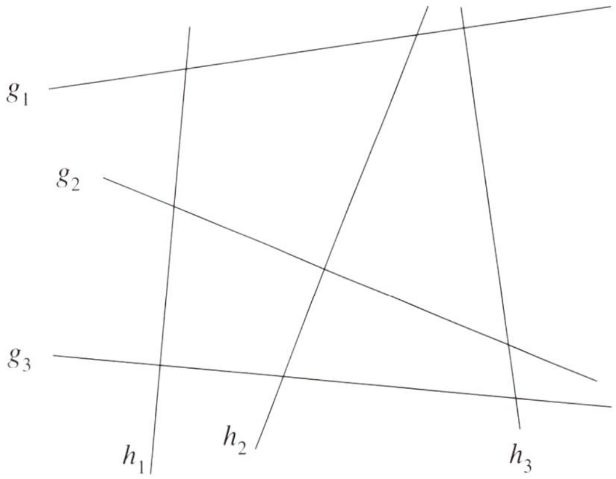


**5** Überprüfe mit dem Geodreieck, welche Geraden zueinander senkrecht sind.

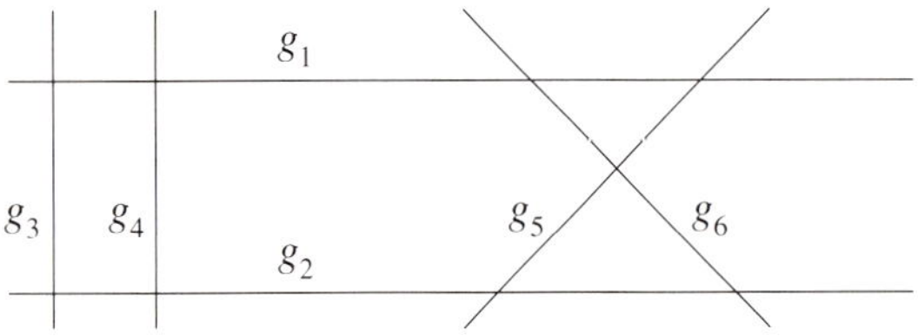


**6** Welche Geraden sind senkrecht zueinander? Überprüfe mit dem Geodreieck und notiere zueinander senkrechte Geraden im Heft.

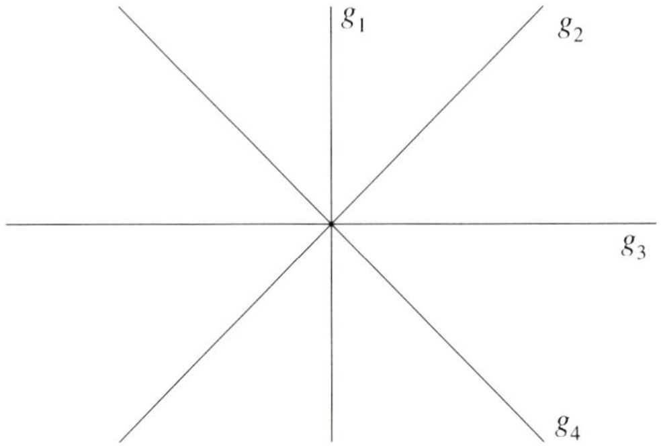


**7** Zeichne die Figuren in dein Heft. Überprüfe mit dem Geodreieck, welche Strecken senkrecht zueinander sind. Zeichne in diesem Fall das Zeichen ⊾ ein.

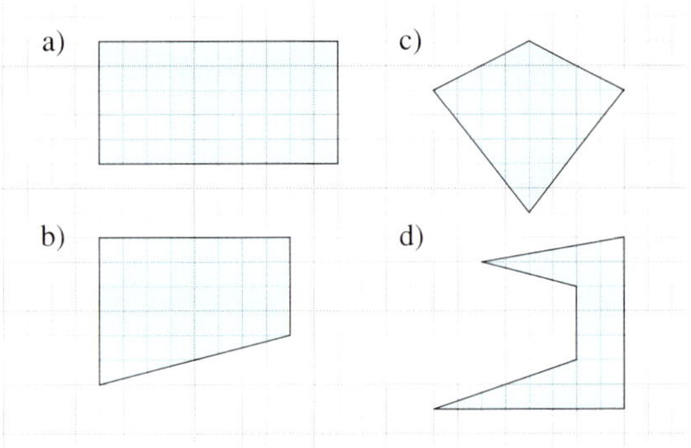


**8** Übertrage das Koordinatensystem mit der Figur in dein Heft. Prüfe nach und gib die Punkte mit ihren Koordinaten an, in denen Strecken senkrecht zueinander stehen.

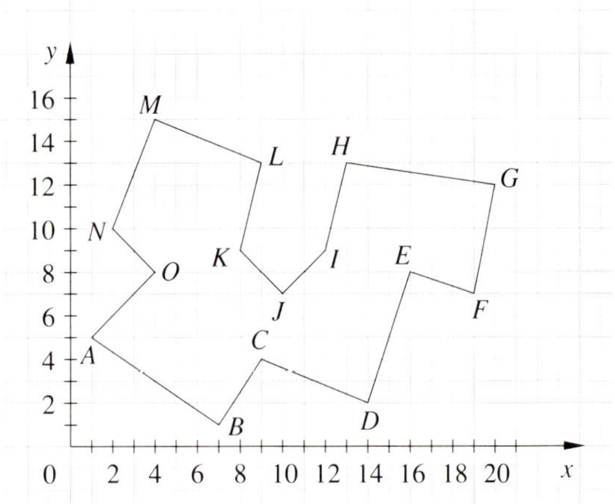

# Messen von Abständen



Wir suchen die kürzeste Verbindung vom Punkt $P$ zur Geraden $g$.

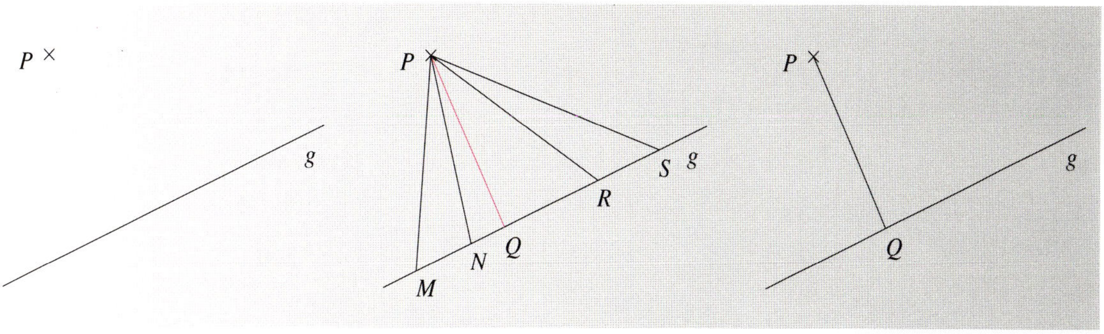


Die kürzeste Verbindung vom Punkt $P$ zur Geraden $g$ ist die Strecke $PQ$. Sie ist senkrecht zur Geraden $g$. Die Länge der Strecke $PQ$ nennt man den **Abstand** des Punktes $P$ von der Geraden $g$.

So zeichnet man den Abstand des Punktes $P$ von der Geraden $g$.

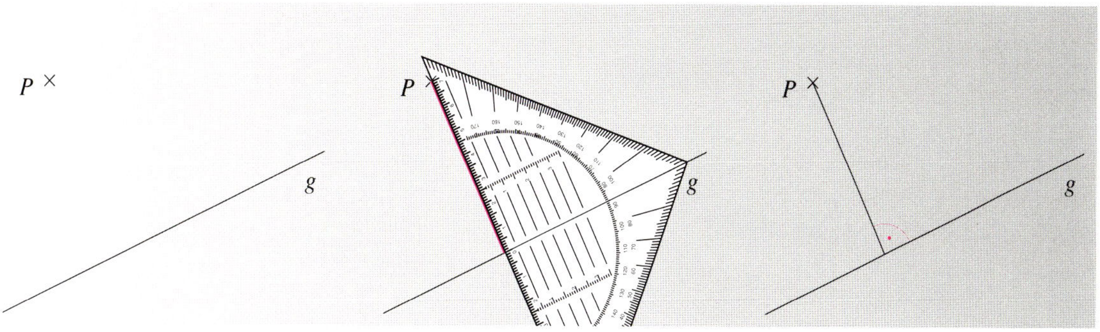


## Übungen

**1** Miss den Abstand des Punktes $P$ von der Geraden $g$. Schreibe ihn auf.

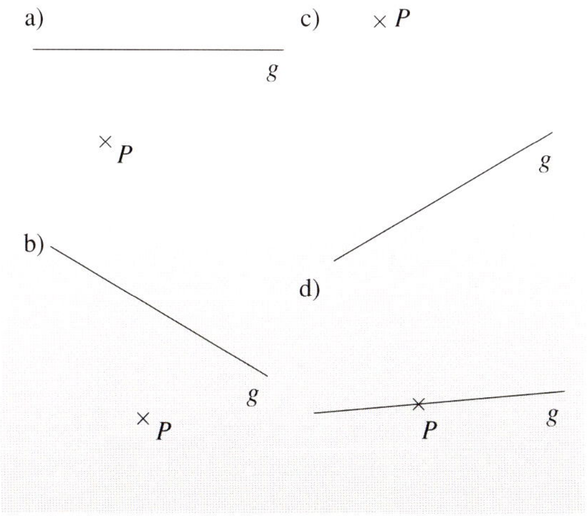


**2** Fülle die Tabelle im Heft aus.

| Punkt | $A$ | $B$ | $C$ | $D$ | $E$ |
|---|---|---|---|---|---|
| Abstand von $g$ in mm | | | | | |

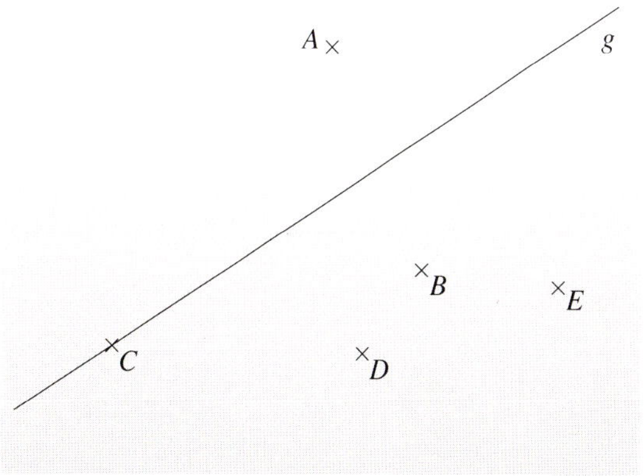

**3** Zeichne zwei zueinander senkrechte Geraden $g$ und $h$.
a) Markiere auf $g$ einen Punkt $P$, der 5 cm Abstand von $h$ hat.
b) Markiere auf $h$ einen Punkt $Q$, der 7,2 cm Abstand von $g$ hat.

**4** Zeichne eine Gerade $g$ und markiere
a) einen Punkt $P$, der von $g$ einen Abstand von 3,5 cm hat,
b) einen Punkt $Q$, der von $g$ einen Abstand von 4,8 cm hat,
c) einen Punkt $R$, der von $g$ einen Abstand von 2,7 cm hat.

**5** Miss die Abstände der Punkte von beiden Geraden und fülle die Tabelle im Heft für alle Punkte aus.

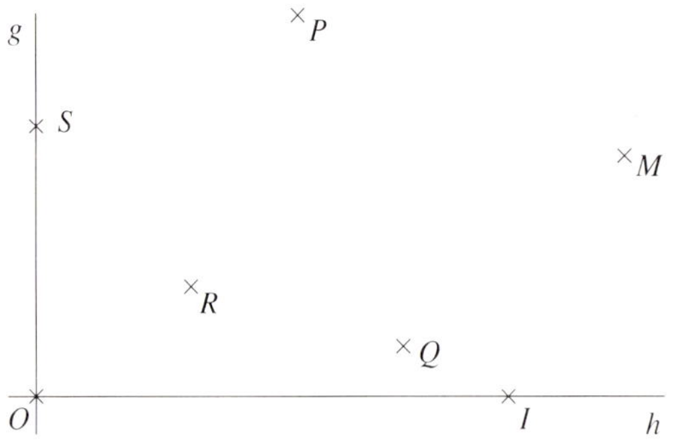


| Punkt | Abstand zu $g$ in mm | Abstand zu $h$ in mm |
|---|---|---|
| $Q$ | | |
| $P$ | | |
| ⋮ | ⋮ | ⋮ |

**6** Überprüfe ob die Abstände der Punkte zu den beiden Geraden in beiden Zeichnungen richtig eingezeichnet sind.

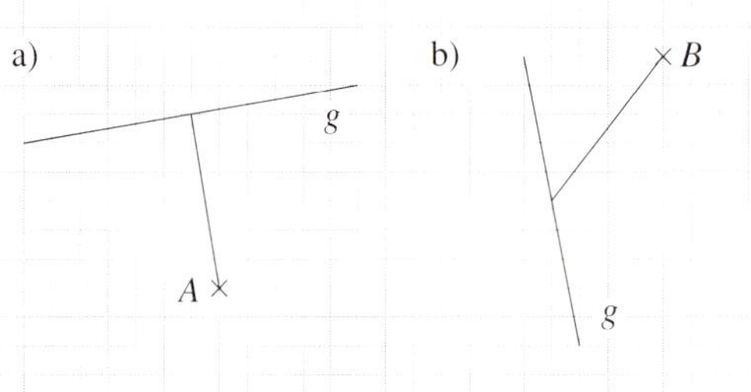


**7** In welcher Zeichung ist der Abstand zwischen der Geraden $g$ und dem Punkt $P$ richtig eingezeichnet?

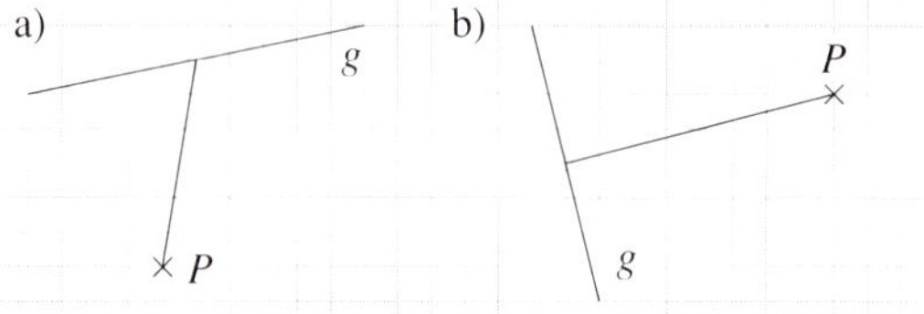


**8** Übertrage jedes Dreieck in dein Heft. Zeichne die Abstände der drei Eckpunkte von den gegenüberliegenden Seiten ein und notiere ihre Längen.

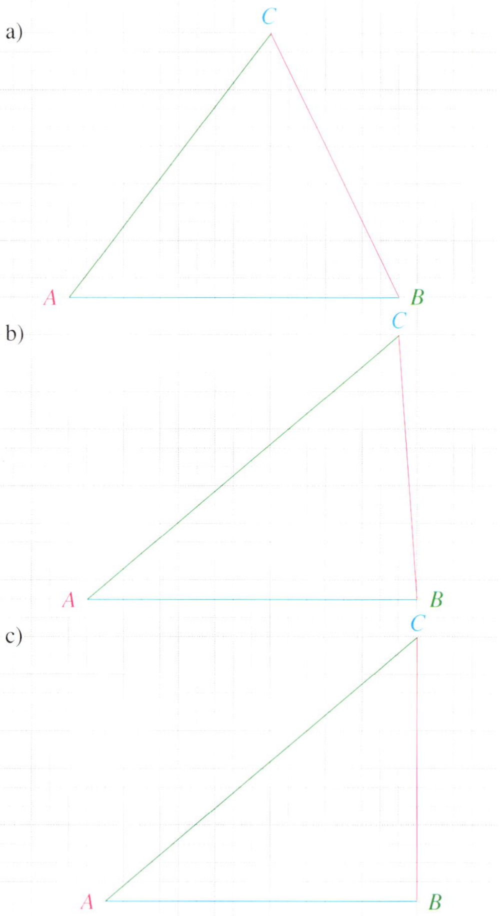

Die Geraden $g$ und $h$ sind zueinander **parallel**. Wir schreiben kurz: $g \parallel h$.

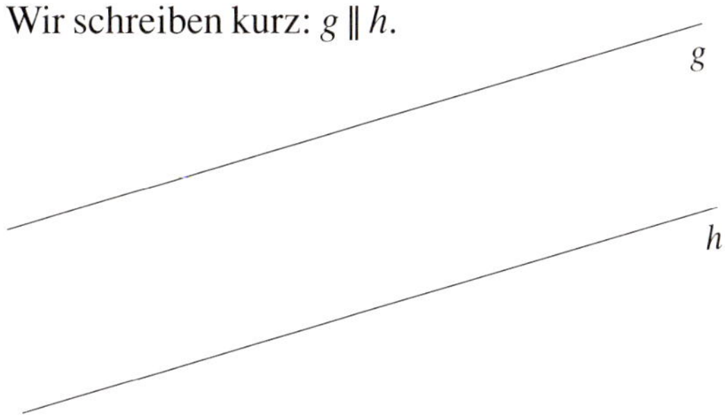


Die Geraden $g$ und $h$ sind zueinander parallel. Ihr Abstand beträgt 2 cm.

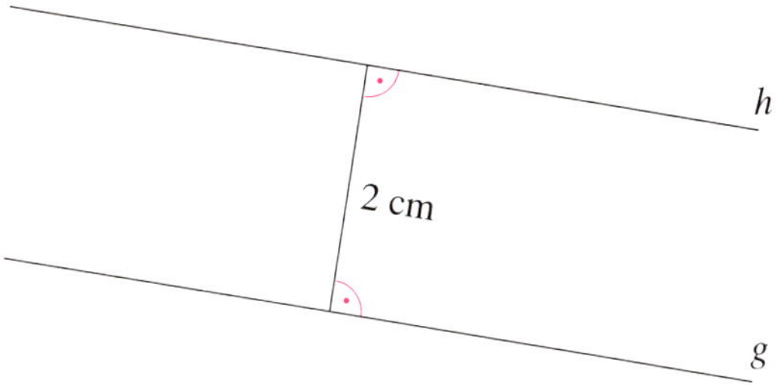


So zeichnet man mit dem Geodreieck zueinander parallele Geraden im Abstand 27 mm.

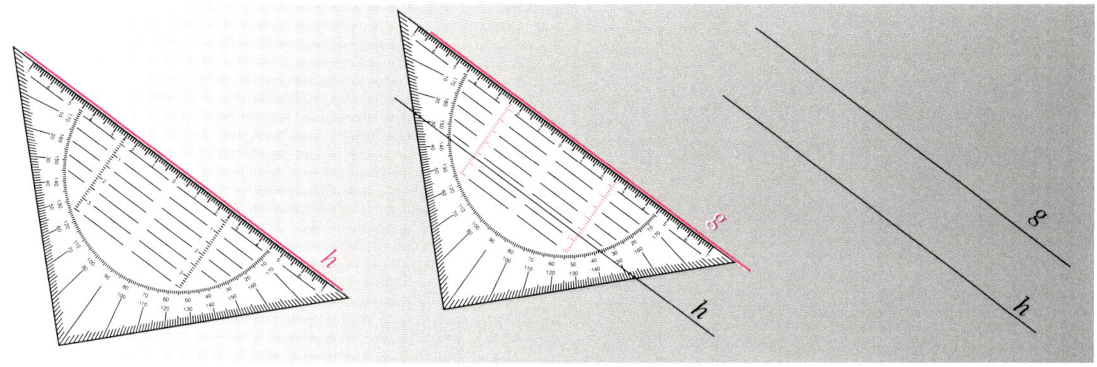


Du siehst an den rot markierten Einteilungen am Geodreieck: die Parallelen haben überall den gleichen Abstand. Er beträgt 27 mm.

### Übungen

**1** Bestimme den Abstand der Parallelen $g$ und $h$.

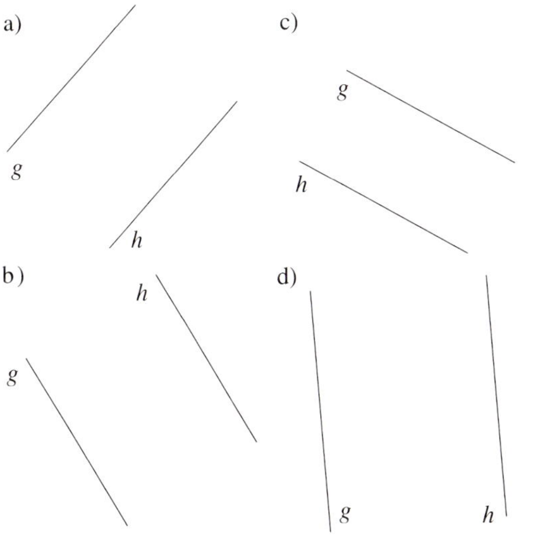


**2** Falte ein bereits gefaltetes Blatt Papier mit zwei zueinander senkrechten Faltlinien, wie in der Bildfolge dargestellt ist. Überprüfe mit dem Geodreieck, ob zwei Faltlinien zueinander parallel sind und welchen Abstand sie haben.

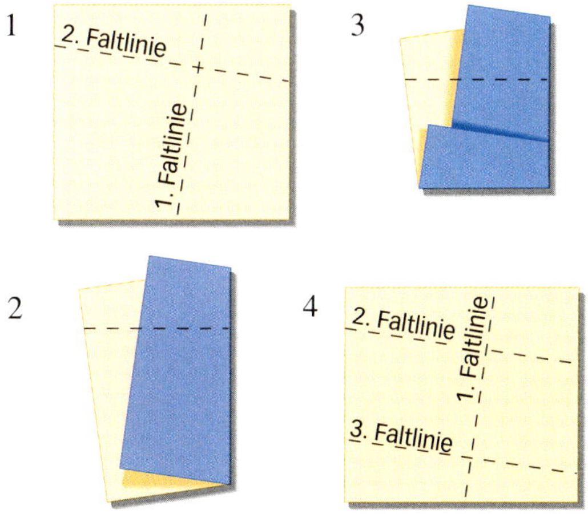

**3** Überprüfe mit dem Geodreieck, welche Geraden parallel zueinander sind und schreibe deine Ergebnisse in dieser Form auf.

$g_1 \parallel$ ▒ $g_2 \parallel$ ▒ $h_1 \parallel$ ▒

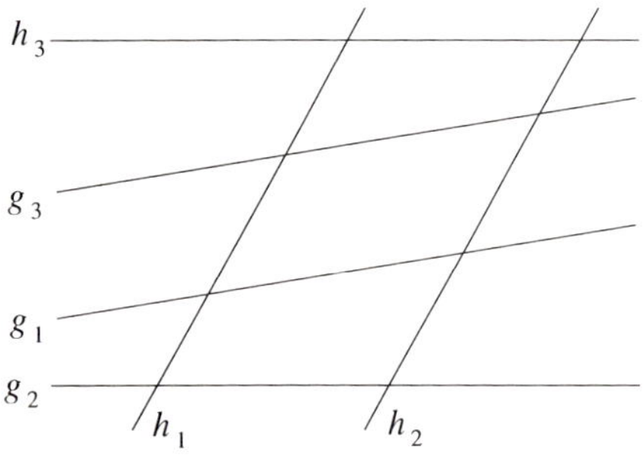


**4** Gib den Abstand in mm an.

a) *A* von *f* c) *C* von *f* e) *D* von *f*

b) *B* von *g* d) *C* von *h* f) *D* von *g*

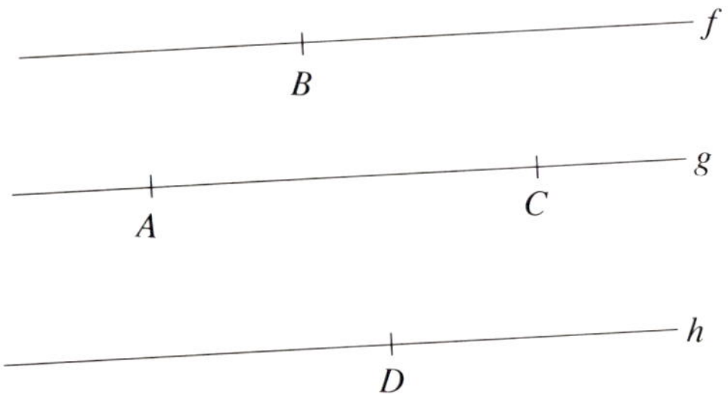


**5** Übertrage die Tabelle in dein Heft. Kreuze an, wenn die Geraden parallel zueinander sind.

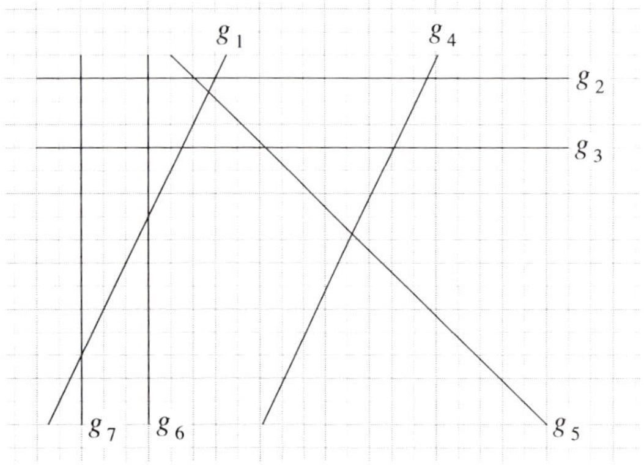


| ‖ | $g_1$ | $g_2$ | $g_3$ | $g_4$ | $g_5$ | $g_6$ | $g_7$ |
|---|---|---|---|---|---|---|---|
| $g_3$ | | × | | | | | |
| $g_4$ | | | | | | | |
| $g_5$ | | | | | | | |
| $g_6$ | | | | | | | |

**6** Sind die beiden Schienen zueinander parallel? Begründe.

**7** Optische Täuschungen: Überprüfe, ob die Geraden zueinander parallel sind.

a)

b)

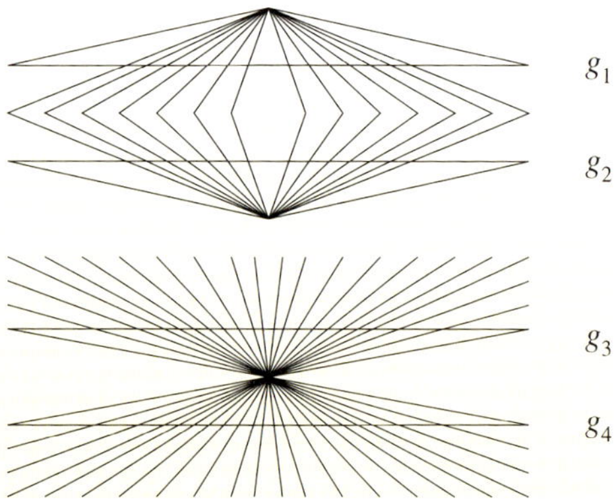

**8** Übertrage ins Heft und zeichne Parallelen zu $g$ durch die markierten Punkte.

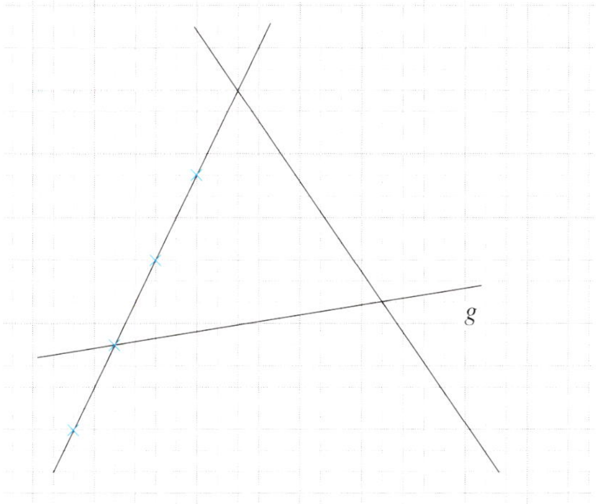


**9** Zeichne die Geraden $g_1$ und $g_2$ in dein Heft und zeichne zu jeder Geraden drei parallele Geraden.

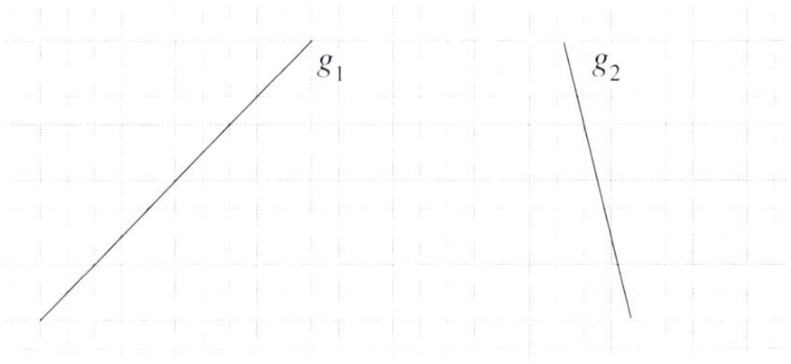


**10** Übertrage ins Heft und zeichne durch den Punkt $P$ Parallelen zu jeder Geraden.

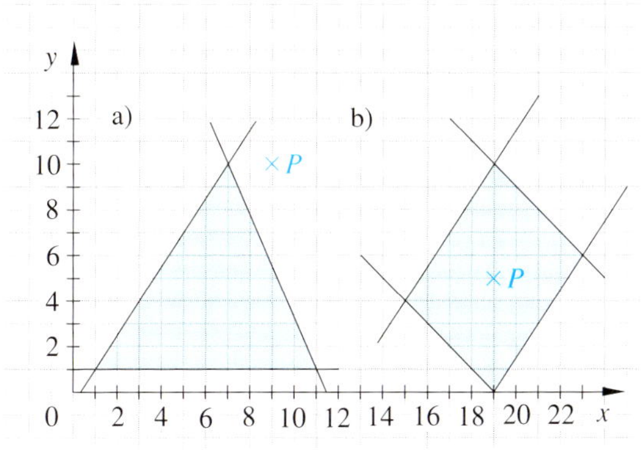


**11** a) Zeichne zwei parallele Geraden $g$ und $h$ im Abstand von 3,2 cm.
b) Zeichne eine dritte Gerade $m$, die senkrecht zu $g$ ist und zu dieser Geraden eine Parallele im Abstand von 2,6 cm.

**12** Von vier Geraden $g_1, g_2, g_3, g_4$ ist bekannt, dass $g_1 \parallel g_2$, $g_3 \perp g_1$ und $g_4 \parallel g_3$.
Gilt dann auch a) $g_3 \perp g_2$?
b) $g_4 \perp g_2$?

**13** Prüfe die folgende Aussage mit Hilfe von Zeichnungen: Wenn $g_1 \parallel g_2$ und $g_2 \parallel g_3$, dann gilt auch $g_1 \parallel g_3$.

**14** Zeichne zwei zueinander parallele Geraden $g_1$ und $g_2$. Falte das Papier dann so, dass die Geraden $g_1$ und $g_2$ aufeinander liegen.
Wie verläuft die Faltlinie in Bezug auf die Geraden $g_1$ und $g_2$?

**15** In New York verläuft die 59th Street parallel zur 42th Street. Die 42th Street verläuft senkrecht zur Fifth Avenue.
a) Wie verläuft die 59th Street zur Fifth Avenue?
b) Die Third Avenue läuft parallel zur Fifth Avenue. Wie verläuft die 59th Street zur Third Avenue?

**16** a) Welche Kanten des Körpers sind in der Zeichnung zueinander parallel, welche in der Wirklichkeit?
b) Welche Kanten des Körpers sind in der Zeichnung zueinander senkrecht, welche in der Wirklichkeit?

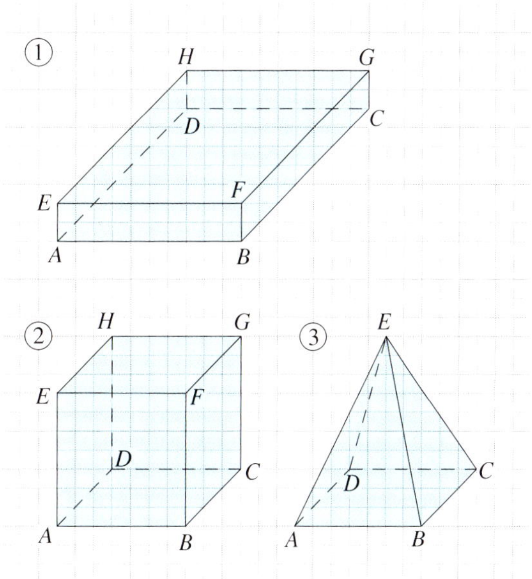

# Zeichnen von Kreisen

So kann ein Gärtner mit Hilfe von zwei Pflöcken und einer Schnur ein kreisförmiges Beet anlegen. Wir benutzen einen Zirkel, um Kreise zu zeichnen.

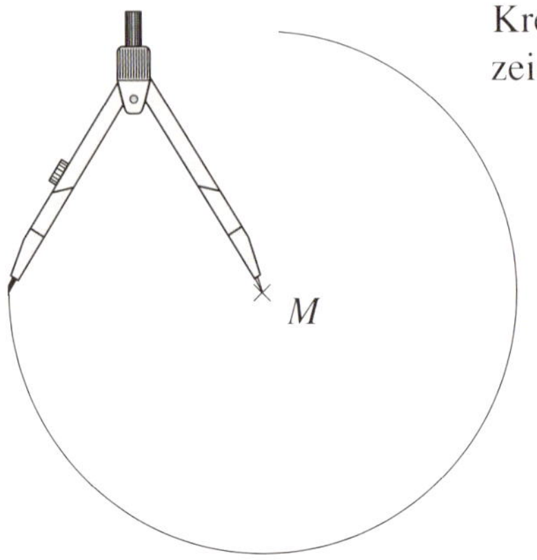


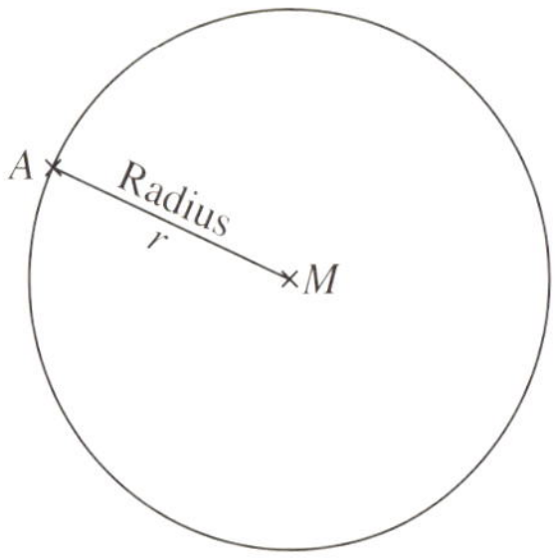


Alle Punkte eines Kreises sind von seinem Mittelpunkt $M$ gleich weit entfernt. Die Strecke $\overline{AM} = r$ heißt **Radius**.

Die Strecke $\overline{AB} = d$ heißt **Durchmesser**. Der Durchmesser ist doppelt so lang wie der Radius $d = 2 \cdot r$.

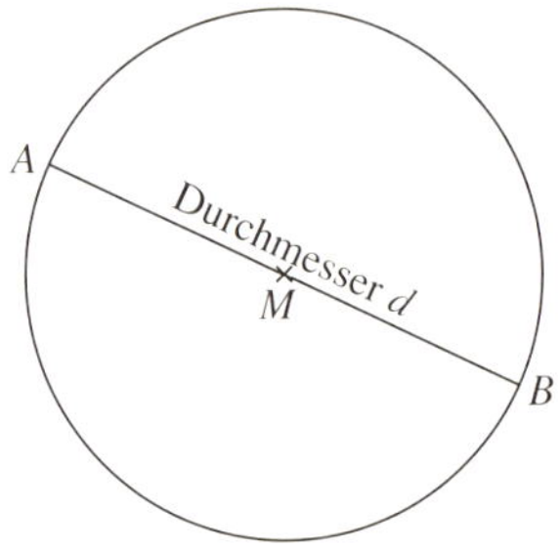


## Übungen

**1** Zeichne ein ähnliches Muster nur mit Kreisen und male es aus.

**2** Zeichne zwei gleich große Kreise, die sich schneiden. Zeichne eine Gerade $g$ durch die beiden Schnittpunkte und eine Gerade $h$ durch die beiden Mittelpunkte.

**3** Stelle dir eine Dartscheibe her.

Radius des inneren Kreises: $r_1 = 2$ cm
Radius des mittleren Kreises: $r_2 = 5$ cm
Radius des äußeren Kreises: $r_3 = 8$ cm

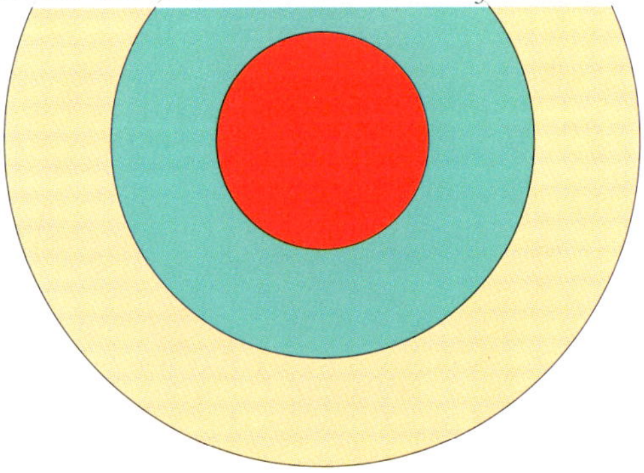

**4** Zeichne die Strecke $\overline{MA} = 3$ cm in dein Heft. Zeichne einen Kreis um den Punkt $M$, der durch den Punkt $A$ geht. Wie groß ist der Radius des Kreises? Begründe.

**5** a) Miss die Radien aller Kreise.
b) Bestimme die Durchmesser aller Kreise.
c) Zeichne die Kreise ins Heft.

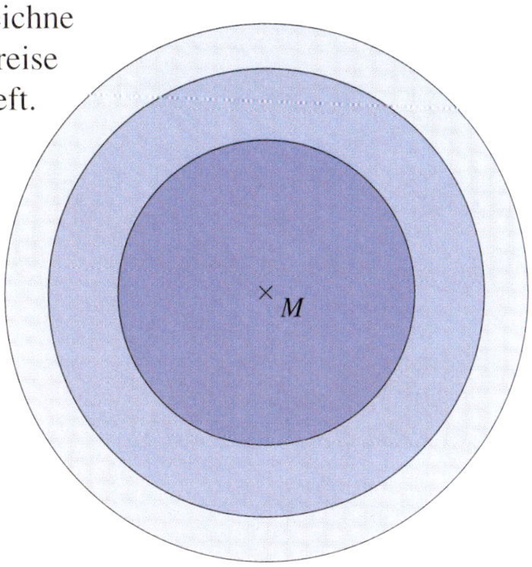


**6** Zeichne ein ähnliches Bild in dein Heft. Benutze dabei nur deinen Zirkel und dein Geodreieck.

**7** Zeichne eine 5 cm lange Strecke $AB$. Zeichne um $A$ und um $B$ je einen Kreis
a) mit dem Radius $r = 4$ cm,
b) mit dem Radius $r = 5$ cm,
c) mit dem Radius $r = 6{,}2$ cm.
Verbinde die Schnittpunkte der Kreise.

**8** a) Markiere einen Punkt $M$. Zeichne um $M$ einen Kreis und einen Durchmesser des Kreises. Wähle auf dem Kreis einen Punkt $P$ und verbinde ihn mit den Endpunkten des Durchmessers.
b) Wähle zwei weitere Punkte $Q$ und $R$ auf dem Kreis und verbinde sie auch mit den Endpunkten des Durchmessers.

**9** Zeichne diese oder ähnliche Muster in dein Heft und färbe sie ein.

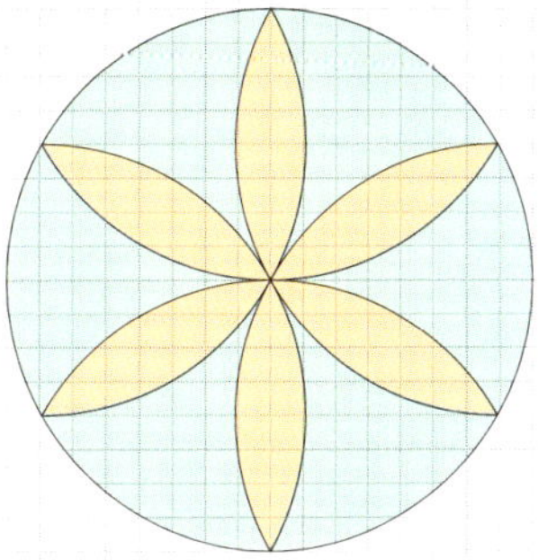

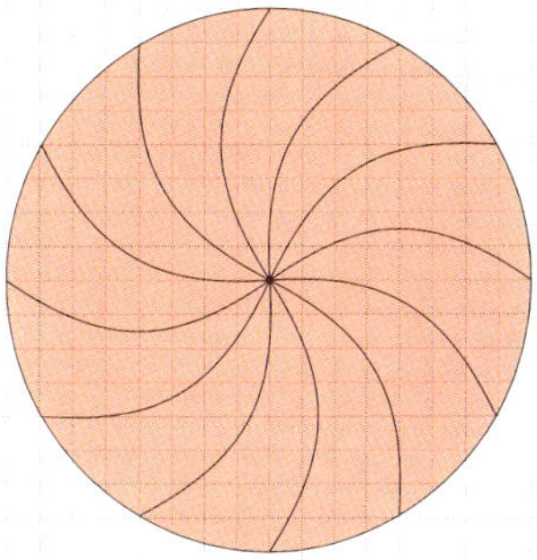

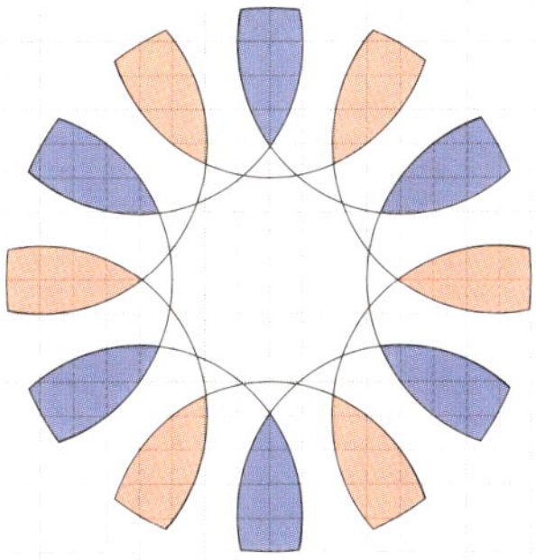

# ZIER

Nicht nur in Bildern wurde Kunst verwirklicht, sondern auch Gebrauchsgegenstände wie Krüge Teller, Trinkgefäße usw. ästhetisch (überfeinert schön) geformt und verziert.
Vor etwa 2800 Jahren schmückten die Griechen zum Beispiel Krüge mit geometrischen Mustern Deshalb sagt man auch, dass so eine Amphore (zweihenkliger Krug) aus der *geometrischen Epoche* stammt.
Die einzelnen Ziermuster dieser Amphore geben vielfältige Anregungen zum Nachahmen.

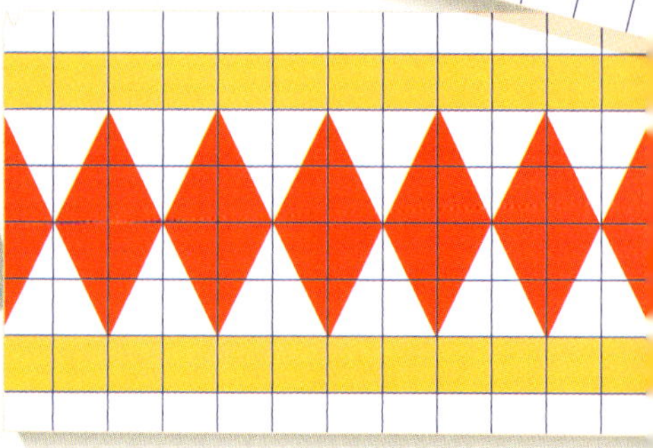

# MUSTER

## Sticken von Ziermustern mit dem Kreuzstich

Auf Karopapier solltest du dir zuerst das Muster entwerfen, das du sticken willst.
Du wählst grob gewebten Stoff oder *Stramin*. In dem Material müssen die waagerechten und senkrechten Fäden deutlich sichtbar sein. Für ein „Kreuzstichkästchen" zählst du die gleiche Anzahl Fäden waagerecht und senkrecht ab.

Mit einer Sticknadel und Stickgarn beginnst du zunächst mit einer Hälfte des Kreuzstichs in einer „Stickreihe".

Bist du am rechten Ende der „Stickreihe", dann sticke die zweite Hälfte des Kreuzstichs.

Senkrecht, diagonal oder einzeln zu stickende Kreuzstiche werden einzeln gestickt von rechts unten nach links oben und weiter von links unten nach rechts oben.

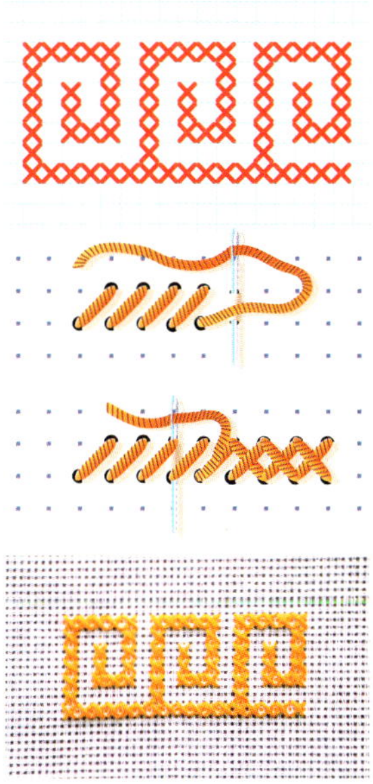

Kartoffeldruck

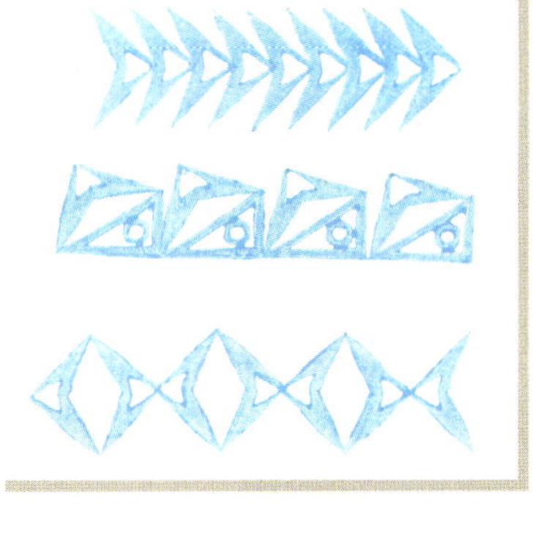

Druck eines Linolschnitts

## checkpoint

**1** Welche Strecken sind gleich lang? Gib deren Längen in mm an. Schreibe zum Beispiel $AB = EF = 35$ mm.

a)

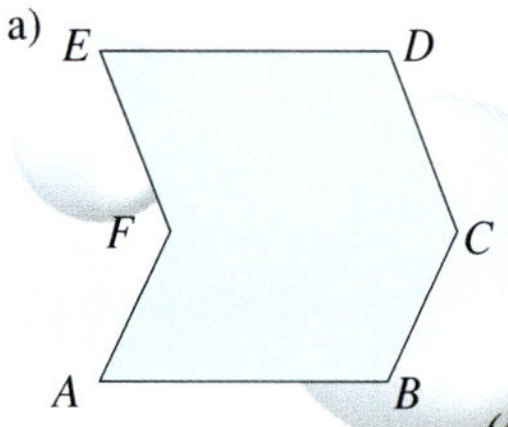


b)

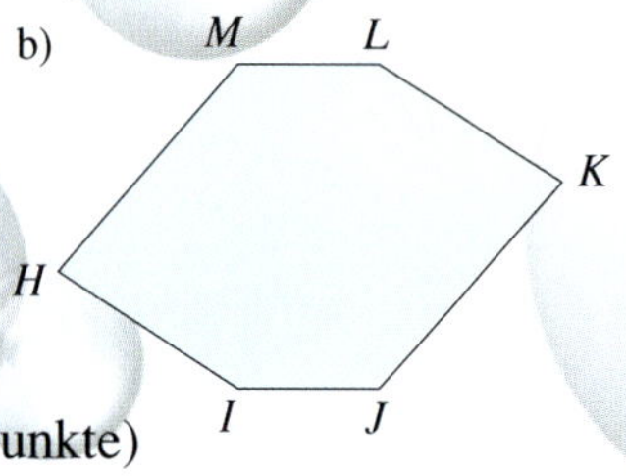


(6 Punkte)

**2** Zeichne eine Strecke $CD = 4{,}7$ cm und durch deren Endpunkte je eine senkrechte Gerade. (3 Punkte)

**3** Bestimme diejenigen Geraden, die senkrecht zueinander verlaufen. Schreibe dein Ergebnis zum Beispiel so: $g_6 \perp g_8$. (2 Punkte)

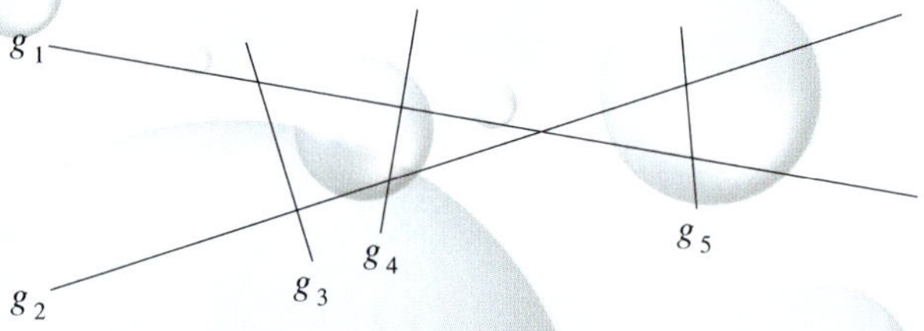


**4** Übertrage die Tabelle in dein Heft und vervollständige sie. (5 Punkte)

| Punkt | *A* | *B* | *C* | *D* | *E* |
|---|---|---|---|---|---|
| Abstand von *h* in mm | | | | | |

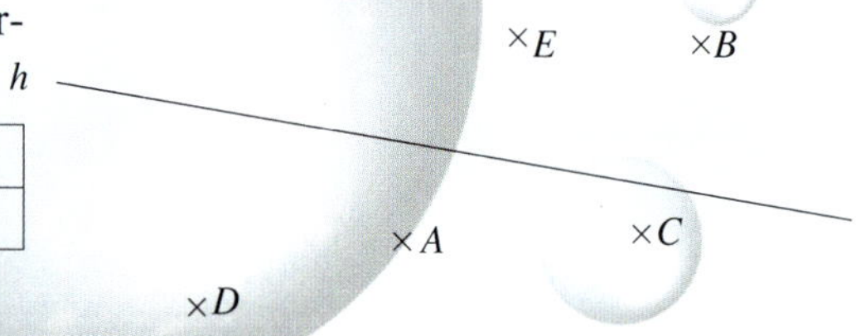


**5** Zeichne diese Figur mit den gegebenen Maßen in dein Heft. Welches Verkehrszeichen hat ähnliches Aussehen wie diese Figur? (4 Punkte)

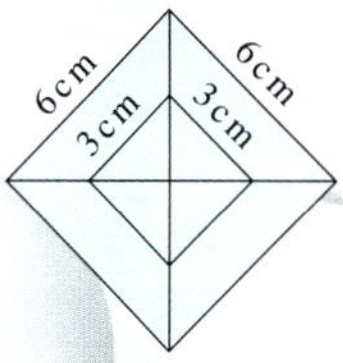


**6** Zeichne diese Figur mit den gegebenen Maßen in dein Heft. (2 Punkte)

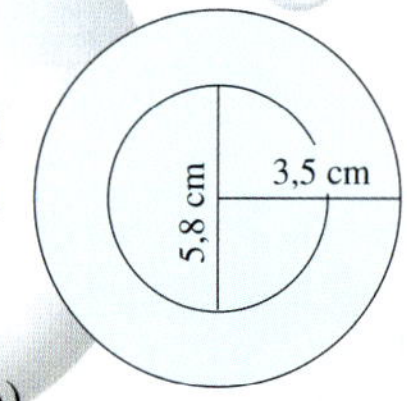


**7** Zeichne eine Strecke $CD = 7$ cm. Zeichne um *C* einen Kreis mit 3,4 cm Radius und um *D* einen Kreis mit 5,3 cm Radius. Verbinde die Schnittpunkte der Kreise mit den Endpunkten *C* und *D* der Strecke. (4 Punkte)

# Vergleichen und messen

# WIR BESUCHEN FREUNDINNEN UND FREUNDE

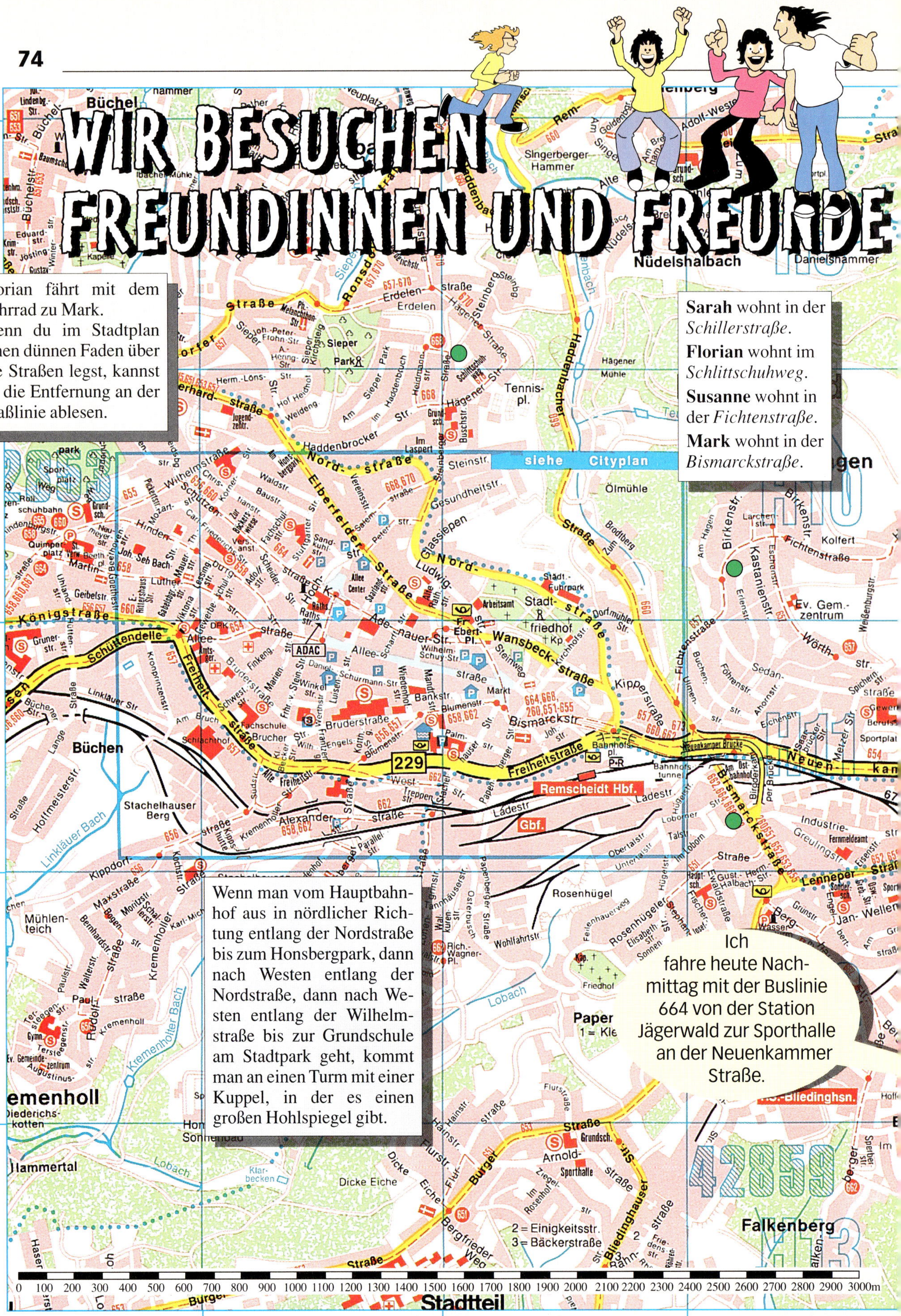


Florian fährt mit dem Fahrrad zu Mark.
Wenn du im Stadtplan einen dünnen Faden über die Straßen legst, kannst du die Entfernung an der Maßlinie ablesen.

**Sarah** wohnt in der *Schillerstraße*.
**Florian** wohnt im *Schlittschuhweg*.
**Susanne** wohnt in der *Fichtenstraße*.
**Mark** wohnt in der *Bismarckstraße*.

Wenn man vom Hauptbahnhof aus in nördlicher Richtung entlang der Nordstraße bis zum Honsbergpark, dann nach Westen entlang der Nordstraße, dann nach Westen entlang der Wilhelmstraße bis zur Grundschule am Stadtpark geht, kommt man an einen Turm mit einer Kuppel, in der es einen großen Hohlspiegel gibt.

**Wilhelm Conrad Röntgen** wurde 1845 in *Lennep* geboren. Er entdeckte 1895/96 die nach ihm benannten Strahlen. Das **Röntgenmuseum** steht an der *Berliner Straße*. Die Klasse 5 b der Sophie-Scholl-Gesamtschule fährt dorthin mit dem Bus.

Besondere Gebäude befinden sich zum Beispiel in F 10, M 9 und M 10.

**Burhan** wohnt in der *Magdeburger Straße*.
**Patrick** wohnt in *Greuel*.
**Elena** wohnt im *Höhenweg*.

Florian, Susanne, Mark, Burhan, Sarah, Patrick und Elena gehen in die Sophie-Scholl-Gesamtschule. Für Schülerinnen und Schüler, die weiter als 3,5 km von der Schule entfernt wohnen, zahlt die Stadt die Busfahrkarte.

# Addition natürlicher Zahlen

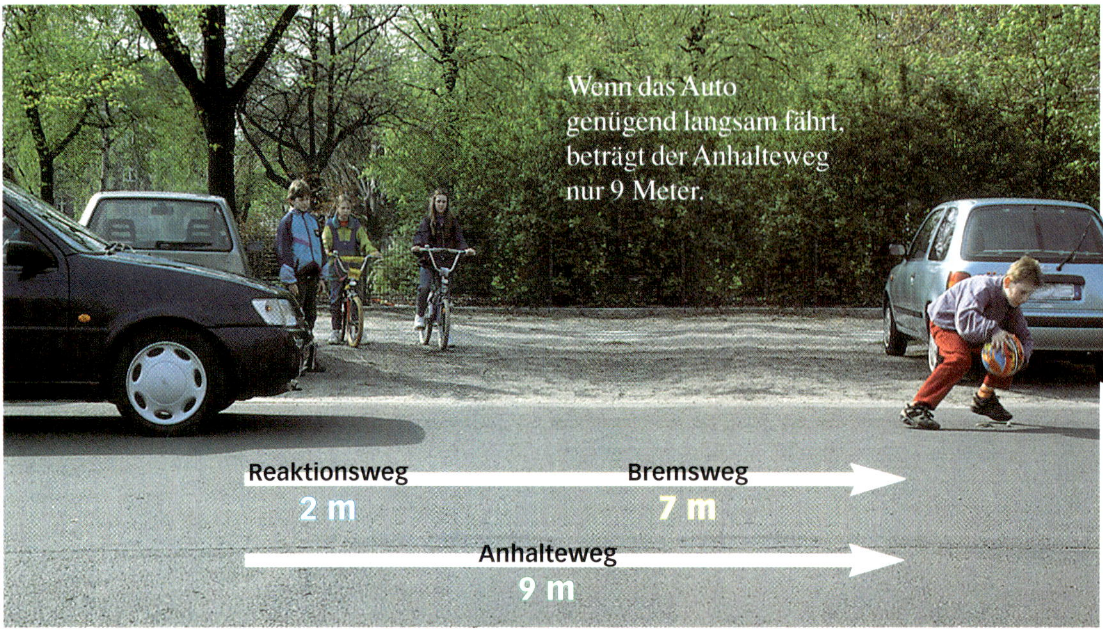


Mit Hilfe von Pfeilen können wir Zahlen darstellen und auch addieren.

Hier ist die **Zahl 7** dargestellt.

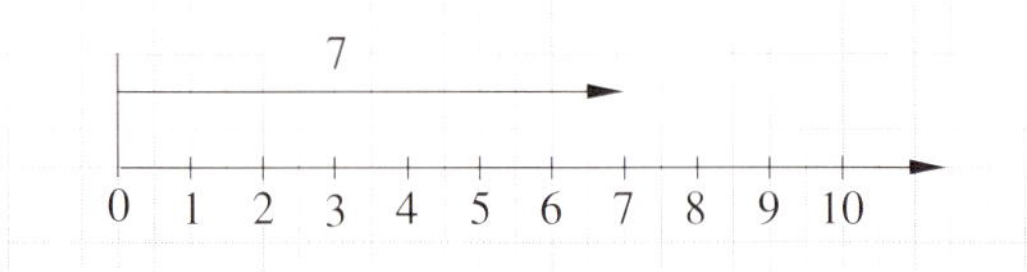


Auch hier ist die **Zahl 7** dargestellt.

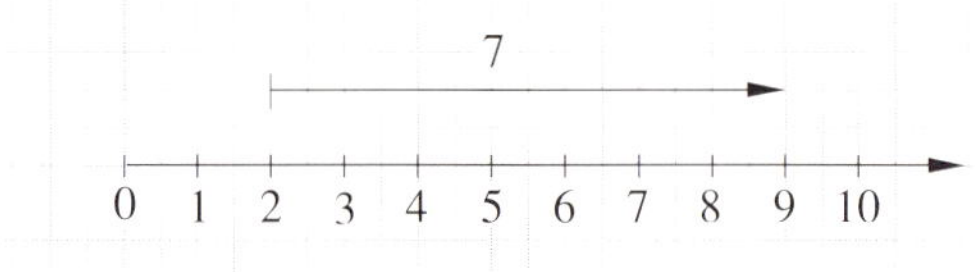


Die Additionsaufgabe 2 + 7 wird in der Pfeildarstellung so gelöst:

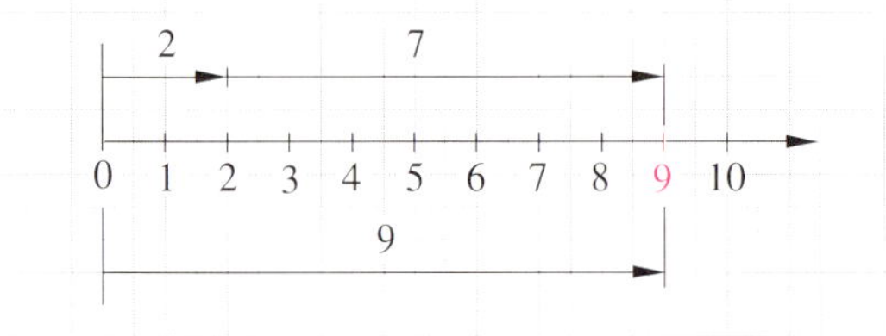


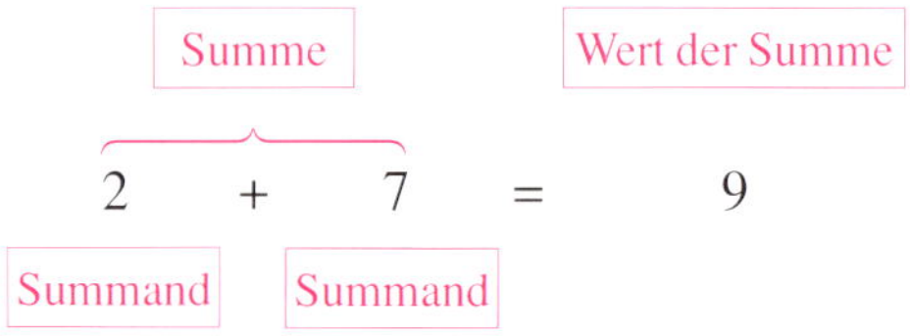


## Beispiele

**1.** Rechne mit Hilfe von Pfeilen 8 + 3.

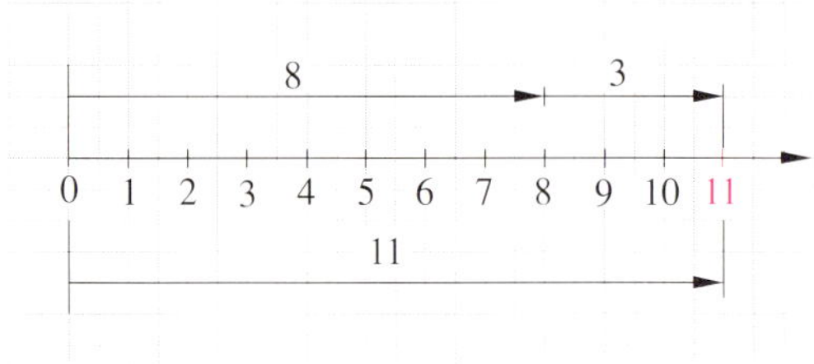


**2.** Rechne mit Hilfe von Pfeilen 25 + 30.

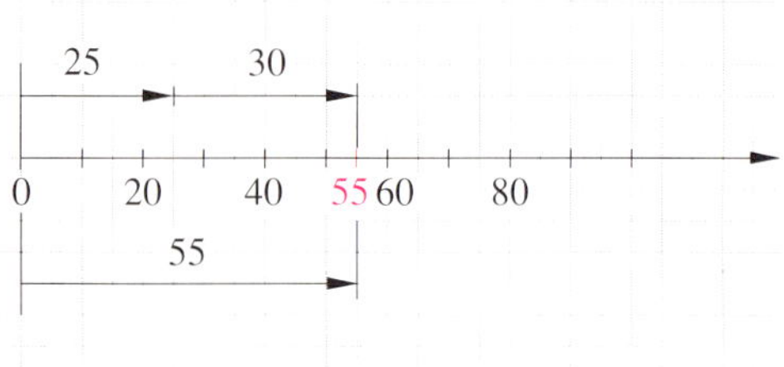

## Übungen

**1** Welche Aufgabe wurde mit Pfeilen gelöst?

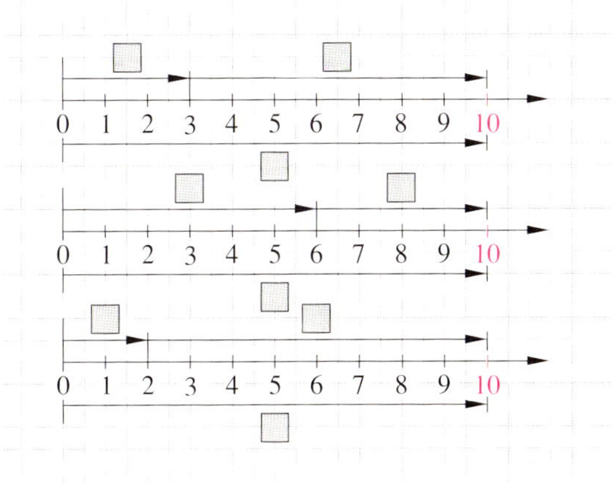


**2** Zeichne zunächst einen Zahlenstrahl. Addiere dann mit Hilfe von Pfeilen.

a) 8 + 7 = ☐  c) 7 + ☐ = 17  e) ☐ + 5 = 15
b) 2 + 11 = ☐  d) 9 + ☐ = 15  f) ☐ + 6 = 13

**3** Zeichne jeweils einen Zahlenstrahl. Wähle eine geeignete Einteilung. Addiere.

a) 120 + 170 = ☐  d) 1000 + 2500 = ☐
b) 75 + 45 = ☐  e) 210 + 50 = ☐
c) 400 + 500 = ☐  f) 7000 + 5000 = ☐

**4** Auch **Rechenbäume** helfen beim Darstellen von Additionsaufgaben. Schreibe wie im Beispiel die Rechenbäume in dein Heft und vervollständige sie.

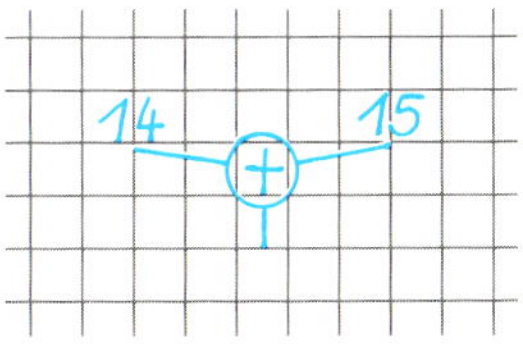


a) 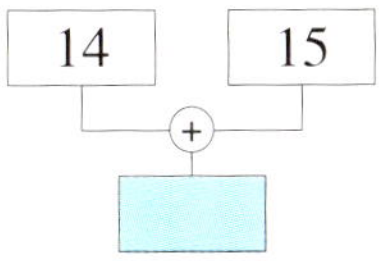


b) 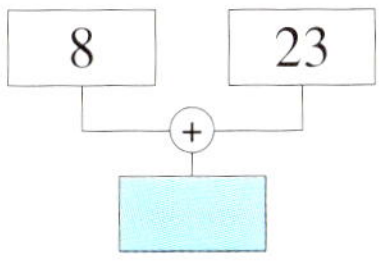


d) 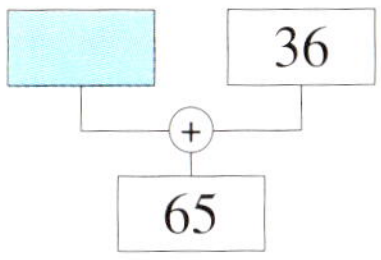


c) 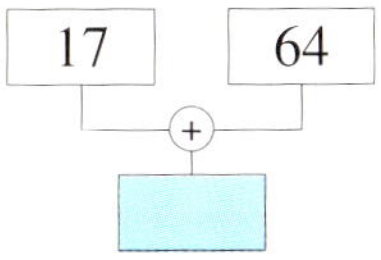


e) 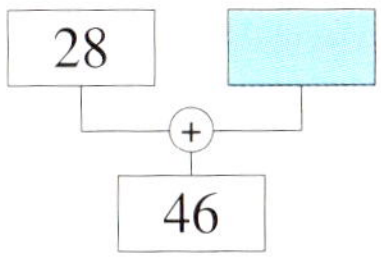


**5** Löse die Aufgabe mit Hilfe eines Rechenbaums.

a) 46 + 34 = ☐  d) 77 + 0 = ☐
b) 37 + 45 = ☐  e) ☐ + 58 = 100
c) 45 + 78 = ☐  f) 51 + ☐ = 100

**6** Rechne im Kopf.

Beispiel:
66 + 39 = 66 + 30 + 9 = 96 + 9 = 105

a) 45 + 56  b) 18 + 57  c) 120 + 56
53 + 45  36 + 76  230 + 67
37 + 56  59 + 53  350 + 69
19 + 78  77 + 29  316 + 98

**7** Zeichne die Additionstafeln in dein Heft und vervollständige sie.

a)

| + | 26 | 37 | 48 | 56 |
|---|---|---|---|---|
| 12 | | | | |
| 23 | | | | |
| 34 | | | | |
| 45 | | | | |
| 56 | | 93 | | |
| 67 | | | | |

b)

| + | | 45 | | 74 |
|---|---|---|---|---|
| 17 | 68 | | | |
| 28 | | | | |
| 39 | | | | |
| 42 | | | | |
| 58 | | | 82 | |
| 69 | | | | |

**8** Zeichne die Pyramiden in dein Heft und vervollständige sie.

a) 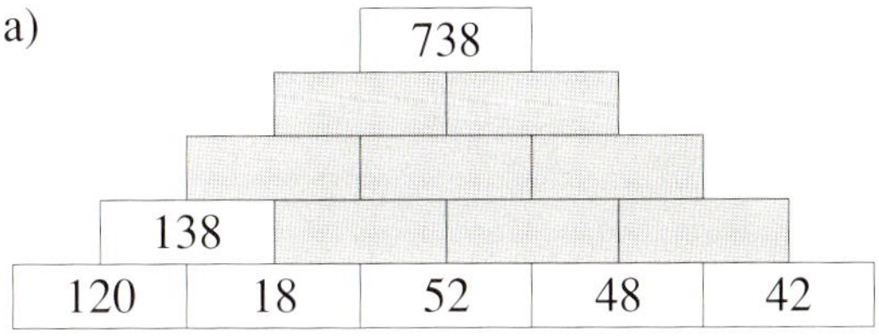


b) 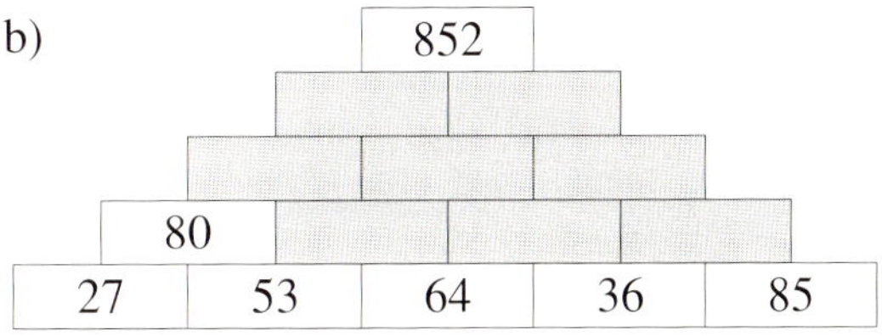


**9** Übertrage in dein Heft und gib die nächsten vier Zahlen der Folge an.

a) 2, 4, 6, 8 ...  e) 27, 46, 64, 81, 97, ...
b) 12, 18, 24, 30, ...  f) 15, 29, 39, 53, 63, ...
c) 2, 3, 5, 8, 12, ...  g) 10, 11, 15, 24, 40, ...
d) 5, 9, 12, 16, 19, ...  h) 8, 12, 17, 23, 30, ...

**10** Berechne.

a) 8000 + 13 000 d) 100 000 + 800 000
b) 1300 + 5000 e) 130 000 + 90 000
c) 5600 + 34 000 f) 46 000 + 146 000

**11** Berechne.

a) 8 000 000 + 4 000 000
b) 9 000 000 + 7 000 000
c) 6 500 000 + 2 500 000
d) 12 600 000 + 1 400 000

**12** Löse die Aufgaben möglichst schnell.

| a) | b) | c) |
|---|---|---|
| 14 + 7 | 25 + 6 | 34 + 8 |
| 14 + 17 | 25 + 26 | 44 + 18 |
| 14 + 27 | 25 + 46 | 54 + 28 |
| 14 + 37 | 25 + 66 | 64 + 38 |

**13** Trainiere deine Rechenfertigkeit.

| a) | b) | c) |
|---|---|---|
| 27 + 18 | 105 + 6 | 445 + 12 |
| 27 + 28 | 105 + 16 | 445 + 22 |
| 27 + 38 | 105 + 26 | 445 + 32 |
| 27 + 48 | 105 + 36 | 445 + 42 |

**14** Übertrage die Rechendreiecke wie im Beispiel in dein Heft und ergänze.

a)

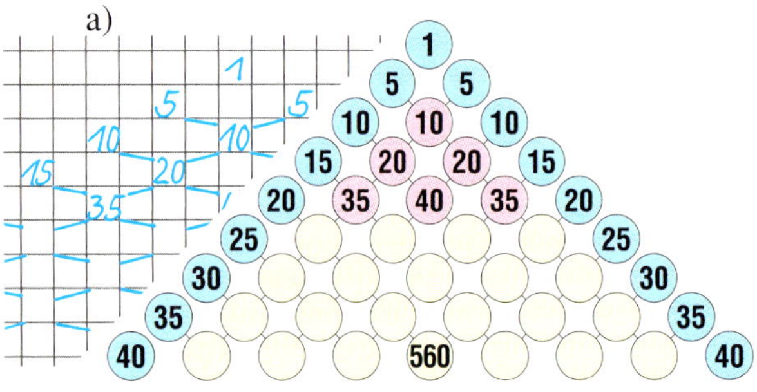


b)

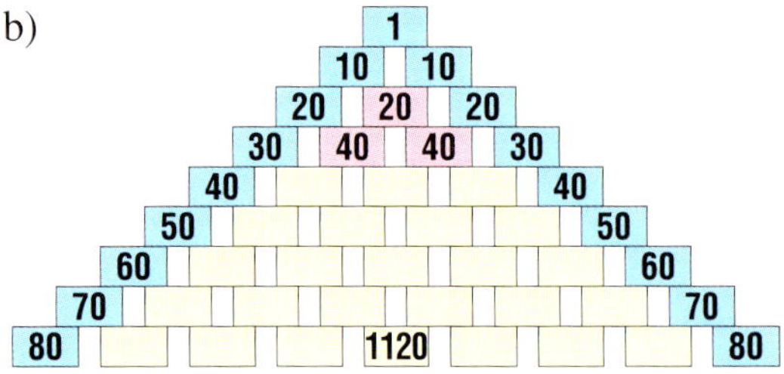


**15** a) Die Summanden sind 48 und 67. Bestimme den Wert der Summe.
b) Zwei gleiche Summanden werden addiert. Der Wert der Summe beträgt 48. Bestimme die Summanden.

**16** a) Übertrage in dein Heft und ergänze.

| + | 10 | 11 | 20 | 31 | 50 |
|---|---|---|---|---|---|
| 17 | | | | | |
| 21 | | | 41 | | |
| 33 | | | | | |
| 42 | | | | | |
| 48 | | | | | |
| 36 | | | | | |
| 59 | | | | | |

b) Überprüfe mit Hilfe der Tabelle:
- Wenn man zwei gerade Zahlen addiert, erhält man immer eine gerade Zahl.
- Wenn man zwei ungerade Zahlen addiert, erhält man immer eine gerade Zahl.
- Wenn man eine gerade und eine ungerade Zahl addiert, erhält man immer eine ungerade Zahl.

**17** Bilde Zahlen aus gegebenen Ziffern. Benutze jede Ziffer nur einmal.

Beispiele:

| Ziffern | Zahlen |
|---|---|
| 5, 9 | 59, 95 |
| 1, 3, 6 | 136, 631, 316, 163, 613, 361 |

a) Zwei Zahlen haben die Ziffern 3 und 4. Schreibe mit diesen Ziffern die kleinste und die größte mögliche Zahl.
b) Welchen Wert hat die Summe?
c) Berechne den Wert der Summe, die aus der größten Zahl mit den Ziffern 0, 4, 5 und der kleinsten Zahl mit den Ziffern 1 und 6 gebildet werden kann.

**18** Von zwei Summanden ist der erste größer als 20, der zweite größer als 40. Gib den kleinsten Summenwert an, der nach diesen Angaben möglich ist.

**19** Wie ändert sich der Wert der Summe von zwei Zahlen, wenn man
a) einen Summanden durch einen um 5 größeren ersetzt?
b) beide Summanden durch jeweils um 10 größere ersetzt?

# Freizeit Sport

Fahrrad-Computer 29,95 DM

Overdrive 69,95 DM

Sportschuhe 98,00 DM

Helm 59,90 DM

Fahrrad 249,00 DM

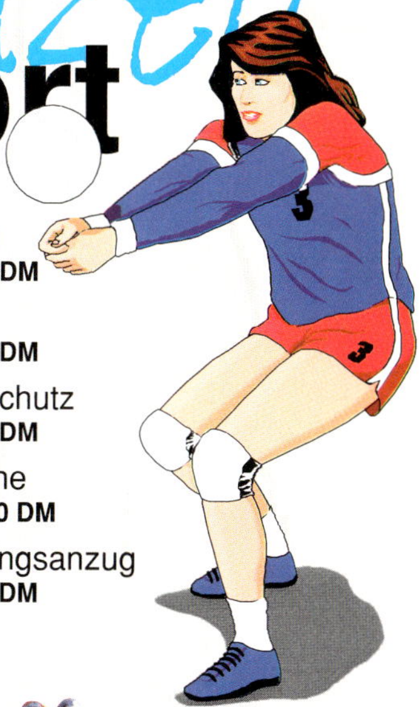

Trikot 69,90 DM

Hose 49,95 DM

Knieschutz 25,00 DM

Schuhe 129,90 DM

Trainingsanzug 89,00 DM

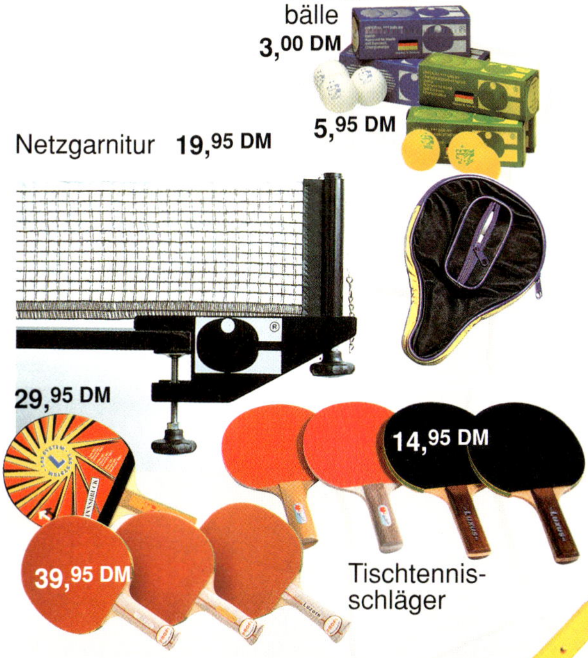

Tischtennisbälle 3,00 DM

5,95 DM

Netzgarnitur 19,95 DM

29,95 DM

14,95 DM

39,95 DM

Tischtennisschläger

Skaterhelm 39,95 DM

T-Shirt 19,95 DM

Sweatshirt 49,95 DM

Skater-Handschuhe 29,95 DM

4tlg. Sicherheitsset 49,95 DM

Street-Hockey-Inlineskater 159,95 DM

# Mehrfaches Addieren

Eine Klasse hat sich in vier Reihen aufgestellt.

In der ersten Reihe stehen drei Jungen.

In der zweiten Reihe stehen vier Jungen mehr als in der ersten Reihe.

In der dritten Reihe steht ein Junge mehr als in der zweiten Reihe.

In der vierten Reihe stehen nur Mädchen, und zwar sechs mehr als Jungen in der ersten Reihe.

a) Wie viele Schülerinnen und Schüler hat die Klasse insgesamt?
b) Wie viele Mädchen sind in der Klasse?
c) Wie viele Jungen sind in der Klasse?

Wir übertragen die Angaben in eine Tabelle:

| | | |
|---|---|---|
| 1. Reihe | xxx | 3 |
| 2. Reihe | xxx xxxx | $3+4$ |
| 3. Reihe | xxx xxxx x | $3+4+1$ |
| 4. Reihe | xxx xxxxxx | $3+6$ |

a) Um die Zahl der Schülerinnen und Schüler zu bestimmen, addieren wir die in der Tabelle zusammengestellten Angaben zu den Reihen: $3+3+4+3+4+1+3+6=27$
In der Klasse sind 27 Schülerinnen und Schüler.
b) Die Mädchen stehen in der 4. Reihe: $3+6=9$
Die Klasse hat 9 Mädchen.
c) Die Jungen haben sich in den ersten drei Reihen aufgestellt: $3+3+4+3+4+1=18$
In der Klasse sind 18 Jungen.

**Übungen**

**1** Am Samstag war „Bekleidungstag“. Die Eltern kauften Marc einige neue Sachen.

**2** In einem PC-Markt wurden zwei Angebote zusammengestellt.

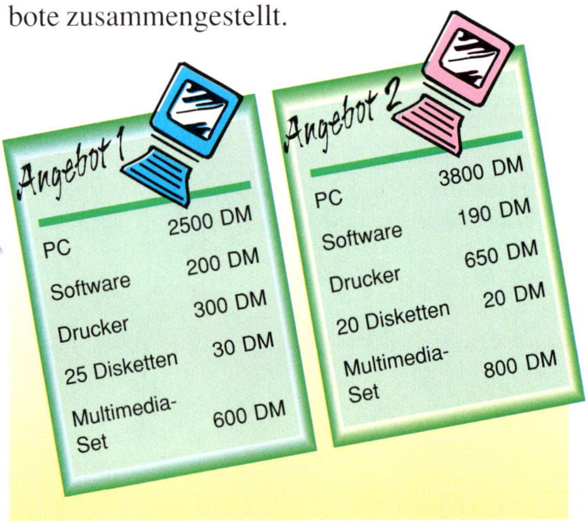

**3** Übertrage die Rechenbäume wie im Beispiel in dein Heft und ergänze.

a) 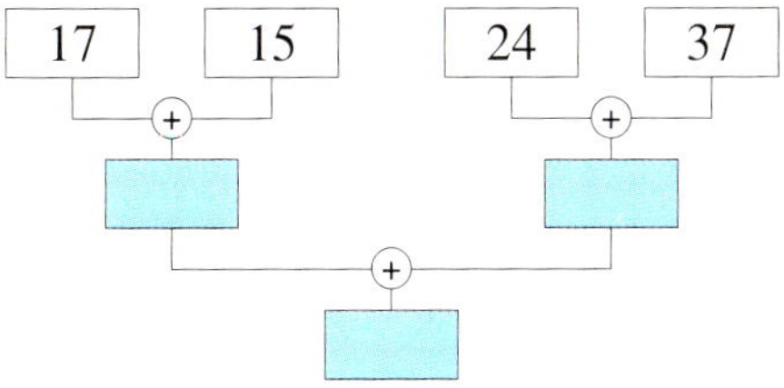


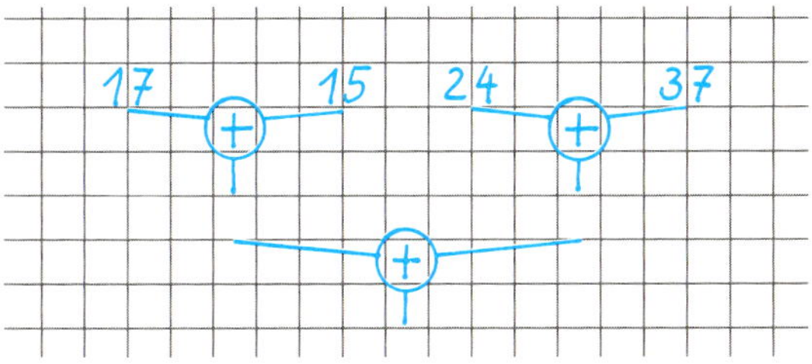


b) 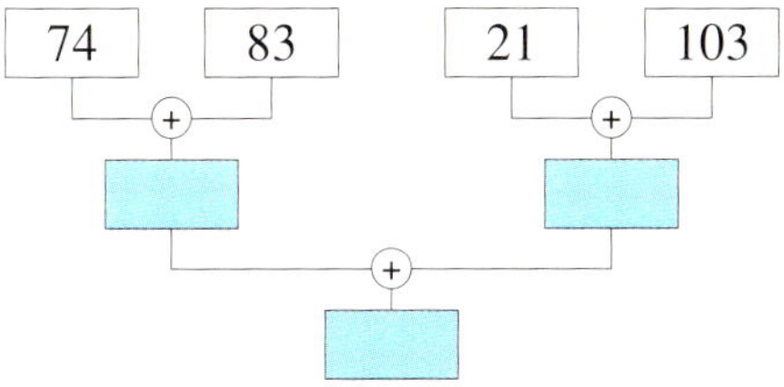


**4** Sabrina macht Aerobic. Deshalb kauft sie für 50 DM einen Catsuit. Außerdem gibt sie für eine Radlerhose 30 DM und für Socken 15 DM aus. Wie viel Geld hat sie bei diesem Einkauf ausgegeben?

**5** Sarahs Bruder kauft sich Hi-Fi-Bausteine; den Tuner für 150 DM, den Vestärker für 200 DM und den CD-Player für 250 DM. In einem anderen Geschäft kostet so eine Anlage komplett 500 DM. Hat Sarahs Bruder günstig eingekauft?

**6** Setze in jede Aufgabe nacheinander für $x$ die Zahlen 11, 12, 13, 14 und 20, 30, 40, 50 ein und rechne aus.

a) $x + 26 + 45 + 68$  d) $x + 12 + 88 + 56$
b) $x + 34 + 58 + 23$  e) $x + 78 + 42 + 55$
c) $x + 37 + 48 + 59$  f) $x + 28 + 51 + 62$

**7** Die Summe von vier Zahlen hat den Wert 20. Schreibe dafür drei Beispiele auf.

**8** Berechne die Summe der
a) geraden Zahlen von 2 bis 20,
b) Zahlen von 1 bis 20,
c) ungeraden Zahlen von 1 bis 19,
d) Zahlen von 1 bis 30, die die Ziffer 5 enthalten,
e) Zahlen von 10 bis 40, die die Ziffer 2 enthalten.

**9** a) Welchen Wert hat die Summe aus der größten und kleinsten dreistelligen Zahl, die du aus den Ziffern 2, 3 und 6 bilden kannst?
b) Bilde die größte dreistellige Zahl aus den Ziffern 2, 5 und 9 und addiere sie zu der kleinsten dreistelligen Zahl aus den Ziffern 3, 1 und 7.

**10** Bei einem Rundstreckenrennen für Hobbyradfahrer über 4 Runden fährt eine Fahrerin die erste Runde in 10 Minuten 20 Sekunden, die zweite Runde in 11 Minuten 30 Sekunden, die dritte Runde in 12 Minuten 10 Sekunden und die letzte Runde in 12 Minuten 40 Sekunden. Wie viel Zeit brauchte sie für das gesamte Rennen?

**11** Jan-Hendrik hat an seinem Fahrrad einen Tachometer, der am Sonntag 450 km anzeigt. An den folgenden Tagen unternimmt er verschiedene kleine Radtouren. Er fährt am Montag 25 km, am Dienstag 10 km mehr als am Montag und am Mittwoch 15 km mehr als am Dienstag.
a) Wie viel Kilometer ist er an den drei Tagen insgesamt gefahren?
b) Welchen Kilometerstand zeigt der Tachometer am Mittwochabend?

**12** Familie Weingarten hat fünf Kinder, die unterschiedlich alt sind und deshalb unterschiedlich hohes Taschengeld in der Woche erhalten. Inge bekommt 2 DM, Christa 13 DM mehr als Inge, Hans 3 DM mehr als Christa, Petra 6 DM mehr als Hans und Peter das Doppelte von Inge. Wie viel Taschengeld geben die Eltern insgesamt jede Woche ihren fünf Kindern ?

**13** Wenn du in einem magischen Quadrat die Zahlen jeder Zeile, jeder Spalte oder jeder Diagonale addierst, so erhältst du immer den gleichen Wert. Prüfe das hier nach und bestimme den Wert.

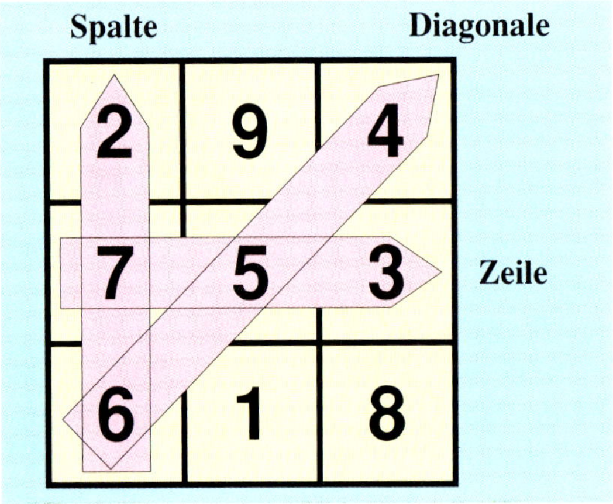


**14** Sind das magische Quadrate?

a)

| | | |
|---|---|---|
| 1 | 4 | 5 |
| 3 | 4 | 3 |
| 6 | 2 | 2 |

b)

| | | |
|---|---|---|
| 1 | 8 | 6 |
| 10 | 5 | 0 |
| 4 | 2 | 9 |

**15** Übertrage in dein Heft und ergänze zu einem magischen Quadrat.

a)

| | | | |
|---|---|---|---|
| 17 | 15 | 10 | 26 |
| | 17 | | 10 |
| 24 | | 17 | 15 |
| 8 | | | |

b)

| | | | |
|---|---|---|---|
| 18 | | | 39 |
| 33 | 24 | 33 | |
| | 18 | 27 | |
| 12 | 33 | | 33 |

**16** Übertrage und ergänze zu einem magischen Quadrat. Ordne in b) die Zahlen von 1 bis 16 ein.

a)

| | | | |
|---|---|---|---|
| 16 | 3 | 10 | 5 |
| | 13 | 8 | |
| 7 | 12 | 1 | |
| | | | |

b)

| | | | |
|---|---|---|---|
| 1 | 12 | 8 | |
| | 7 | | |
| 15 | | 10 | |
| | | | 16 |

**17** Du kannst leicht selbst ein magisches Quadrat herstellen, wenn du schon zwei andere kennst.

*1. Quadrat*

| | | |
|---|---|---|
| 1 | 6 | 5 |
| 8 | 4 | 0 |
| 3 | 2 | 7 |

*2. Quadrat*

| | | |
|---|---|---|
| 11 | 6 | 13 |
| 12 | 10 | 8 |
| 7 | 14 | 9 |

*neues Quadrat*

| | | |
|---|---|---|
| | | |
| 20 | | |
| | | |

Übertrage in dein Heft und vervollständige das neue Quadrat.

**18** Erstelle aus den magischen Quadraten der Aufgabe 15 ein neues magisches Quadrat.

**19** Rechne die Aufgaben aus und bringe die „Rechendominosteine" in die richtige Reihenfolge.

Beispiel:

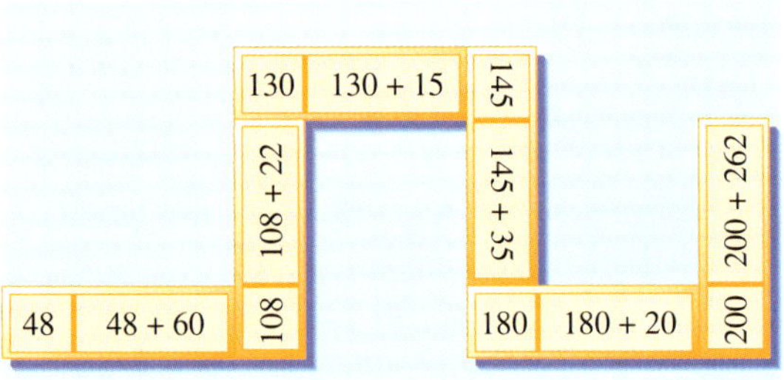


a)

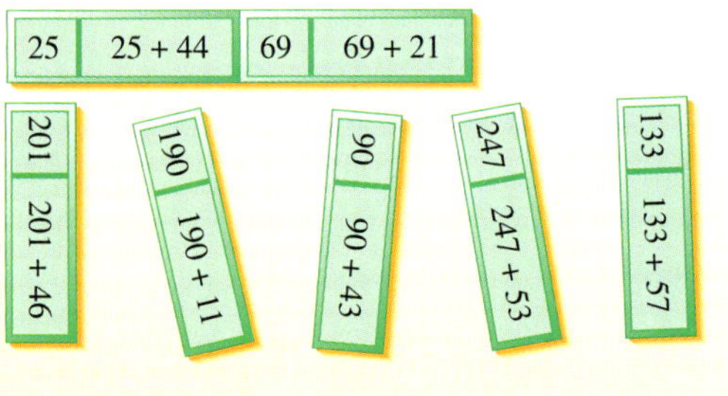


b)

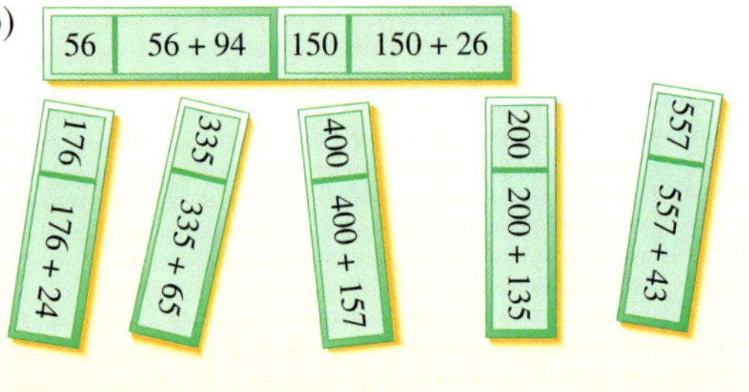

**1** Um Heizenergie zu sparen, will Familie Hamacher in ihrer Wohnung Isolierglasfenster einbauen lassen.

Da in ihrem Altbau jedes Fenster ein anderes Maß hat, sind die Fenster unterschiedlich teuer.

| | |
|---|---|
| Fenster 1: 543 DM | Fenster 3: 582 DM |
| Fenster 2: 586 DM | Fenster 4: 322 DM |

Berechne den Gesamtpreis für die Isolierglasfenster.

**2** Nach dem Umbau in ihrem Haus kauft Familie Berger für 1900 DM eine Eichentür mit Rahmen und eine größere für 2315 DM. Ebenfalls benötigt sie eine Feuerschutztür für den Keller zum Preis von 720 DM. Wie teuer sind die Türen zusammen?

**3** Malermeister Hinz hat ein Angebot für Anstreicharbeiten geschrieben:

| | |
|---|---|
| 98 Quadratmeter Holzwerk | 5155 DM |
| 27,5 Meter Geländer | 759 DM |
| 20,8 Meter Sockellänge | 515 DM |

Wie hoch wird die Rechnungssumme, wenn noch 735 DM für den Deckenanstrich hinzu kommen.

**4** Herr Erdogan hat für das Badezimmer eine neue Duschanlage gekauft. Auf den einzelnen Waren kleben noch die Preisschilder.

| | |
|---|---|
| Duschbecken | 195 DM |
| Duschstange | 89 DM |
| Duschbatterie | 346 DM |
| Duschkopf | 149 DM |
| Duschabtrennung | 899 DM |

Berechne die gesamte Rechnungssumme.

**5** Familie Sauer möchte mit einem fälligen Sparvertrag über 10 000 DM ihr Badezimmer modernisieren. In einem Baumarkt kaufen sie sich aus einem Sonderangebot:

| | |
|---|---|
| Waschtischanlage | 520 DM |
| Toilettenanlage | 560 DM |
| Badewannenanlage | 630 DM |
| Duschanlage | 990 DM |

Für Fliesen und Fliesenleger rechnet sie mit 5000 DM. Reicht der Sparbetrag für die beabsichtigte Modernisierung aus?

**6** Melanies Eltern lassen einen Kaminofen einbauen. Der Ofen kostet 2029 DM. Als Materialkosten fallen zusätzlich 248 DM für die Bodenplatte, 419 DM für den Rohrbogen und 39 DM für das Wandfutter an. Die Lohnkosten betragen 358 DM.
Wie viel kostet der Einbau insgesamt?

**7** In ein altes Fachwerkhaus wird eine neue Heizung eingebaut. Die Rechnung enthält folgende Positionen:

| | |
|---|---|
| Heizkessel | 6309 DM |
| Zubehör | 1400 DM |
| Ölbrenner | 1490 DM |
| Pumpe | 449 DM |
| Öltankanlage | 5735 DM |
| Leitungen | 785 DM |
| Mehrwertsteuer | 2425 DM |

Welcher Rechnungsbetrag ergibt sich?

**8** Was muss der Handwerker bezahlen?

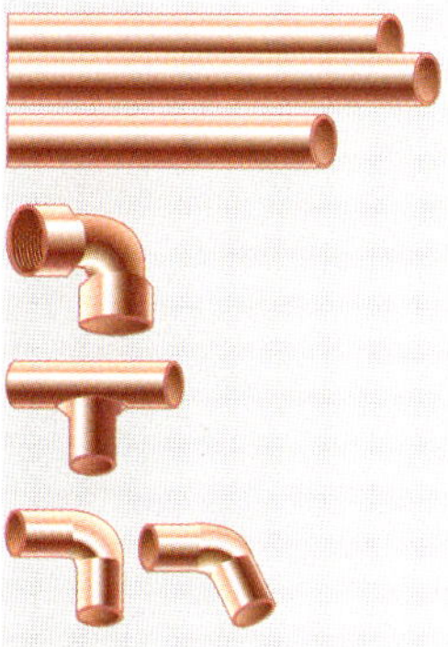

**Kupferrohr**
Handwerkermenge
10 Stangen à 2,5 m
blank, ∅ 15 mm **79,00 DM**

**Löt-Anschlusswinkel**
Handwerkerpackung
10 Stück, ∅ 15 × 1/2" **15,00 DM**

**Kupfer-Löt-T-Stücke**
Nr. 5130, Handwerkerpackung
10 Stück, ∅ 15 mm **6,50 DM**

**Kupfer-Löt-Bogen**
Nr. 5002 A, Handwerkerpackung
10 Stück, ∅ 15 mm **4,50 DM**

# Zählen und Rechnen

In Geschäften in Japan rechnet man heute noch häufig mit dem **Abakus**. Damit rechnen viele Japaner immer noch schneller als mit dem Taschenrechner.

Einen genau umgekehrt gearteten Inhalt zeigt der Holzschnitt von 1503, in dem der Vorzug des schriftlichen Rechenverfahrens dargestellt wird. Der links abgebildete Boethius, der angebliche Erfinder des schriftlichen Rechnens mit indischen Ziffern, ist eher mit dem Rechnen fertig, als der rechts grimmig abgebildete Pythagoras, der als der Erfinder des Abakusrechnens galt. Die Göttin Arithmetica im Hintergrund beaufsichtigt diesen Wettbewerb.

Auf Neuguinea, einer Insel im Pazifischen Ozean nahe Australien, können Sibiller durch Benutzung von Fingern und anderen Körperteilen nur bis 27 zählen.

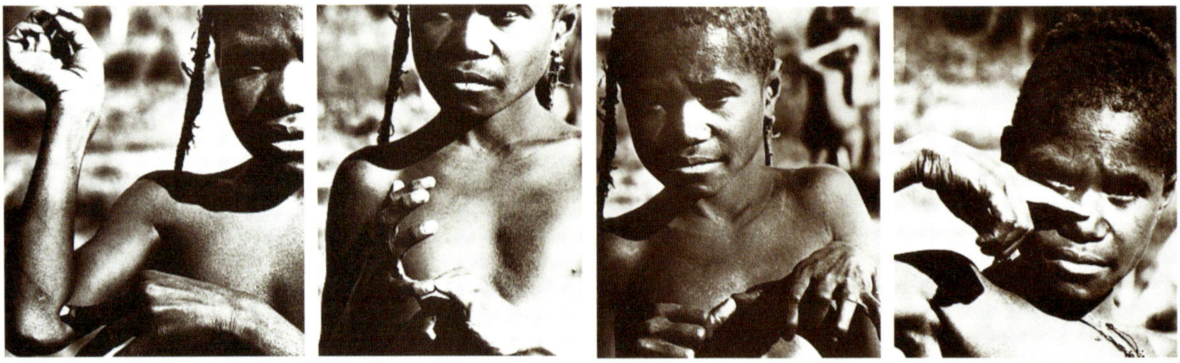

Beim Aufwärtszählen wird mit dem rechten Finger auf den linken Finger gezeigt. Begonnen wird mit dem kleinen Finger (Zählen von 1 bis 5). Beim Zählen von 6 bis 13 wird mit dem rechten Zeigefinger links auf das Handgelenk, den Unterarm, den Ellenbogen, den Bizeps, das Schlüsselbein, die Schulter, das Ohr und das Auge gezeigt. Das Zeigen auf die Nase bedeutet 14. Mit der linken Hand werden rechts entsprechend „abwärts“ vom Auge bis zum kleinen Finger die Zahlen 15 bis 27 gezeigt.

# wie in früheren Zeiten

Am Abakus lassen sich Zahlen einfach anzeigen. Sie werden am *Querstab* eingestellt. Dazu verschiebt man die Scheiben zum Querstab. Die Scheiben in den Vierergruppen zählen einfach, die Scheiben in dem anderen Bereich zählen fünffach. Die Abakusstäbe entsprechen den Stellenwerten unseres Zehnersystems (Einer, Zehner, Hunderter, …). Einzelne Zahleneinstellungen sind hier abgebildet.

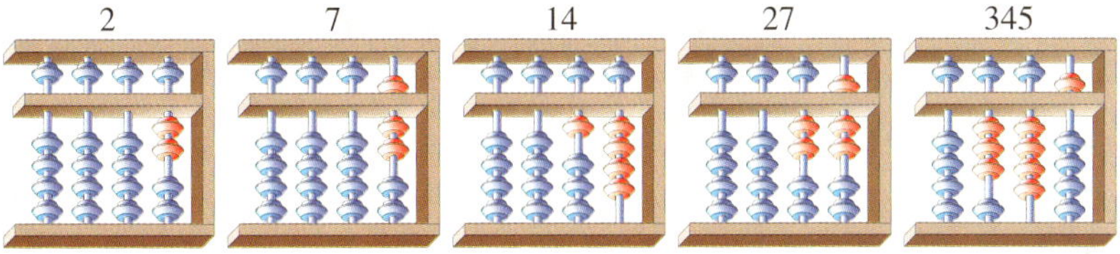


Mit dem Abakus zu rechnen ist für uns zunächst gewöhnungsbedürftig. An einem Beispiel zeigen wir, dass das Rechnen mit dem Abakus auch das vorteilhafte Rechnen fördern hilft.

Die rechte Bildfolge zeigt die Rechnung der Aufgabe 236 + 272 mit dem Abakus. Dabei wird stellengerecht von links nach rechts addiert.

Dem französischen Philosophen und Mathematiker **Blaise Pascale** (1623–1682) ging es wohl mit 19 Jahren darum, nicht mehr so viel Zeit zum Berechnen von Steuerzahlen zu benötigen, sodass er diese Additions- und Subtraktionsmaschine erfand. Sein Vater war Steuereinnehmer.

Rechenhilfsmittel heute sind nicht mehr mechanisch, wie dieser Apparat.

Die Zahl 236 wird eingestellt.

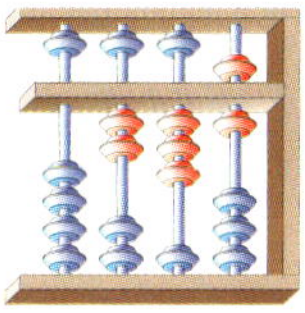

2 Hunderterscheiben werde dazu genommen.

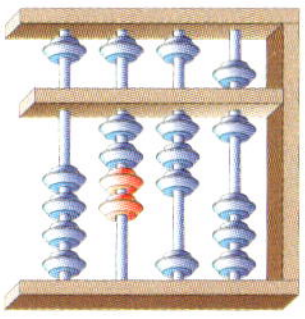

Weil keine Scheiben für die 70 mehr verfügbar sind und auch keine Hunderterscheibe, nimmt man 500 dazu und nimmt 400 weg.

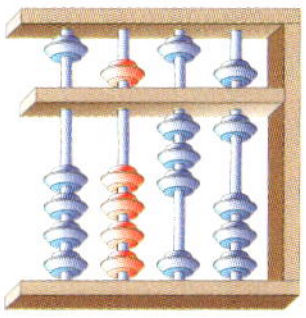

Jetzt nimmt man 30 weg und muss nur noch 2 dazu nehmen.

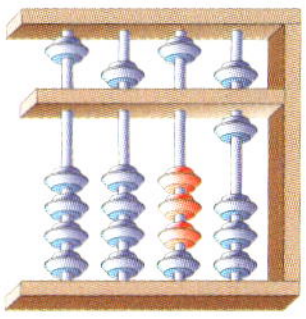

Der Abakus zeigt das Ergebnis 508 an.

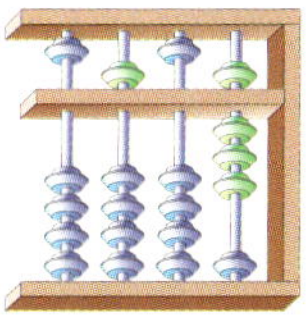

# VERGLEICHEN



In einer Gemeinde wird mit 16 Fußlängen das Maß „Rute“ festgelegt. Nach diesem Maß müssen sich alle Gemeindemitglieder richten.

Größe 42

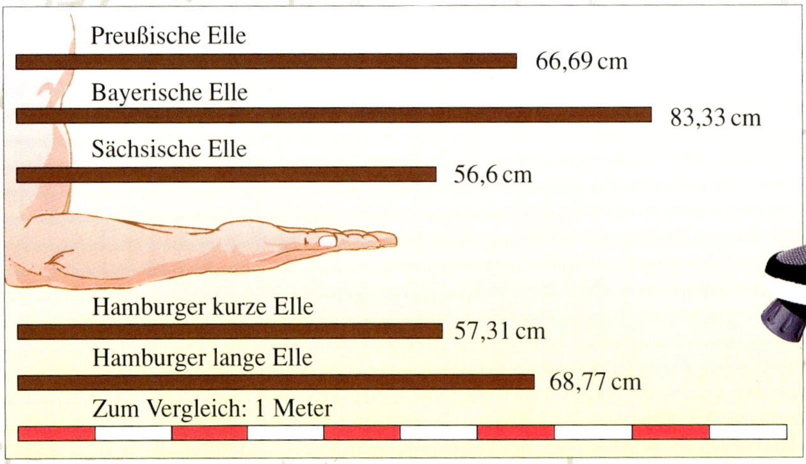

Größe 38

A B C D E F G H I J

## Subtraktion natürlicher Zahlen

Der Weltrekord im Weitsprung der Männer stand 1997 bei 8 m und 95 cm. Er wurde 1991 durch den Amerikaner Mike Powell aufgestellt. Bei einem Leichtathletikwettkampf verfehlte ein Weitspringer diesen Rekord um 85 cm. Wie weit ist er gesprungen?

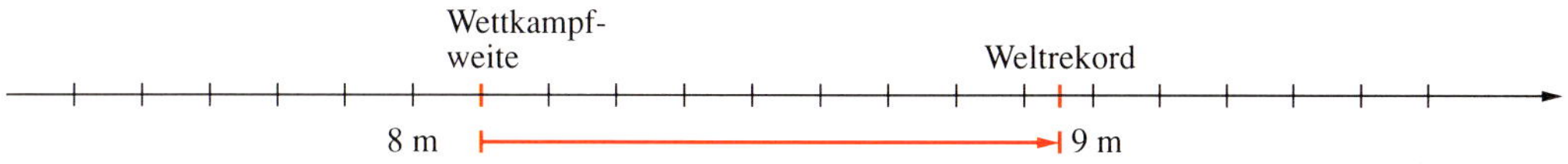


Du kannst das Subtrahieren auch am Zahlenstrahl mit Hilfe von Pfeilen durchführen. Die Subtraktionsaufgabe 11 – 5 wird in der Pfeilrichtung so gelöst.

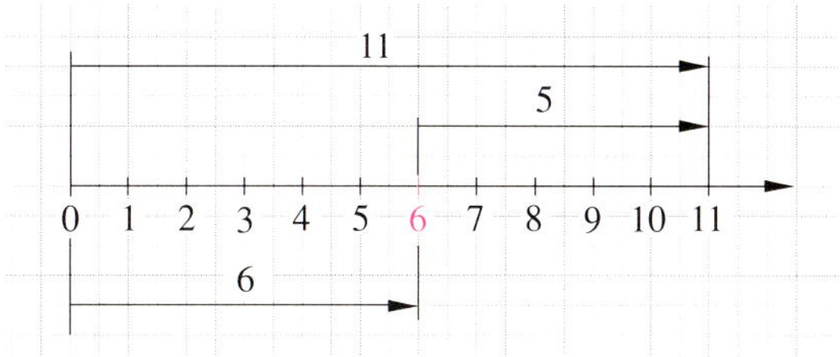


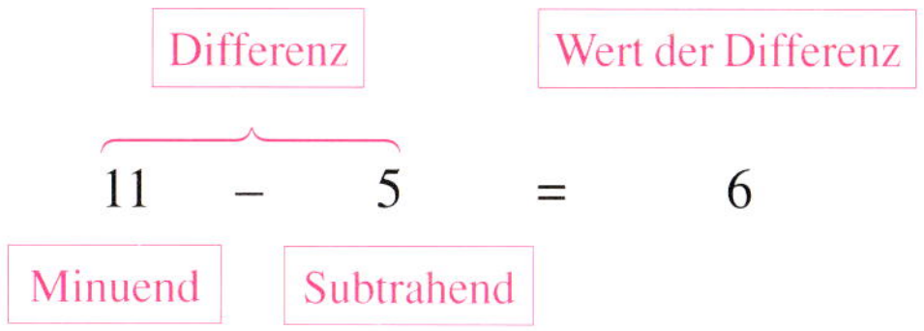


### Übungen

**1** Welche Aufgabe wurde mit Pfeilen gelöst?

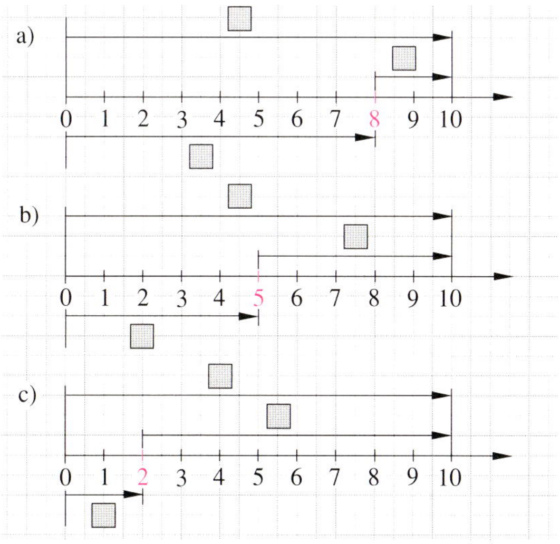


**2** Zeichne zunächst einen Zahlenstrahl. Löse dann mit Hilfe von Pfeilen.

a) 16 – 8 = □
b) 12 – 0 = □
c) 17 – □ = 8
d) 15 – □ = 0
e) □ – 4 = 3
f) □ – 6 = 9

**3** Zeichne jeweils einen Zahlenstrahl. Wähle eine geeignete Einteilung. Subtrahiere.

a) 170 – 130 = □
b) 85 – 55 = □
c) 600 – 350 = □
d) 1500 – □ = 300
e) □ – 65 = 150
f) 8100 – □ = 3700

**4** Schreibe den Rechenbaum einfacher in dein Heft und vervollständige ihn.

a) 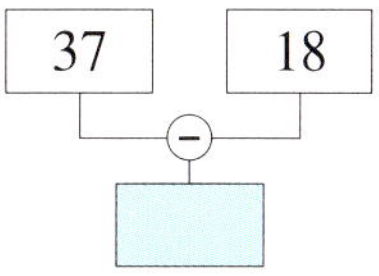


b) 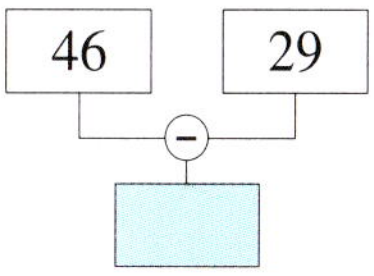

**5** Vervollständige den Rechenbaum in deinem Heft.

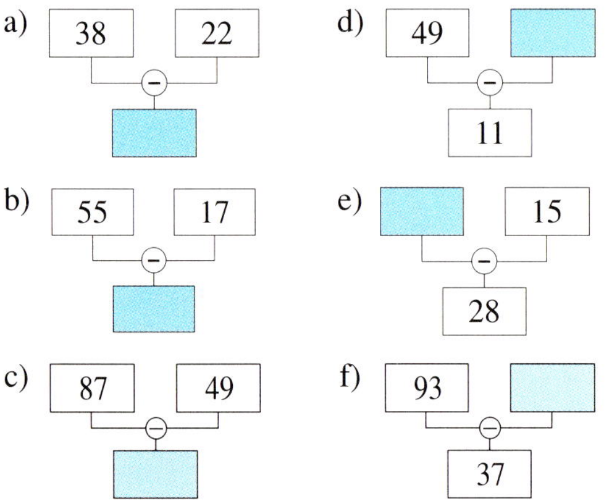


**6** Übertrage die Tabelle in dein Heft und fülle sie aus.

| | Minuend | Subtrahend | Wert der Differenz |
|---|---|---|---|
| a) | 155 | 85 | |
| b) | | 86 | 11 |
| c) | 301 | | 47 |

**7** Übertrage die Subtraktionstafel in dein Heft und fülle sie aus.

| | | Subtrahend | | | | |
|---|---|---|---|---|---|---|
| | – | 17 | 19 | 22 | 34 | 49 |
| Minuend | 54 | | | | | |
| | 65 | | | | | |
| | 71 | | | 49 | | |
| | 82 | | | | | |
| | 93 | | | | | |

**8** Übertrage die Subtraktionstafel in dein Heft und ergänze sie.

| | | Subtrahend | | | | |
|---|---|---|---|---|---|---|
| | – | 19 | | 25 | | 9 |
| Minuend | 40 | | 12 | | | |
| | | | | 28 | | |
| | 81 | | | | 44 | |
| | | | | | | 63 |
| | 99 | | | | | |

**9** Berechne.

a) 14 000 – 7000
b) 8000 – 3500
c) 48 000 – 16 000
d) 57 000 – 3900
e) 86 000 – 1200
f) 95 000 – 1500

**10** Berechne.

a) 7 000 000 – 300 000
b) 140 000 – 80 000
c) 835 000 – 35 000
d) 77 000 000 – 25 000 000
e) 8 300 000 – 4 300 000
f) 95 000 000 – 85 000 000
g) 68 500 000 – 39 000 000

**11** Bestimme die fehlende Zahl.

a) 20 – ■ = 14
b) ■ – 7 = 34
c) 31 – 19 = ■
d) 56 – ■ = 23
e) 125 – 96 = ■
f) ■ – 56 = 56

**12** Bilde die Differenz aus den Zahlen 44 und 19 (27 und 19, 68 und 59).

**13** Der Minuend beträgt 78 (95), der Wert der Differenz ist 40. Berechne den Subtrahenden.

**14** Der Subtrahend beträgt 42 (18), der Wert der Differenz ist 21. Welche Zahl muss als Minuend angegeben werden?

**15** a) Wie verändert sich der Wert der Differenz, wenn der Minuend und der Subtrahend um 4 vergrößert werden.

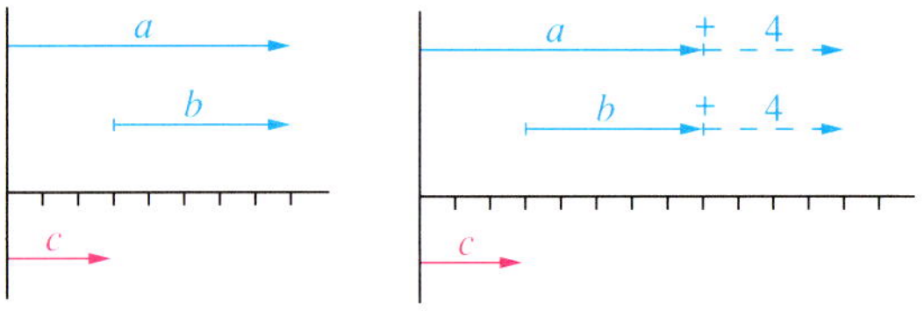


b) Löse mit Hilfe von Pfeilen.
Wie ändert sich der Wert der Differenz, wenn der Minuend und der Subtrahend um 6 vergrößert (verkleinert) werden?

**16** Übertrage in dein Heft und gib die nächsten 4 Zahlen der Folge an.

a) 20, 18, 16, 14, …
b) 56, 52, 48, 44, …
c) 100, 90, 81, 73, …
d) 60, 58, 51, 49, 42, …

**17** Bringe die ungeordneten „Rechendominosteine“ wie in dem Beispiel in die richtige Reihenfolge.

Beispiel:

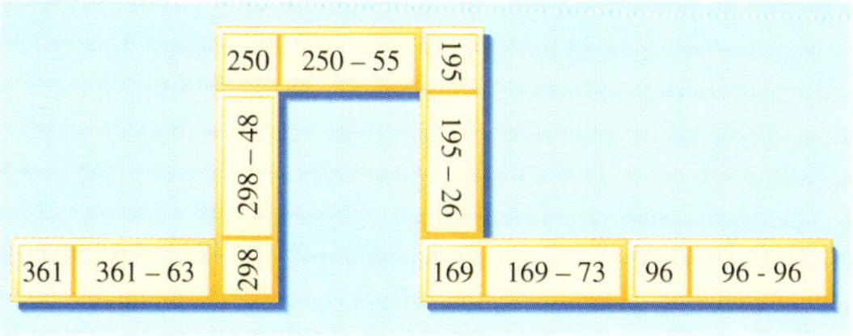


a)

b)

**18** Ein Tankwagen mit 20 000 Liter (l) Fassungsvermögen liefert verschiedenen Kunden Heizöl.

| Kunde | Geliefertes Öl | Anzeige der Tankuhr |
|---|---|---|
| Schulze | 1500 l | 18 500 l |
| Meyer | 2350 l | 16 150 l |
| Donat | 4100 l | …… |
| Müller | 2650 l | …… |
| Obi | 3050 l | …… |
| Rema | 1950 l | …… |
| Lado | …… | 00 000 |

Vervollständige die Liste in deinem Heft. Wie viel Liter Öl werden bei der Firma Lado abgeliefert?

**19** Eine Umfrage unter 100 Jugendlichen ergab etwa folgendes Ergebnis:

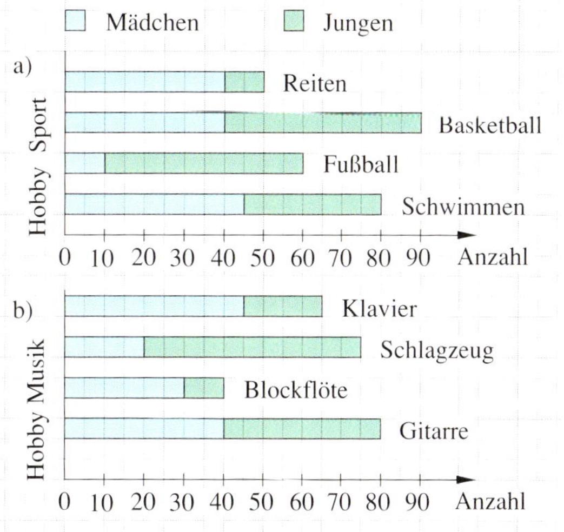


Berechne jeweils die Unterschiede.

**20** Alina hat zu ihrer Geburtstagsparty eingeladen. Die Gäste treffen in vier Gruppen bei ihr ein. In der ersten Gruppe kommen sechs, in der zweiten Gruppe zwei weniger als in der ersten, in der dritten Gruppe eins weniger als in der zweiten und in der letzten Gruppe drei weniger als in der zweiten Gruppe. Wie viele Partygäste kommen zu Alinas Geburtstag?

**21** Vervollständige den Rechenbaum im Heft.

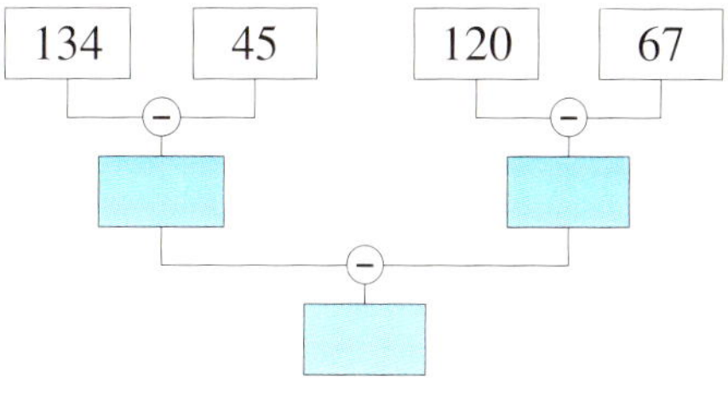


**22** Ergänze durch Subtrahieren.

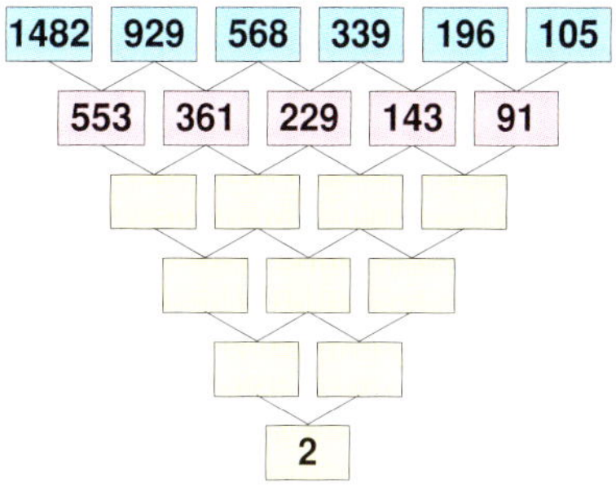

## 1. Kommutativgesetz (Vertauschungsgesetz)

Bei den Bundesjugendspielen der Schule addieren Jens und Mirko die Punkte, die bei den Wettkämpfen erreicht wurden. Morgens werden die Wettkämpfe im Weitsprung und im Wurf durchgeführt. Auf der Vorderseite der Wettkampfkarte sind die erreichten Punktzahlen durch Kreuze markiert.

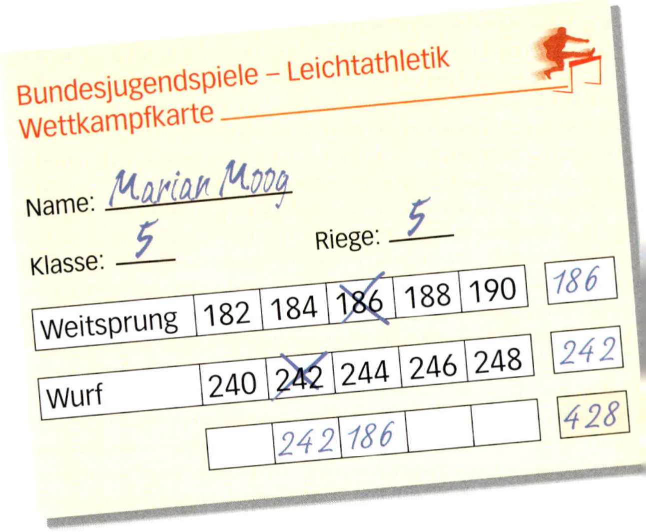


Jens addiert: 186 + 242 = 428
Mirko rechnet nach: 242 + 186 = 428

Beide Schüler haben als Ergebnis 428 erhalten.

> In einer Summe darf man die Summanden vertauschen.
>
> $$186 + 242 = 242 + 186$$
> $$a + b = b + a$$
>
> Dieses Gesetz heißt **Kommutativgesetz (Vertauschungsgesetz)** der Addition.

## 2. Assoziativgesetz (Verbindungsgesetz)

Nachmittags wird der 75-m-Lauf durchgeführt.
Jens und Mirko sollen die Gesamtpunktzahl für den Dreikampf ausrechnen.

Jens addiert:
(186 + 242) + 230 = 428 + 230 = 658

Mirko rechnet nach:
186 + (242 + 230) = 186 + 472 = 658

Auch hierbei haben beide als Ergebnis 658 erhalten.

> In einer Summe darf man die Summanden beliebig durch Klammern zusammenfassen.
>
> $$(186 + 242) + 230 = 186 + (242 + 230)$$
> $$(a + b) + c = a + (b + c)$$
>
> Dieses Gesetz heißt **Assoziativgesetz (Verbindungsgesetz)** der Addition.

Mit dem Kommutativgesetz und dem Assoziativgesetz kann man viele Aufgaben vorteilhaft lösen.

**Beispiele**

**1.** 29 + 58 + 11 =

29 + 58 + 11 = 29 + 11 + 58 (Kommutativgesetz)
= 40 + 58
= 98

**2.** 288 + (177 + 12) =

288 + (177 + 12) = 288 + (12 + 177) (Kommutativgesetz)
= (288 + 12) + 177 (Assoziativgesetz)
= 300 + 177
= 477

**Übungen**

**1** Berechne möglichst vorteilhaft.

a) 65 + 31 + 25
b) 19 + 44 + 71
c) 23 + 25 + 12
d) 77 + 28 + 33
e) 54 + 47 + 36
f) 38 + 63 + 12

**2** Wende Rechenvorteile an.

a) 53 + 41 + 37 + 29
b) 75 + 42 + 15 + 38
c) 9 + 34 + 21 + 66
d) 57 + 18 + 33 + 72

Prüfzahlen für die Aufgaben 1 und 2:
60; 113; 121; 130; 134; 137; 138; 160; 170; 180

**3** Rechne mit Rechenvorteilen.

a) 480 + 167 + 220
b) 275 + 381 + 125
c) 256 + 422 + 144 + 88
d) 318 + 601 + 212 + 99

**4** Rechne wie im Beispiel.

Beispiel: 1 + 2 + 3 + 4 + 5 + 6 + 7 + 8
= (1 + 8) + (2 + 7) + (3 + 6) + (4 + 5)
= 9 + 9 + 9 + 9
= 36

a) 2 + 4 + 6 + 8 + 10 + 12
b) 1 + 3 + 5 + 7 + 9 + 11
c) 50 + 100 + 150 + 200 + 250 + 300
d) 300 + 500 + 700 + 900 + 1100 + 1300

**5** Rechne vorteilhaft.

a) 41 + (29 + 140)
b) (215 + 264) + 136
c) 419 + (241 + 329)
d) 243 + (127 + 173)
e) (615 + 207) + 303
f) 817 + (183 + 356)

**6** Rechne vorteilhaft.

a) 137 + (128 + 243)
b) (286 + 213) + 317
c) 229 + (337 + 441)
d) (156 + 347) + 333

**7** Übertrage in dein Heft und setze das richtige Zeichen (=, ≠) ein.

a) 17 – (14 – 2)   (17 – 14) – 2
b) (26 – 13) – 9   26 – (13 – 9)
c) 120 – (59 – 12)   (120 – 59) – 12

**8** Nicole und Diana wollen die Zahlen auf den Kärtchen möglichst schnell addieren.
Welche Lösung fällt dir dazu ein?

**9** Der berühmte Mathematiker Carl Friedrich Gauß (1777 – 1855) bekam von seinem Lehrer in der Volksschule eine Kettenaufgabe gestellt, welche die Schüler der Klasse längere Zeit mit Rechnen beschäftigen sollte: Die Zahlen von 1 bis 100 sollten addiert werden.
Kurz nachdem der Lehrer die Aufgabe gestellt hatte, brachte Gauß ihm das Ergebnis 5050 auf seiner Schiefertafel. Hast du eine Idee, wie der Schüler Gauß die Zahlen so schnell addieren konnte?

| Konto | KONTOAUSZUG | Auszug | Blatt |
|---|---|---|---|
| 123456 | SPARKASSE NEUSS • BLZ 305 500 00 • | 22 | 1 |

| Buch.-Tag | Wert | PN | Erläuterung/Verwendungszweck | Umsätze |
|---|---|---|---|---|
| 0212 | 0212 | 0940 | Miete per 12.97 | 700,00 S |
| 1512 | 1512 | 0945 | Telefongebühren | 85,00 S |
| 1712 | 1712 | 0940 | Versicherung | 115,00 S |

| BS | Letzter Auszug | Auszugdatum | Alter Kontostand | Neuer Kontostand |
|---|---|---|---|---|
| 123 | 24.11.97 | 21.12.97 | 3.250,00 | 2.350,00 |
| | | | DISPOKREDIT | 5.000,00 |

BITTE RÜCKSEITE BEACHTEN

Herr Sachs überprüft seinen Kontoauszug, indem er die Gesamtausgaben vom alten Kontostand subtrahiert:

| alter Kontostand | Gesamtausgaben | neuer Kontostand |
|---|---|---|
| 3250 – | (700 + 85 + 115) | = 2350 |
| 3250 – | 900 | = 2350 |

Wenn eine Summe oder eine Differenz in Klammern stehen, wird zuerst der Wert in der Klammer berechnet.

**Beispiele**

**1.** Berechne.

a) 400 – (26 + 35)
= 400 – 61
= 339

b) 400 + (179 – 35)
= 400 + 144
= 544

c) (38 + 17) – (79 – 58)
= 55 – 21
= 34

**2.** Berechne mit Hilfe eines Rechenbaums.

a) 16 + (13 – 12) = 17
16 + 1 = 17

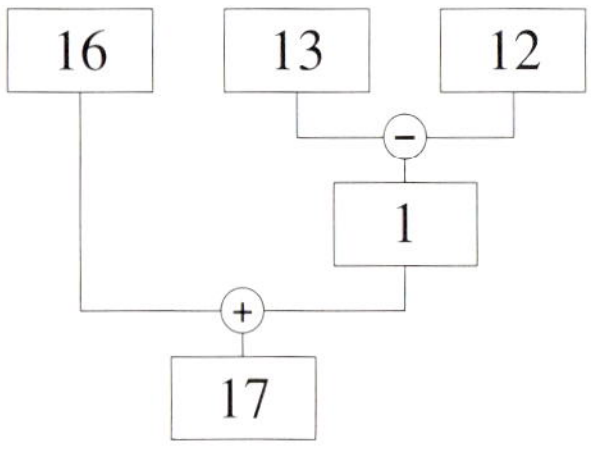


b) (45 – 12) – (26 – 13) = 20
33 – 13 = 20

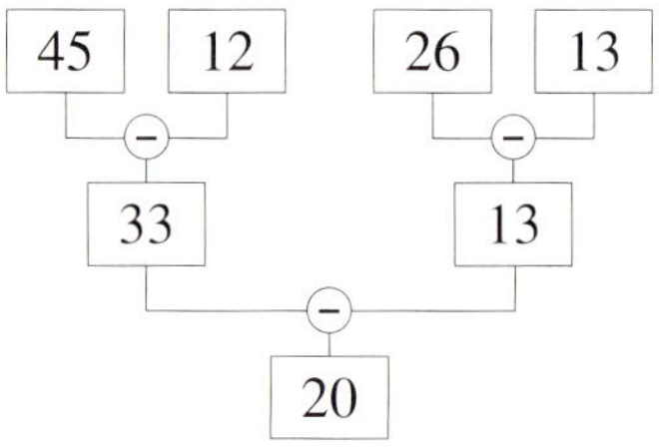

## Übungen

**1** Stelle folgende Aufgaben mit Hilfe des Rechenbaums dar und löse sie.
a) 48 – (16 – 12)
b) 48 – (16 + 12)
c) 56 – (49 – 38)
d) (58 – 16) + (17 – 13)
e) (85 + 15) – (26 + 13)
f) (69 + 18) – (56 – 17)

**2** Rechne aus.
a) 16 + (15 – 2)
b) 96 – (13 + 2)
c) 84 + (15 + 8)
d) 116 + (36 – 14)
e) 128 – (109 – 12)
f) 254 + (140 – 26)

**3** Berechne.
a) (42 – 15) + (16 + 67)
b) (69 + 17) – (15 + 39)
c) (78 – 5) – (170 – 134)
d) (21 – 7) – (1001 – 996)
e) (14 – 3) + (112 – 84)

**4** Berechne.
a) 156 – (45 + 19 + 17)
b) 58 – 45 + (17 – 9)
c) (68 – 23) + 18 – 39

Prüfzahlen für die Aufgaben 1 bis 4:
9; 20; 21; 24; 29; 31; 32; 37; 39; 44; 45; 46; 48; 61; 75; 81; 107; 110; 138; 368

**5** Übertrage in dein Heft und setze die richtigen Zeichen ein (=, <, >).
a) 49 – 19 – 16 ☐ 49 – (19 – 16)
b) 42 – 18 – 5 ☐ 42 – (18 – 5)
c) 142 – 42 – 29 ☐ 142 – (42 – 29)
d) 242 – (119 – 29) – 4 ☐ 242 – 119 – (29 – 4)
e) (45 – 12) – (26 – 13) ☐ (45 + 12) – (26 + 13)
f) 165 – 65 + 40 ☐ 165 – (65 + 40)
g) 165 – 65 + 40 ☐ (165 – 65) + 40
h) 215 + (65 – 19) + 6 ☐ 215 + 65 – (19 + 6)
i) (215 + 65) – (19 + 6) ☐ 215 + 65 – (19 + 6)

**6** Berechne.
a) (56 – 39) – (67 – 53)
b) 42 – (19 – 11) – 22
c) 111 – 39 – (83 – 69)
d) 311 – 25 – 111 – (33 – 12)

**7** Berechne.
a) 93 – (75 – 36) – 42
b) (93 – 29) – (72 – 47) – 25
c) 118 – 57 – (14 + 18) – (37 – 19)

**8** Schreibe die Aufgaben, die durch den Rechenbaum dargestellt sind, mit Hilfe von Klammern. Rechne.

a) b)

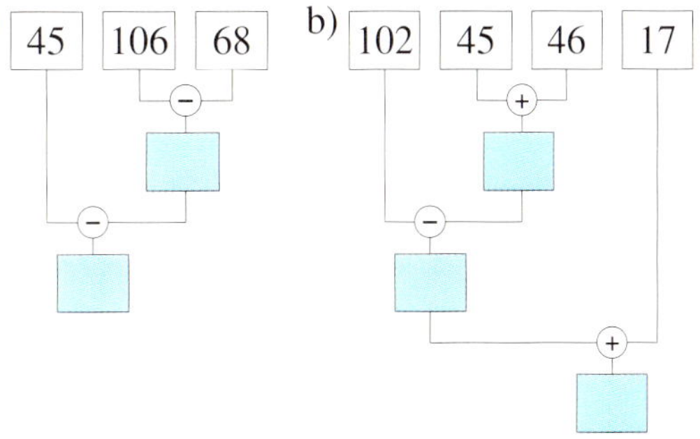


**9** Zeichne zu jeder Aufgabe einen Rechenbaum und rechne aus.
Beispiel: Subtrahiere von 262 die Differenz der Zahlen 560 und 495.

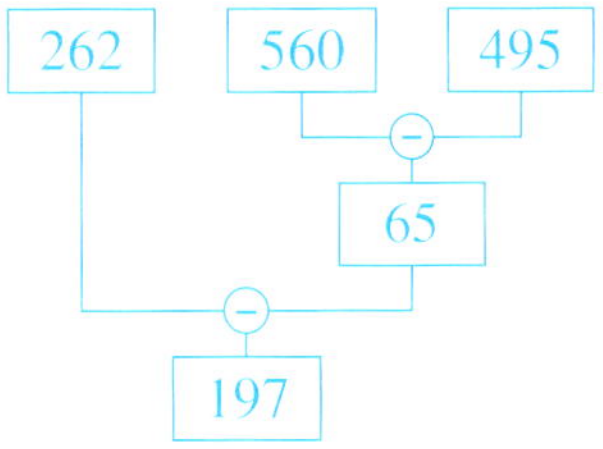


262 – (560 – 495)
262 – 65
197

a) Addiere zu 97 die Summe der Zahlen 27 und 38.
b) Addiere zu 56 die Differenz der Zahlen 97 und 68.

**10** Schreibe die Rechnung auf und rechne aus.
a) Addiere zur Summe der Zahlen 124 und 138 die Summe der Zahlen 67 und 58.
b) Subtrahiere von der Differenz der Zahlen 182 und 39 die Summe der Zahlen 28 und 49.
c) Addiere zur Differenz der Zahlen 147 und 29 die Differenz der Zahlen 154 und 39.

**11** Löse mit Hilfe von Rechenbäumen.
a) (117 + 86) – (82 + 17)
b) 92 – (56 – 23)
c) (157 – 85) – (58 – 44)
d) (246 – 83) + (47 – 34)

**12**

Ein Elektromeister hat im November des Jahres 18 000 DM eingenommen. Davon muss er drei Gesellen bezahlen. Der erste erhält 2800 DM, der zweite 2400 DM und der dritte 2000 DM. Seine Materialkosten betrugen in diesem Monat 3200 DM.

a) Wie viel DM betrugen diese Ausgaben zusammen?

b) Wie viel DM blieben noch übrig?

**13** Katjas Vater war drei Tage mit dem Auto unterwegs. Am ersten Tag fuhr er 620 km, am zweiten Tag 380 km und am dritten Tag 680 km. Der Tachometer seines Autos zeigte nach dem dritten Tag 21 300 km an.

a) Wie viel km betrug die Gesamtstrecke?

b) Wie viel km zeigte der Tachometer vor Antritt seiner Reise an?

**14** Frau Maier hat ein Glas mit 60 Lutschern. Davon verkauft sie am Montag 23 und am Dienstag 36. Am Mittwoch füllt sie das Glas wieder auf und verkauft am Freitag 26 und am Samstag 30. Wie viele Lutscher hat sie noch am Samstagabend?

**15** Im Jahr 1993 besuchten insgesamt 1435 Schülerinnen und Schüler diese Schule. 1994 wurden 126 aufgenommen und 117 entlassen, 1995 wurden 119 aufgenommen und 108 entlassen und 1996 erfolgten 92 Aufnahmen und 77 Entlassungen.

a) Berechne für den Zeitraum die gesamte Aufnahme von Schülerinnen und Schülern in diese Schule.

b) Wie viele Schülerinnen und Schüler wurden in dieser Zeit insgesamt entlassen?

c) Wie viele Schülerinnen und Schüler hatte die Schule nach der Entlassung 1996?

**16**

Im Jahr 1994 hatte ein großer Sportverein 5800 Mitglieder. In demselben Jahr meldeten sich 204 ab und 265 kamen neu dazu. Im Jahr 1995 waren es 86 Abmeldungen und 195 Anmeldungen. Im Jahr 1996 betrug die Zahl der Abmeldungen 241 und die der Anmeldung 187. Wie viele Mitglieder hatte der Verein am Ende von 1996?

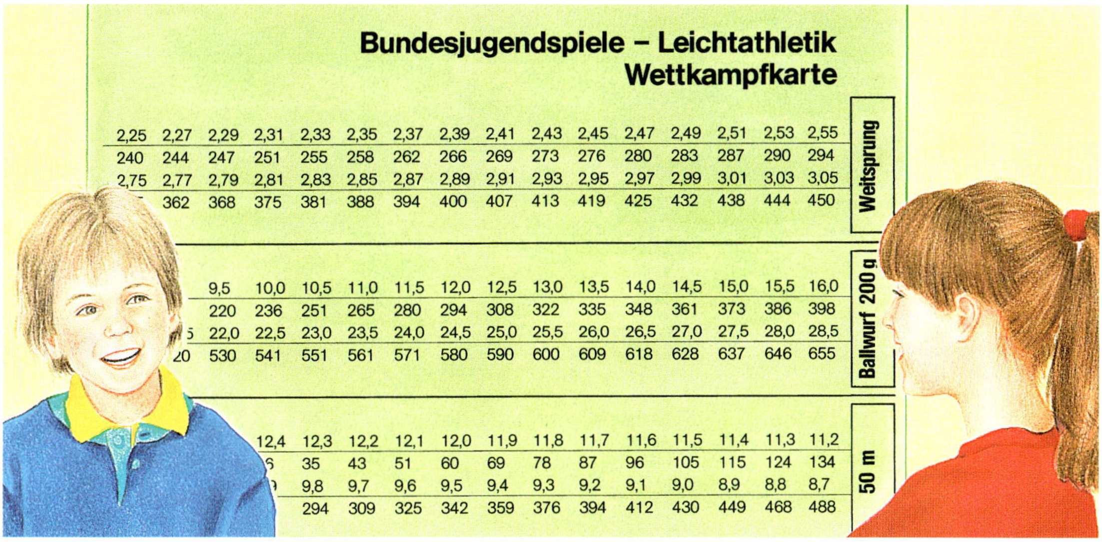


Ulrike meint, dass sie eine Siegerurkunde erhalten könnte. Wie hat sie gerechnet?
Sie rechnet mit gerundeten Zahlen.

$407 \approx 400$ $309 \approx 300$ $398 \approx 400$ $400 + 300 + 400 = 1100$

Ulrike hat eine **Überschlagsrechnung** gemacht. Genau hat Ulrike 1114 Punkte. Oft genügt es, nur überschlägig zu rechnen.

**Beispiel**

$422 + 684 + 501 \approx 400 + 700 + 500$
$400 + 700 + 500 = 1600$, also: $422 + 684 + 501 \approx 1600$

Das genaue Ergebnis ist 1607.

**Übungen**

**1** Überschläge.
a) 739 + 242
b) 645 + 893
c) 377 + 839
d) 1534 + 279
e) 1199 + 418
f) 723 + 723

Genaue Ergebnisse (ungeordnet):
1617, 981, 1446, 1216, 1813, 1538

**2** Überschläge.
a) 2379 – 1432
b) 1569 – 867
c) 1792 – 507
d) 1922 – 730
e) 1961 – 1172
f) 1612 – 955

Genaue Ergebnisse (ungeordnet):
1285, 702, 1192, 789, 657, 947

**3** a) Inge und Michael rechnen für die Aufgabe 758 + 462 einem Überschlag.

Inge rechnet: 800 + 500 = 1300
Michael rechnet: 700 + 500 = 1200
Das genaue Ergebnis ist 1220.

Erkläre an diesem Beispiel, warum es günstiger ist, bei Addition „gegensinnig“ abzuschätzen. „Gegensinnig“ heißt, die eine Zahl wird vergrößert, und die andere Zahl wird verkleinert.
b) Suche weitere Rechenbeispiele.
c) Warum ist es beim Subtrahieren günstiger, „gleichsinnig“ abzuschätzen, also beide Zahlen entweder zu vergrößern oder zu verkleinern? Nenne Beispiele.

# Schriftliche Addition

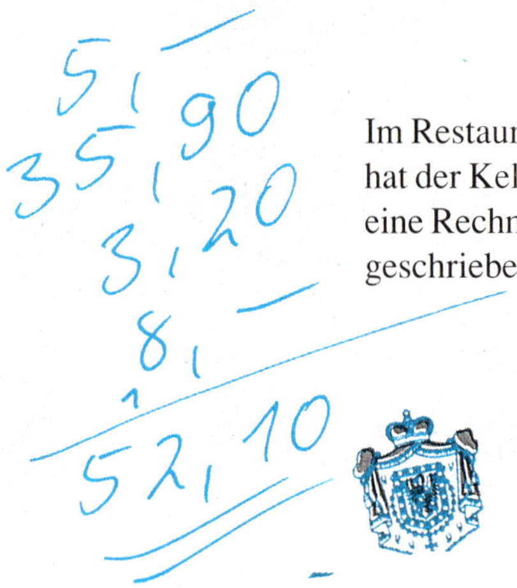


Im Restaurant hat der Kellner eine Rechnung geschrieben.

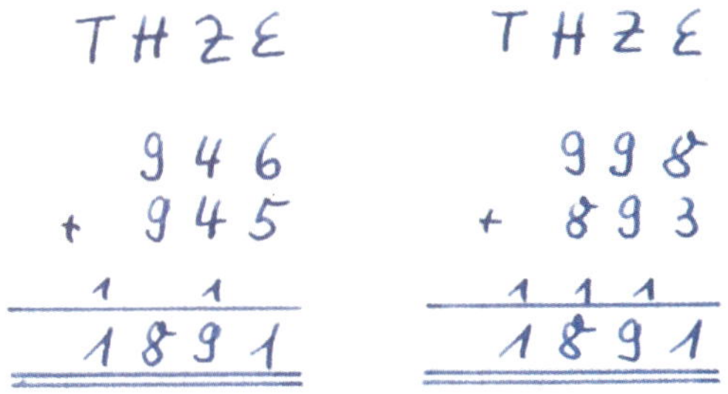


**1** Erkläre die Rechnungen.

> Beim schriftlichen Addieren mehrstelliger Zahlen schreiben wir die Summanden stellengerecht untereinander und addieren stellenweise von rechts nach links. Wir beginnen bei den Einern.

## Übungen

**2** Addiere schriftlich.

| | | |
|---|---|---|
| a) 321 + 1234 | c) 12 332 + 3 420 | e) 454 556 + 45 669 |
| b) 3266 + 54 | d) 323 + 12 223 | f) 991 322 + 11 976 |

**3** Schreibe die Summanden stellengerecht untereinander und addiere schriftlich.

a) 3318 + 4577  e) 33 421 + 200 045
b) 16 788 + 13 523  f) 66 432 + 342
c) 44 527 + 123 233  g) 312 + 12 342
d) 324 678 + 453 231  h) 1111 + 2323

**4** Schreibe die Zahlen untereinander und addiere schriftlich.

a) 722 + 310  d) 23 + 14 235
b) 5 253 399 + 32 311  e) 213 + 142 + 67
c) 4430 + 1009  f) 709 + 1731 + 15 604

**5** Addiere.

a) 32 + 546 + 7684
b) 54 + 123 + 3 + 545
c) 555 + 6 + 777 + 32

**6** Addiere.

| a) | b) | c) |
|---|---|---|
| 45 678 | 465 783 | 1 324 |
| + 234 567 | + 35 649 | + 406 717 |
| + 24 681 247 | + 5 872 | + 57 |
| + 45 698 | + 349 | + 7 162 531 |

**7** Addiere.

a) 453 + 43 + 4677 + 142
b) 3245 + 4546 + 33 699 + 545 639
c) 6881 + 926 + 77 + 12 116
d) 2975 + 545 + 13 + 4342
e) 132 + 2 + 545 + 2525

**8** Ordne die Rechendominosteine.

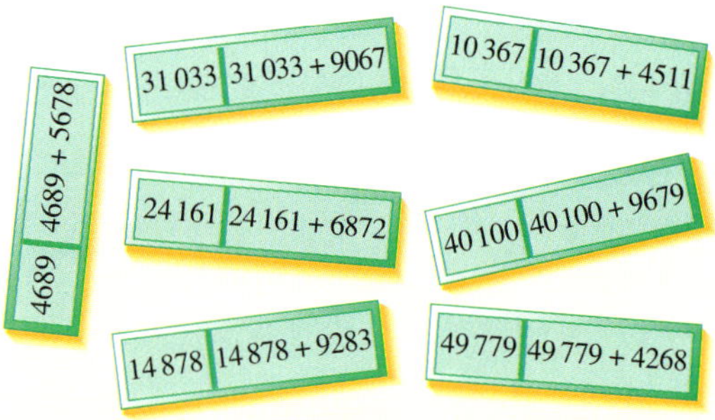

**9** Addiere die Zahlen
a) der Spalten, b) der Zeilen.

| | | | | |
|---|---|---|---|---|
| 4698 | 8915 | 12 178 | 6870 | 4156 |
| 6723 | 1123 | 78 356 | 5667 | 6778 |
| 7892 | 7856 | 89 678 | 9268 | 7801 |

**10** Fluggäste und Frachtmengen auf deutschen Flughäfen (1996):

| Flughafen | Fluggäste | Fracht (t) |
|---|---|---|
| Frankfurt | 38 179 543 | 1 327 857 |
| Düsseldorf | 15 145 638 | 103 311 |
| Berlin Tegel | 8 271 800 | 22 087 |
| Hannover | 4 270 832 | 41 380 |

a) Berechne die Gesamtzahl der Fluggäste.
b) Wie viel Fracht wurde insgesamt verladen?
Überschlage vorher deine Rechnungen.

**11** Endspiel im Berliner Olympiastadion: An Kasse 1 bezahlten 6857 Zuschauer ihren Eintritt, 7685 an Kasse 2, 7864 an Kasse 3, 8615 an Kasse 4 und 9614 bezahlten an Kasse 5.

Wie viele Zuschauer bezahlten insgesamt an diesen Kassen Eintritt?
Überschlage vorher deine Rechnung.

**12** Stromverbrauch (kWh heißt „Kilowattstunde“) ausgewählter Elektrogeräte in Haushalten (durchschnittlich in dem Jahr 1990):

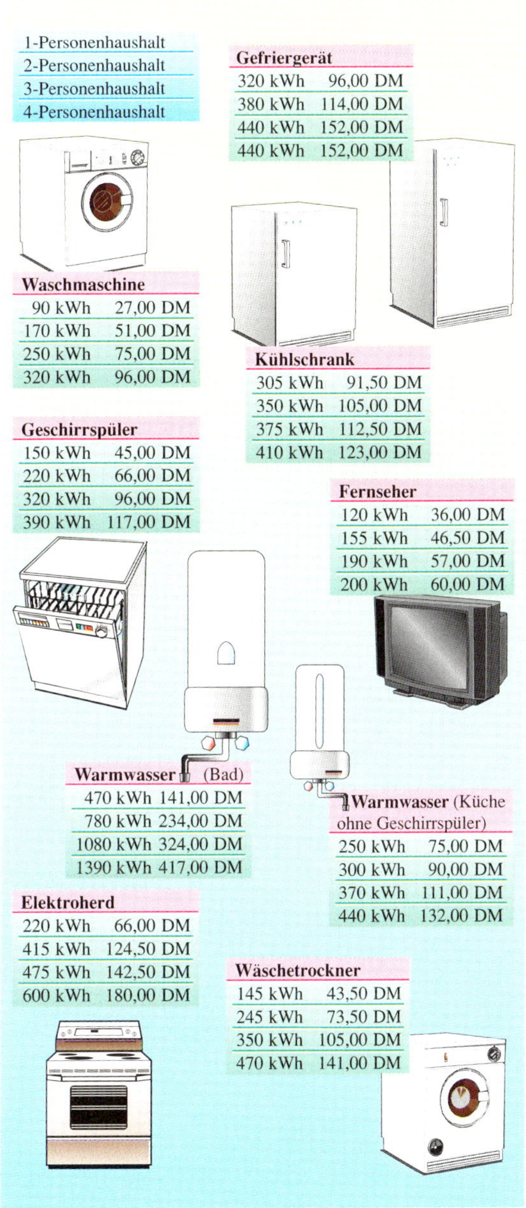

| |
|---|
| 1-Personenhaushalt |
| 2-Personenhaushalt |
| 3-Personenhaushalt |
| 4-Personenhaushalt |

| Gefriergerät | |
|---|---|
| 320 kWh | 96,00 DM |
| 380 kWh | 114,00 DM |
| 440 kWh | 152,00 DM |
| 440 kWh | 152,00 DM |

| Waschmaschine | |
|---|---|
| 90 kWh | 27,00 DM |
| 170 kWh | 51,00 DM |
| 250 kWh | 75,00 DM |
| 320 kWh | 96,00 DM |

| Kühlschrank | |
|---|---|
| 305 kWh | 91,50 DM |
| 350 kWh | 105,00 DM |
| 375 kWh | 112,50 DM |
| 410 kWh | 123,00 DM |

| Geschirrspüler | |
|---|---|
| 150 kWh | 45,00 DM |
| 220 kWh | 66,00 DM |
| 320 kWh | 96,00 DM |
| 390 kWh | 117,00 DM |

| Fernseher | |
|---|---|
| 120 kWh | 36,00 DM |
| 155 kWh | 46,50 DM |
| 190 kWh | 57,00 DM |
| 200 kWh | 60,00 DM |

| Warmwasser (Bad) | |
|---|---|
| 470 kWh | 141,00 DM |
| 780 kWh | 234,00 DM |
| 1080 kWh | 324,00 DM |
| 1390 kWh | 417,00 DM |

| Warmwasser (Küche ohne Geschirrspüler) | |
|---|---|
| 250 kWh | 75,00 DM |
| 300 kWh | 90,00 DM |
| 370 kWh | 111,00 DM |
| 440 kWh | 132,00 DM |

| Elektroherd | |
|---|---|
| 220 kWh | 66,00 DM |
| 415 kWh | 124,50 DM |
| 475 kWh | 142,50 DM |
| 600 kWh | 180,00 DM |

| Wäschetrockner | |
|---|---|
| 145 kWh | 43,50 DM |
| 245 kWh | 73,50 DM |
| 350 kWh | 105,00 DM |
| 470 kWh | 141,00 DM |

a) Wie viel DM jährliche Kosten ergeben sich in jedem Haushalt, wenn alle genannten Stromverbraucher berücksichtigt werden?
b) Welche der genannten Stromverbraucher habt ihr zu Hause und welche Kosten würden sich für eure Familie daraus pro Jahr ergeben. Vergleicht auch mit eurem tatsächlichen Stromverbrauch im vergangenen Jahr.

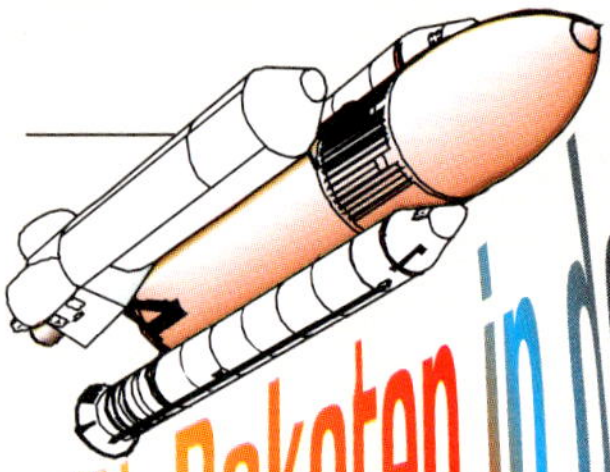

# Mit Raketen in den Weltraum

Als erster Mensch startete am 12. April 1961 der sowjetische Kosmonaut **Jurij Aleksejewitsch Gagarin** mit der Rakete Wostok in den Weltraum.

Die Rakete bestand aus drei Stufen, die zusammen 38 m Höhe ergaben. Die dritte Stufe bildete den Raumflugkörper. Darin befand sich die kugelförmige Druckkabine mit dem Kosmonauten.

Von der 38 m hohen Rakete landete auf der Erde an Fallschirmen nur die kleine Kugelkapsel mit 2,3 m Durchmesser. Gagarin musste allerdings vorher die Kabine verlassen. Nach dem Wiedereintritt der Kapsel in die Erdatmosphäre katapultierte er sich heraus und landete mit dem Fallschirm.

Als erster Mensch betrat am 21. Juli 1969 der amerikanische Astronaut **Neil Alden Armstrong** den Mond. Die Rakete Saturn V beförderte in der Mission Apollo 11 auch die Astronauten **Collins** und **Aldrin** in den Weltraum, außerdem die Mondlandefähre Eagle (Adler).

Die Astronauten landeten in der Apollo-Raumkapsel im Meer.

Die Europarakete Ariane wird vom französischen Raumfahrtzentrum Kourou in Südamerika nahe der Atlantikküste gestartet.

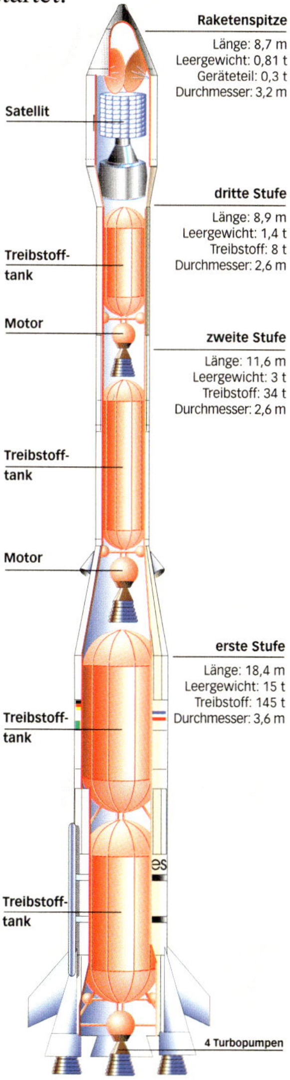

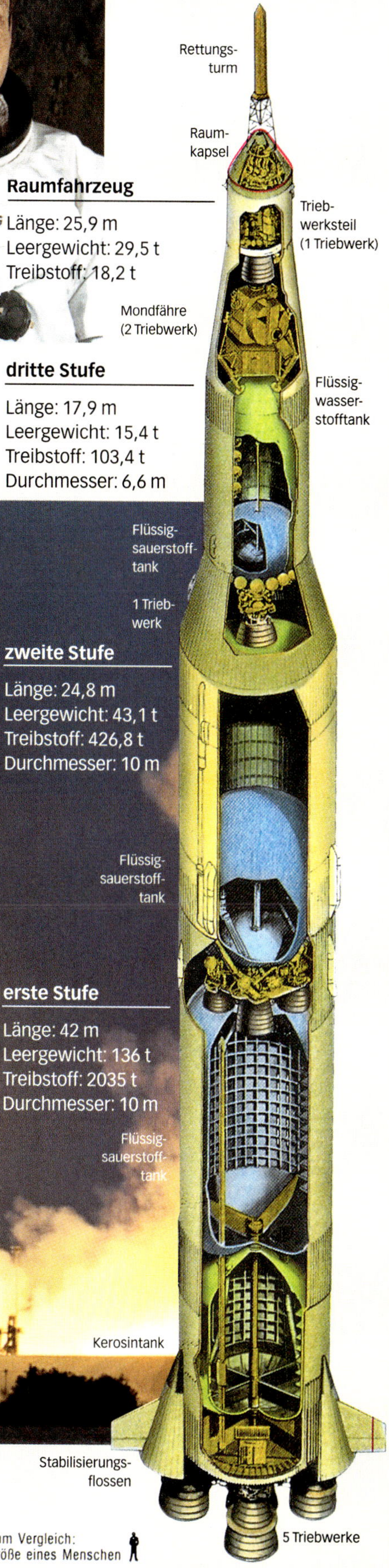

# Schriftliche Subtraktion

Die Tour de France führte 1997 in 21 Etappen über eine Gesamtstrecke von 3942 km. Nach der 12. Etappe hatten die Fahrer 2422 km zurückgelegt.
Wie viel Kilometer mussten in den restlichen Etappen insgesamt noch zurückgelegt werden?

Dies wird so ausgerechnet:

| | |
|---|---|
| 3942 km | Gesamtstrecke |
| – 2422 km | gefahrene Strecke |
| 1520 km | Reststrecke |

Auf den restlichen Etappen mussten noch 1520 km zurückgelegt werden.

Bei der schriftlichen Subtraktion berechnet man das Ergebnis mit Hilfe der Addition.

**Beispiele**

| | | Wir sprechen: | |
|---|---|---|---|
| **1.** | 4428 | 6 + **2** = 8 | |
| | – 2236 | 3 + **9** = 12 | Übertrag 1 |
| | 1 | 1 + 2 + **1** = 4 | |
| | **2192** | 2 + **2** = 4 | |

| | | Wir sprechen: | |
|---|---|---|---|
| **2.** | 2323 | 9 + **4** = 13 | Übertrag 1 |
| | – 499 | 1 + 9 + **2** = 12 | Übertrag 1 |
| | 1 1 1 | 1 + 4 + **8** = 13 | Übertrag 1 |
| | **1824** | 1 + **1** = 2 | |

**Übungen**

**1** Mount Everest 8848 m, Himalaja- Gebirge in Nepal (Asien), höchster Berg der Erde

Aconcagua 6958 m Anden in Argentinien (Südamerika)

Um wie viel Meter ist der Mount Everest höher?

**2** Wie hoch war der Wasserverbrauch? Berechne die Differenz.

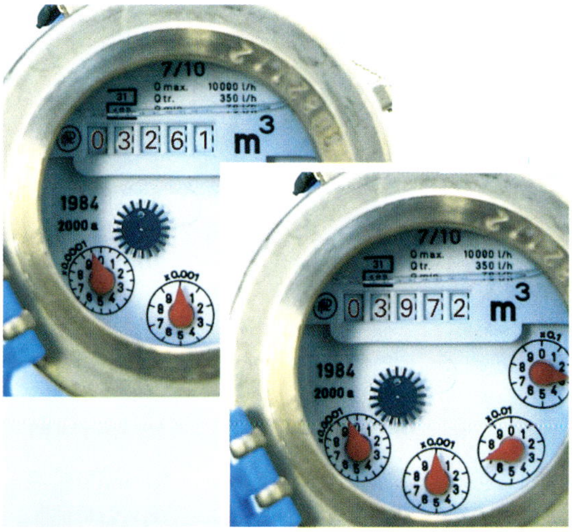

**3** Subtrahiere.

| | | |
|---|---|---|
| a) 678 − 423 | d) 625 − 581 | g) 5234 − 3999 |
| b) 369 − 354 | e) 2393 − 1370 | h) 3421 − 555 |
| c) 718 − 653 | f) 8517 − 6423 | i) 7811 − 99 |

**4** Subtrahiere von 72 867 (81 290) folgende Zahlen:
a) 12 614 b) 31 527 c) 60 456 d) 11 234

**5** Subtrahiere von 300 000 (1 000 000) folgende Zahlen:

| | | |
|---|---|---|
| a) 156 587 | d) 183 289 | g) 86 324 |
| b) 288 989 | e) 127 358 | h) 222 333 |
| c) 199 001 | f) 292 193 | i) 233 222 |

**6** Berechne schriftlich.

| | |
|---|---|
| a) 32 345 − 554 | d) 5467 − 19 |
| b) 7688 − 659 | e) 2431 − 789 |
| c) 43 526 − 7769 | f) 2430 − 673 |

**7** Berechne.

| | |
|---|---|
| a) 4822 − 4819 | d) 33 231 − 5467 |
| b) 6422 − 888 | e) 546 277 − 74 823 |
| c) 6463 − 5454 | f) 672 885 − 74 996 |

**8** Subtrahiere schriftlich.

| | |
|---|---|
| a) 841 784 − 542 084 | c) 5 461 425 − 435 989 |
| b) 322 678 − 54 699 | d) 6 463 799 − 4 999 900 |

**9** Setze im Heft die richtigen Zahlen ein.

| | |
|---|---|
| a) 316□ − 18□9 = 1□39 | b) 142□9 − 4928 = □29□ |

**10** Um wie viele Einwohner ist die Bevölkerung der Bundesrepublik Deutschland von 1990 bis 1993 gestiegen?
1990: 79 670 000 Einwohner
1993: 81 338 093 Einwohner

**11** Im Jahr 1992 umfasste Deutschlands Straßennetz 226 282 km überörtliche und 420 000 km Gemeindestraßen. Berechne den Unterschied.

**12** Von allen Großstädten der Welt wächst Mexico-City am stärksten. Es wurde 1990 geschätzt, dass dort im Jahr 2000 ungefähr 24 Millionen Menschen leben werden. Im Jahr 1990 wurden im Großraum Mexico-City etwa 19 400 000 Menschen gezählt. Wie groß ist der Unterschied zwischen der Schätzung für 2000 und der Zählung von 1990?

**13** Übertrage die Punkte und Linien auf Transparentpapier. Verbinde die Punkte mit den richtigen Ergebnissen der Aufgaben in der angegebenen Reihenfolge miteinander. Welche Figur erhältst du?

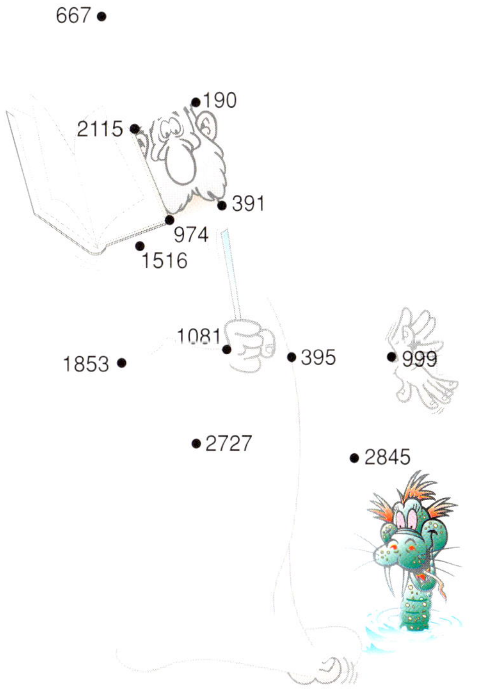


| | |
|---|---|
| (1) 1415 − 1020 = □ | (8) 989 − 799 = □ |
| (2) 8756 − 5911 = □ | (9) 3500 − 1385 = □ |
| (3) 3001 − 2002 = □ | (10) 9999 − 9025 = □ |
| (4) 7483 − 7092 = □ | (11) 2515 − 999 = □ |
| (5) 1576 − 602 = □ | (12) 9851 − 7998 = □ |
| (6) 5111 − 2996 = □ | (13) 6363 − 3636 = □ |
| (7) 4000 − 3333 = □ | (14) 6101 − 5020 = □ |

# Subtraktion mehrerer Subtrahenden

Für ein Bundesligaspiel werden Eintrittskarten im Vorverkauf am Donnerstag und am Freitag an Besucher verkauft. Am Samstag kommen die restlichen Karten zur Stadionkasse.

| | Anzahl der vorhandenen Karten | im Vorverkauf verkaufte Karten |
|---|---|---|
| Donnerstag | 38 879 | 11 215 |
| Freitag | 27 664 | 10 117 |
| Samstag | 17 547 | – |

Der Kassierer, der für den Vorverkauf zuständig ist, rechnet zunächst den Kartenbestand am Abend jeden Tages aus:

Die Rechnung ergibt, dass noch 17 547 Karten zur Verfügung stehen.

Donnerstag

$$\begin{array}{r} 38\,879 \\ -\ 11\,215 \\ \hline 27\,664 \end{array}$$

Freitag

$$\begin{array}{r} 27\,664 \\ -\ 10\,117 \\ {\scriptstyle 1} \\ \hline 17\,547 \end{array}$$

Er überprüft das Ergebnis durch eine günstigere Rechnung und rechnet die Anzahl der Karten, die am Samstag noch zur Verfügung stehen, so aus:

Der Kassierer hat die Rechnung verkürzt. Beide Ergebnisse stimmen überein.

$$\begin{array}{r} 38\,879 \\ -\ 11\,215 \\ -\ 10\,117 \\ {\scriptstyle 1} \\ \hline 17\,547 \end{array}$$

Wir sprechen:

7 + 5 + **7** = 19 (Übertrag)
1 + 1 + 1 + **4** = 7
1 + 2 + **5** = 8
0 + 1 + **7** = 8
1 + 1 + **1** = 3

## Übungen

**1** Subtrahiere.

a) 26 817 − 4 698 − 3 579

b) 78 967 − 49 657 − 6 874

c) 20 025 − 5 623 − 8 909

**2** Subtrahiere.

a) 67 895 − 46 978 − 1 005 − 5 784

b) 20 000 − 5 631 − 6 099 − 4 576

c) 83 467 − 23 476 − 17 893 − 30 531

**3** Berechne.

a) 30 061 – 6784 – 7856
b) 1 000 000 – 5671 – 7851
c) 4323 – 326 – 1499

**4** Schreibe untereinander und subtrahiere schriftlich.

a) 16 734 – 433 – 5623 – 799
b) 32 991 – 6452 – 53 – 545
c) 435 268 – 53 426 – 54 637 – 13
d) 529 985 – 5362 – 453 – 42 567
e) 53 000 – 6400 – 647 – 99
f) 47 125 – 11 432 – 798 – 1439

**5** Subtrahiere.

a) 6179 − 657 − 57

b) 6582 − 3550 − 32

c) 67 288 − 7 288 − 40 000

d) 53 627 − 23 232 − 232

e) 54 688 − 5 629 − 4 688

f) 36 713 − 14 568 − 14 777

**6** Setze im Heft die richtigen Zahlen ein.

a)
```
   4□16□
 –   469
 – 92□4
 □2485
```

c)
```
   46□7□
 –  □080
 – 12133
   □77□4
```

b)
```
   2161□5
 –    □126
 –   9□47
   2□447□
```

b)
```
   3□5□8
 –    94□
 –  4322
   27□32
```

**7** Eine Klasse 5 plant eine Klassenfahrt nach Hinsbeck. Für Fahrkosten werden 1372 DM, für Unterkunft und Verpflegung 3228 DM veranschlagt. Von der Stadt erhält die Klasse einen Zuschuss von 375 DM. Hinzu kommt eine Spende vom Fördererverein in Höhe von 230 DM. Welcher Betrag muss von der Klasse noch angespart werden?

**8** Die Firma Windmüller hat einen Bestand von 1 500 000 Ziegelsteinen zu Beginn des Jahres. Im ersten Halbjahr verkauft sie:

| | | | |
|---|---|---|---|
| Jan. | 23 420 Steine | April | 268 750 Steine |
| Febr. | 28 265 Steine | Mai | 327 685 Steine |
| März | 182 425 Steine | Juni | 124 450 Steine |

Im zweiten Halbjahr verkauft die Firma insgesamt 220 610 Steine.

a) Welchen Bestand hat die Firma nach dem ersten Vierteljahr?

b) Welchen Bestand hat sie zu Beginn des Monats Juli?

c) Welchen Bestand hat die Firma zu Beginn des nächsten Jahres?

**9** Herr Herlin besitzt ein Elektrogeschäft. Er beschäftigt fünf Angestellte, die im vergangenen Jahr 25 676 DM, 26 278 DM, 30 128 DM, 27 405 DM und 22 615 DM an Jahreslohn erhielten. Die Einnahmen betrugen 405 756 DM. An Kosten hatte er 133 456 DM.

a) Wie hoch waren die Gesamtausgaben?

b) Welchen Betrag hatte er im letzten Jahr noch zur Verfügung, wenn er noch zwei Lieferwagen zu dem Preis von 23 567 DM und 19 254 DM anschaffen musste?

**10** Frau Hans kauft am Freitag für ihre große Familie 1 kg Schweinefilet, 1 kg Putenschnitzel, 1 kg Rotwurst und 2 kg Fleischwurst ein. Sie zahlt mit einem 100-DM-Schein. Wie viel DM erhält sie zurück?

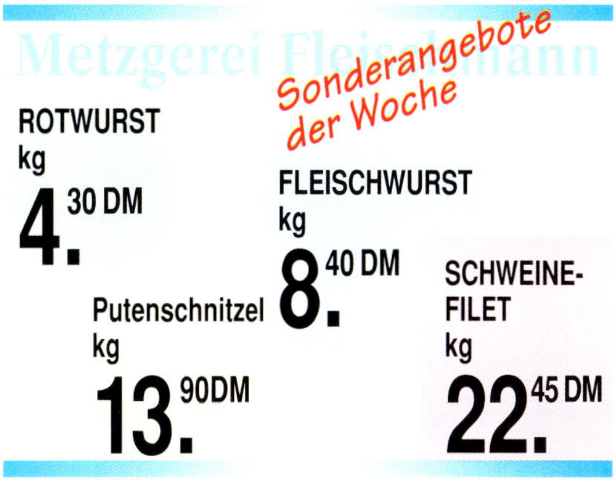


**11** Ein Fußballclub hatte in einem Jahr 11 500 000 DM zur Verfügung. Er zahlte seinen Fußballspielern insgesamt 5 618 915 DM, die Platzmiete betrug 421 960 DM, an Steuern mussten 2 418 915 DM gezahlt werden. Es entstanden Kosten (Fahrten, Verpflegung usw.) in Höhe von 1 247 876 DM.

a) Wie viel DM behält der Verein übrig?

b) 750 000 DM werden noch für die Anschaffung eines vereinseigenen Busses benötigt. Welchen Betrag kann der Verein seinen Jugendabteilungen noch zur Verfügung stellen?

**12** Ende 1992 waren in der „Verkehrssünderkartei“ in Flensburg 5 208 345 Personen eingetragen. Ständig kommen dort weitere Personen dazu oder werden gelöscht, wenn deren Mitteilungen tilgungsreif wurden.

| | Namenslöschungen | Zugänge |
|---|---|---|
| 1993 | 1 979 844 | 2 231 496 |
| 1994 | 1 962 320 | 2 350 596 |
| 1995 | 2 052 964 | 2 414 270 |

a) Wie groß war die Personenzahl am Ende jeden Jahres?

b) Vergleiche die Gesamtzahl der Namenslöschungen mit der der Personenzugänge.

**1** Welche Ergebnisse sind gleich?

a) 450 – (28 + 17)
450 – (28 – 17)
450 – 28 + 17
450 – 28 – 17

b) 395 – (36 + 12)
395 – (36 – 12)
395 – 36 + 12
395 – 36 – 12

**2** Beachte die Klammern.

a) (17 + 15) – (18 – 13) + (24 + 34 – 12)
b) (23 + 19) – (46 – 21) + (17 + 10 – 13)
c) (56 + 65) – (48 – 19) + (8 + 120 – 80)
d) (134 + 45) – (70 – 50) + (59 + 40 – 60)
e) (155 + 45) – (128 – 64) + (27 + 91 – 54)

**3** Addiere schriftlich.

a) 1244 + 1708 + 1928 + 1804 + 2004
b) 3067 + 4809 + 5340 + 1324 + 47
c) 8197 + 3241 + 5674 + 2001 + 347
d) 5768 + 5009 + 4758 + 3847 + 3070

**4** Subtrahiere schriftlich.

a) 40 856 – 5263 – 593
b) 78 953 – 7410 – 543
c) 63 980 – 24 001 – 979
d) 89 250 – 8925 – 325
e) 5698 – 562 – 136
f) 3698 – 369 – 329
g) 2587 – 258 – 329
h) 5872 – 369 – 503

**5** Übertrage und rechne.

a) 5201 – 4921
b) 7842 – 6989
c) 4892 – 3905
d) 5001 – 4998

**6** Subtrahiere.

a) 125 – 50 – 25
125 – 40 – 35
125 – 30 – 45
125 – 20 – 55
125 – 10 – 65

b) 240 – 85 – 30
240 – 75 – 40
240 – 65 – 50
240 – 55 – 60
240 – 45 – 70

**7** Ergänze Minuend, Subtrahend oder den Wert der Differenz.

a) ☐ – 12 = 40
50 – ☐ = 25
45 – 12 = ☐

b) ☐ – 25 = 13
84 – ☐ = 17
76 – 24 = ☐

**8** a) Addiere zu der Summe der Zahlen 147 und 341 die Summe der Zahlen 407 und 321.
b) Subtrahiere von der Differenz der Zahlen 256 und 87 die Differenz der Zahlen 215 und 145.

**9** a) Addiere zur Differenz der Zahlen 345 und 256 die Differenz der Zahlen 567 und 456.
b) Subtrahiere von der Summe der Zahlen 234 und 564 die Summe der Zahlen 456 und 288.

**10** Für Fahrzeuge aller Art werden im Fahrzeugschein Angaben über das Leergewicht und das zulässige Gesamtgewicht gemacht.

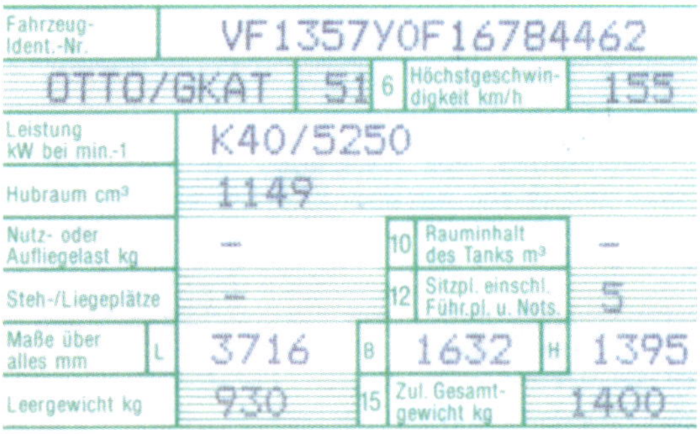


Berechne jeweils das Gewicht, das zugelassen werden darf.

| Fahrzeug | Pkw | Lkw | Anhänger |
|---|---|---|---|
| Leergewicht | 840 kg | 1670 kg | 550 kg |
| Zul. Gesamtgew. | 1300 kg | 2500 kg | 1300 kg |

**11** Ein Gebrauchtwagenhändler plant, vier Personenwagen zu den folgenden Preisen anzubieten:

a) Wie viel DM nimmt der Händler insgesamt ein, wenn er diese 4 Fahrzeuge zum angegebenen Preis verkaufen kann?
b) Nimmt er weniger ein, wenn er alle vier Preise auf Hunderter runden würde?

**12** Übertrage den Rechenbaum in dein Heft und ergänze.

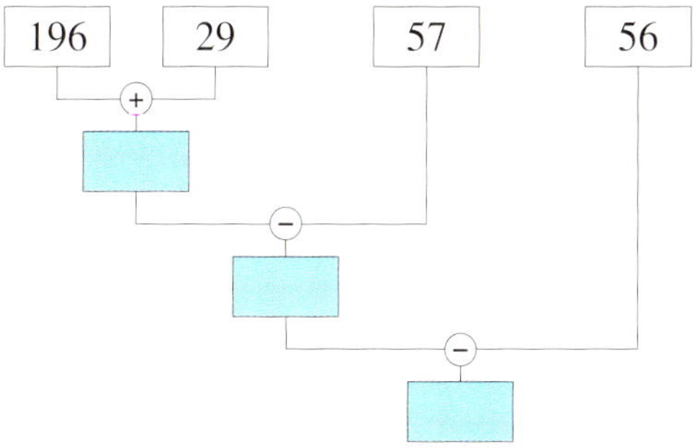


b) Übertrage noch einmal den Rechenbaum. Setze für das Additionszeichen ein Subtraktionszeichen und ergänze.

**13** Ergänze den Rechenbaum im Heft.

a)

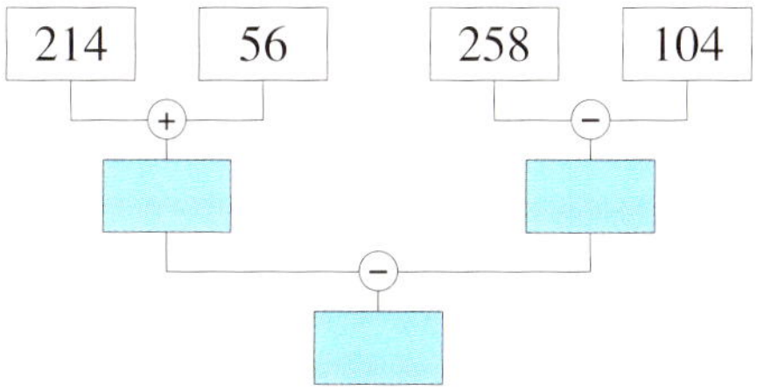


b)

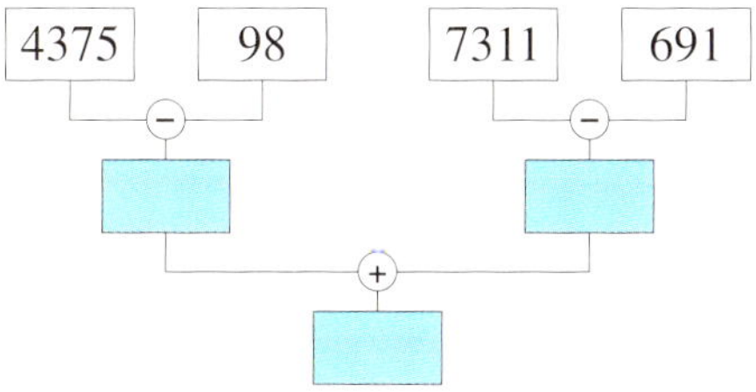


**14** Ergänze die Additions- und Subtraktionstabellen in deinem Heft.

| + | 103 | 216 | 542 | 399 | 407 |
|---|---|---|---|---|---|
| 12 | | | | | |
| 27 | | | | | |
| 36 | | | | | |
| 92 | | | | | |

| – | 87 | 41 | 39 | 110 | 54 |
|---|---|---|---|---|---|
| 124 | | | | | |
| 229 | | | | | |
| 316 | | | | | |
| 410 | | | | | |

**15** Rechne vorteilhaft.

a) 27 + 59 + 13
b) 28 + 94 + 12
c) 145 + 378 + 155
d) 286 + 573 + 207 + 214
e) 622 + 185 + 378 + 435

**16** Berechne.

a) $\begin{array}{r} 34\,952 \\ +\ 18\,358 \\ \hline \end{array}$

b) $\begin{array}{r} 287\,000 \\ +\ 75\,799 \\ +\ 20\,413 \\ \hline \end{array}$

c) $\begin{array}{r} 25\,589 \\ -\ 8\,927 \\ \hline \end{array}$

d) $\begin{array}{r} 293\,438 \\ -\ 83\,940 \\ -\ 2\,360 \\ -\ 60\,004 \\ \hline \end{array}$

**17** Berechne.

a) (2703 – 1614) – (1175 – 633)
b) (683 – 181) – (574 – 332)
c) (3647 – 458) – (3118 – 133)
d) (6388 – 479) – (3856 – 2706)

**18** a) Subtrahiere von 72 die Differenz der Zahlen 91 und 27.
b) Addiere zur Summe der Zahlen 55 und 48 die Differenz der Zahlen 44 und 39.
c) Subtrahiere die Summe der Zahlen 626 und 469 von 2000.

**19** Ein Tankwart legte seiner Mineralölgesellschaft die folgende Vierteljahresabrechnung vor.

| Lieferungszeitraum | Jan. – März | April – Juni | Juli – Sept. | Okt. – Dez. |
|---|---|---|---|---|
| **Normal** | 12 008 l | 10 887 l | 9 876 l | 68 798 l |
| **Super** | 89 760 l | 56 742 l | 68 793 l | 75 847 l |
| **Super plus** | 56 748 l | 63 440 l | 87 653 l | 73 400 l |
| **Diesel** | 78 567 l | 65 438 l | 55 432 l | 45 637 l |

a) In welchem Vierteljahr wurde die größte Menge Kraftstoff verkauft?
b) Berechne den Jahresverkauf jeder der vier Sorten.
c) Berechne den Jahresverkauf insgesamt.

**1** Patrizias Schwester will ein Glasgewächshaus in Tiffanytechnik herstellen.

Sie kauft sich einen Glasschneider zu 28 DM, einen Lötkolben zu 35 DM, Glas für 29 DM und Kupferbandfolie für 19 DM. Wie viel muss sie dafür insgesamt bezahlen?

**2** a) Florian möchte ein ferngesteuertes Modellschiff bauen. Der Bausatz für das Schiff kostet 139 DM, die Fernsteuerung kostet 298 DM. Kann er mit seinem ersparten Geld von 387 DM seinen Wunsch erfüllen?
b) Begründe deine Antwort, indem du eine Rechnung durchführst.

**3** Zum Geburtstag hat sich Kerstin ein Puppenhaus mit Beleuchtung gewünscht. Als die Eltern sich zum Kauf eines Hauses entschließen, stellen sie fest, dass sie die Beleuchtung zusätzlich einkaufen müssen. Deshalb kaufen sie auch noch einen Beleuchtungssatz.

Das Haus kostet 97 DM und der Beleuchtungssatz 26 DM. Wie viel DM erhalten die Eltern zurück, wenn sie mit einem 200-DM-Schein bezahlen?

**4** Sabine will sich auf einer Computerbörse einen preiswerten Computerarbeitsplatz kaufen. Sie hat die in dem Bild gezeigte Zusammenstellung ausgewählt.

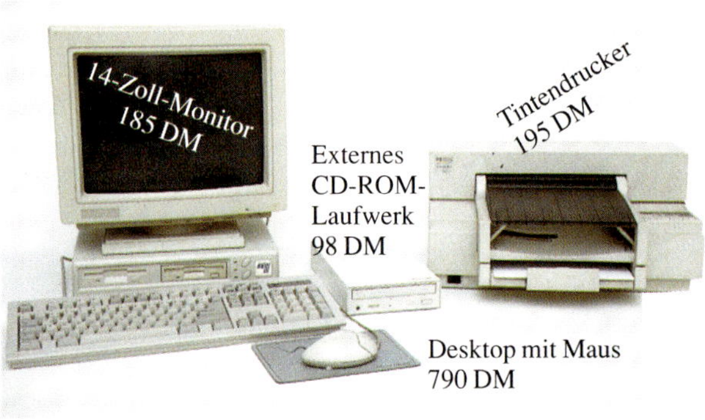


Wie viel DM müsste Sabine für alle vier Geräte bezahlen?

**5** Ulrike und Jens bauen an ihrer Modelleisenbahnanlage.

Ulrike und Jens überlegen, wie viel Geld sie noch für eine Erweiterung ihrer Eisenbahnanlage sparen müssen. Sie notieren die Teile und ihre Preise:

| | |
|---|---|
| Schienen | 65 DM |
| Häuser | 34 DM |
| Signale | 45 DM |
| Weichen | 86 DM |
| Zug | 212 DM |
| Anhänger | 178 DM |
| Oberleitung | 88 DM |

Wie viel Geld fehlt ihnen noch, wenn sie schon 117 DM gespart haben?
Überschlage vorher die Rechnung und rechne dann genau nach.

**1** Das Auto von Frau Moser wird regelmäßig in der Werkstatt gepflegt.
In einer Inspektionstabelle werden die Kilometerstände eingetragen.

Wie viel Kilometer ist Frau Moser zwischen jedem Werkstattbesuch gefahren?

**2** Bei Lastkraftwagen sind Fahrtenschreiber eingebaut, die z. B. automatisch aufzeichnen, wie schnell der Wagen gefahren ist. Am Anfang und Ende der Fahrt muss der Fahrer den Stand des Kilometerzählers eintragen.
Berechne, wie viel Kilometer mit diesem Lkw gefahren wurden.

**3** Familie Sommer fährt mit ihrem Wohnmobil in den Süden. Sie fährt in drei Etappen. Herr Sommer notiert am Ende jeder Etappe den Stand auf dem Tageskilometerzähler.
1.Tag 675 km
2.Tag 597 km
3.Tag 549 km
Wie viel Kilometer ist Familie Sommer insgesamt gefahren?

**4** Familie Schnell hat sich zum Kauf eines neuen Kleinwagens entschlossen. Für das Auto bestellen sie noch ein paar Extras.

| | |
|---|---|
| Auto, Grundmodell | 18 890 DM |
| 2. Außenspiegel | 110 DM |
| Kopfstützen, hinten | 480 DM |
| Schiebedach | 1280 DM |
| Radio | 995 DM |
| Zentralverriegelung | 685 DM |

Berechne den Gesamtpreis für das Auto.

**5** Eine Autofirma bietet ein Automodell mit Komfortpaket zum Preis von 25 990 DM an.
Im Komfortpaket sind enthalten:

| | |
|---|---|
| Zentralverriegelung | 550 DM |
| Getönte Scheiben | 450 DM |
| Schiebedach | 990 DM |
| Außenspiegel, rechts | 115 DM |

Um wie viel DM ist das Sondermodell günstiger, wenn der Grundpreis des Autos 24 990 DM beträgt?

**6** Frau Braun möchte bei ihrem Wagen alle 8000 km einen Ölwechsel machen lassen. Der letzte Ölwechsel war bei einem Kilometerstand von 12 564 km. Ist ein neuer Ölwechsel fällig, wenn der Kilometerzähler 20 491 km zeigt? Begründe deine Antwort.

**7** Herr Esser muss für das Finanzamt für die Fahrten mit seinem Auto ein Fahrtenbuch führen. Er trägt deshalb bei jeder Fahrt den Kilometerstand vor der Abfahrt und nach der Ankunft ein.

| Datum | Abfahrt | Ankunft |
|---|---|---|
| 25.07. | 34 562 km | 34 589 km |
| 25.07. | 34 589 km | 34 602 km |
| 26.07. | 34 602 km | 34 621 km |
| 27.07. | 34 621 km | 34 657 km |
| 28.07. | 34 657 km | 34 713 km |
| 28.07. | 34 713 km | 34 954 km |

a) Berechne jeweils die Länge der einzelnen Fahrten.
b) Wie viel Kilometer ist Herr Esser insgesamt gefahren?

## checkpoint

**1** Berechne. Überschlage vorher das Ergebnis.
1465 + 2199 + 145 + 3702 (3 Punkte)

**2** Berechne.

a) $\begin{array}{r} 5897 \\ -\ 2403 \\ \hline \end{array}$  b) $\begin{array}{r} 131\,313 \\ -\ 98\,794 \\ \hline \end{array}$

(4 Punkte)

**3** Beachte die Klammern und berechne.
a) 1629 – (840 + 609)
b) (6719 – 2298) – (7419 – 3692) (5 Punkte)

**4** Subtrahiere 1599 von der Differenz der beiden Zahlen 9466 und 3278. (3 Punkte)

**5** Für eine Regalwand möchte Frau Becker höchstens 700 DM ausgeben. Der Verkäufer stellt eine Liste mit den Preisen zusammen.

| | |
|---|---|
| Regalleitern | 225 DM |
| Regalböden | 198 DM |
| Schubladeneinsatz | 215 DM |
| Türelemente | 138 DM |
| Metallschienen | 11 DM |

Kommt Frau Becker mit 700 DM aus? Überschlage zunächst, rechne dann genau. (5 Punkte)

**6** Sebastian hat 126 DM gespart und will davon ein ferngesteuertes Auto mit Zubehör kaufen. Wie viel DM bleiben ihm noch, wenn das Auto 32 DM, die Akkus 16 DM und das Ladegerät 19 DM kosten? (4 Punkte)

# Körper und Flächen

Welche verschiedenen Formen geometrischer Körper erkennst du auf dem Foto?

Verschiedene Körper haben unterschiedliche Namen.

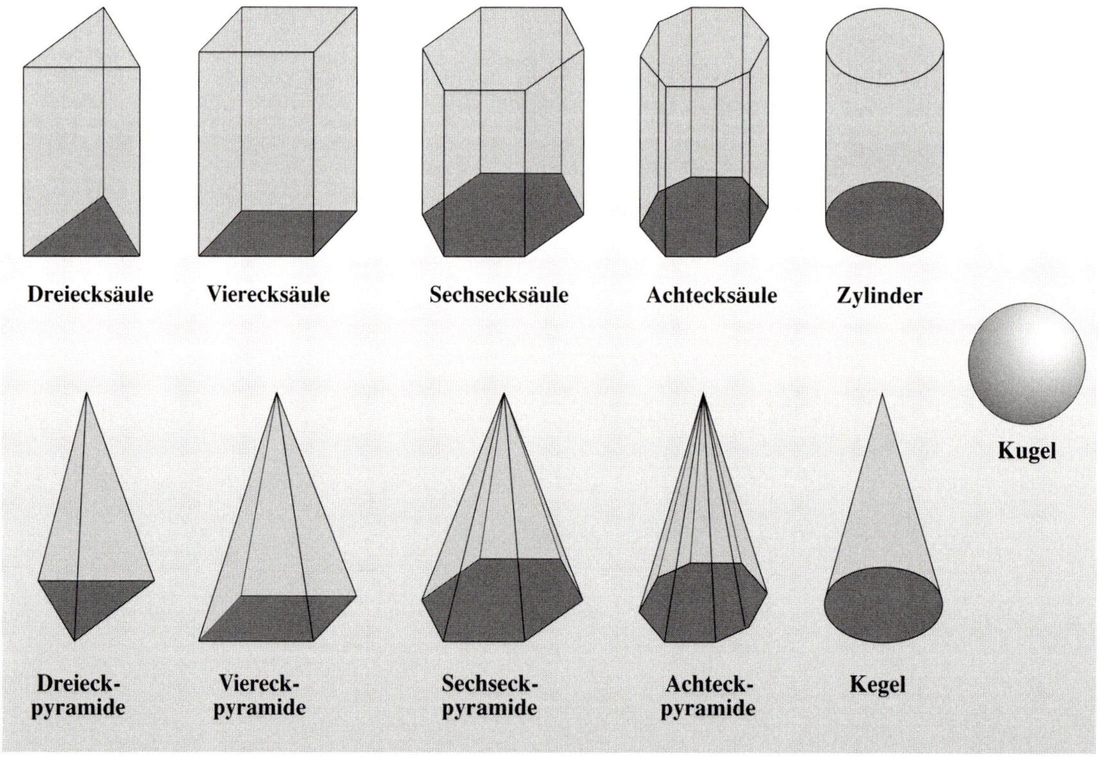

## Übungen

**1** Häufig stellen die Gegenstände unserer Umgebung nur in sehr grober Näherung einfache Körper dar. Der Abraumberg im Foto hat in etwa die Form eines Kegels.

Ordne den Gegenständen Namen von geometrischen Körpern zu.

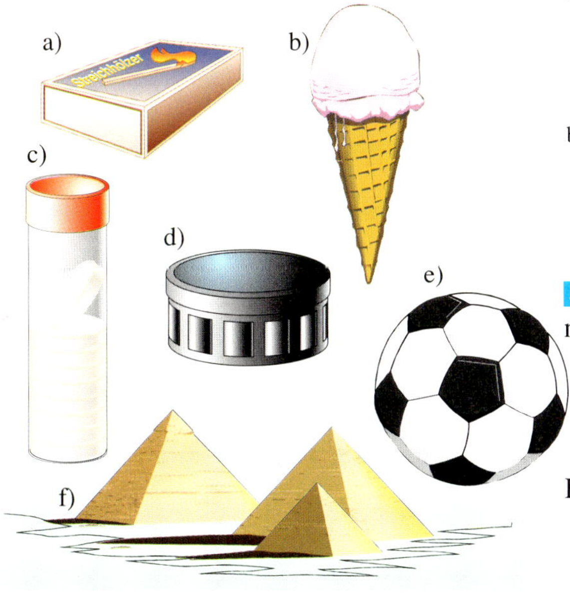


**2** Finde weitere Beispiele:

| | |
|---|---|
| Quader | Ziegelstein, … |
| Zylinder | Milchdose, … |
| Kegel | Trichter, … |
| Viereckpyramide | Turmdach, … |

**3** Julia hat aus verschiedenen geometrischen Körpern einen Wasserturm und ein Männchen gebaut.
Welche Grundformen erkennst du?

**4** Wie heißen die abgebildeten Körper?

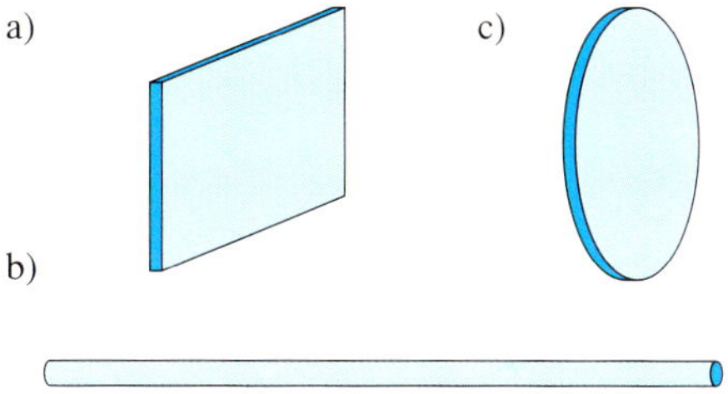


**5** Welche der Körper auf Seite 110 lassen sich nur aus ebenen Platten bauen?

**6** Wie viele Platten benötigst du zur Herstellung der angegebenen Körper?

Beispiel: Zur Herstellung einer Dreiecksäule benötigt man 2 dreieckige und 3 rechteckige Platten.

| |  |  |  |  |
|---|---|---|---|---|
| Dreiecksäule | 2 | 3 | – | – |
| Vierecksäule | | | | |
| Achtecksäule | | | | |
| Dreieckpyramide | | | | |
| Viereckpyramide | | | | |
| Sechseckpyramide | | | | |

Bleiglasfenster werden aus unterschiedlich großen und bunten Glasscheiben zusammengesetzt. Dieses Fenster ist aus geradlinig begrenzten Scheiben hergestellt worden.

**Dreiecke** | **Vierecke** | **Sechsecke**

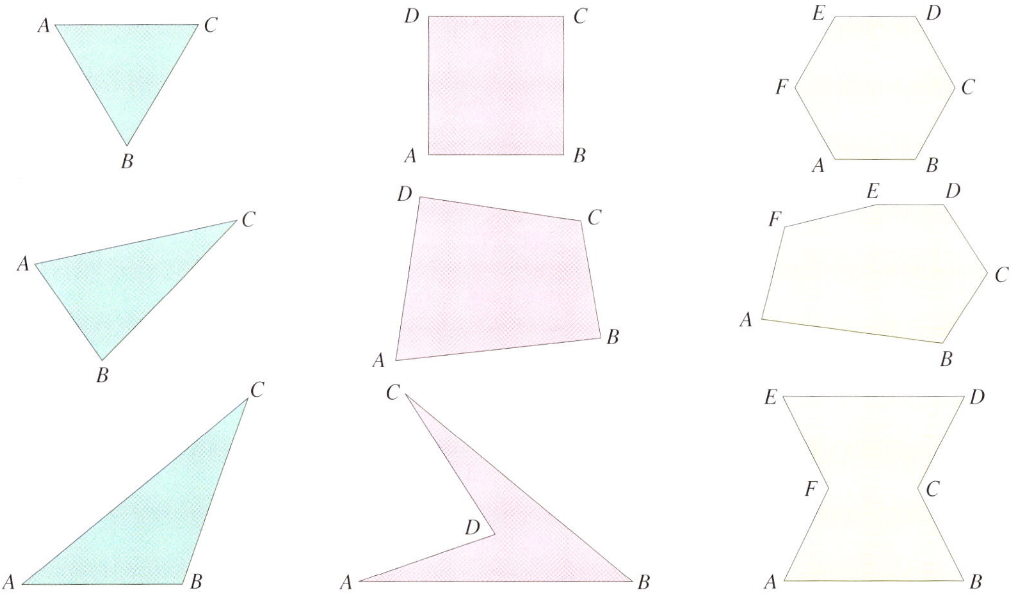


Die Anzahl der Eckpunkte bestimmt den Namen von geradlinig begrenzten Flächen.

Die Eckpunkte der Flächen bezeichnen wir mit großen Buchstaben. Die einzelnen Strecken, z. B. die Strecke $AB$, wird **Seite einer Fläche** genannt.

## Übungen

**1** a) Welchen Namen haben die roten (die gelben, die weißen, die blauen, die grünen) Flächen des Bleiglasfensters auf der Seite gegenüber?
b) Zeichne ein ähnliches Bleiglasfenster.

**2** In diesem Teppichmuster gibt es verschiedenfarbige Flächen. Schreibe ihre Namen auf.

**3** Welche Flächen findest du bei diesen Verkehrszeichen?

**4** Schreibe die Namen der Flächen auf.

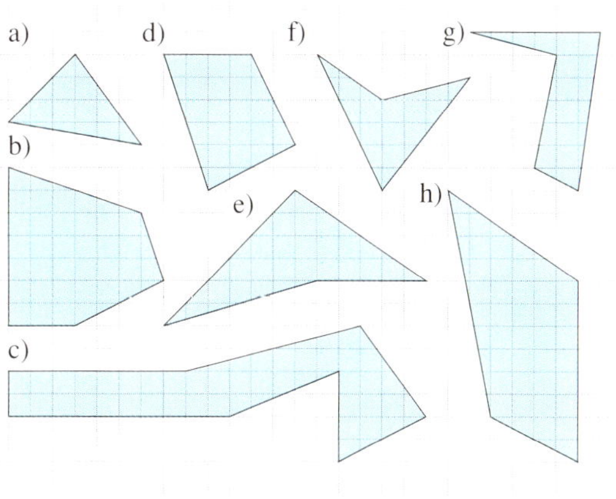


**5** Übertrage die Punkte in dein Heft und verbinde sie so, dass Flächen entstehen. Gib den Namen der Fläche an.

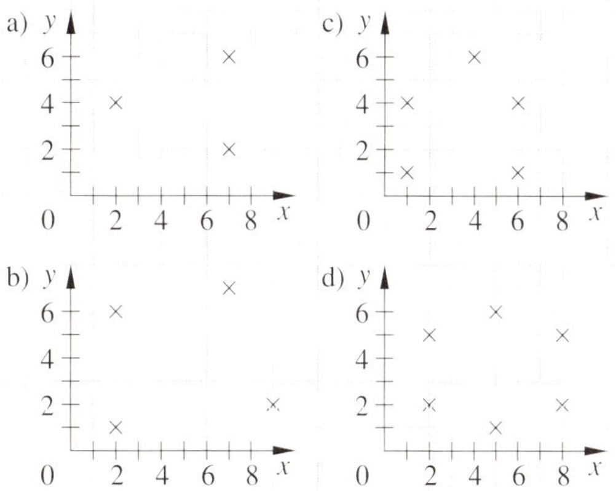


**6** Trage die Punkte in ein Koordinatensystem ein und verbinde sie so, dass sie zu Eckpunkten von Flächen werden. Wie heißen die Flächen?
a) $A\,(1\,|\,3), B\,(4\,|\,1), C\,(7\,|\,6), D\,(4\,|\,8), E\,(2\,|\,8)$
b) $A\,(6\,|\,2), B\,(11\,|\,1), C\,(10\,|\,7)$
c) $A\,(13\,|\,2), B\,(17\,|\,1), C\,(18\,|\,6), D\,(13\,|\,8)$
d) $A\,(1\,|\,10), B\,(4\,|\,13), C\,(7\,|\,7), D\,(10\,|\,8), E\,(10\,|\,14), F\,(1\,|\,14)$
e) $A\,(11\,|\,9), B\,(14\,|\,10), C\,(14\,|\,14), D\,(11\,|\,14)$
f) $A\,(1\,|\,7), B\,(1\,|\,8), C\,(0\,|\,8)$

**7** Trage die Punkte $A\,(3\,|\,2), B\,(8\,|\,2), C\,(10\,|\,5), D\,(8\,|\,8), E\,(3\,|\,8)$ und $F\,(1\,|\,5)$ in ein Koordinatensystem ein. Verbinde die Punkte zu einem
a) Sechseck,
b) Viereck und zwei Dreiecken.

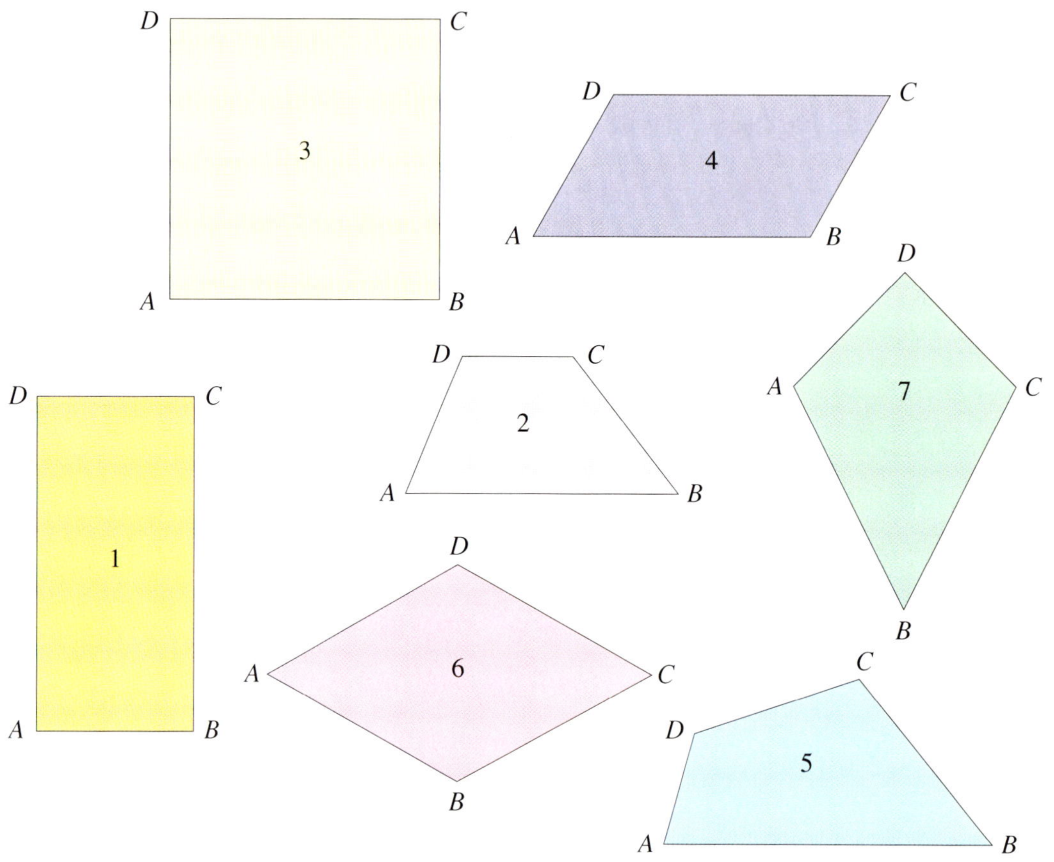


**1** Übertrage die Tabelle und untersuche die Eigenschaften der abgebildeten Vierecke.

| Eigenschaften | Viereck 1 | Viereck 2 | Viereck 3 | Viereck 4 | Viereck 5 | Viereck 6 | Viereck 7 |
|---|---|---|---|---|---|---|---|
| Die benachbarten Seiten sind senkrecht zueinander. | × | | | | | | |
| Die gegenüberliegenden Seiten sind gleich lang. | × | | | | | | |
| Die gegenüberliegenden Seiten sind parallel zueinander. | × | | | | | | |

Die Vierecke 1 und 3 nennt man **Rechtecke**.

**Rechtecke** haben folgende Eigenschaften:

- Die benachbarten Seiten sind senkrecht zueinander.
- Die gegenüberliegenden Seiten sind gleich lang.
- Die gegenüberliegenden Seiten sind zueinander parallel.

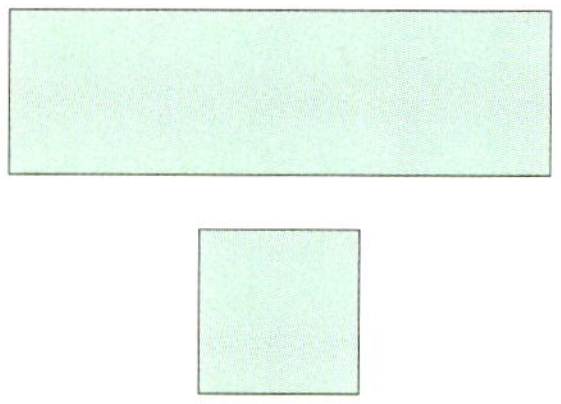

Ein Rechteck mit vier gleich langen Seiten nennt man **Quadrat**.

**Beispiel**

Wir zeichnen ein Rechteck mit der Länge 7 cm und der Breite 5 cm.

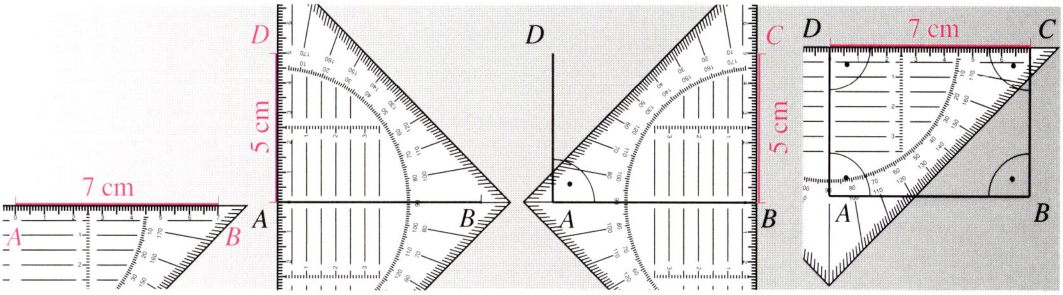


**Übungen**

**2** Diese Vierecke sind keine Rechtecke. Welche Eigenschaft des Rechtecks ist nicht erfüllt?

a)

c)

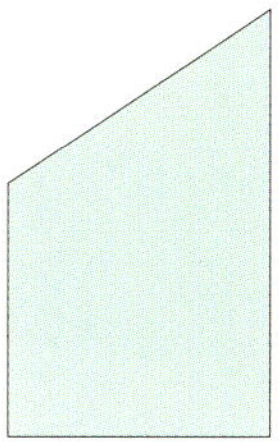

b)

d)

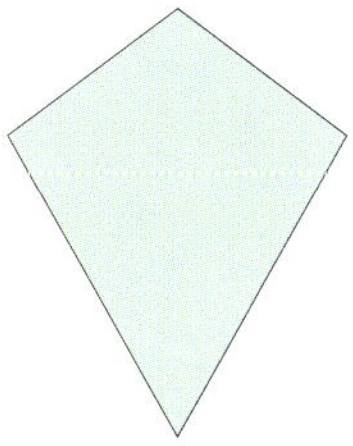

**3** a) Welche der Figuren sind Rechtecke?
b) Welche Figuren sind Quadrate?

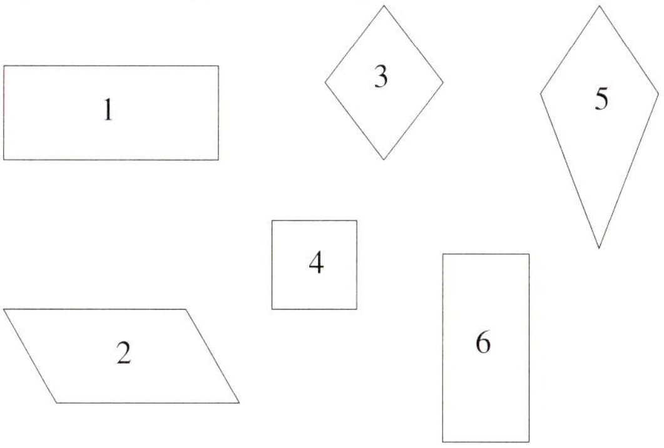


**4** Wie viele Rechtecke erkennst du an dieser Figur?

**5** a) Lege Streifen von Transparentpapier wie in der Abbildung übereinander. Welche Figur entsteht?
b) Kannst du auf eine ähnliche Art und Weise ein Quadrat erzeugen?

**6** Zeichne die Vierecke in dein Heft. Welches Viereck ist ein Rechteck? Begründe.

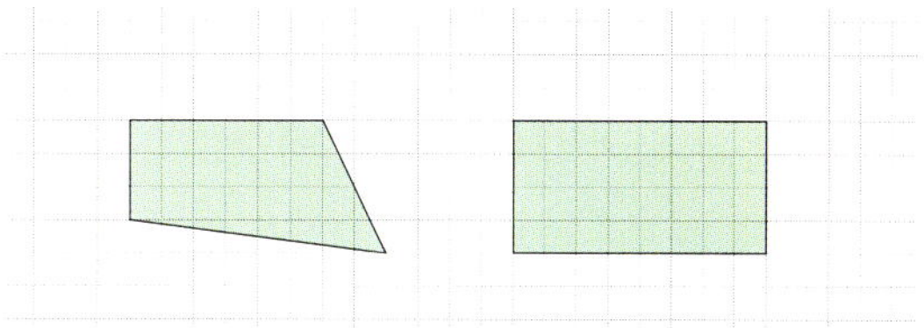

**7** Zeichne die Punkte in ein Koordinatensystem und verbinde sie zu einem Viereck. Prüfe, ob das Viereck ein Rechteck ist.
a) $A(3|1)$, $B(7|5)$, $C(5|7)$, $D(1|3)$
b) $A(6|0)$, $B(11|3)$, $C(5|9)$, $D(1|5)$
c) $A(0|3)$, $B(3|0)$, $C(6|3)$, $D(3|6)$

**8** Prüfe mit Hilfe der Tabelle auf Seite 114, ob die Sätze richtig oder falsch sind.
a) Wenn in einem Viereck die gegenüberliegenden Seiten gleich lang sind, dann ist es ein Rechteck.
b) Wenn in einem Viereck die gegenüberliegenden Seiten parallel sind, dann ist es ein Rechteck.
c) Wenn in einem Viereck die benachbarten Seiten senkrecht zueinander sind, dann ist es ein Rechteck.

**9** Zeichne folgende Rechtecke.

| | Länge in cm | Breite in cm |
|---|---|---|
| a) | 9 | 1 |
| b) | 6 | 1,5 |
| c) | 5 | 1,8 |
| d) | 3 | 3 |

**10** Lege mit 16 Streichhölzern Rechtecke. Gib alle Möglichkeiten an.

| | Anzahl der Streichhölzer | | | |
|---|---|---|---|---|
| Länge | | | | |
| Breite | | | | |

**11** Zeichne die Flaggen in dein Heft.

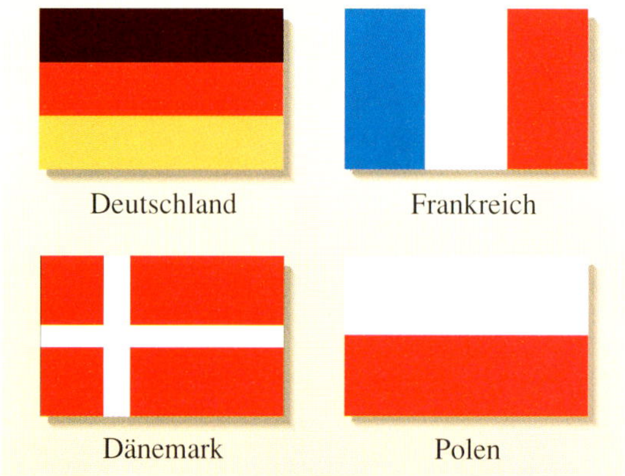


**12** Zeichne die Figur ab. Wähle als Seitenlänge der kleinen Quadrate 1 cm. Schneide einen Teil dieser Figur ab und setze ihn wieder so an, dass du ein Quadrat erhältst.

a)

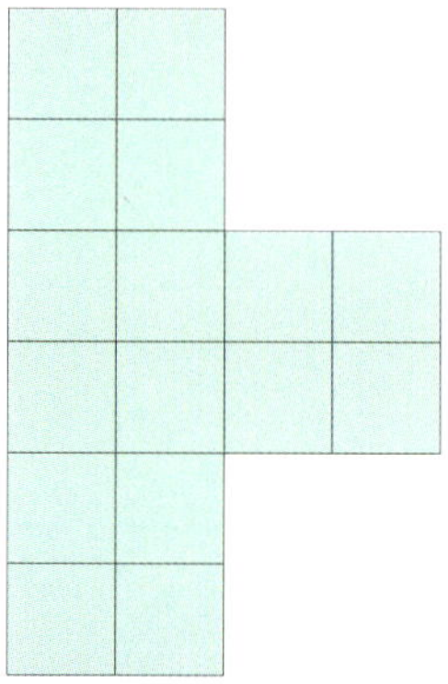

b)

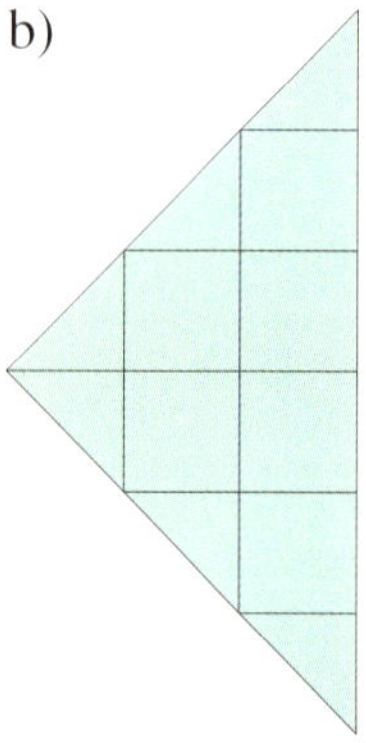

**13**

Ute hat durch **einen** Schnitt dieses Muster in der Serviette erhalten. Probiere es aus. Stelle noch andere Muster her.

**14** Zeichne die Figuren auf Karopapier, schneide sie aus und lege sie zu einem Quadrat zusammen.

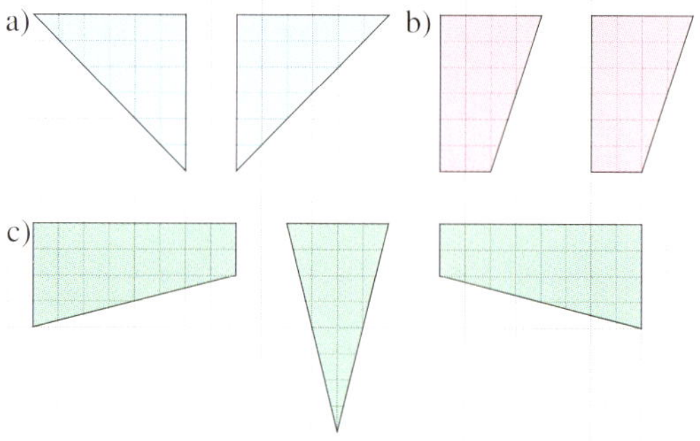


Zeichne dann das Quadrat.

**15** Zeichne Rechtecke auf Karopapier mit den angegebenen Seitenlängen.

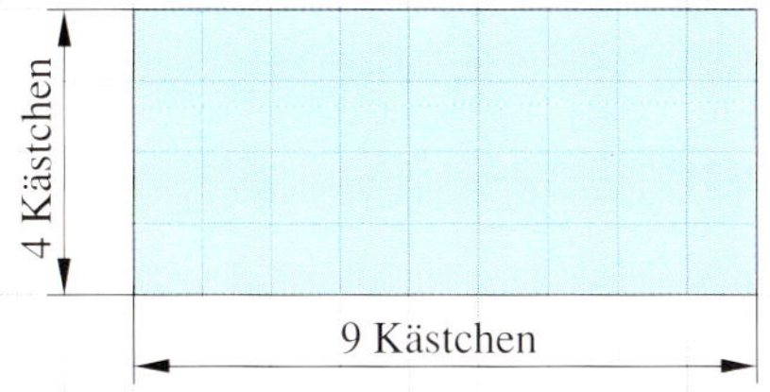


a) 5 Kästchen und 3 Kästchen
b) 7 Kästchen und 4 Kästchen
c) 4 Kästchen und 9 Kästchen
d) 2 Kästchen und 12 Kästchen

**16** Zeichne Quadrate auf Karopapier mit der angegebenen Seitenlänge.

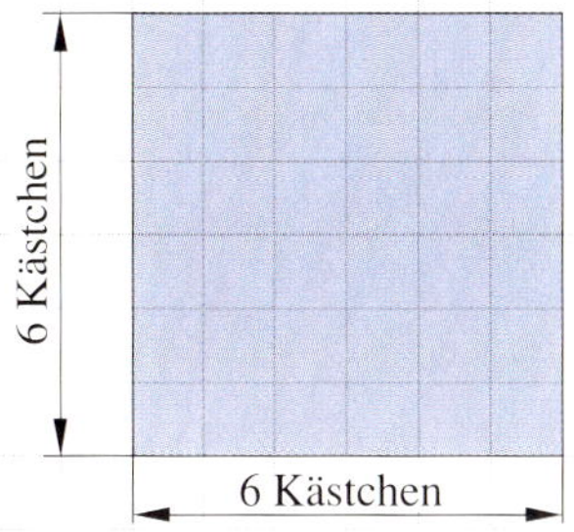


a) 5 Kästchen
b) 1 Kästchen
c) 9 Kästchen
d) 12 Kästchen

**17** Zeichne schräg liegende Rechtecke.

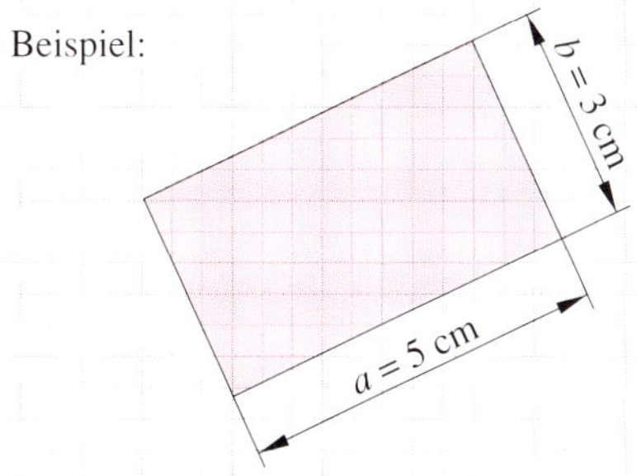


a) $a = 6$ cm
$b = 4$ cm
b) $a = 4$ cm
$b = 2$ cm
c) $a = 5{,}5$ cm
$b = 3{,}5$ cm
d) $a = 42$ mm
$b = 61$ mm

**18** Zeichne schräg liegende Quadrate mit der Seitenlänge
a) $a = 4$ cm
b) $a = 5$ cm
c) $a = 4{,}5$ cm
d) $a = 59$ mm

**19** Zeichne ein auf einem Eckpunkt stehendes Quadrat, das eine Seitenlänge von 5 cm hat.

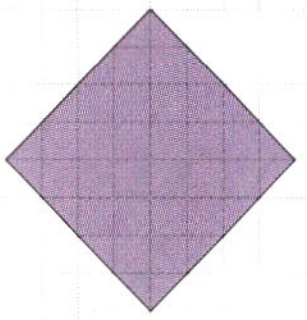

**20** a) Zeichne ein Rechteck aus folgenden Eckpunkten: $A(3\,|\,1)$, $B(7\,|\,1)$, $C(7\,|\,6)$. Wie heißen die Koordinaten des Eckpunkts $D$?
b) Zeichne aus folgenden Eckpunkten ein Quadrat: $A(7\,|\,2)$, $B(12\,|\,2)$.
Welche Koordinaten haben die Eckpunkte $C$ und $D$?

**21** Zeichne ein Rechteck mit den Seitenlängen 4 cm und 3 cm.

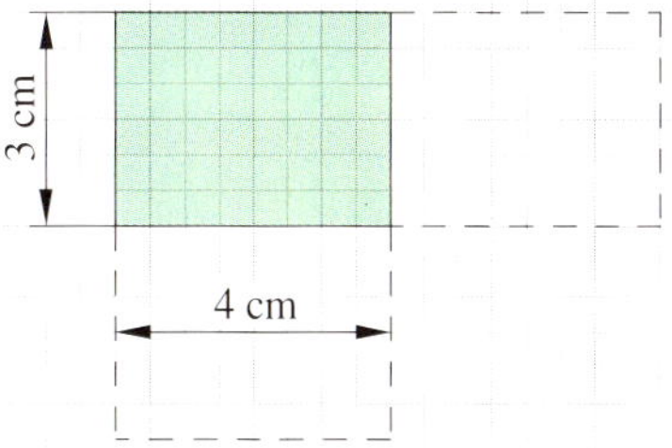


Wie viele solcher Rechtecke musst du aneinander legen, um das folgende Rechteck mit diesen Seitenlängen zu erhalten? Zeichne.
a) 8 cm und 3 cm
b) 4 cm und 6 cm
c) 8 cm und 6 cm
d) 12 cm und 9 cm
e) 12 cm und 12 cm

**22** a) Zeichne ein Quadrat mit der Seitenlänge 2 cm.
b) Wie viele solcher Quadrate musst du mindestens zusammensetzen, um ein neues Quadrat zu erhalten? Zeichne.

**23** Zeichne die Figur mit folgenden Maßen in dein Heft:
a) Das größte Quadrat soll eine Seitenlänge von 6 cm haben.
b) Das kleinste Quadrat soll eine Seitenlänge von 4 cm haben.

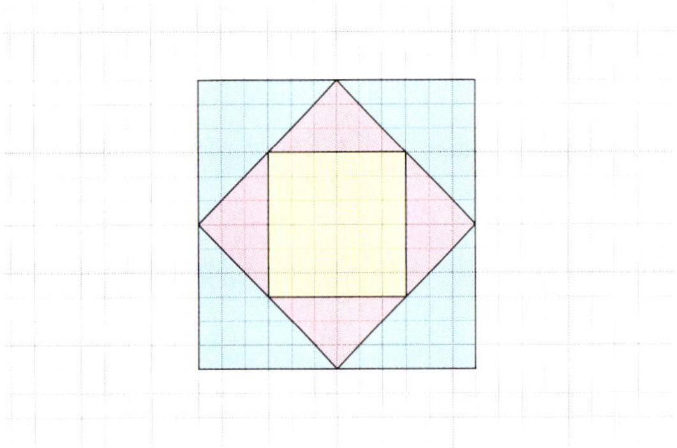

**24** Zeichne die Figur mit den angegebenen Maßen in dein Heft. Färbe die Flächen ein. Zeichne neue Muster, in denen nur Quadrate vorkommen sollen.

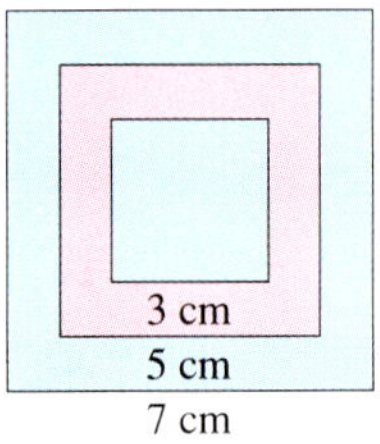


**25** Zeichne wie in der Aufgabe 23 eine Figur aus Rechtecken: Das größte Rechteck ist 8 cm lang und 4 cm breit, das mittlere Rechteck ist 6 cm lang und 3 cm breit und das kleinste Rechteck ist 4 cm lang und 2 cm breit. Färbe die Flächen verschieden ein.

**26** Übertrage die Ziermuster in dein Heft und färbe die Flächen ein.

**27** Zeichne Muster wie in der Abbildung. Man nennt sie „Parkettierung“.

a)

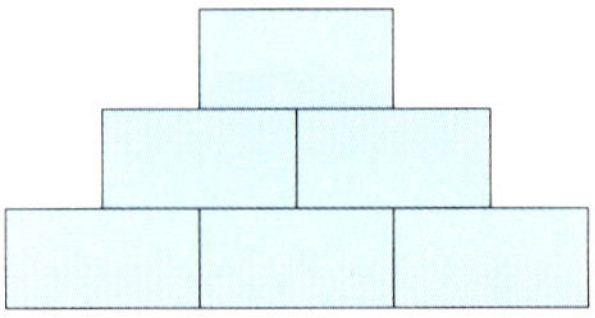

b)

c)

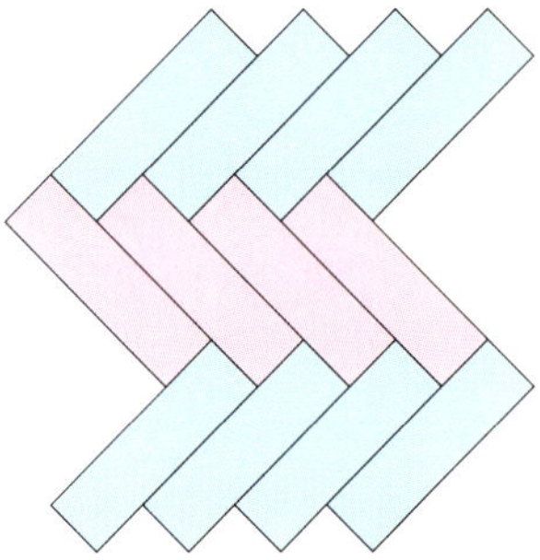

**28** a) Lege zehn Streichhölzer so hin, wie es die Abbildung zeigt. Lege zwei weitere Streichhölzer so an, dass aus den drei Quadraten fünf Quadrate werden.

b) Lege zwei Streichhölzer so um, dass aus den abgebildeten drei Quadraten zwei Quadrate werden.

Verbindet man zwei nicht benachbarte Punkte eines Vierecks, so erhält man die Diagonalen des Vierecks.

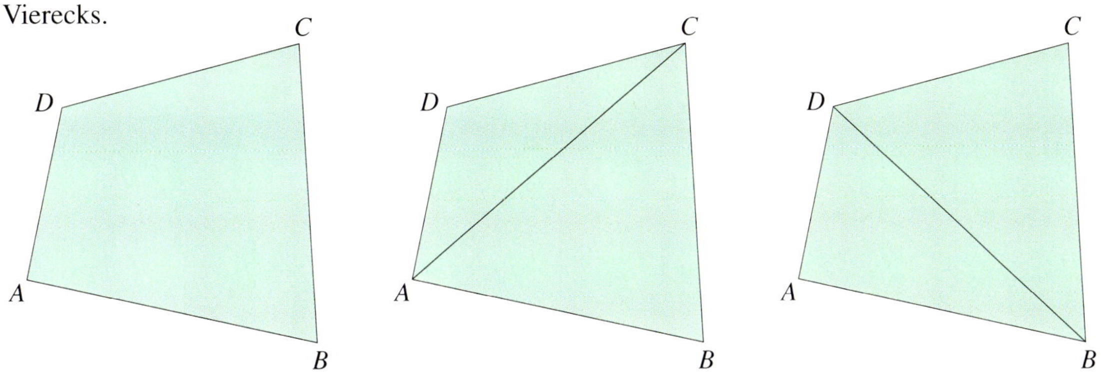


Die Strecken $AC$ und $BD$ nennt man **Diagonalen** des Vierecks $ABCD$.

### Übungen

**1** Diese Figur nennt man manchmal das „Haus vom Nikolaus“.

a) Welche Strecken sind Diagonalen?
b) Die Figur lässt sich in einem Zug zeichnen, ohne dabei den Stift einmal abzusetzen oder eine Linie zweimal zu zeichnen
Probiere es aus. Nummeriere die Strecken in der Reihenfolge, in der du sie gezeichnet hast. Es gibt mehrere Möglichkeiten.

**2** Trage die Punkte $A$, $B$, $C$ und $D$ in ein Koordinatensystem ein und verbinde sie zu einem Rechteck.
a) $A(2\,|\,6)$; $B(5\,|\,7)$; $C(4\,|\,10)$; $D(1\,|\,9)$
b) $A(0\,|\,0)$; $B(4\,|\,0)$; $C(4\,|\,4)$; $D(0\,|\,4)$
c) $A(7\,|\,8)$; $B(15\,|\,8)$; $C(15\,|\,10)$; $D(7\,|\,10)$
d) $A(6\,|\,3)$; $B(15\,|\,0)$; $C(16\,|\,3)$; $D(7\,|\,6)$
Zeichne die Diagonalen $AC$ und $BD$ ein und gib die Lage ihres Schnittpunktes $S$ im Koordinatensystem an.

**3** Erfülle die Aufträge der Aufgabe 2 auch für diese Punkte.
a) $A(1\,|\,5)$; $B(4\,|\,5)$; $C(5\,|\,11)$; $D(2\,|\,11)$
b) $A(1\,|\,0)$; $B(7\,|\,0)$; $C(4\,|\,3)$; $D(1\,|\,3)$
c) $A(8\,|\,8)$; $B(14\,|\,6)$; $C(14\,|\,10)$; $D(9\,|\,11)$
d) $A(10\,|\,0)$; $B(15\,|\,0)$; $C(13\,|\,3)$; $D(9\,|\,4)$

**4** Miss jeweils die Längen der Diagonalen und vergleiche sie. Prüfe, in welchem der Vierecke die Diagonalen senkrecht zueinander stehen.

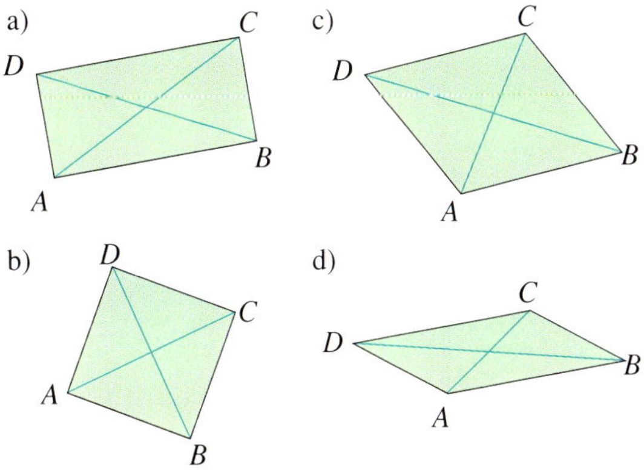


**5** Miss die Längen der Seiten und der Diagonalen.

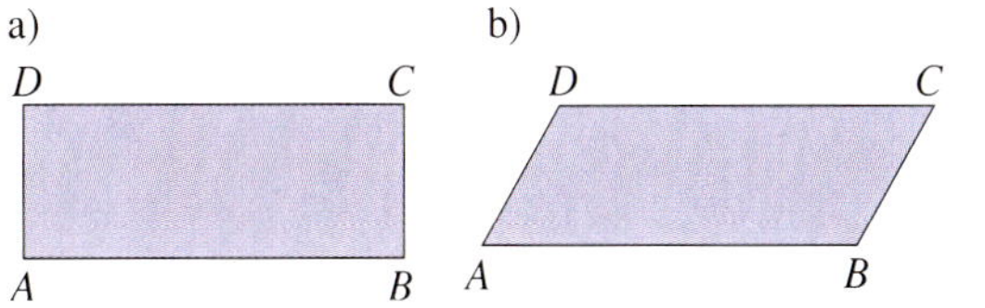

**6** Übertrage die Vierecke in dein Heft und vervollständige die Kreise um $S$. Durch wie viele Eckpunkte des Vierecks verläuft der Kreis?

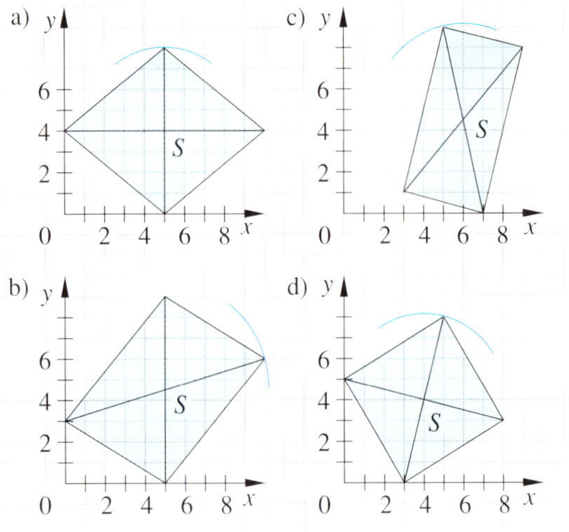


**7** Zeichne Rechtecke $ABCD$ mit
a) 4 cm Länge, 1,5 cm Breite,
b) 3 cm Länge, 3 cm Breite.
Zeichne die Diagonalen ein und zeichne um deren Schnittpunkt $S$ einen Kreis durch $A$.

**8** Aus zwei Dreiecken lässt sich ein Rechteck legen.

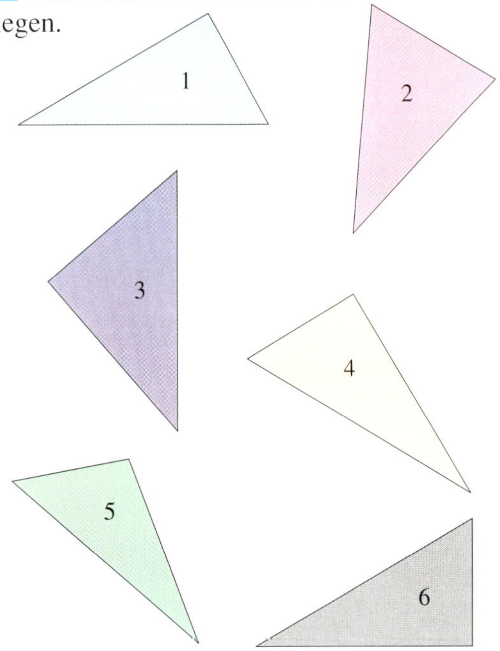


Welche zwei Dreiecke passen zu einem Rechteck zusammen? Schreibe sie als Paar.

**9** a) Falte ein DIN-A4-Blatt so, wie du es in der Abbildung siehst. Miss die Länge der Faltlinie und vergleiche sie mit der längsten Seite des DIN-A4-Blattes.

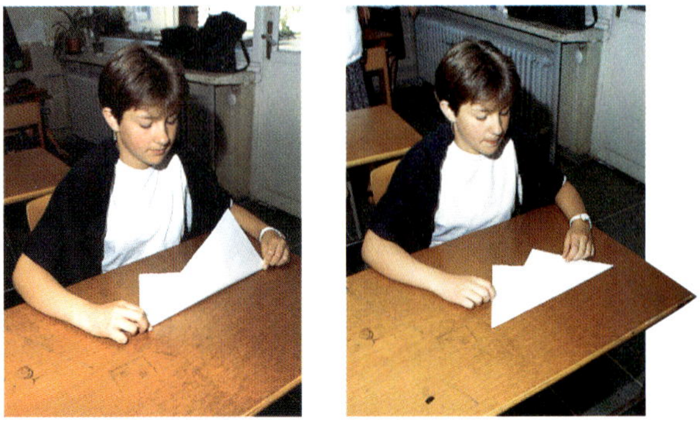

b) Führe dasselbe mit einem DIN-A5-Blatt und einem DIN-A6-Blatt (Postkartengröße) durch.

**10** In den folgenden Figuren sind die Diagonalen eingezeichnet.

a)

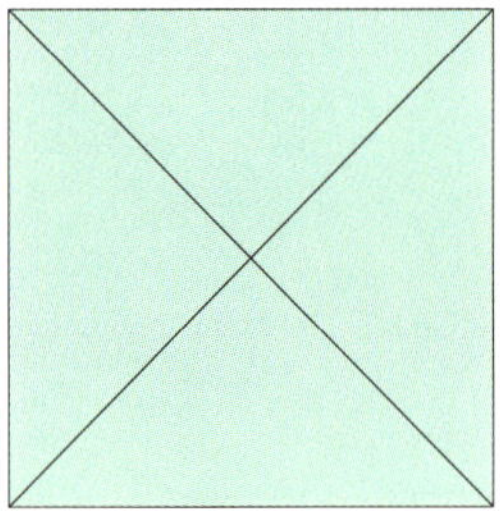

b)

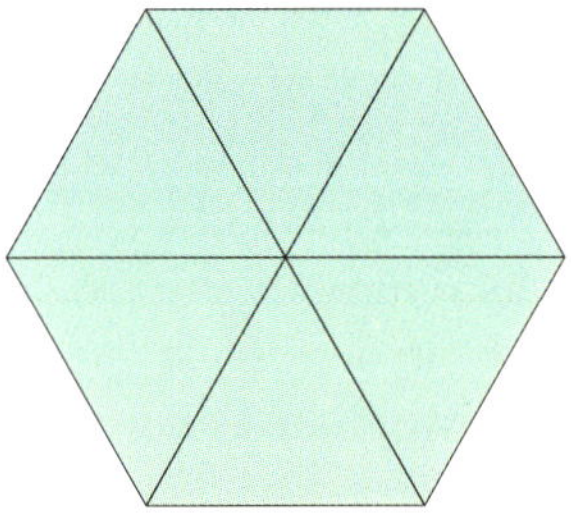

c)

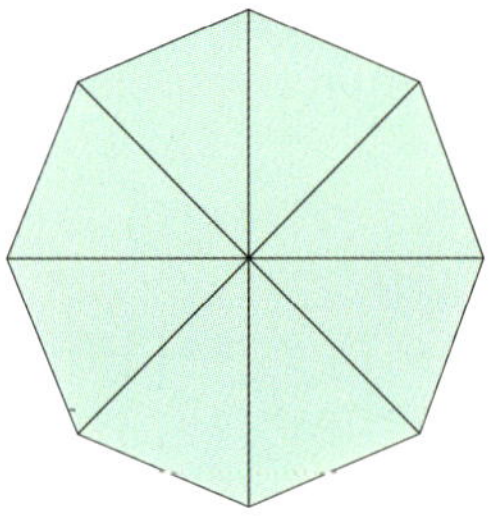

Miss die Längen der Diagonalen und vergleiche sie mit den Längen der Seiten.

Beim Übereinanderlegen zweier Folienstreifen entsteht ein Viereck, bei dem zwei gegenüberliegende Seiten zueinander parallel und gleich lang sind. Dieses Viereck wird **Parallelogramm** genannt.

Beim Übereinanderlegen zweier **gleich breiter** Folien entsteht ein Viereck, bei dem zusätzlich zu den Eigenschaften des Parallelogramms sogar alle vier Seiten gleich lang sind. Dieses Viereck wird **Raute** genannt.

**Parallelogramm**

Die gegenüberliegenden Seiten sind zueinander parallel und gleich lang.

**Raute**

Alle Seiten sind gleich lang. Die gegenüberliegenden Seiten sind zueinander parallel.

**Übungen**

**1** Übertrage die Figuren in dein Heft.

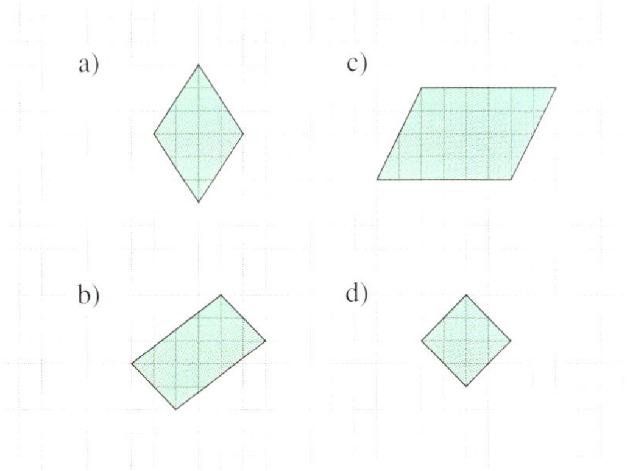

Schreibe die Art des Vierecks darunter und zeichne die Diagonalen ein.

**2** Übertrage die Punkte in dein Heft und vervollständige die Figuren zu Parallelogrammen oder Rauten. Schreibe jeweils die Art des Vierecks darunter.

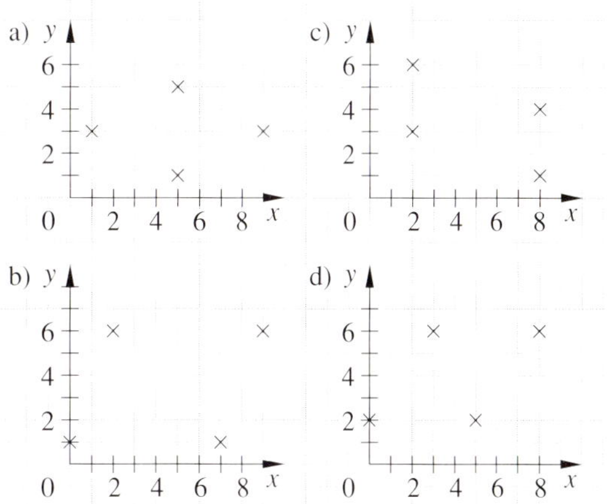

**3** Meike hat einen Rahmen aus 4 Leisten und 4 Nägeln gebaut. Welche Vierecke können entstehen?

**4** Von einem Parallelogramm sind die folgenden Punkte gegeben. Zeichne jeweils den fehlenden Punkt ein und vervollständige die Figuren.

a) $A(1\mid 2), B(7\mid 2), C(9\mid 6)$
b) $B(1\mid 10), C(1\mid 4), D(6\mid 7)$
c) $B(3\mid 1), A(1\mid 9), D(4\mid 11)$
d) $A(1\mid 1), C(9\mid 11), D(2\mid 11)$

**5** Zeichne ein Dreieck und ergänze es zu einem Parallelogramm.

**6** Übertrage die folgenden Figuren in dein Heft und vervollständige sie zu Parallelogrammen oder Rauten.

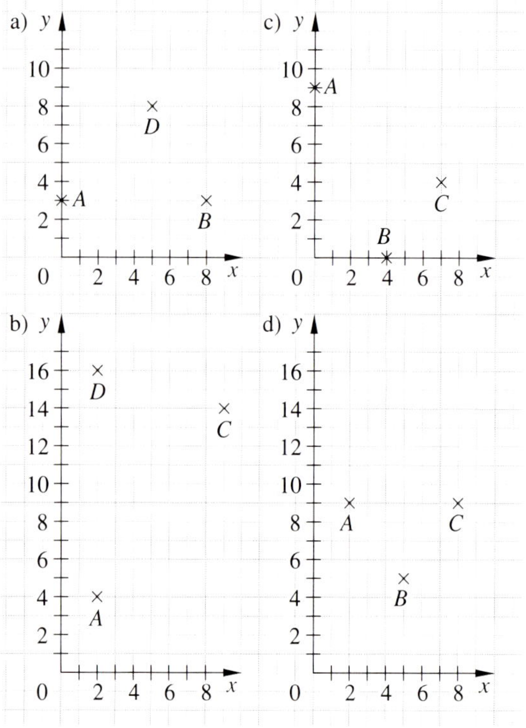


**7** Übertrage das Parkettmuster in dein Heft. Welches Viereck bildet das Grundmuster?

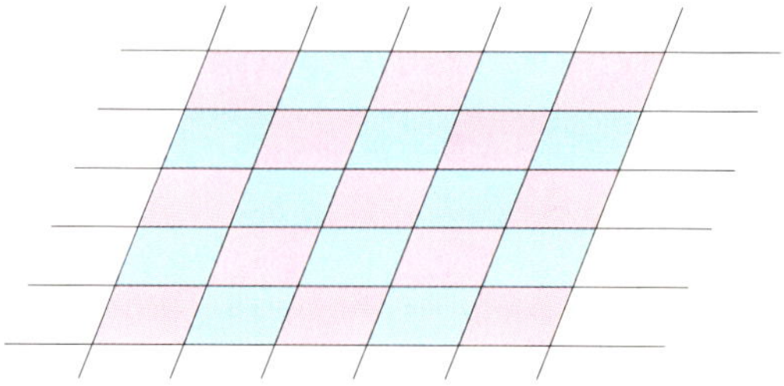

**8** Übertrage die Diagonalen in dein Heft. Zeichne dann das zugehörige Viereck.

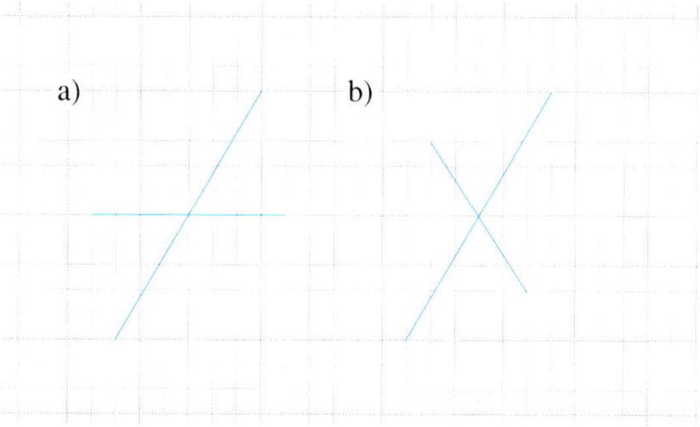


**9** Zeichne einen Kreis mit dem Radius 3 cm und zeichne zwei Durchmesser ein. Zeichne das Viereck, in dem diese Durchmesser Diagonalen sind. Welches Viereck entsteht?

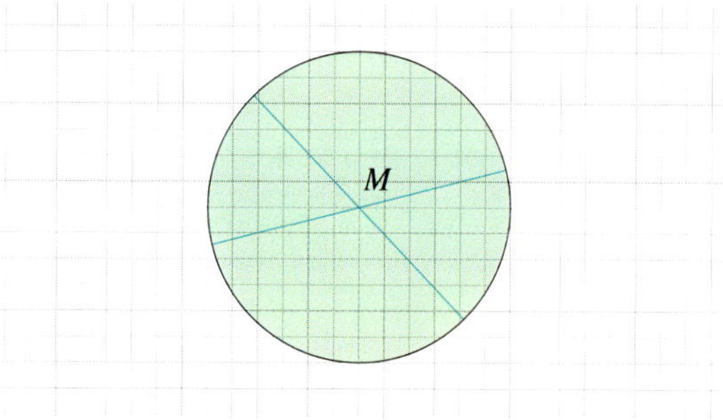


**10** Welche Sätze sind wahr, welche sind falsch?

a) Jedes Quadrat ist ein Rechteck.
b) Jedes Rechteck ist ein Parallelogramm.
c) Jedes Parallelogramm ist ein Rechteck.
d) Jedes Rechteck ist ein Quadrat.
e) Jedes Quadrat ist ein Parallelogramm.
f) Jede Raute ist ein Parallelogramm.
g) Jedes Rechteck ist eine Raute.

Viele der auf Baustellen verwendeten Steine sind **Quader**.

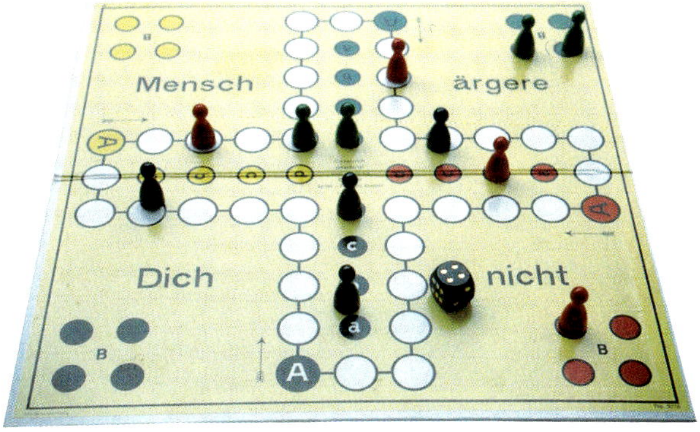


Beim Mensch-ärgere-dich-nicht-Spiel benutzt man einen **Würfel**.

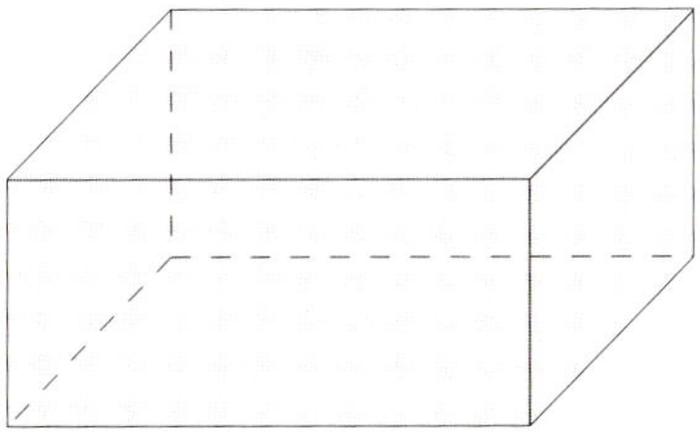

Quader

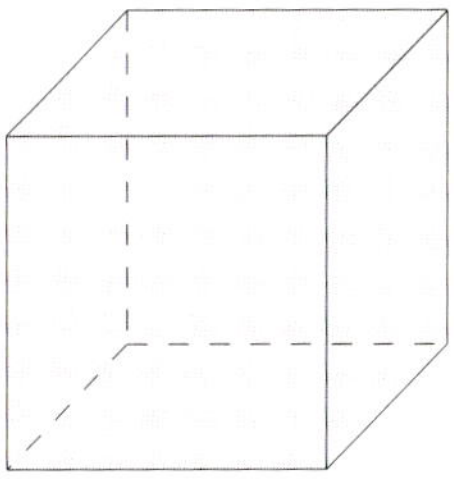

Würfel

Ein **Quader** wird durch sechs **rechteckige Flächen** begrenzt.

Ein **Würfel** wird durch sechs **quadratische Flächen** begrenzt.

**Übungen**

**1** a) Welche Kanten des Quaders sind gleich lang?
Schreibe so: $AB = \square = \square = \square$

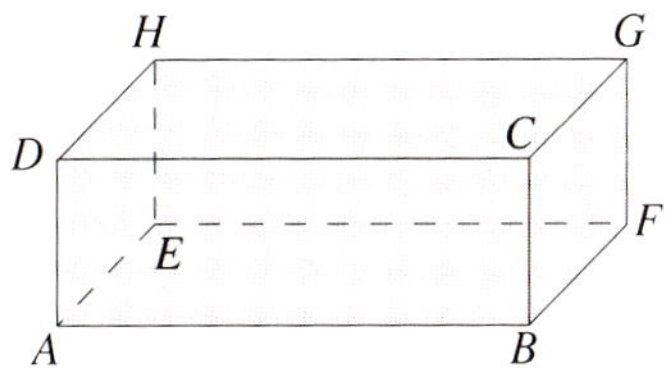


b) Schreibe alle Kanten auf, die zu der Kante $GF$ parallel sind.

**2** Übertrage ins Heft und kreuze an, welche Kanten senkrecht zueinander sind.

| ⊥ | $BC$ | $BF$ | $DC$ | $CG$ | $HE$ |
|---|---|---|---|---|---|
| $AB$ | | | | | |
| $BC$ | | | | | |
| $AD$ | | | | | |
| $HD$ | | | | | |
| $HG$ | | | | | |

**3** Miss die Kantenlängen deines Mathematikbuchs. Gib die Länge, Breite und Höhe in mm an.

**4** Welche Kanten des Würfels sind
a) gleich lang,
b) parallel zueinander,
c) im Punkt *C* senkrecht zueinander?

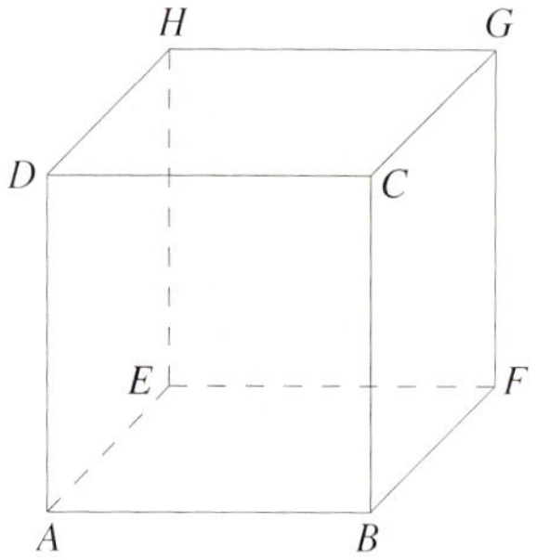


**5** a) Übertrage die Tabelle in dein Heft und fülle sie aus.

| | Würfel | Quader |
|---|---|---|
| Der Körper besteht aus 6 rechteckigen Seitenflächen. | | |
| Der Körper besteht aus 6 quadratischen Seitenflächen. | × | |
| Alle Seitenflächen sind gleich groß. | | |
| Gegenüberliegende Seitenflächen sind gleich groß. | | |
| Alle Kanten sind gleich lang. | | |
| Gegenüberliegende Kanten sind gleich lang. | | |
| Gegenüberliegende Kanten sind parallel zueinander. | | |

b) Welche gemeinsamen Eigenschaften haben Quader und Würfel?

**6** Nicole hat weitere Eigenschaften von Quader und Würfel genannt. Stimmt alles?
a) Ein Quader hat acht Ecken und in jeder Ecke stoßen drei Kanten zusammen. Also hat der Quader $8 \cdot 3 = 24$ Kanten.
b) Ein Würfel hat sechs Flächen. Jede Fläche hat vier Ecken. Also hat der Würfel $6 \cdot 4 = 24$ Ecken.
c) Ein Quader hat zwölf Kanten. An jeder Kante stoßen zwei Flächen zusammen. Also hat der Quader $12 \cdot 2 = 24$ Flächen.
d) Hat ein Quader eine quadratische Grundfläche, dann sind 8 Kanten dieses Quaders gleich lang.
e) Hat ein Quader 8 Kanten, die gleich lang sind, dann sind Grund- und Deckfläche immer Quadrate.

**7** Stelle folgende Kantenmodelle her:
a) Würfel mit der Kantenlänge 8 cm,
b) Quader mit der Länge 8 cm, der Breite 10 cm und der Höhe 5 cm.

**8** Karl will aus Aluminiumstäbchen Quader für ein Mobile herstellen.
Er hat folgende Stäbchen zur Verfügung:

| Länge der Stäbchen | 7 cm | 6 cm | 3 cm | 4 cm |
|---|---|---|---|---|
| Anzahl | 8 | 10 | 3 | 16 |

Wie viele verschiedene Quader kann er mit den 37 Stäbchen bauen?
Gib ihre Kantenlängen an.

**9** Eine Metallbox soll mit einer Rechteckplatte geschlossen werden.
Welche der Platten lässt sich auf die offene Seite der Box schrauben?

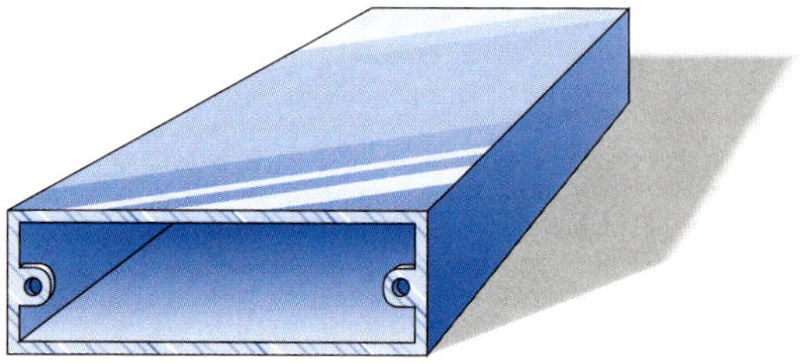

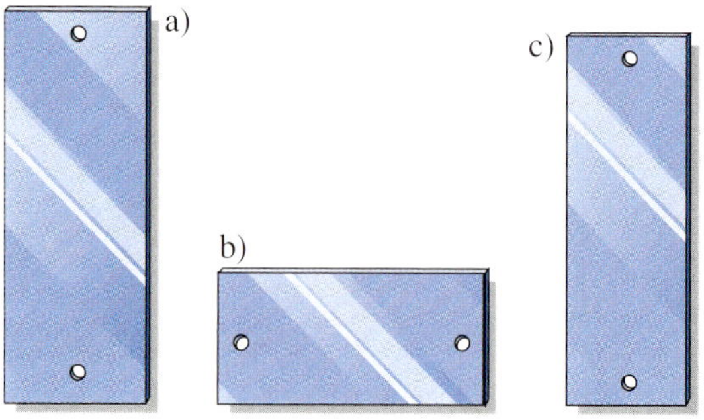

Ein quaderförmiges Trinkpäckchen wird an den Kanten aufgeschnitten und auseinander gefaltet. Man erhält eine **Abwicklung** des Quaders.

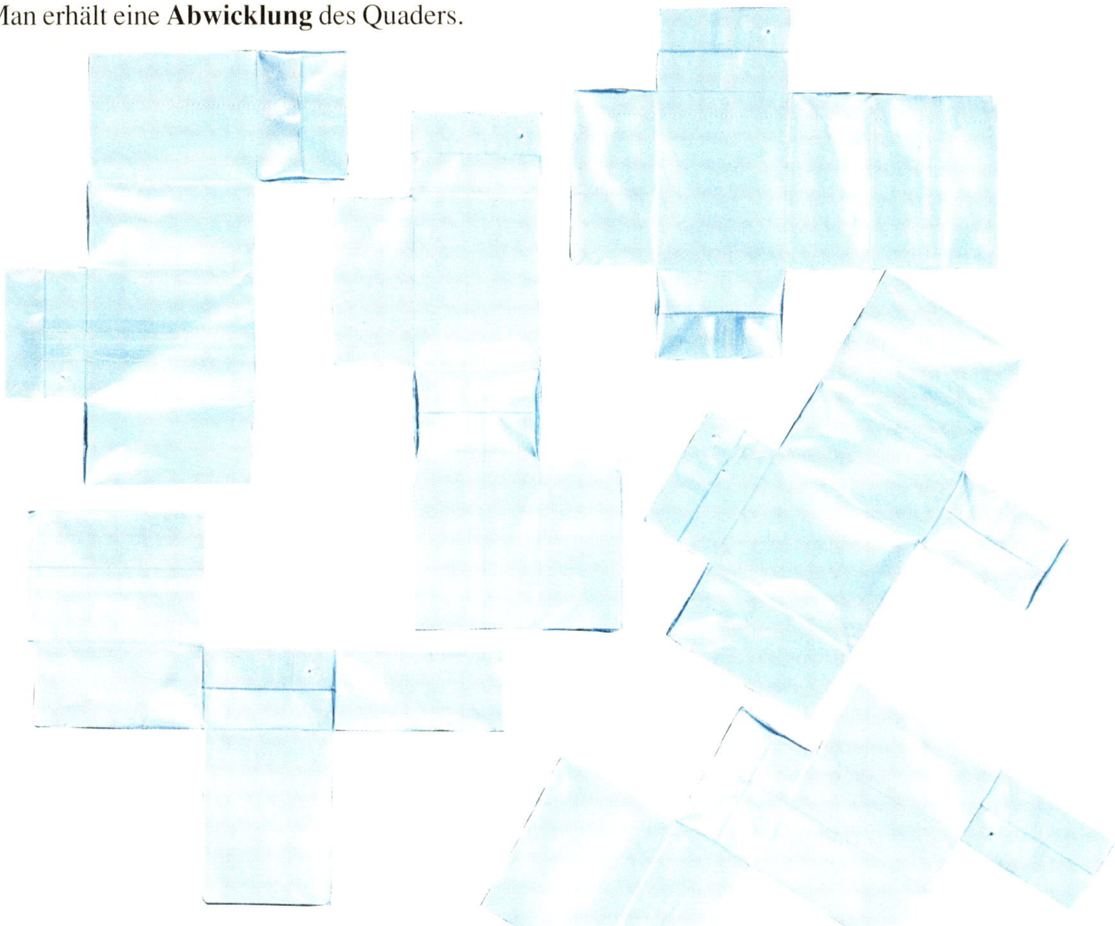

Je nachdem, wie man das Trinkpäckchen aufschneidet, erhält man nach dem Auseinanderfalten verschiedene Abwicklungen.

**Übungen**

**1** a) Zeichne die Abwicklung des Würfels in dein Heft. Schneide aus und falte. Färbe gegenüberliegende Seiten in gleicher Farbe.

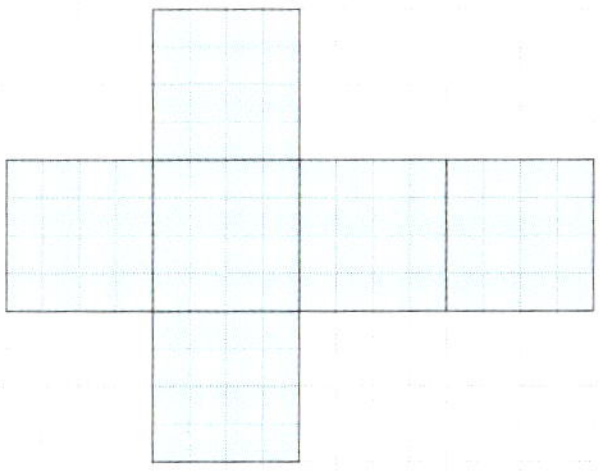

b) Zeichne eine andere Abwicklung dieses Würfels und färbe gegenüberliegende Seiten in gleicher Farbe.

**2** a) Zeichne die Abwicklung des Quaders in dein Heft. Schneide aus und falte. Färbe gegenüberliegende Seiten in gleicher Farbe.

b) Zeichne eine andere Abwicklung dieses Quaders und färbe gegenüberliegende Seiten in gleicher Farbe.

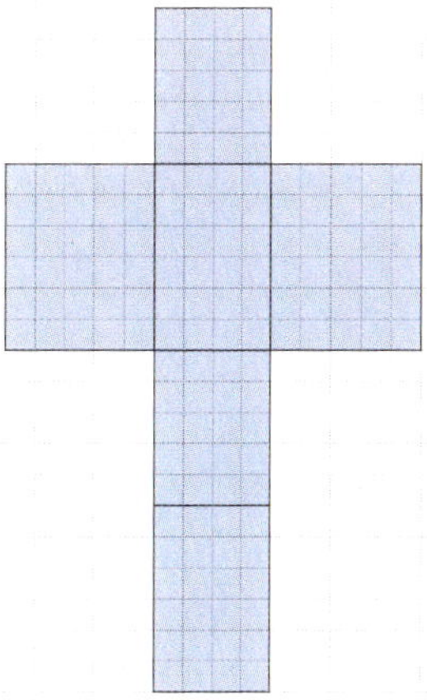

**3** Übertrage die Abwicklung in dein Heft und färbe gegenüberliegende Flächen ein.

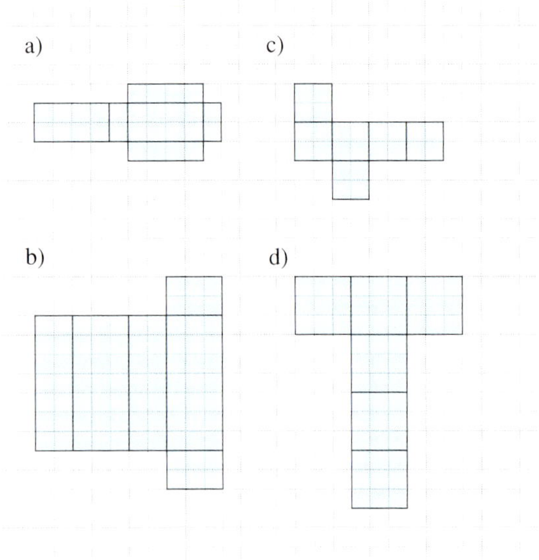


**4** Welche der Figuren sind keine Abwicklungen von Quadern? Wenn du dir nicht sicher bist, zeichne sie ab und falte.

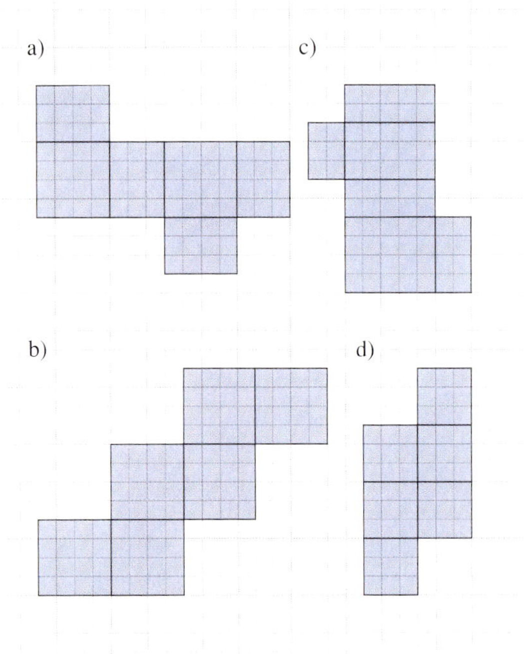


**5** Zeichne eine Abwicklung eines

a) Würfels mit 3 cm Kantenlänge,

b) Quaders mit den Kantenlängen 5 cm, 4 cm und 3 cm.

**6** Welche Abwicklung lässt sich zu einem Quader zusammenfalten?

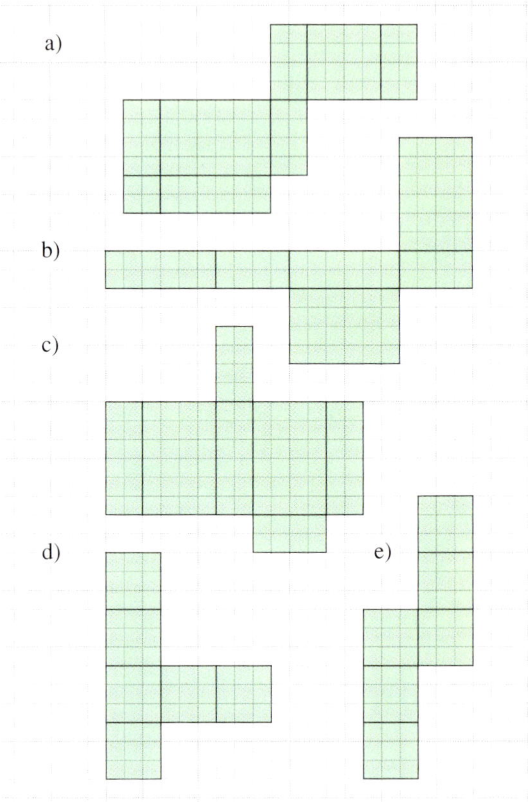


**7** Die Grundfläche des Würfels ist rot. Bestimme aus der Abwicklung die Farbe seiner gegenüberliegenden Deckfläche.

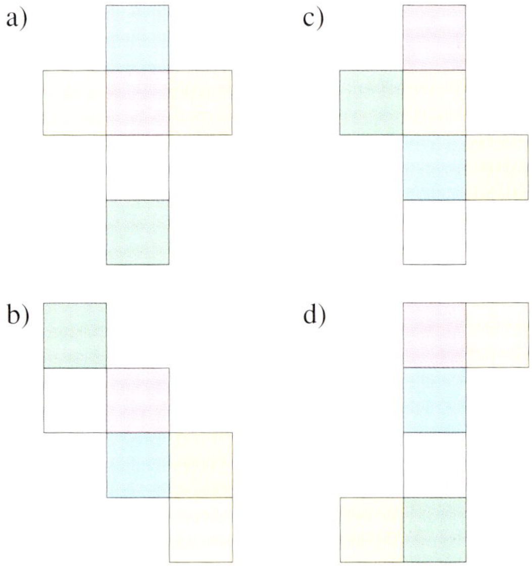

# Schrägbild eines Quaders

Architekten stellen geplante Häuser in ihren Zeichnungen oft in Vorder- und Seitenansicht dar. Eine räumliche Vorstellung dieses Hauses kann man sich besser mit Hilfe eines **Schrägbildes** machen.

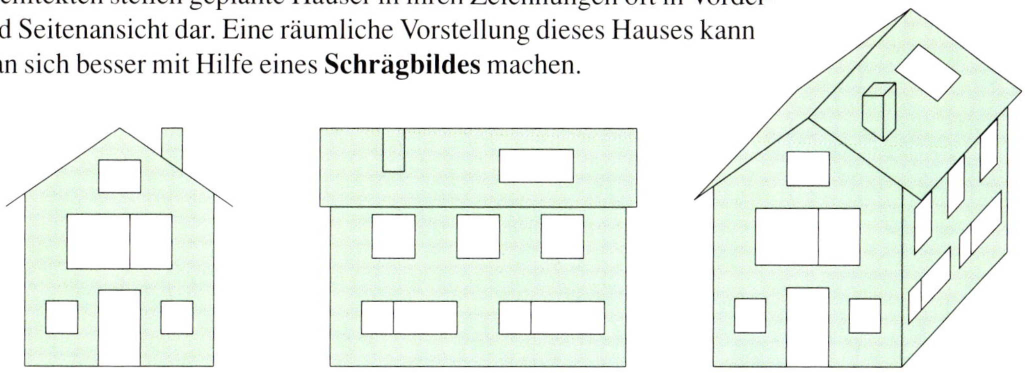

**Vorderansicht** **Seitenansicht** **Schrägbild**

Beim Zeichnen von Schrägbildern werden Strecken, die nach „hinten" verlaufen, um die Hälfte verkürzt gezeichnet. Diese Strecken werden im Winkel von 45° angetragen.

Wir zeichnen das Schrägbild eines Würfels mit der Kantenlänge $a = 2$ cm.

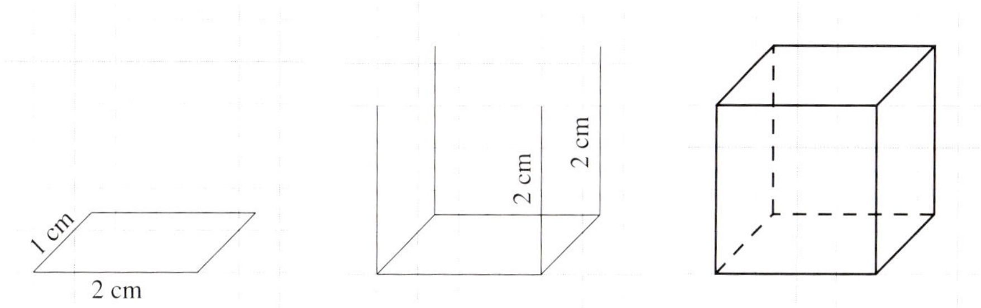


Wir zeichnen das Schrägbild eines Quaders mit den Kantenlängen $a = 2{,}3$ cm, $b = 1{,}8$ cm und $c = 1{,}5$ cm.

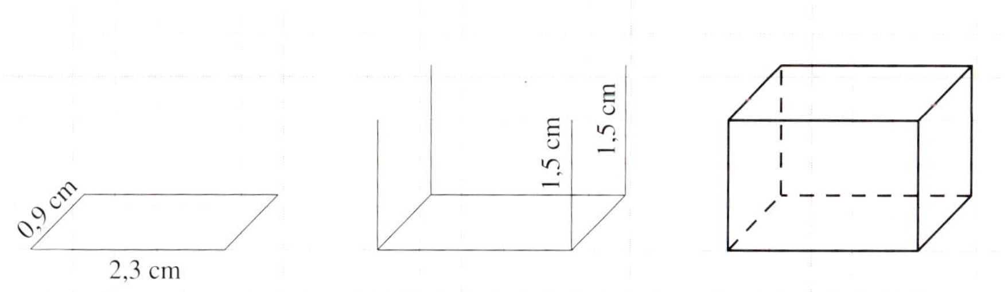


Wir zeichnen erst die Linien dünn. Zum Schluss werden die Linien stärker gezeichnet, dabei zeichnen wir die „verdeckten" Linien gestrichelt.

**Übungen**

**1** Überprüfe, ob das Schrägbild des Würfels mit der Kantenlänge $a = 1{,}8$ cm richtig dargestellt wurde.

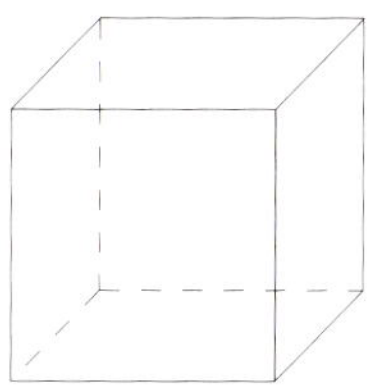

**2** Bestimme aus diesem Schrägbild eines Quaders seine tatsächlichen Kantenlängen.

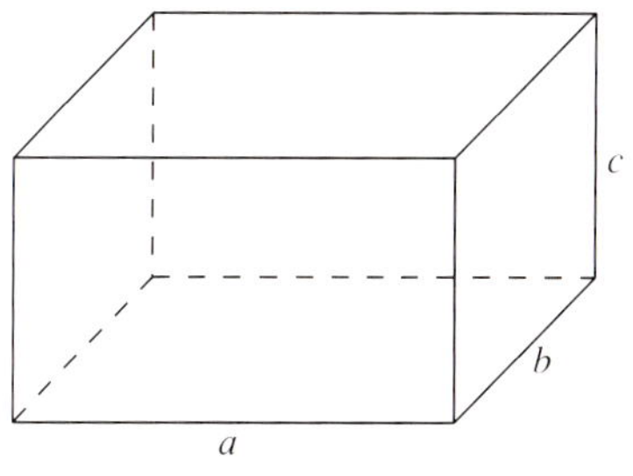

**3** Zeichne das Schrägbild ab.

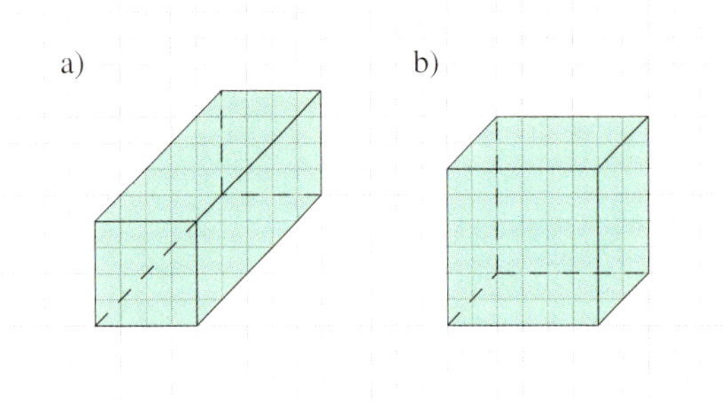


**4** Zeichne ab und vervollständige zum Schrägbild eines Würfels.

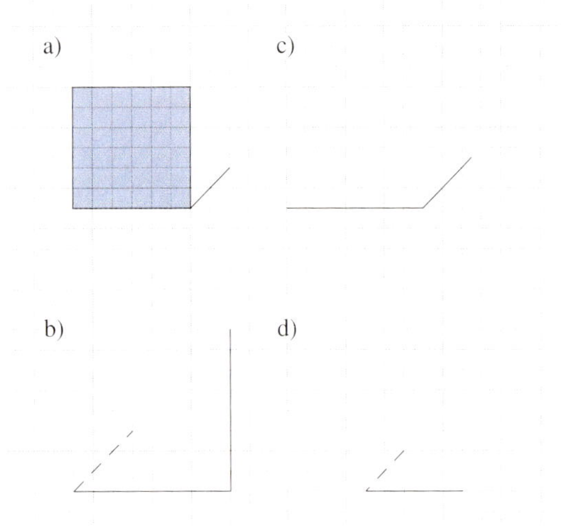


**5** Zeichne das Schrägbild eines Würfels mit 4 cm (5,8 cm) Kantenlänge.

**6** Übertrage ins Heft und vervollständige zum Schrägbild eines Quaders.

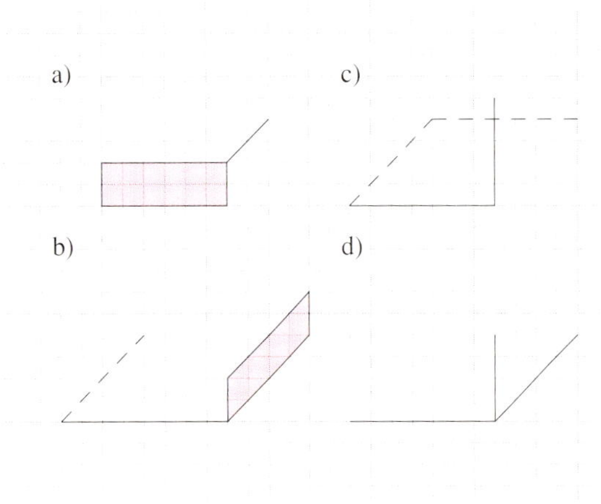


**7** Welche der folgenden Darstellungen sind Schrägbilder eines Quaders?
Begründe deine Antwort.

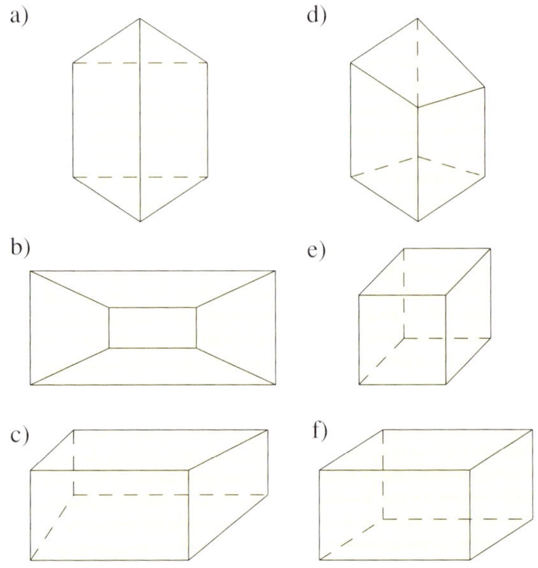


**8** Hier sind unvollständige Quader gezeichnet. Zeichne die Schrägbilder der fehlenden Teile.

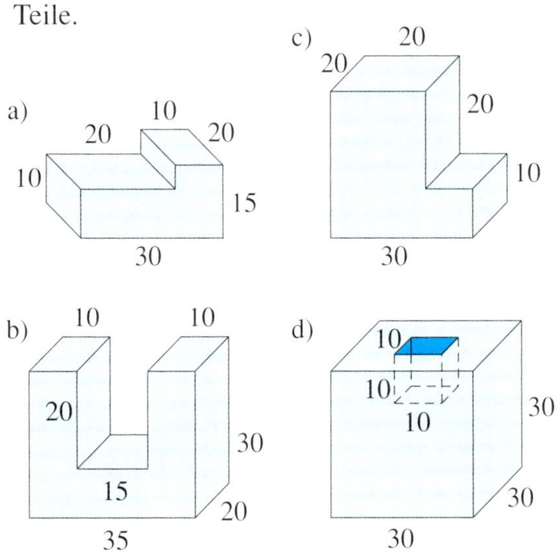


**9** Die Reibfläche einer Streichholzschachtel ist 5,4 cm lang und 1,4 cm hoch. Die Breite der Schachtel beträgt 3,8 cm. Zeichne das Schrägbild der Streichholz-schachtel so, dass die Reibfläche der Schachtel von vorn zu sehen ist.

# Eine BOX für Merkzettel und Bleistift

**Material:**

eine 5 mm dicke Sperrholzplatte (Maße mindestens 210 mm und 155 mm; etwa DIN A4; Holzleim; dünne Nägel (ca. 8 mm lang)

**Hilfsmittel:**

Bleistift, Lineal (mindestens 30 cm lang), Dreieck (möglichst groß), Säge, Schleifpapier, Bohrer oder Nagelbohrer und Laubsäge, Hammer

In der Zeichnung sind alle Einzelteile mit ihren Maßen platzsparend zusammengestellt. Wenn du die Zeichnung so auf die Sperrholzplatte übertragen willst, musst du die „Schnittbreite" der Säge (ca. 1 mm) beachten. Säge die Einzelteile aus und glätte alle Kanten mit Schleifpapier.

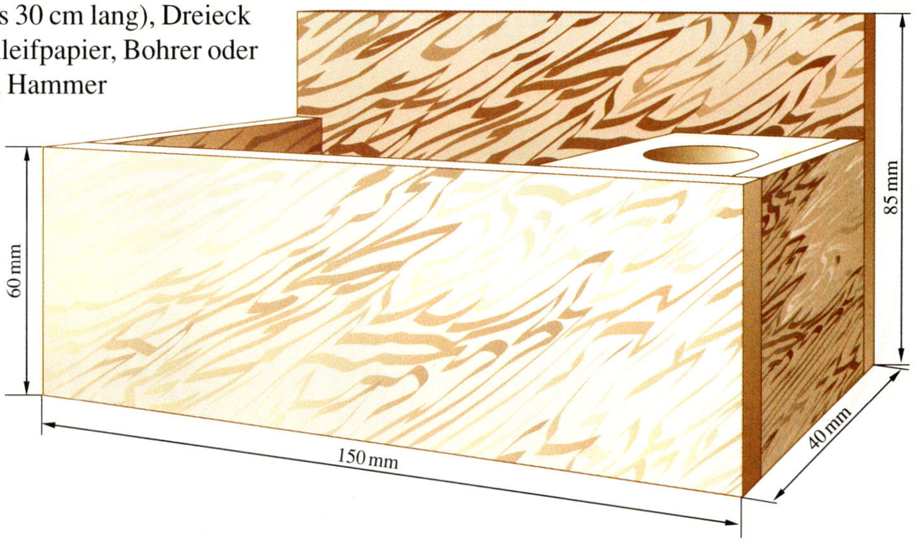


In das Teil für den Bleistifthalter wird das Loch für den Bleistift gebohrt, oder mit einer Laubsäge ausgesägt. Das Loch muss einen etwas größeren Durchmesser haben als der des Bleistifts (ca. 10 mm).

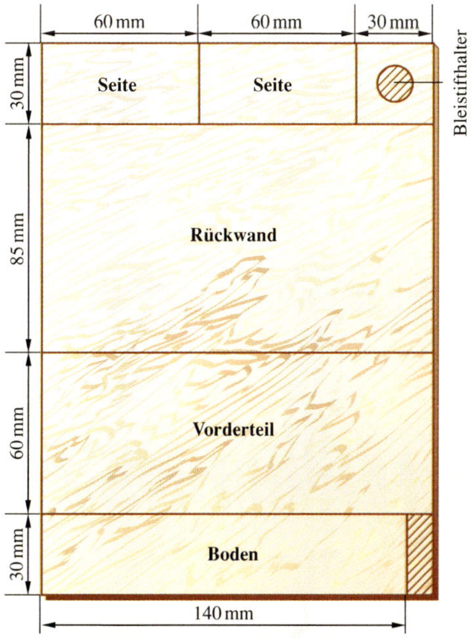


Am günstigsten fügst du die Einzelteile so zusammen:
- die beiden Seitenteile werden an die schmalen Seiten der Bodenplatte gefügt,
- an einem Seitenteil wird gegenüber der Boden platte der Bleistifthalter befestigt,
- nacheinander werden Vorderteil und Rückwand wie in der Schrägbilddarstellung aufgesetzt.

Die Berührungsflächen werden vorher dünn mit Holzleim bestrichen. Lass den Holzleim kurz antrocknen, füge die Teile genau zusammen und versteife die Klebestelle, indem du kleine Nägel einhämmerst.

Wenn der Leim trocken ist, werden alle Flächen und Kanten noch einmal mit Schleifpapier bearbeitet. Der Kasten kann außerdem mit Farbe oder Ziermustern verschönert werden.

Ein Würfel aus Papier ist ganz einfach herzustellen. Du musst nur beachten, dass du an der Abwicklung **Klebefalze** richtig anbringst, sodass nach dem Ausschneiden und Falten die „offenen“ Kanten zusammengeklebt werden können.
Eine Möglichkeit zeigt diese Bildfolge.
Natürlich lassen sich so auch Papierquader basteln.

Mit kleinen Abwandlungen bei den Klebefalzen können auch Schachteln, Verpackungen für Geschenke oder andere Dinge hergestellt werden. Dazu sollte die Abwicklung allerdings auf Karton gezeichnet werden.
Damit sich der Deckel schließen lässt, ist eine „Verschlusslasche“ vorteilhaft.
Wie du es auch bei anderen Verpackungen sehen kannst, werden meist zum besseren Halt und zum Versteifen seitlich Laschen angbracht.

Wenn du eine Schachtel aus Karton bastelst, solltest du folgendes beachten:

Nachdem die Abwicklung ausgeschnitten wurde, kann der Karton beim Falten brechen. Falte deshalb langsam.

Um eine „glatte“ Faltlinie zu erreichen, knicke sie zum Beispiel über eine Tischkante oder an einer Linealkante.

In diesem Bild ist die Abwicklung einer Pyramide gezeichnet. Mit richtig angebrachten Klebefalzen versehen hast du auch schnell eine Papierpyramide gebastelt.

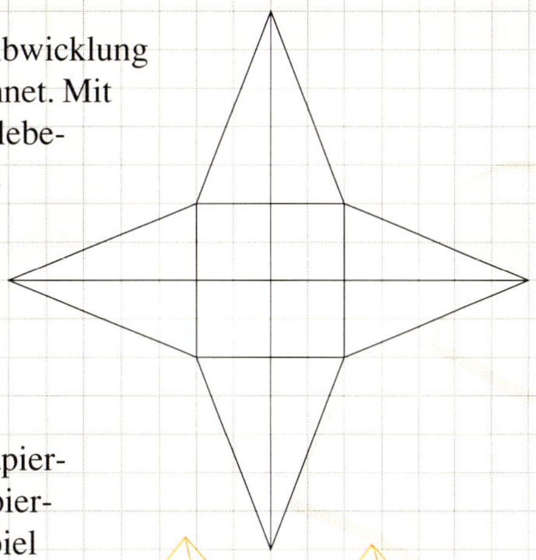

So lässt sich mit Papierpyramiden und Papierquadern zum Beispiel ein „Festungsturm“ oder auch ein anderes Bauwerk zusammensetzen.

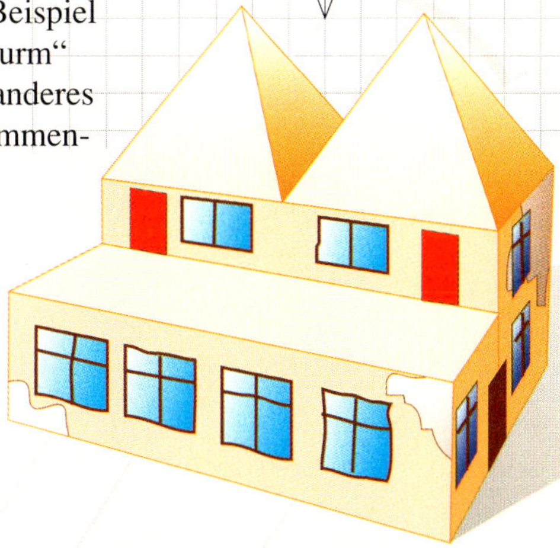

In diesen beiden Faltkartons war Tee verpackt.
Die eine Verpackung enthielt Teebeutel, die andere ein Glas, in dem sich der Tee befand. Je nach Inhalt werden bei Verpackungen unterschiedliche Forderungen an die Stabilität gestellt.
Um zu testen, welche Verpackung stabiler ist, kann man sie aus Zeichenkarton basteln.
In den Bildern sind die Teilflächen, die als Klebefalze dienten, farbig hervorgehoben.

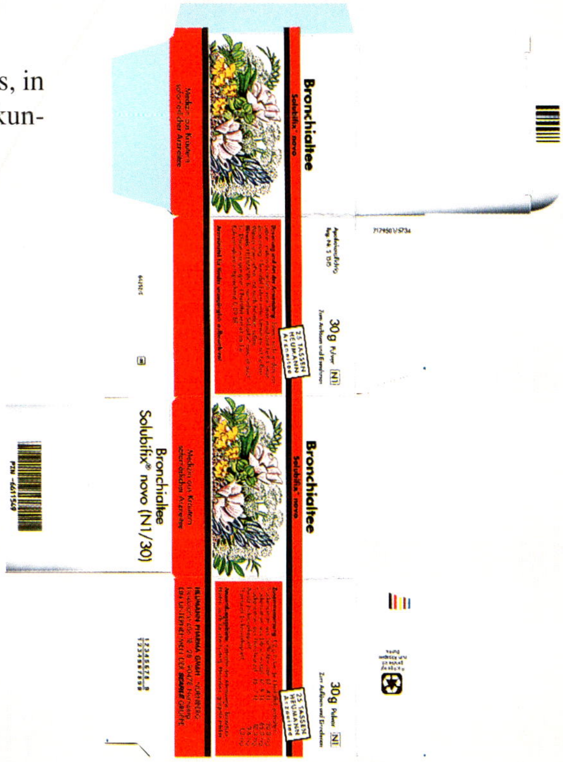

## checkpoint

**1** Trage die Punkte $A\,(2|2)$, $B\,(9|4)$, und $C\,(7|11)$ in ein Koordinatensystem ein. Zeichne das Rechteck $ABCD$ und gib die Koordinaten des Eckpunkts $D$ an.

(4 Punkte)

**2** Übertrage die Tabelle in dein Heft. Kreuze an, welche Kanten des Würfels zueinander parallel sind. (3 Punkte)

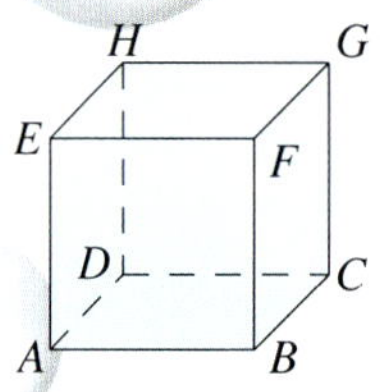


**3** Übertrage die Tabelle in dein Heft. Kreuze an, welche Kanten des Quaders senkrecht zueinander sind. (3 Punkte)

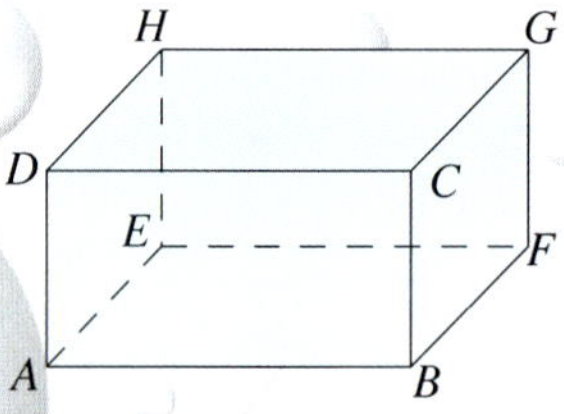


| | BC | BF | CD | CG | EH |
|---|---|---|---|---|---|
| AB | | | | | |
| AE | | | | | |
| AD | | | | | |
| DH | | | | | |
| EF | | | | | |
| FG | | | | | |
| GH | | | | | |

**4** Hier ist die vollständige Abwicklung eines Quaders gezeichnet. Übertrage sie in dein Heft. Zeichne die verschiedenen Möglichkeiten, die fehlende Grundfläche zu ergänzen. Färbe an einer Abwicklung gegenüberliegende Flächen in gleicher Farbe.

(3 Punkte)

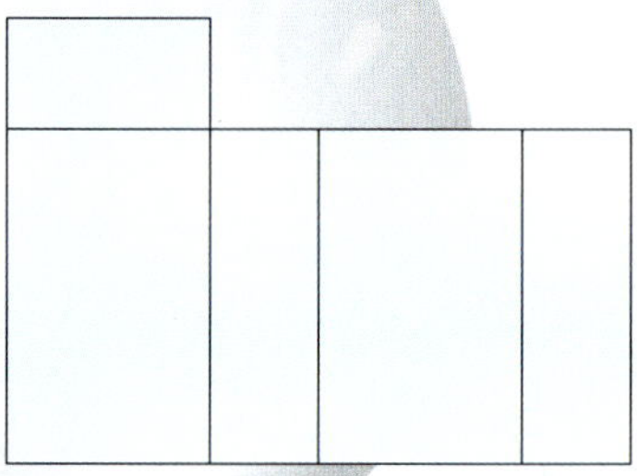

**5** Übertrage ins Heft und vervollständige zum Schrägbild eines Quaders.

(3 Punkte)

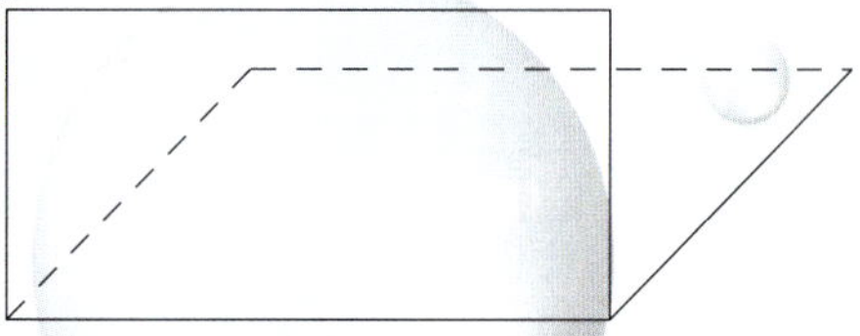

**6** Übertrage ins Heft und vervollständige zu einem Parallelogramm. Miss die Längen beider Diagonalen.
(3 Punkte)

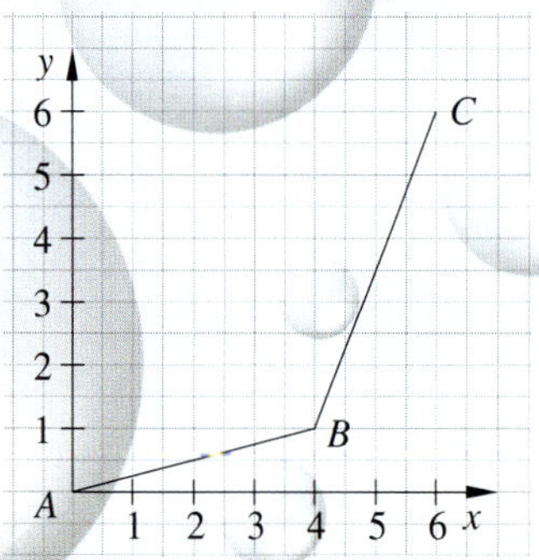


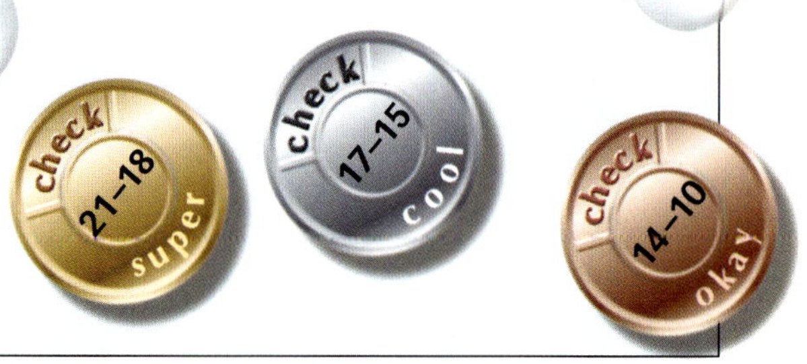

# Gesellschaft und Wirtschaft

# Gesundes Frühstück

Manche Schülerinnen und Schüler verbringen drei Viertel des Tages in der Schule.

Eine gesunde Ernährung beim Frühstück hält geistig und körperlich fit. Falsche oder fehlende Ernährung kann Wohlbefinden und Gesundheit gefährden.

In einer Zeitung wurde über Gesundheitsmängel geschrieben: Fett, allergisch, schlaff und krumm sind „erschreckend viele“ Kinder, warnten Hamburger Ärzte letzte Woche.

Mediziner in anderen Bundesländern bestätigen den „absolut dramatischen“ Gesundheitszustand der Jugendlichen mit verbreitetem Übergewicht, zu hohen Cholesterinwerten und „motorischen Defiziten“.

Bei einer Vorsorgeuntersuchung bei 13-jährigen in Hamburg festgestellte Gesundheitsmängel:

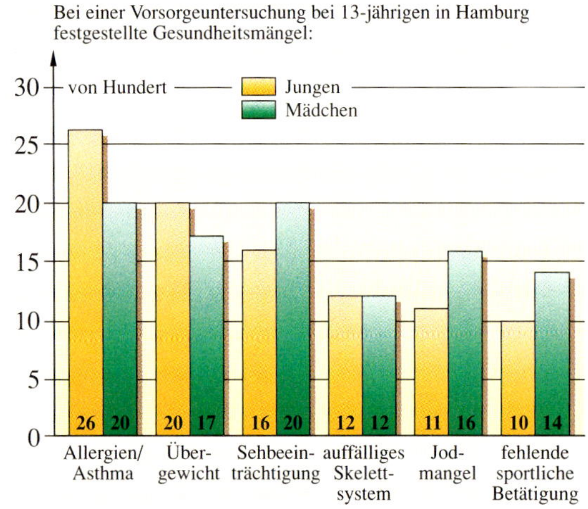

In verschiedenen Geschäften unterscheiden sich häufig die Preise. Ein Vergleich lohnt sich bestimmt.

Das Frühstücksbüfett wurde aus diesen Lebensmitteln zusammengestellt:

| | |
|---|---|
| 3 Gläser Marmelade | 100 g Salami |
| 2 Gläser Nuss-Nougat-Creme | 1 kg Bananen |
| 15 Becher Joghurt | 1 kg Äpfel |
| 3 Packungen Quarkspeise | 10 Apfelsinen |
| 6 Liter Milch | 1 Gurke |
| 1 Liter Buttermilch | 1 kg Möhren |
| 20 Weizenbrötchen | 1 Kopfsalat |
| 1 Vollkornbrot | 500 g koffeinfreien Kaffee |
| 150 g Fleischwurst | 1 Packung Früchtetee |

Energie gewinnt der Körper überwiegend aus Fetten, Zuckerstoffen und Eiweiß, die in den Lebensmitteln unterschiedlich enthalten sind. Die Energiemenge des Nahrungsmittels wird meist auf die Verpackungen gedruckt. International wird die Energiemenge in Kilojoule (kJ) angegeben. Man findet aber auch noch die Angaben in Kilokalorien (kcal).

$$1 \text{ kcal} \approx 4{,}2 \text{ kJ}$$

Frühstück und Pausenfrühstück sollten zusammen ein Drittel des gesamten Tagesbedarfs absichern. Der Energiebedarf für 10- bis 14-jährige Schulkinder sieht etwa so aus:

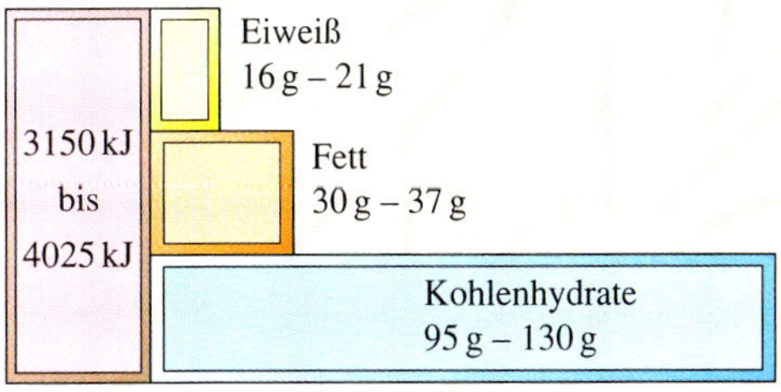


**Eine kleine Nährwertübersicht:**

| | Energie in kJ | Eiweiß in g | Fett in g | Kohlenhydrat in g |
|---|---|---|---|---|
| 1 Brötchen (40 g) | 465 | 3 | 0 | 23 |
| 1 Scheibe Vollkornbrot (50 g) | 500 | 4 | 1 | 23 |
| 25 g Butter | 810 | <1 | 21 | 0 |
| 1 Scheibe Schinken (50 g) | 575 | 10 | 10 | 0 |
| 20 g Marmelade | 220 | <1 | 0 | 13 |
| 100 g Milch | 0,276 | 3 | 4 | 5 |
| 100 g Äpfel/Birnen | 0,234 | <1 | <1 | 13 |
| 100 g Bananen | 0,377 | 1 | <1 | 21 |

# Multiplikation natürlicher Zahlen

Frau Heck hat frisches Obst und Gemüse vom Großhändler geliefert bekommen.

Tim will wissen, wie viel Obst und wie viele Salatköpfe verkauft werden können. Er zählt ab und rechnet:

| | | |
|---|---|---|
| Mandarinen | $45 + 45 + 45 + 45$ | $= 180$ |
| Äpfel | $25 + 25 + 25 + 25 + 25 + 25 + 25 + 25 + 25$ | $= 225$ |
| Salatköpfe | $7 + 7 + 7 + 7 + 7$ | $= 35$ |
| Melonen | $5 + 5 + 5 + 5 + 5 + 5 + 5$ | $= 35$ |

Frau Heck überprüft die Lieferung, sie rechnet:

| | | |
|---|---|---|
| Mandarinen | $4 \cdot 45$ | $= 180$ |
| Äpfel | $9 \cdot 25$ | $= 225$ |
| Salatköpfe | $5 \cdot 7$ | $= 35$ |
| Melonen | $7 \cdot 5$ | $= 35$ |

Frau Heck hat die Rechnung verkürzt, sie hat **multipliziert**.

Wenn gleiche Summanden addiert werden, dann kann man diese Addition durch eine **Multiplikation** ersetzen:

$$9 + 9 + 9 + 9 + 9 = \underbrace{5 \cdot 9}_{\text{Produkt}} = 45$$

5: 1. Faktor; 9: 2. Faktor; $5 \cdot 9$: Produkt; 45: Wert des Produkts

**Beispiele**

**1.** a) $10 \cdot 5 = 50$ b) $7 \cdot 100 = 700$

**2.** Bei der Multiplikation mit 1 entspricht der Wert des Produkts dem Wert des anderen Faktors.

$12 \cdot 1 = 12$ $1 \cdot 104 = 104$

**3.** Wenn ein Faktor 0 ist, dann hat das Produkt immer den Wert 0.

$10 \cdot 0 = 0$ $0 \cdot 17 = 0$ $4 \cdot 0 \cdot 16 = 0$

**4.** a) $7 \cdot 3 = 21$ b) $9 \cdot 12 = 108$

## Übungen

**1** Schreibe kürzer und rechne aus.
a) 14 + 14 + 14 + 14 + 14 + 14
b) 27 + 27 + 27 + 27 + 27
c) 5 + 5 + 5
d) 3 + 3 + 3 + 3 + 3
e) 12 + 12 + 12 + 12 + 12 + 12 + 12
f) 25 + 25 + 25 + 25
g) 2 + 2 + 2 + 2 + 2 + 2 + 2 + 2 + 2 + 2
h) 10 + 10 + 10 + 10 + 10

**2** Fasse gleiche Summanden zu Produkten zusammen.
a) 15 + 15 + 15 + 15
b) 11 + 11 + 11 + 11
c) 7 + 7 + 7 + 7 + 7 + 7
d) 14 + 14 + 28 + 14
e) 26 + 8 + 26 + 26 + 8
f) 29 + 29 + 29 + 29
g) 100 + 100 + 100
h) 33 + 33 + 66 + 99
i) 50 + 25 + 25 + 125
j) 67 + 67 + 46 + 67

**3** Berechne im Kopf.
a) 7 · 8, 8 · 9, 9 · 10
b) 10 · 5, 20 · 6, 30 · 7
c) 2 · 12, 4 · 13, 6 · 14
d) 17 · 8, 18 · 8, 19 · 8

**4** Berechne im Kopf.
a) 6 · 13, 2 · 17, 5 · 7
b) 4 · 19, 6 · 16, 9 · 8
c) 3 · 16, 9 · 14, 5 · 12
d) 3 · 18, 8 · 15, 8 · 8

**5** Übertrage und bestimme die fehlenden Zahlen.
a) 20 · ☐ = 480
b) ☐ · 60 = 480
c) 12 · ☐ = 480
d) ☐ · 6 = 480
e) 48 · ☐ = 480
f) ☐ · 4 = 480
g) 2 · ☐ = 480
h) ☐ · 3 = 480

**6** Bestimme den Wert des Produktes.

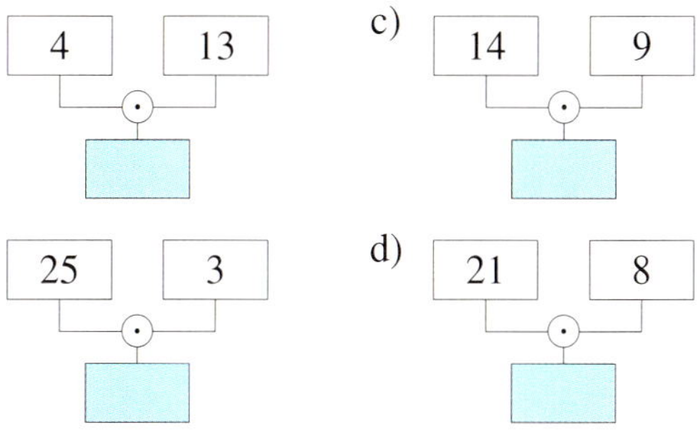


**7** Hier müssen die Faktoren ergänzt werden. Vervollständige die Rechenbäume im Heft.

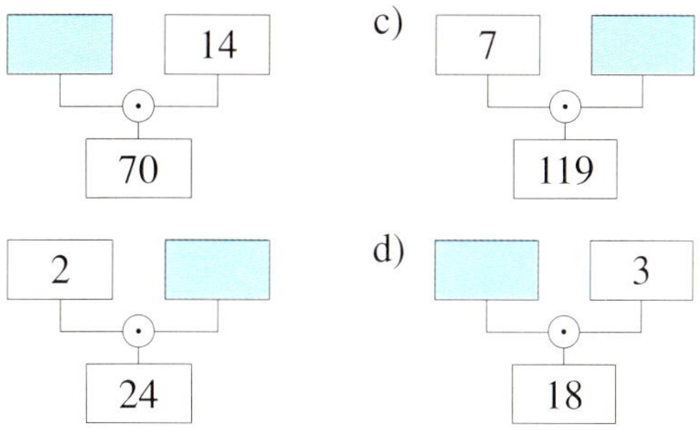


**8** Schreibe die zugehörige Multiplikationsaufgabe auf und bestimme die Zahl.
a) Mit welcher Zahl muss man 12 multiplizieren, um 36 (60, 84, 108) zu erhalten?
b) Welchen Faktor muss man mit 4 (6, 8, 9) multiplizieren, um 72 zu erhalten?
c) Berechne das 15fache von 20, 25 und 30.
d) Das achtfache einer Zahl ist 32 (72; 96; 112)

**9** Übertrage die Multiplikationstabelle in dein Heft und ergänze sie.

a)

| · | 7 | | 12 | | 20 | | 3 | |
|---|---|---|---|---|---|---|---|---|
| 4 | | 36 | | 20 | | | | |
| 6 | | | | | | 48 | | |
| | | | 144 | | | | | 120 |

b)

| · | | 6 | 12 | | | | | |
|---|---|---|---|---|---|---|---|---|
| | 28 | | | | 21 | | 140 | |
| 9 | 36 | | | 45 | | | | 72 |
| | | 72 | | | | 120 | | |

**10** **Quadratzahlen** kann man als Produkte mit zwei gleichen Faktoren schreiben.

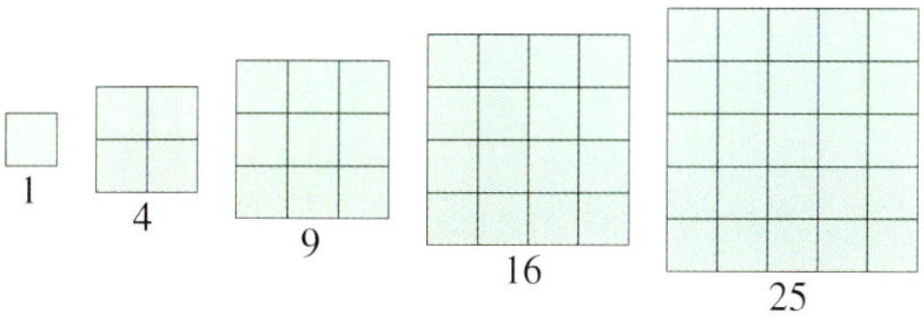


Welche der folgenden Zahlen sind Quadratzahlen? Schreibe die Produkte auf.
34, 36, 42, 55, 64, 81, 88, 93, 100

**11** Welches Produkt wird mit Hilfe des Rechtecks veranschaulicht?

Beispiel: $3 \cdot 2 = 6$

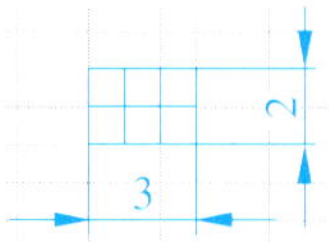


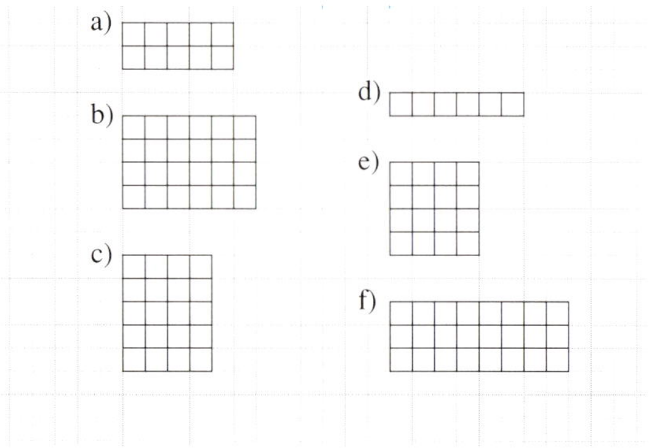


**12** Berechne.

a) $7 \cdot 10$
b) $1000 \cdot 9$
c) $80\,000 \cdot 6$
d) $40\,000 \cdot 70$
e) $5000 \cdot 4000$
f) $11\,000 \cdot 500$
g) $15\,200 \cdot 200$
h) $250\,000 \cdot 8000$
i) $300\,200 \cdot 30$
j) $1\,000\,000 \cdot 15$
k) $2\,000\,000 \cdot 88$
l) $7\,000\,000 \cdot 25$

**13** Berechne im Kopf.

a) $3 \cdot 17$
b) $4 \cdot 18$
c) $5 \cdot 16$
d) $0 \cdot 12$
e) $7 \cdot 19$
f) $4 \cdot 13$
g) $7 \cdot 17$
h) $8 \cdot 19$
i) $6 \cdot 16$
j) $9 \cdot 12$
k) $8 \cdot 14$
l) $7 \cdot 13$
m) $8 \cdot 0$
n) $9 \cdot 15$
o) $4 \cdot 19$

**14** Übertrage die Tabelle und fülle aus.

| | 1. Faktor | 2. Faktor | Wert des Produkts |
|---|---|---|---|
| a) | 67 | 5 | |
| b) | 12 | 27 | |
| c) | 34 | 16 | |

**15** Vervollständige die Tabelle im Heft.

| | 1. Faktor | 2. Faktor | Wert des Produkts |
|---|---|---|---|
| a) | 35 | | 875 |
| b) | 2 | | 250 |
| c) | | 15 | 75 |

**16** Die Erde bewegt sich auf ihrer Bahn um die Sonne mit einer Geschwindigkeit von 30 Kilometern in der Sekunde.

a) Wie viel Kilometer legt sie in einer Minute zurück?

b) Wie viel Kilometer legt sie in 15 Minuten, wie viel in einer Stunde zurück?

**17** Die Sportlehrerin teilt die Klasse zum Basketballspielen ein. Sie lässt 4 Gruppen zu je 5 Personen bilden. Wie viele Schülerinnen und Schüler hat die Klasse?

**18** Lisa soll 2 kg Apfelsinen kaufen. Zur Auswahl hat sie 2-kg-Beutel zu je 4,87 DM oder 500-g-Beutel zu je 1,35 DM. Welches Angebot ist günstiger?

**19** Bei einem Schachturnier stellt die Klasse 5.1 Carsten, Markus, Sabine und Christine, die Klasse 5.2 Annette, Patrick, Olaf, Andrea und Peter auf. Jeder Spieler der 5.1 spielt gegen jeden Spieler der 5.2.

**1** a) 1 kg Margarine kostet 1,46 DM. Wie viel kosten 3 kg?
b) 500 g Margarine kosten 1,15 DM. Wie viel kosten eineinhalb Kilogramm?

**2** Vervollständige im Heft die Tabelle für
a) Kiwis,

| Anzahl | 1 | 2 | 3 | 4 | 5 | 8 | 10 |
|---|---|---|---|---|---|---|---|
| Preis in DM | 0,29 | | | | | | |

b) Pudding.

| Anzahl | 1 | 2 | 6 | 8 | 10 | 12 | 13 |
|---|---|---|---|---|---|---|---|
| Preis in DM | 0,48 | | | | | | |

**3** a) Vervollständige für Tafeln Schokolade die Tabelle im Heft.

| Anzahl | 1 | 3 | 4 | 6 | 7 | 9 | 10 |
|---|---|---|---|---|---|---|---|
| Preis in DM | 0,80 | | | | | | |

b) Übertrage die Tabelle in ein Koordinatensystem.

**4**

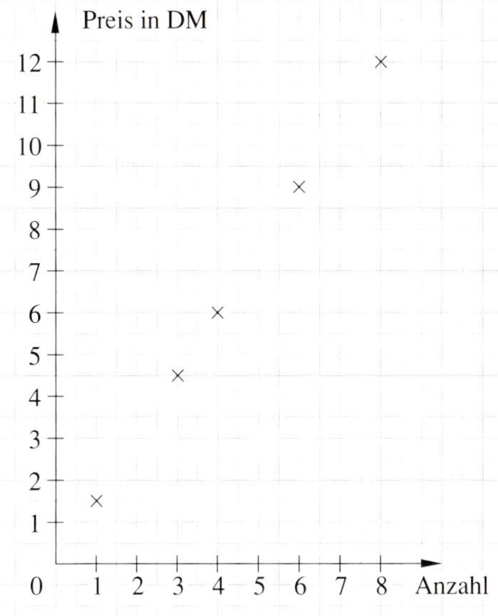


a) Lies aus dem Diagramm die Anzahl und die zugehörigen Preise für Tüten Chips ab und stelle sie in einer Tabelle zusammen.
b) Ist die Darstellung im Diagramm richtig?
c) Im Diagramm könnten noch 3 Kreuze markiert sein. Erweitere die Tabelle von a) und trage dort die entsprechenden Werte ein.

**5** Milch wird überwiegend in diesen drei Abfüllmengen verkauft, oft zu den angegebenen Preisen:

| Inhalt in Liter | 1 | einhalb $\frac{1}{2}$ | ein Viertel $\frac{1}{4}$ |
|---|---|---|---|
| Preis in DM | 1,29 | 0,89 | 0,49 |

a) Wie viel Geld sparst du, wenn du 1 Liter statt 2 halbe Liter Milch kaufst?
b) Im Geschäft sind die 1-Liter-Packungen ausgegangen. Wie viel Geld musst du mehr bezahlen, wenn du 2 Liter Milch in Halbe-Liter-Packungen kaufst?
c) Sabrina kauft eineinhalb Liter Milch. Reichen 2,50 DM aus, wenn im Geschäft die 1-Liter-Packungen ausgegangen sind?
d) David trinkt in der Schule an 5 Tagen je ein Viertel Liter Milch. Wie viel Geld könnte in vier Wochen gespart werden, wenn er die Milch von zu Hause mitbringt, wo die Milch stets in 1-Liter-Packungen gekauft wird?

**6** Berechne den Preis für

a) 200 g  c) 1 kg  e)
b) 500 g  d) 2 kg  f) $\frac{1}{8}$ kg

Übertrage die berechneten Werte in ein Koordinatensystem.

**7** Vervollständige im Heft die Tabelle für
a) Schinken,

| Gewicht | 100 g | 1 kg | $\frac{1}{2}$ kg | $\frac{1}{4}$ kg |
|---|---|---|---|---|
| Preis in DM | 4,98 | | | |

b) Butterplätzchen,

| Gewicht | 100 g | | $\frac{1}{4}$ kg | |
|---|---|---|---|---|
| Preis in DM | 2,48 | 4,96 | | 12,40 |

c) Lakritz.

| Gewicht | 100 g | | 400 g | $\frac{1}{2}$ kg | $\frac{1}{4}$ kg |
|---|---|---|---|---|---|
| Preis in DM | 1,28 | 3,84 | | | |

# DINOSAURIER

Die ersten Dinosaurier lebten vor 205 Millionen Jahren, die letzten starben vor etwa 65 Millionen Jahren aus.
Die ältesten Funde von Menschen (Homo sapiens) sind etwa 600 000 Jahre alt. Die Neandertaler lebten vor etwa 80 000 Jahren.

## Spektakuläre Dinosaurierfunde

**New/York/Philadelphia (dpa).** Spektakuläre Dinosaurierfossilien, darunter auch erstmals Organe der vor 65 Millionen Jahren ausgestorbenen Kreaturen, wurden in der Liaoning-Provinz im Nordosten Chinas gefunden. Dazu zählt auch das Fossil eines Dinosauriers, das noch den Kieferknochen eines verschlungenen Säugetiers zeigt. (April 1997)

Der Tyrannosaurus war der größte Fleischfresser seiner Zeiten.
Man hat eingeschätzt, dass fleischfressende Dinosaurier etwa 60 Tage brauchten, um so viel Fleisch zu fressen, wie ihr Körpergewicht ausmachte.
Zum Vergleich dazu: Leopard (10 Tage);
Löwe ($8\frac{1}{2}$ Tage); Windhund ($6\frac{1}{2}$ Tage).

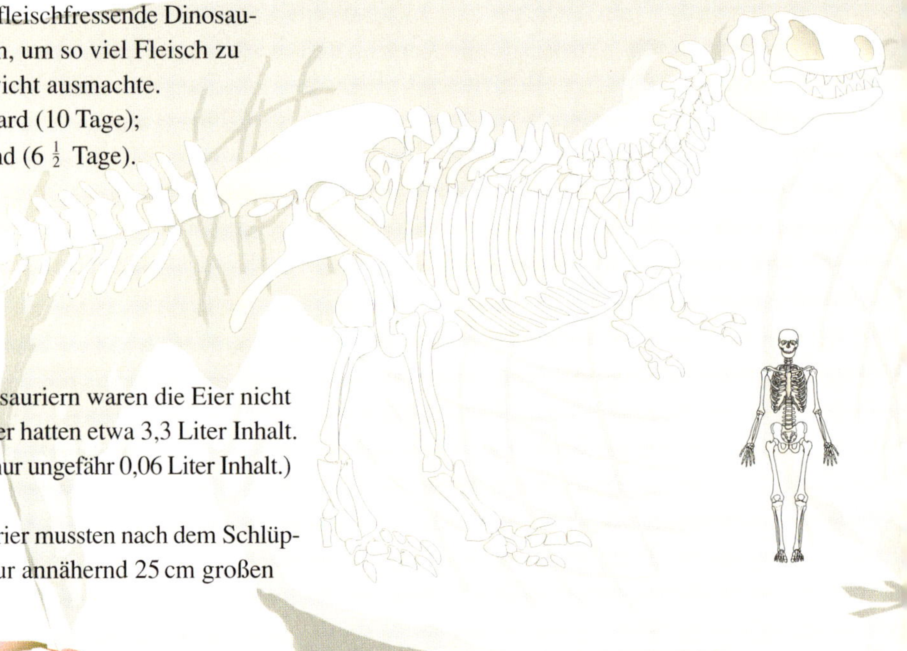

Auch bei den größten Dinosauriern waren die Eier nicht länger als 30 cm. Solche Eier hatten etwa 3,3 Liter Inhalt. (Ein Hühnerei hat dagegen nur ungefähr 0,06 Liter Inhalt.)

Die 17 m großen Riesensaurier mussten nach dem Schlüpfen der Saurierbabys die nur annähernd 25 cm großen Jungen füttern.

Der **Brachiosaurus** war wohl das größte und schwerste Landtier überhaupt. Trotzdem hatte er gefährliche Feinde, wie zum Beispiel den Tyrannosaurus. Die Pflanzen fressenden Riesensaurier wurden ca. 30 m lang, etwa 17 m hoch und konnten etwa 100 t wiegen.

Der **Stegosaurus** war ein friedliches Tier. Er war Pflanzenfresser. Sein Panzer diente nur zum Schutz vor anderen Tieren. Die größten Platten auf seinem Rücken konnten 76 cm hoch und ca. 78 cm breit sein. Stegosaurier wurden ungefähr 9 m lang und 1,8 t schwer.

Der **Tyrannosaurus** konnte Schritte von etwa 4 m machen. Er wog etwa 8000 kg. Er fraß täglich etwa 100 kg Fleisch. Für die Jagd ausgestattet hatte er bis zu 13 cm lange Zähne in seinem mächtigen Schädel.

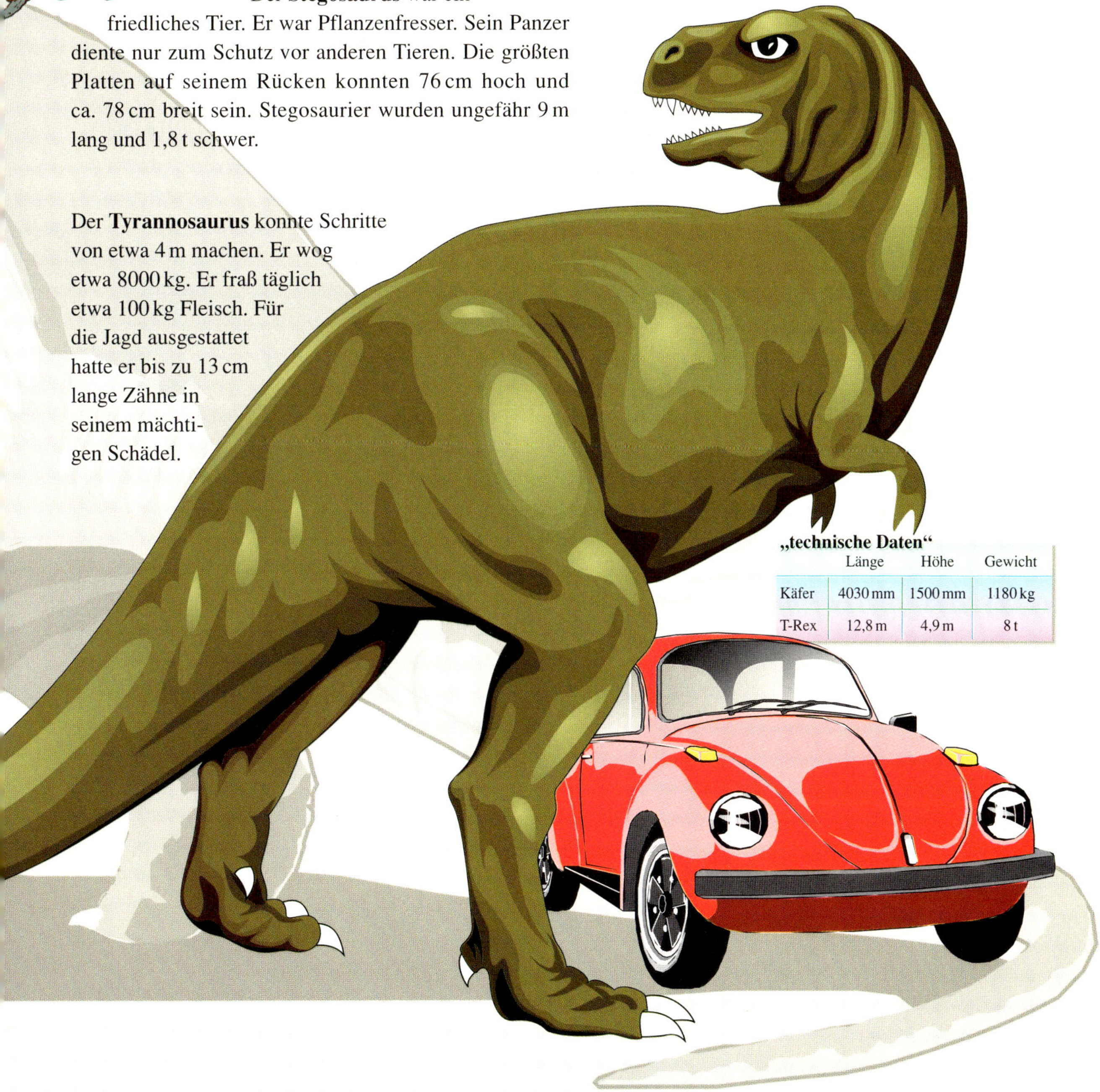

**„technische Daten“**

| | Länge | Höhe | Gewicht |
|---|---|---|---|
| Käfer | 4030 mm | 1500 mm | 1180 kg |
| T-Rex | 12,8 m | 4,9 m | 8 t |

## 1. Kommutativgesetz (Vertauschungsgesetz)

Die Firma Milko hat neue Verpackungen. Bisher lieferte sie ihre Milchdosen in Kartons mit drei 4er-Packungen. Jetzt umfasst ein Karton vier 3er-Packungen.

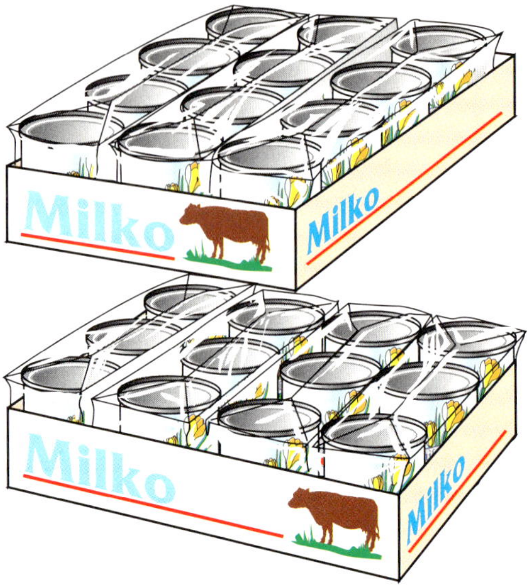


| Alte Lieferung | Neue Lieferung |
|---|---|
| 3 ⊙ 4 → 12 | 4 ⊙ 3 → 12 |
| $3 \cdot 4 = 12$ | $4 \cdot 3 = 12$ |

In den Kartons sind gleich viele Dosen.

> Faktoren darf man vertauschen. Bei der Multiplikation gilt das **Kommutativgesetz** (Vertauschungsgesetz).
>
> $3 \cdot 4 = 4 \cdot 3$ $\qquad$ $\boldsymbol{a \cdot b = b \cdot a}$

## 2. Assoziativgesetz

Einer Fluggesellschaft liegen 19 987 Buchungen für Flüge zur Fußballweltmeisterschaft vor. Sie will 5 Jumbojets mit je 400 Plätzen einsetzen. Können alle Personen befördert werden, wenn jedes Flugzeug 10-mal fliegt?
Der Firmenchef überlegt: „5 Maschinen fliegen jeweils 10-mal, das sind 50 Flüge. Es können pro Flug 400 Personen befördert werden.“ Pilotin Franziska Kaiser sagt: „Wir haben 5 Maschinen. Ich befördere mit meinem Flugzeug in 10 Flügen 10-mal 400 Personen, also insgesamt 4000 Personen.“

Rechnung des Firmenchefs:
$(5 \cdot 10) \cdot 400$
$= 50 \cdot 400 = 20\,000$

Rechnung der Pilotin:
$5 \cdot (10 \cdot 400)$
$= 5 \cdot 4000 = 20\,000$

> Faktoren darf man beliebig durch Klammern zusammenfassen. Bei der Multiplikation gilt das **Assoziativgesetz** (Verbindungsgesetz).
>
> $(5 \cdot 10) \cdot 400 = 5 \cdot (10 \cdot 400)$ $\qquad$ $\boldsymbol{(a \cdot b) \cdot c = a \cdot (b \cdot c)}$

Mit Hilfe des Kommutativ- und Assoziativgesetzes kann man häufig vorteilhaft multiplizieren.

**Beispiele**

**1.** Durch Vertauschen und Zusammenfassen von Faktoren kann man manchmal mit **Stufenzahlen** multiplizieren. Die Zahlen **10**, **100**, **1000**, … nennt man Stufenzahlen.

$$\begin{aligned} 25 \cdot 19 \cdot 4 &= 19 \cdot (25 \cdot 4) \\ &= 19 \cdot 100 \\ &= 1900 \end{aligned}$$

**2.** Manchmal ist es vorteilhaft, einen Faktor in ein Produkt zu zerlegen, um eine Stufenzahl zu bekommen.

$$\begin{aligned} 126 \cdot 5 \cdot 10 &= 63 \cdot 2 \cdot (5 \cdot 10) \\ &= 63 \cdot (2 \cdot 50) \\ &= 63 \cdot 100 \\ &= 6300 \end{aligned}$$

## Übungen

**1** Vergleiche die Ergebnisse.

a) $(4 \cdot 25) \cdot 6$ und $4 \cdot (25 \cdot 6)$
b) $(16 \cdot 5) \cdot 4$ und $16 \cdot (5 \cdot 4)$
c) $(10 \cdot 6) \cdot 20$ und $10 \cdot (6 \cdot 20)$

**2** Setze vorteilhaft Klammern und rechne.

Beispiel: $13 \cdot 4 \cdot 25 = 13 \cdot (4 \cdot 25)$
$= 13 \cdot 100 = 1300$

a) $43 \cdot 5 \cdot 20$ c) $27 \cdot 8 \cdot 125$ e) $7 \cdot 4 \cdot 5$
b) $8 \cdot 50 \cdot 7$ d) $2 \cdot 50 \cdot 9$ f) $10 \cdot 15 \cdot 4$

**3** Rechne vorteilhaft.

a) $4 \cdot 14 \cdot 25$ c) $4 \cdot 12 \cdot 50$ e) $25 \cdot 30 \cdot 4$
b) $20 \cdot 9 \cdot 15$ d) $125 \cdot 6 \cdot 8$ f) $7 \cdot 80 \cdot 5$

**4** Fasse geschickt zusammen und berechne.

a) $50 \cdot 18 \cdot 2$ d) $2 \cdot 38 \cdot 50$
b) $4 \cdot 117 \cdot 25$ e) $125 \cdot 18 \cdot 8$
c) $25 \cdot 19 \cdot 4$ f) $8 \cdot 64 \cdot 125$

**5** Rechne vorteilhaft.

a) $500 \cdot 17 \cdot 2$ d) $125 \cdot 18 \cdot 8 \cdot 5$
b) $50 \cdot 469 \cdot 20$ e) $250 \cdot 315 \cdot 4 \cdot 3$
c) $125 \cdot 47 \cdot 8$ f) $4 \cdot 9 \cdot 11 \cdot 25$

**6** Rechne vorteilhaft mit Stufenzahlen.

Beispiel: $175 \cdot 50 \cdot 2 = 175 \cdot (50 \cdot 2)$
$= 175 \cdot 100 = 17\,500$

a) $250 \cdot 4 \cdot 12$ c) $40 \cdot 5 \cdot 200$ e) $25 \cdot 14 \cdot 4$
b) $125 \cdot 8 \cdot 17$ d) $2 \cdot 175 \cdot 50$ f) $20 \cdot 25 \cdot 5$

**7** Zerlege einen Faktor in ein Produkt und rechne mit Stufenzahlen.

a) $120 \cdot 25$ c) $48 \cdot 125$ e) $264 \cdot 50$
b) $114 \cdot 50$ d) $60 \cdot 250$ f) $326 \cdot 500$

**8** Rechne vorteilhaft.

Beispiel: $108 \cdot 2 \cdot 25 = 54 \cdot 2 \cdot (2 \cdot 25)$
$= 54 \cdot (2 \cdot 50) = 54 \cdot 100 = 5400$

a) $284 \cdot 25 \cdot 10$ d) $104 \cdot 125 \cdot 2$
b) $205 \cdot 20 \cdot 3$ e) $268 \cdot 250$
c) $254 \cdot 150$ f) $184 \cdot 125$

**9** Rechne vorteilhaft.

a) $9 \cdot 25 \cdot 4 \cdot 10$ e) $8 \cdot 7 \cdot 250 \cdot 4$
b) $4 \cdot 9 \cdot 3 \cdot 50$ f) $10 \cdot 15 \cdot 4 \cdot 25$
c) $4 \cdot 9 \cdot 8 \cdot 50$ g) $7 \cdot 50 \cdot 4$
d) $2 \cdot 9 \cdot 50 \cdot 8$ h) $125 \cdot 8 \cdot 3$

Prüfzahlen:
1400; 3000; 5400; 7200; 9000; 14 400; 15 000; 56 000

**10** Eine Schule hat zwei Gebäude mit je drei Stockwerken. In jedem Stockwerk befinden sich 12 Unterrichtsräume mit je 30 Stühlen. Wie viele Stühle gibt es insgesamt in dieser Schule?

**11** Herr Tonder lädt Leergutkästen mit je 12 Flaschen auf. Er stellt 14 Kästen nebeneinander und immer 5 Kästen übereinander. Wie viele Flaschen hat er geladen?

## 1. Punktrechnung vor Strichrechnung

Gib das Ergebnis an: $18 + 2 \cdot 3 = \square$.
Wir können in dieser Aufgabe auf zwei verschiedene Arten Klammern setzen.

$(18 + 2) \cdot 3 = 60$ $\qquad$ $18 + (2 \cdot 3) = 24$

Die Mathematiker haben vereinbart, dass $18 + 2 \cdot 3 = 18 + (2 \cdot 3)$ bedeutet.
Also ist $18 + 2 \cdot 3 = 24$.

Wenn keine Klammern stehen, wird zuerst multipliziert.

Kurz: **Punktrechnung vor Strichrechnung**

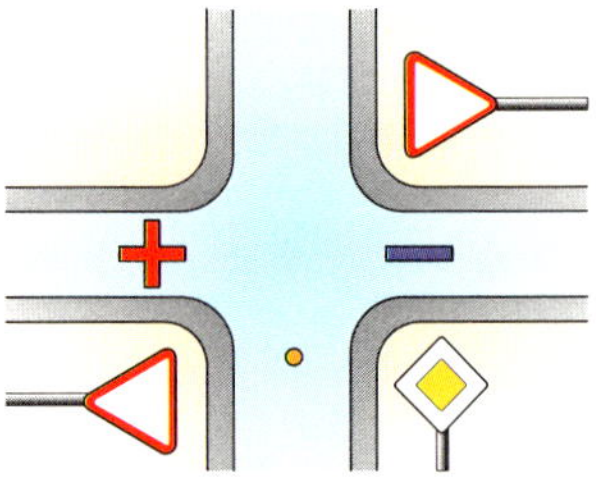

## 2. Das Distributivgesetz (Verteilungsgesetz)

Petra und Klaus besorgen für eine Klassenfeier die Getränke. Sie haben 9-er Packungen Trinktüten eingekauft; Petra hat 7 Packungen, Klaus 5 Packungen mitgebracht.
Lehrer und Schüler wollen wissen, wie viele Trinktüten sie nun haben.

Der Lehrer rechnet so:

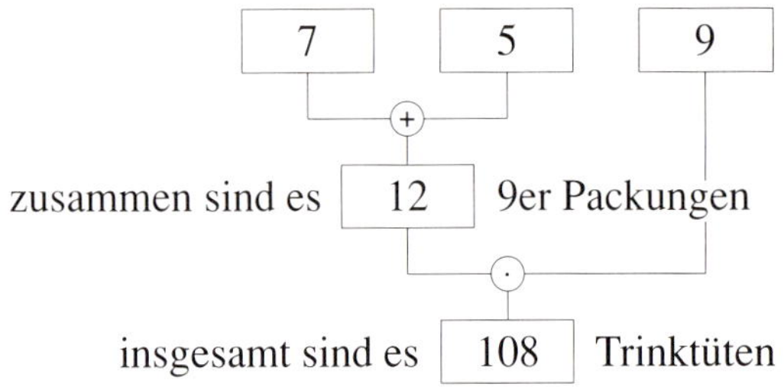


$(7 + 5) \cdot 9 = 108$

Die Schüler rechnen so:

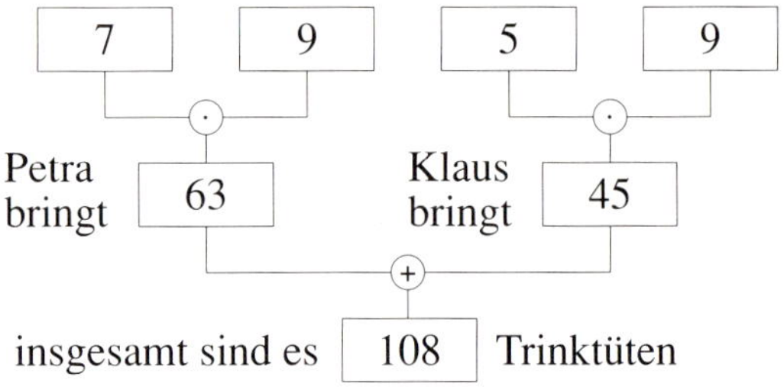


$7 \cdot 9 + 5 \cdot 9 = 108$

Lehrer und Schüler kommen zum gleichen Ergebnis. Sie haben 108 Trinktüten.

$(7 + 5) \cdot 9 = 7 \cdot 9 + 5 \cdot 9$ $\qquad$ $\boldsymbol{(a + b) \cdot c = a \cdot c + b \cdot c}$
$9 \cdot (7 + 5) = 9 \cdot 7 + 9 \cdot 5$ $\qquad$ $\boldsymbol{c \cdot (a + b) = c \cdot a + c \cdot b}$

Dieses Gesetz heißt **Distributivgesetz**. Es gilt auch für die Subtraktion.

$(7 - 5) \cdot 9 = 7 \cdot 9 - 5 \cdot 9$ $\qquad$ $\boldsymbol{(a - b) \cdot c = a \cdot c - b \cdot c}$
$9 \cdot (7 - 5) = 9 \cdot 7 - 9 \cdot 5$ $\qquad$ $\boldsymbol{c \cdot (a - b) = c \cdot a - c \cdot b}$

## Übungen

*Rechne die Aufgaben aus.*

**1** a) $4 + 3 \cdot 7$ b) $9 + 7 \cdot 8$ c) $8 + 3 \cdot 12$ d) $7 \cdot 6 + 5$
e) $8 \cdot 9 - 9$ f) $9 \cdot 12 - 7$ g) $45 \cdot 9 + 6$ h) $72 \cdot 8 - 4$
i) $63 \cdot 9 + 12$ j) $27 + 15 \cdot 3$ k) $96 - 24 \cdot 4$ l) $72 + 48 \cdot 8$

**2** a) $42 + 5 \cdot 4$ b) $42 \cdot 5 + 4$ c) $84 + 5 \cdot 8$ d) $84 \cdot 5 + 8$
e) $42 - 5 \cdot 4$ f) $42 \cdot 5 - 4$ g) $84 - 5 \cdot 8$ h) $84 \cdot 5 - 8$

**3** Rechne wie im Beispiel.
Beispiel: $12 \cdot 3 + 5 \cdot 14 = 36 + 70 = 106$
a) $12 + 3 \cdot 5 + 14$ b) $14 + 3 \cdot 5 + 12$ c) $84 \cdot 3 + 3 \cdot 12$ d) $14 \cdot 3 + 5 \cdot 12$
e) $42 - 8 \cdot 4 - 6$ f) $42 \cdot 8 - 4 \cdot 6$ g) $84 - 3 \cdot 8 - 12$ h) $84 \cdot 3 - 8 \cdot 12$

**4** a) $46 + 5 \cdot 4 - 7 \cdot 8$ b) $15 + 3 \cdot 4 - 9 + 12$ c) $26 - 4 \cdot 5 + 7 \cdot 8$
d) $26 \cdot 4 - 5 \cdot 7 + 8$ e) $15 \cdot 3 - 4 + 9 \cdot 12$ f) $15 \cdot 3 \cdot 4 - 9 + 12$

**5** Vergleiche die Ergebnisse.
a) $5 \cdot 6 - 2 \cdot 12$ und $5 + 6 \cdot 2 + 12$
b) $7 \cdot 8 + 4 \cdot 9$ und $7 + 8 \cdot 4 + 9$
c) $3 + 4 + 8 \cdot 2$ und $3 \cdot 4 + 8 + 2$

**6** a) $8 \cdot 5 + 7 \cdot 6$ b) $7 \cdot 9 - 3 \cdot 6$ c) $108 \cdot 6 - 3 \cdot 4$ d) $33 \cdot 3 \cdot 4 - 3 \cdot 9$
e) $97 + 88 \cdot 12$ f) $76 + 115 \cdot 23$ g) $126 + 332 \cdot 47$ h) $75 \cdot 23 - 1725$

*Rechne in den Aufgaben 7 bis 12 so wie im Beispiel.*

**7** Beispiel: $14 \cdot 3 = (10 + 4) \cdot 3$
$= 10 \cdot 3 + 4 \cdot 3 = 30 + 12 = 42$
a) $45 \cdot 7$ b) $26 \cdot 4$ c) $31 \cdot 6$ d) $320 \cdot 6$ e) $560 \cdot 8$ f) $170 \cdot 9$

**8** Beispiel: $7 \cdot 16 = 7 \cdot (10 + 6)$
$= 7 \cdot 10 + 7 \cdot 6 = 70 + 42 = 112$
a) $8 \cdot 24$ b) $9 \cdot 67$ c) $6 \cdot 44$ d) $7 \cdot 240$ e) $4 \cdot 760$ f) $5 \cdot 430$

**9** Beispiel: $4 \cdot 17 + 4 \cdot 3 = 4 \cdot (17 + 3)$
$= 4 \cdot 20 = 80$
a) $3 \cdot 12 + 3 \cdot 8$ b) $8 \cdot 18 + 8 \cdot 82$ c) $430 \cdot 7 + 270 \cdot 7$ d) $630 \cdot 12 + 370 \cdot 12$

**10** Beispiel: $29 \cdot 5 = (30 - 1) \cdot 5 = 30 \cdot 5 - 1 \cdot 5$
$= 150 - 5 = 145$
a) $38 \cdot 9$ b) $79 \cdot 4$ c) $47 \cdot 5$ d) $96 \cdot 7$ e) $88 \cdot 8$ f) $56 \cdot 8$

**11** Beispiel:
$4 \cdot 19 = 4 \cdot (20 - 1) = 4 \cdot 20 - 4 \cdot 1$
$= 80 - 4 = 76$
a) $7 \cdot 87$ b) $8 \cdot 28$ c) $5 \cdot 99$ d) $5 \cdot 46$ e) $8 \cdot 38$ f) $7 \cdot 57$

Prüfzahlen für die Aufgaben 6, 10 und 11:
0; 45; 82; 224; 230; 235; 304; 316; 342; 369; 399; 448; 495; 609; 636; 672; 704; 1153; 2721; 15 730

**12** Beispiel: $3 \cdot 47 - 3 \cdot 17 = 3 \cdot (47 - 17)$
$= 3 \cdot 30 = 90$
a) $7 \cdot 84 - 7 \cdot 44$ b) $9 \cdot 71 - 9 \cdot 21$ c) $4 \cdot 78 - 68 \cdot 4$ d) $8 \cdot 25 - 5 \cdot 8$

**13** Übertrage in dein Heft und ergänze.

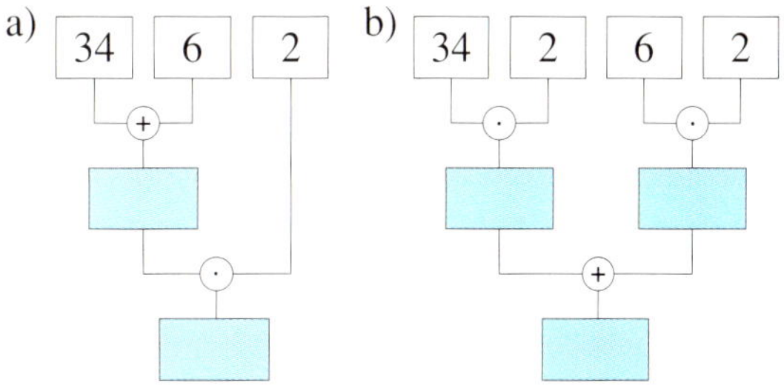


c) Schreibe die Rechnungen mit Klammern auf.

**14** Die 12 Mädchen und 18 Jungen der Klasse 5 zahlen für einen Tagesausflug jeweils 5 DM.
a) Wie viel DM werden eingesammelt?
b) Wie viel DM würden eingesammelt, wenn 18 Mädchen und 12 Jungen jeweils 7 DM eingezahlt hätten?

## Rechnen wie im alten Ägypten

Bei der Zahlenschreibweise benutzten die Ägypter ein Additionssystem. Die Zahlzeichen, die sie dazu verwendeten, sahen annähernd so aus:

| | | |
|---|---|---|
| | Strich | 1 |
| | Bügel, Huf | 10 |
| | Schnur | 100 |
| | Lotosblume | 1000 |
| | Finger | 10000 |
| | Kaulquappe | 100000 |
| | Gott | 1000000 |

Für die Zahl 354 schrieben sie:

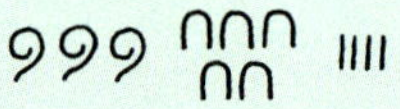

Für die Zahl 3291 schrieben sie:

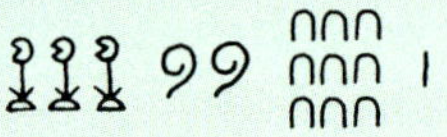

Vor 4000 Jahren kamen die Ägypter beim Multiplizieren ohne das Einmaleins aus. Sie rechneten durch Verdoppeln und Halbieren. Beim Halbieren ungerader Zahlen waren sie sehr „großzügig“, da sie auf die Stellen nach dem Komma verzichteten. Zum Beispiel ergab die Hälfte von 7 bei den Ägyptern 3.

Das Produkt 13 · 56 bzw. 56 · 13 zum Beispiel berechneten sie so: Unter dem ersten Faktor wurden die Zahlen schrittweise halbiert, unter dem zweiten schrittweise verdoppelt. Ergab das Halbieren 1, wurde ein *Summenstrich* gezogen. Alle Zeilen, in denen die linke Zahl eine gerade Zahl war, wurden durchgestrichen. Anschließend addierte man die verbliebenen Zahlen in der rechten Spalte und erhielt das Ergebnis der Multiplikation.

| | |
|---|---|
| 13 | 56 |
| ~~6~~ | ~~112~~ |
| 3 | 224 |
| 1 | 448 |
| | 728 |

| | |
|---|---|
| ~~56~~ | ~~13~~ |
| ~~28~~ | ~~26~~ |
| ~~14~~ | ~~52~~ |
| 7 | 104 |
| 3 | 208 |
| 1 | 416 |
| | 728 |

### Übungen

**1** Schreibe in ägyptischer Darstellung.
a) 53 b) 436 c) 1215 d) 12 306

**2** Rechne wie die Ägypter und prüfe mit unseren Zahlenzeichen nach.

minus

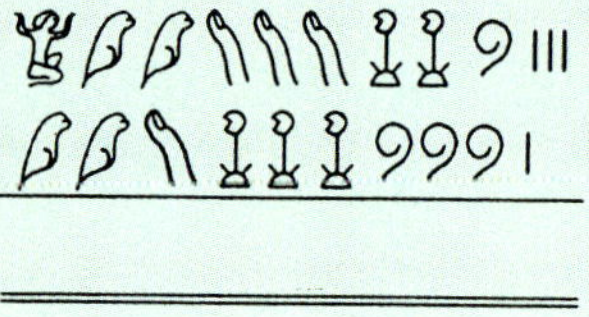

**3** Überprüfe.

a) 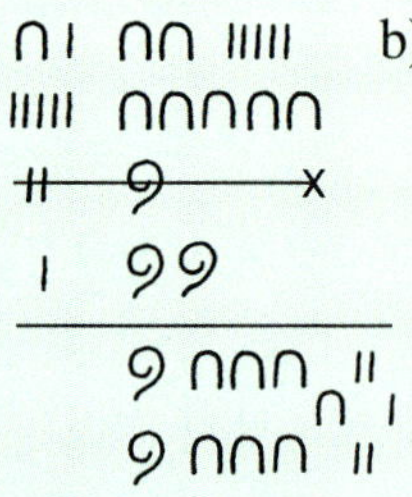

b) 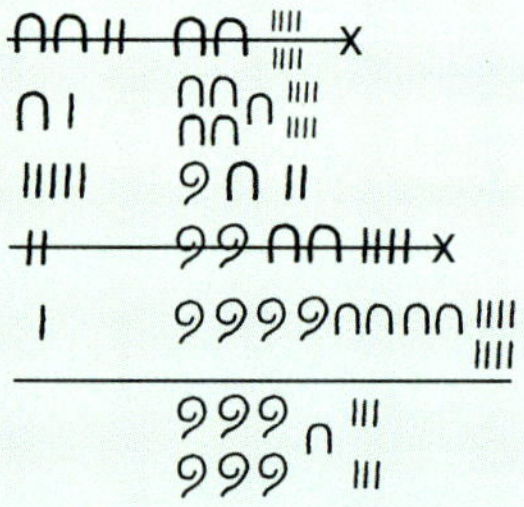

**4** Berechne nach ägyptischer Art.
a) 16 · 43 c) 19 · 74 e) 23 · 32 g) 45 · 67
b) 21 · 81 d) 78 · 12 f) 26 · 95 h) 37 · 99

Das Jahr wird in 4 Jahreszeiten eingeteilt. Frühling, Sommer, Herbst und Winter dauern jeweils $\frac{1}{4}$ (**ein Viertel**) Jahr.

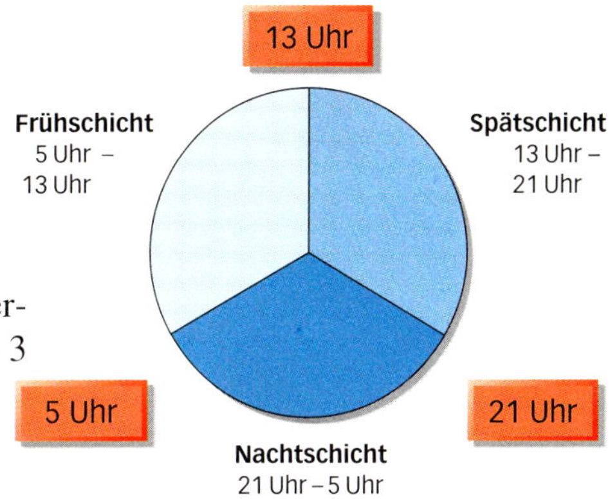


In einer Automobilfabrik laufen die Maschinen ununterbrochen 24 Stunden. Deshalb wird die Arbeitszeit in 3 gleich lange Schichten eingeteilt.
Jede Schicht dauert $\frac{1}{3}$ (**ein Drittel**) Tag.

Wird ein Ganzes in 2, 3, 4, 5, 6, … gleich große Teile zerlegt, so erhält man Halbe, Drittel, Viertel, Fünftel, Sechstel, … . Dafür schreibt man $\frac{1}{2}, \frac{1}{3}, \frac{1}{4}, \frac{1}{5}, \frac{1}{6}, \ldots$

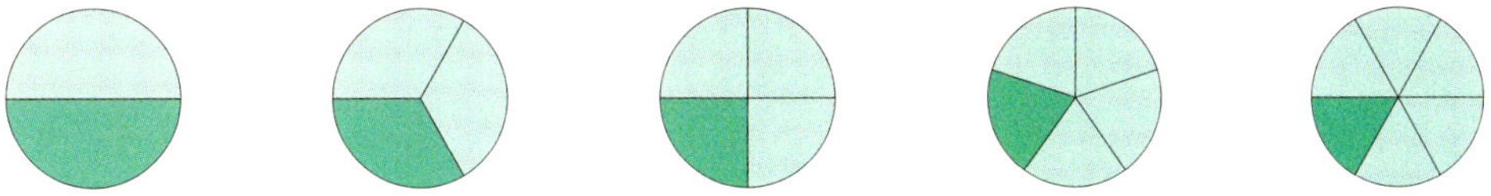

$\frac{1}{2}$ $\frac{1}{3}$ $\frac{1}{4}$ $\frac{1}{5}$ $\frac{1}{6}$

## Übungen

**1** Bestimme den Teil der Fläche, der rot eingefärbt ist.

a) b) c) d)

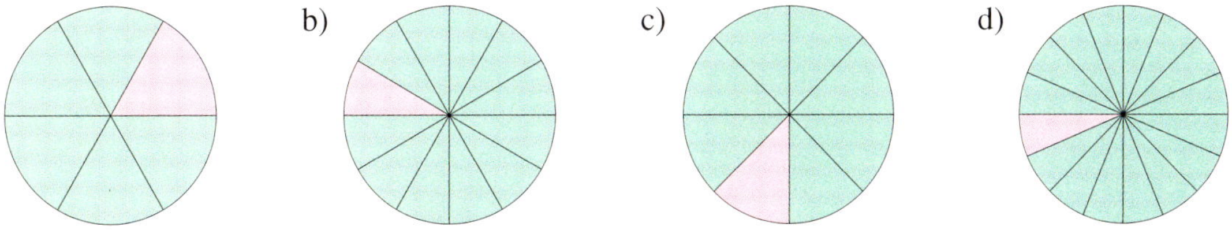

Als sich Bauern im Nordschwarzwald niederließen, wurde das Land gleichmäßig unter den Bauern verteilt. Jeder Bauer erhielt einen Waldstreifen, den er je nach Bedarf roden und landwirtschaftlich nutzen konnte. In dem vereinfachten Ausschnitt aus dem Dorfplan erkennst du zwei dieser Grundstücke und wie sie von den Bauern genutzt werden.

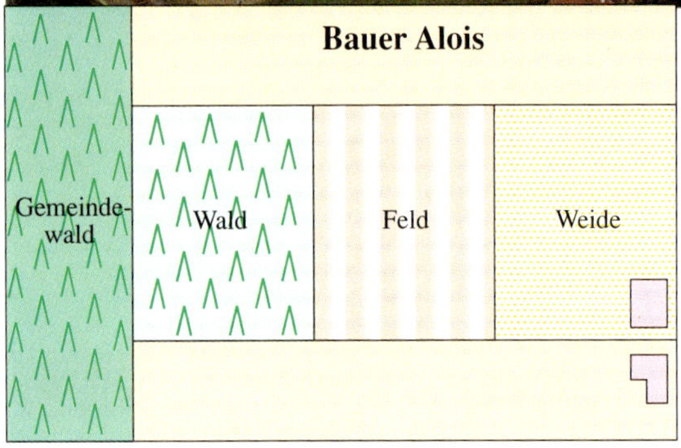


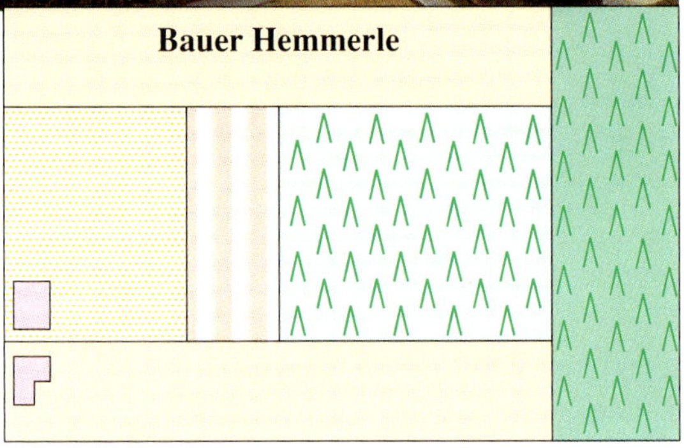

Das Grundstück des Bauern Alois ist in drei gleich große Teile aufgeteilt.

Jeder Teil ist $\frac{1}{3}$ (**ein Drittel**) des Grundstücks.

Bauer Alois nutzt $\frac{1}{3}$ der Gesamtfläche als Feld.

Zum Vergleich teilen wir das Grundstück von Bauer Hemmerle teilen wir in sechs gleich große Teile auf.
Bauer Hemmerle nutzt $\frac{1}{6}$ (**ein Sechstel**) der Gesamtfläche als Feld.

## Übungen

**1** Bestimme den Teil der Fläche, der rot eingefärbt ist.

a) 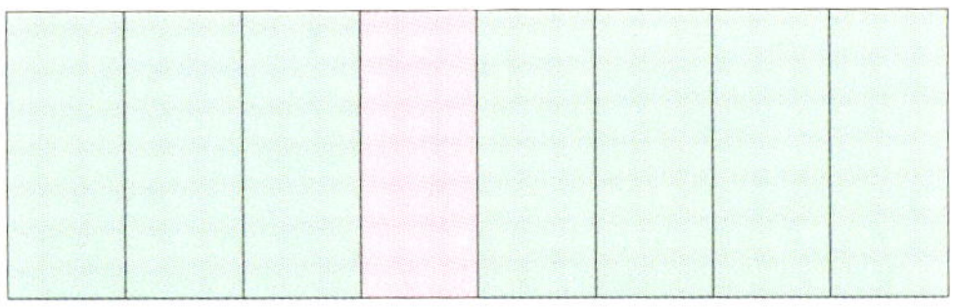

b) 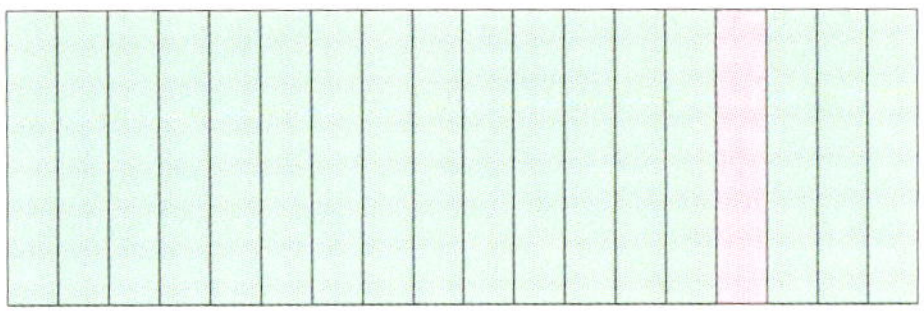

**2** Welcher Teil der Gesamtfläche ist rot eingefärbt?

a) 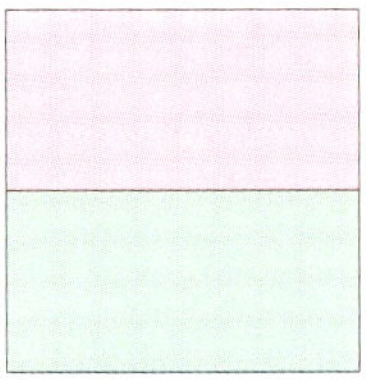

b) 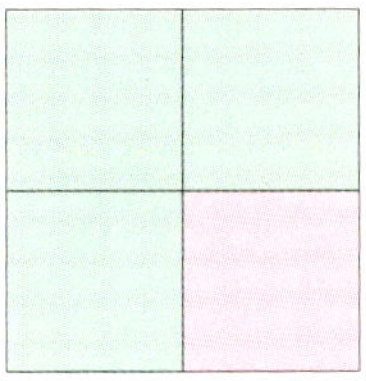

c) 

d) 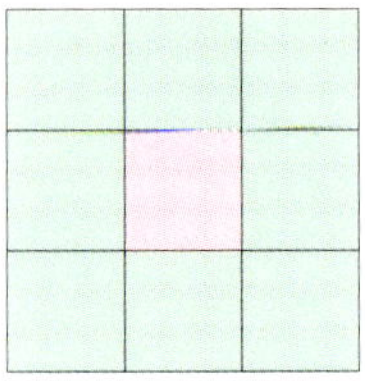

**3** Bestimme den Teil der Fläche, der rot eingefärbt ist.

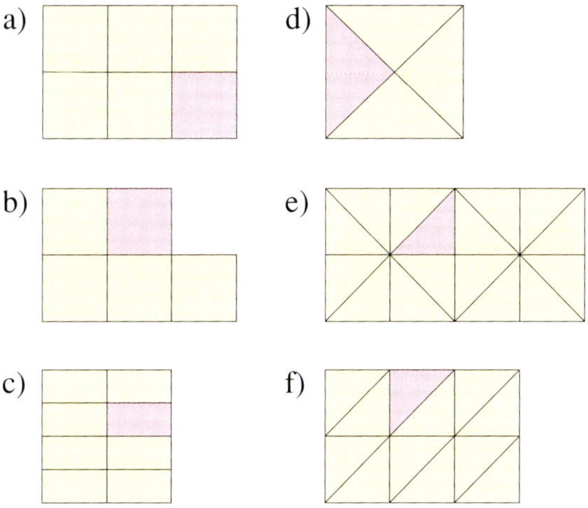

**4** Welcher Teil der Gesamtfläche ist hier rot eingefärbt?

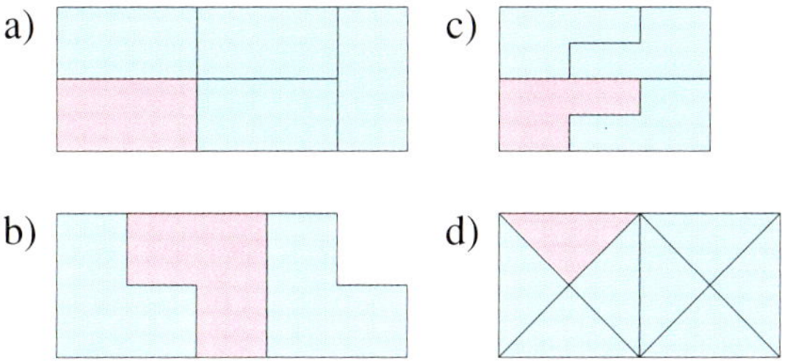

**5** Welcher Teil der Gesamtfläche ist hier rot eingefärbt?

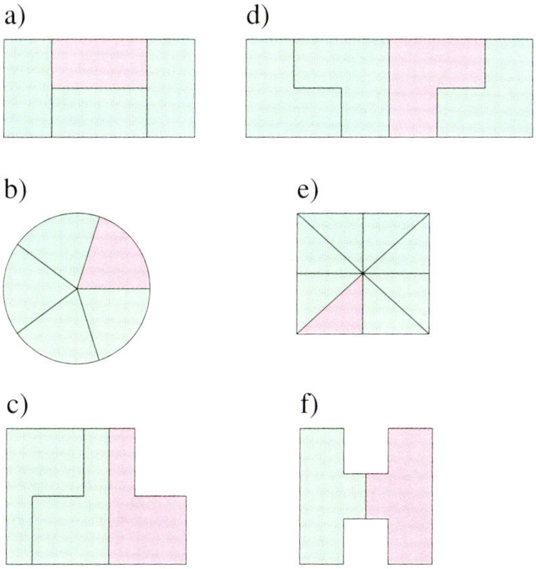

**6** a) Falte einen Kreis so, dass du vier gleich große Teile erhälst. Färbe $\frac{1}{4}$ der Kreisfläche ein.
b) Mache es ebenso für $\frac{1}{8}$.

**7** Welcher Teil des Kreises ist hier rot eingefärbt?

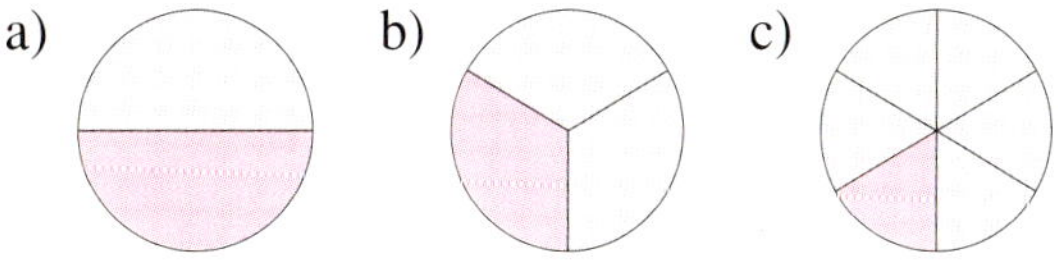

**8** Bestimme den rot eingefärbten Teil der Gesamtfläche.

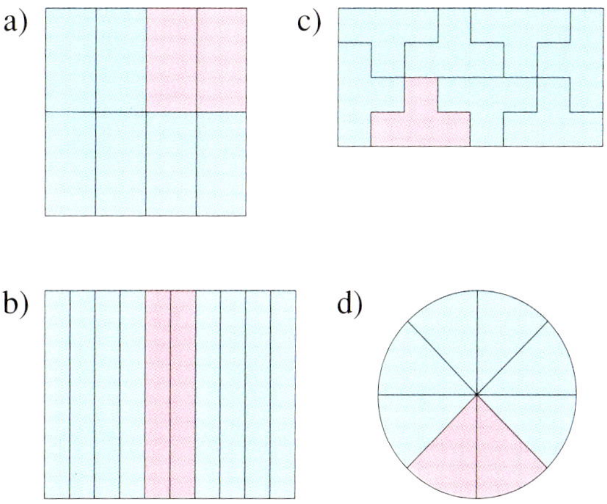

**9** Bestimme den rot eingefärbten Teil der Figuren.

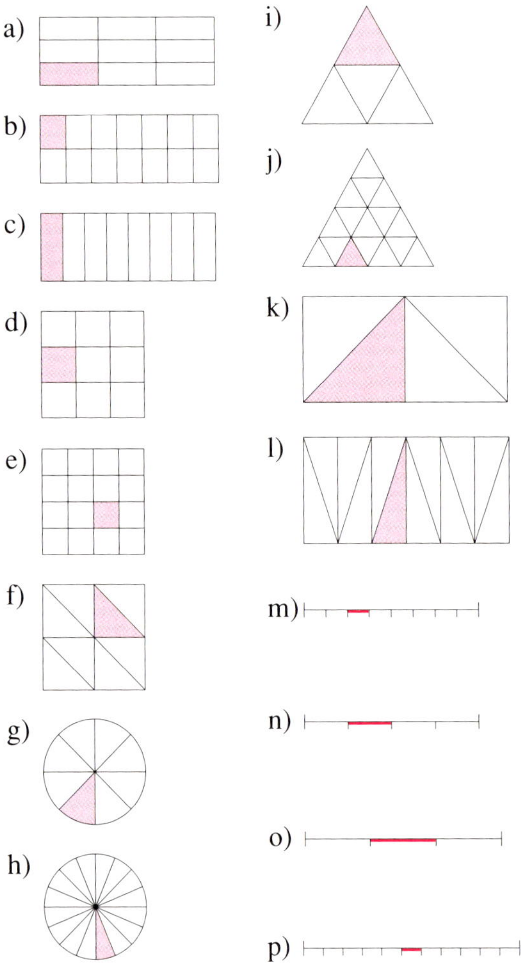


**10** Zeichne für jede der Teilaufgaben ein Rechteck mit den Seiten $a = 4$ cm und $b = 5$ cm. Färbe den folgenden Teil der Gesamtfläche ein:

a) $\frac{1}{2}$   b) $\frac{1}{4}$   c) $\frac{1}{5}$   d) $\frac{1}{10}$

**11** Ein Quadrat wurde in fünf Teile zerlegt.

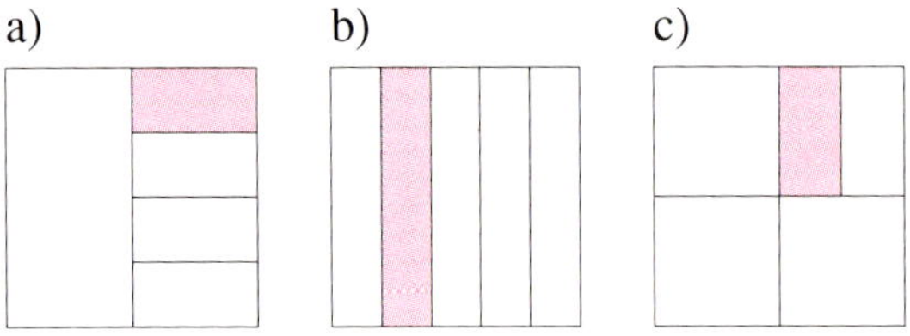


In welcher Abbildung ist der Bruchteil Fünftel ($\frac{1}{5}$) dargestellt? Begründe deine Antwort.

**12** Zeichne ein Rechteck mit den Seiten $a = 5$ cm und $b = 3$ cm auf kariertes Papier. Schneide es aus falte es

a) in 5 gleich große Teile und färbe $\frac{1}{5}$ ein.
b) in 3 gleich große Teile und färbe $\frac{1}{3}$ ein.
c) in 15 gleich große Teile und färbe $\frac{1}{15}$ ein.

**13** Sind die farbigen Teile als Bruch richtig beschrieben. Begründe deine Antwort.

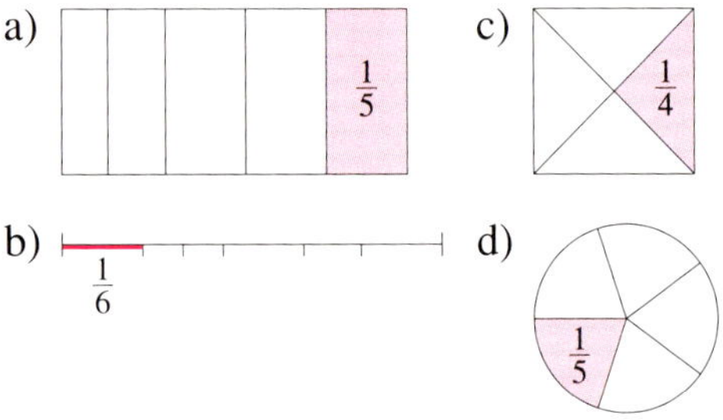


**14** Zeichne drei Quadrate, deren Seiten 6 cm lang sind. Zerlege jedes anders in 4 gleich große Teile.
Färbe bei jedem Quadrat $\frac{1}{4}$ der Fläche ein.

**15** Zeichne auf Karton drei Kreise. Schneide sie aus und zerschneide einen Kreis in Halbe, einen Kreis in Viertel und einen Kreis in Achtel. Lege die Bruchteile $\frac{1}{2}$, $\frac{1}{4}$ und $\frac{1}{8}$ aufeinander und vergleiche. Was stellst du fest?

**16** 1996 wurden in der Bundesrepublik Deutschland pro Person täglich 130 Liter Wasser verbraucht.

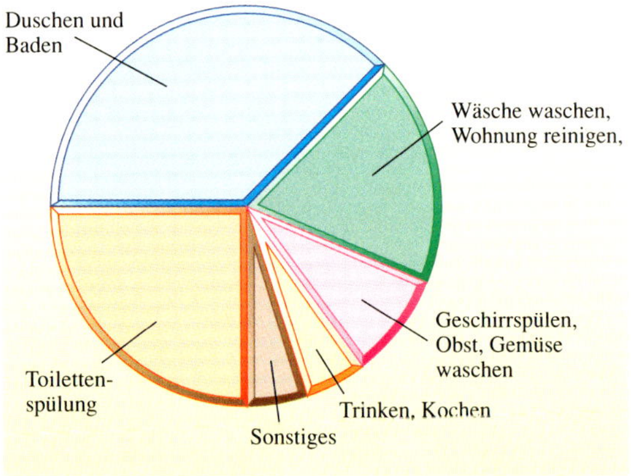


Schätze, welcher Teil des Wassers für die einzelnen Tätigkeiten verbraucht wird.

## Beispiele

### 1. Wasserförderung

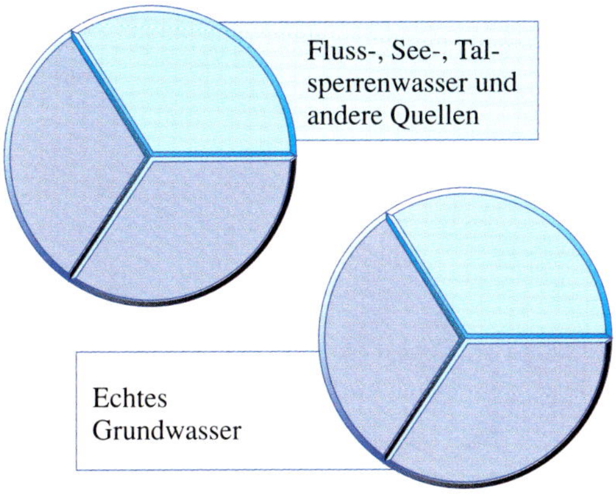


Etwa $\frac{1}{3}$ der Wasserförderung 1994 wurde durch Fluss-, See-, Talsperrenwasser und anderen Quellen verwirklicht.
2-mal so viel Wasser wurde als echtes Grundwasser gefördert.
Etwa $\frac{2}{3}$ der Wasserförderung wurden durch echtes Grundwasser verwirklicht.

### 2. Müllentstehung

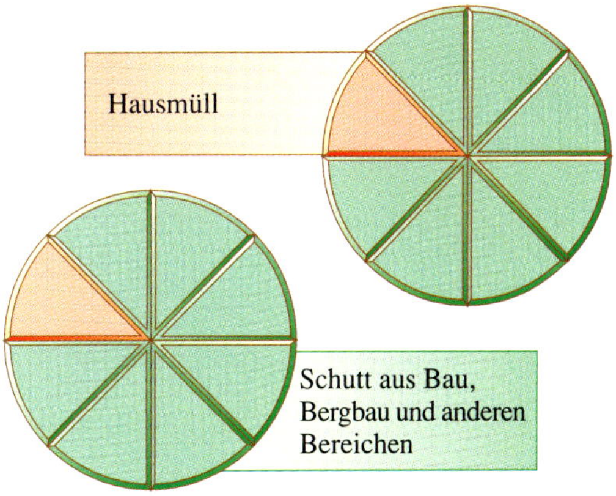


Etwa $\frac{1}{8}$ der Müllentstehung 1993 wurden durch den Hausmüll verursacht.
7-mal so viel Müll entstanden als Schutt vom Bau oder aus dem Bergbau und anderen Bereichen.
Etwa $\frac{7}{8}$ der Müllentstehung wurden durch diese Bereiche verursacht.

**3.**

$\frac{1}{4}$ (ein Viertel)

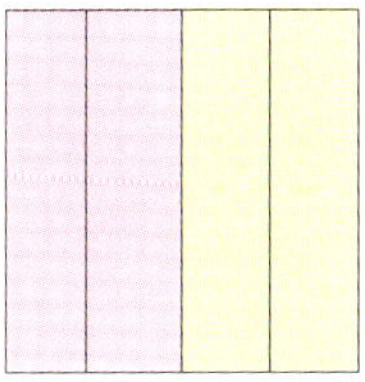

$\frac{2}{4}$ (zwei Viertel)

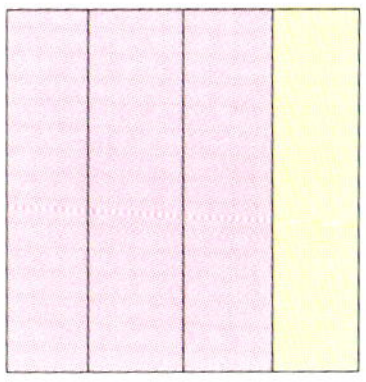

$\frac{3}{4}$ (drei Viertel)

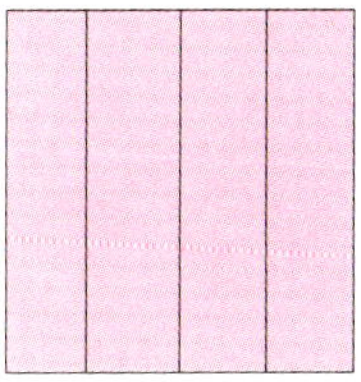

$\frac{4}{4}$ (vier Viertel oder ein Ganzes)

**4.**

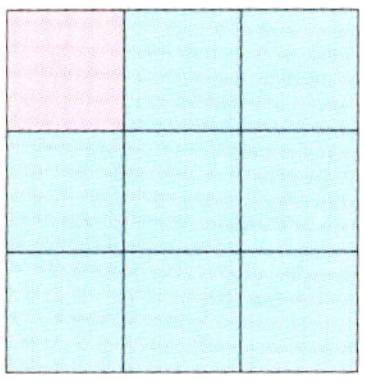

$\frac{1}{9}$ (ein Neuntel)

$\frac{4}{9}$ (vier Neuntel)

**5.**

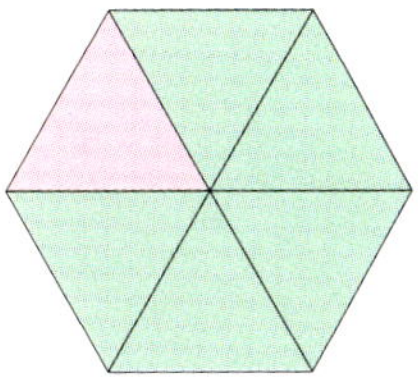

$\frac{1}{6}$

Ein Sechstel ist blau.

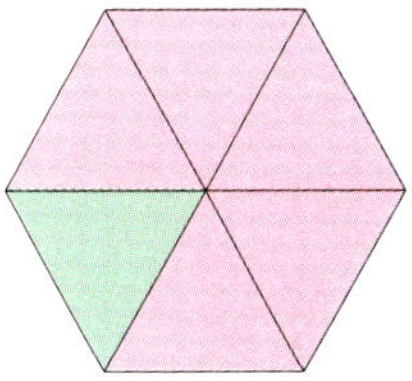

$\frac{5}{6}$

Fünf Sechstel sind rot.

## Übungen

**1** Welcher Teil der Fläche ist rot eingefärbt?

a) 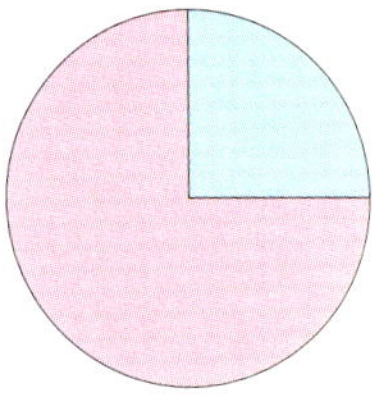

b) 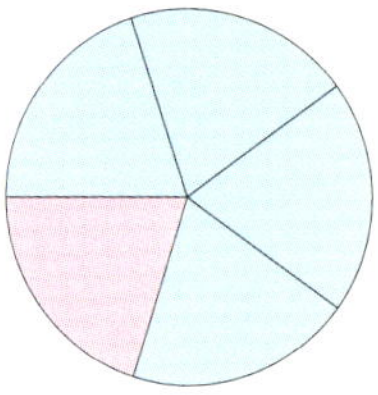

**2** Welcher Teil der Fläche ist rot eingefärbt?

a) 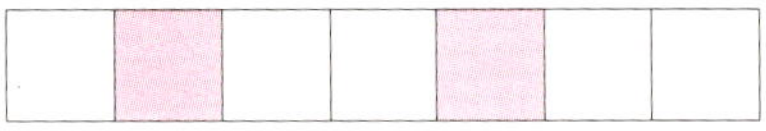

b) 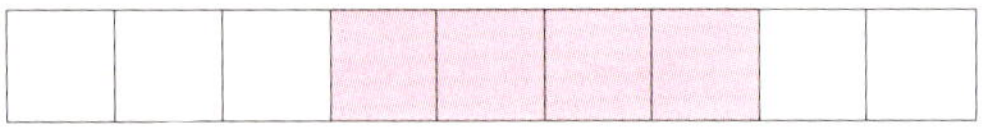

c) 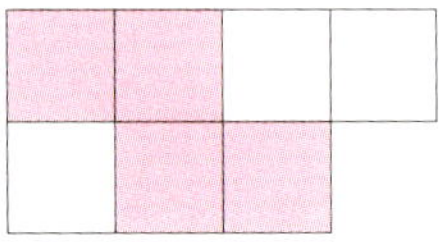

d) 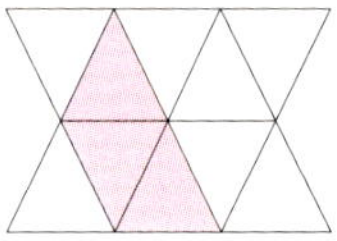

**3** Im Jahr 1995 gab es in Deutschland mehr als 74 000 Geschäfte, Supermärkte, Discounte und Verbrauchermärkte, die einen Umsatz von mehr als 190 Mrd. DM hatten. Im Bild ist links der Anteil der kleineren Geschäfte an der Gesamtanzahl aller Geschäfte und rechts deren Anteil am Gesamtumsatz aller Geschäfte dargestellt.

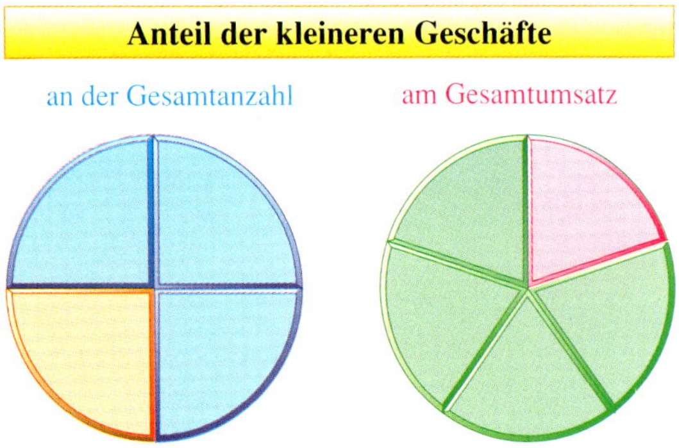


a) Bestimme den Anteil der kleineren Geschäfte an der Gesamtanzahl der Geschäfte.
b) Bestimme den Anteil der „Großmärkte" am Gesamtumsatz der Geschäfte.

**4** Welcher Teil der Fläche ist hier rot eingefärbt?

a) 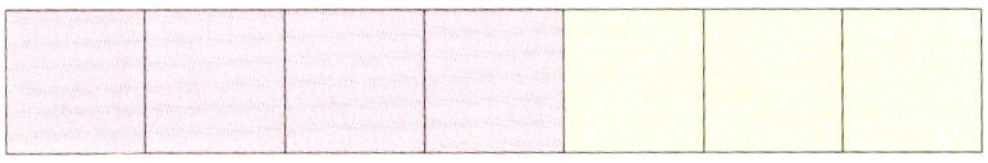

b) 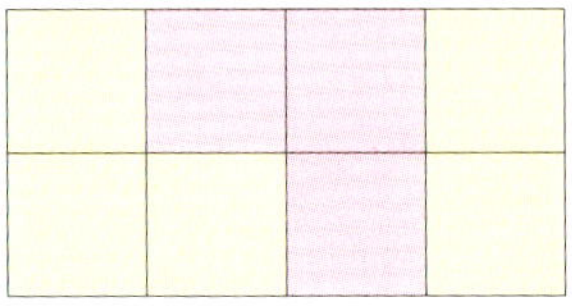

c) 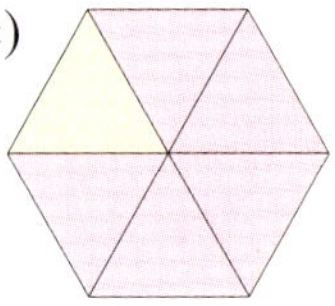

**5** Bestimme den Teil der Gesamtfläche, der in den Rechtecken rot eingefärbt ist?

a) 

b) 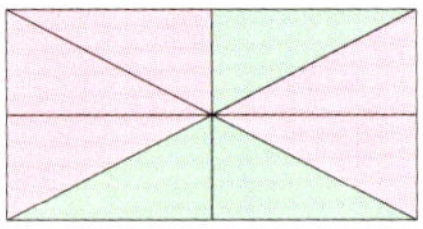

c) 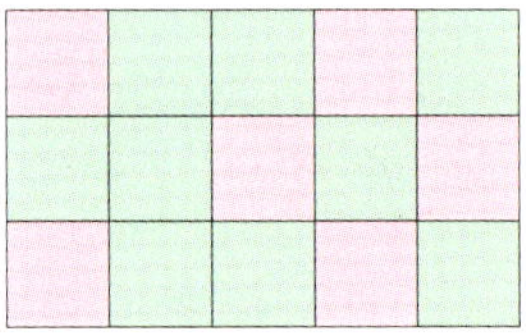

**6** Welcher Teil der Gesamtfläche ist hier rot eingefärbt?

a) 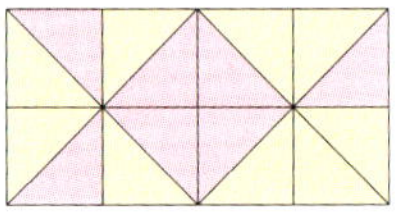

d) 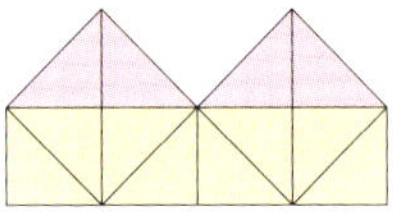

b) 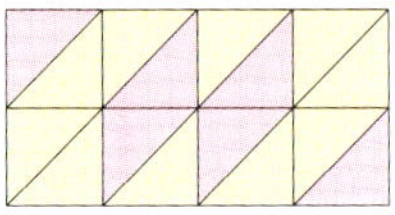

e) 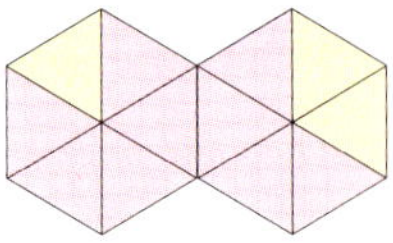

c) 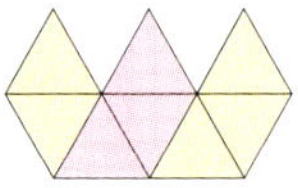

f) 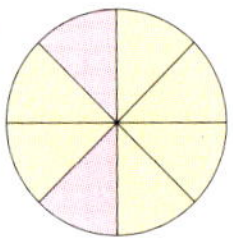

g) 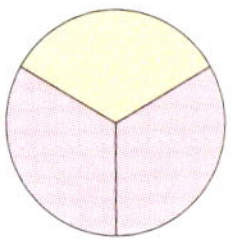

**7** Bestimme den Teil der Gesamtfläche aus Aufgabe 6, der gelb eingefärbt ist.

**8** Zeichne für jede Teilaufgabe ein Rechteck mit den Seiten $a = 3$ cm und $b = 5$ cm auf kariertes Papier und färbe folgende Teile der Fläche ein.

a) $\frac{1}{3}$ b) $\frac{1}{5}$ c) $\frac{2}{5}$ d) $\frac{7}{15}$ e) $\frac{3}{15}$

**9** Zeichne zu jeder Aufgabe ein Quadrat mit der Seitenlänge $a = 6$ cm. Färbe folgende Bruchteile ein:

a) $\frac{3}{4}$  b) $\frac{3}{6}$  c) $\frac{2}{3}$  d) $\frac{5}{12}$

**10** Dieses Quadrat soll 8 cm breit werden. Zeichne es zweimal ab und schneide aus einem Quadrat die farbigen Teilflächen aus. Bestimme, welcher Bruchteil der Fläche
a) blau, b) rot, c) gelb, d) grün ist.

**11** Bestimme die blau eingefärbten Bruchteile des Kreises.

a)
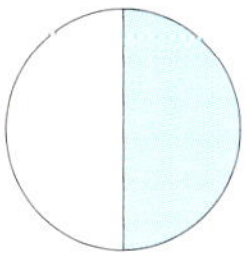

b)
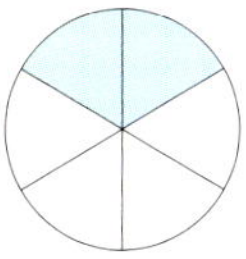

c)
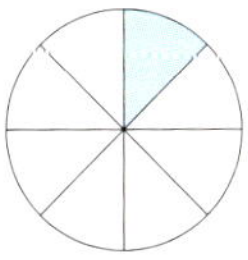

d)
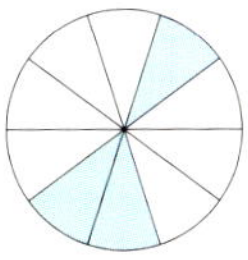

**12** Bestimme die weißen Bruchteile.

a)
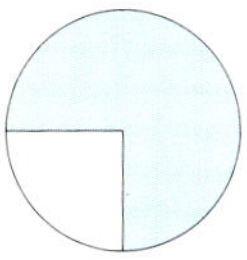

b)
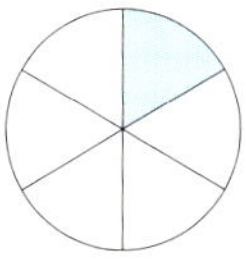

c)
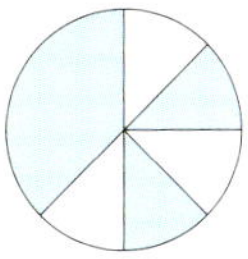

d)
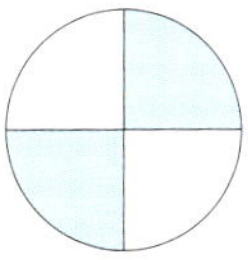

**13** Zeichne jeweils einen Kreis mit dem Radius $r = 5$ cm auf kariertes Papier und färbe folgenden Bruchteil der Fläche ein:

a) $\frac{3}{4}$  b) $\frac{6}{8}$  c) $\frac{3}{8}$  d) $\frac{4}{8}$

**14** Welche Bruchteile des Rechtecks fehlen hier in der Zeichnung?

a)
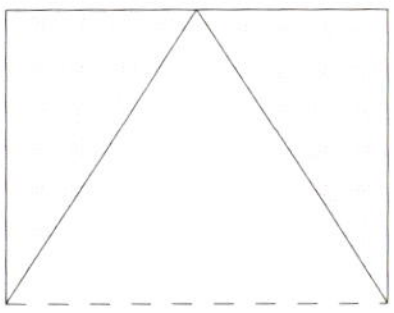

b)
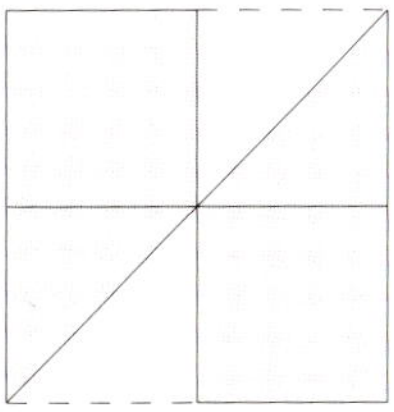

c)
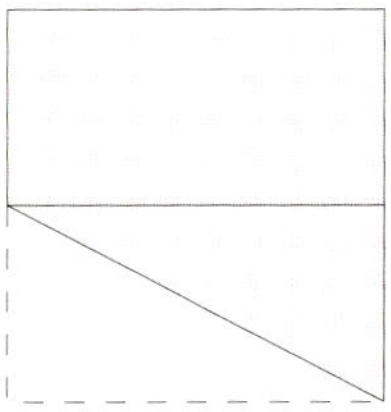

d)
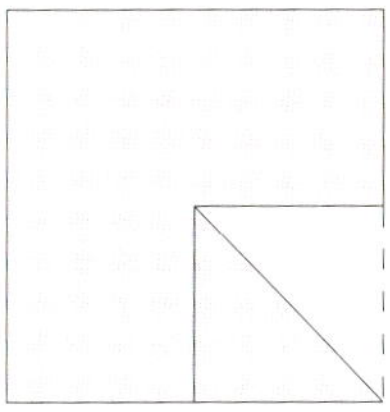

**15** Welcher Bruchteil des Körpers besteht aus farbigen Bauteilen?

a)
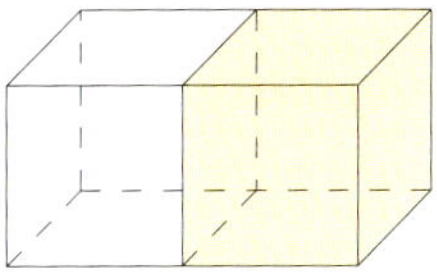

b)
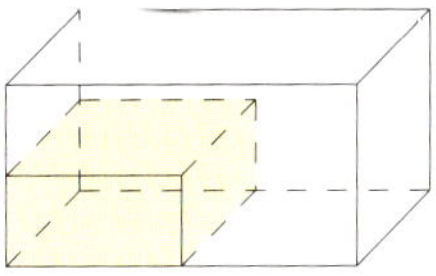

c)
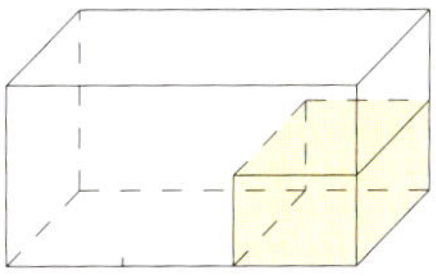

d)
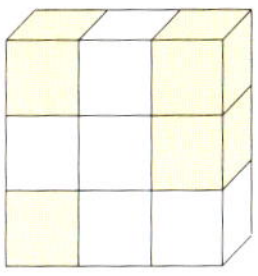

e)
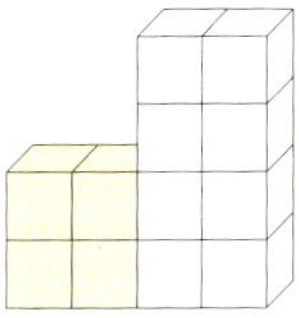

f)
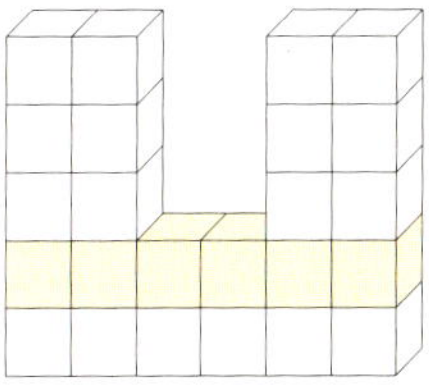

**16** a) Frau Schulze hat $\frac{7}{10}$ ihrer Terrasse gefliest. Welchen Bruchteil der Terrasse muss sie noch fliesen?
b) Herr Wagner hat $\frac{6}{8}$ seiner Wohnung bereits mit neuem Teppichboden ausgelegt. Welcher Bruchteil der Wohnung kann noch mit neuem Teppichboden ausgelegt werden?

**17** Welcher Teil der Fläche ist rot?

a) 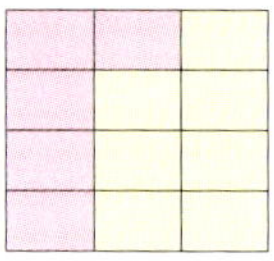

b) 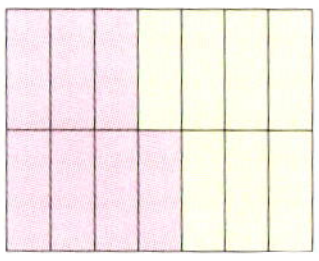

c) 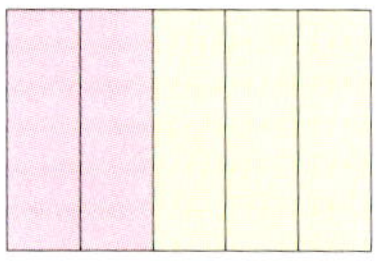

d) 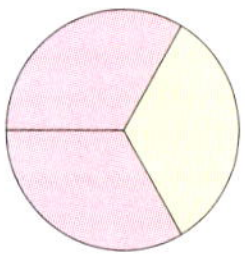

e) 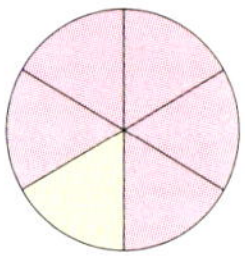

f) 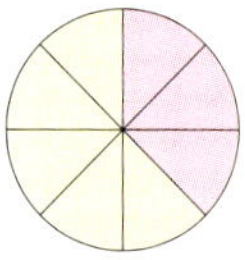

g) 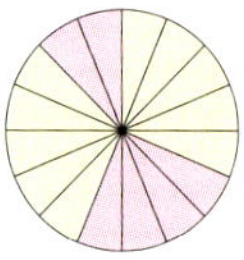

h) 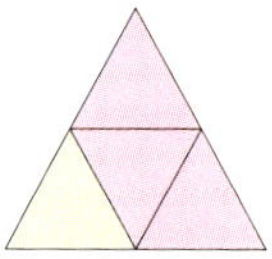

i) 

j) 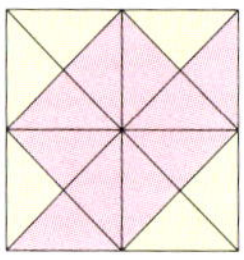

**18** Welcher Teil der Strecke ist rot?

a)
b)

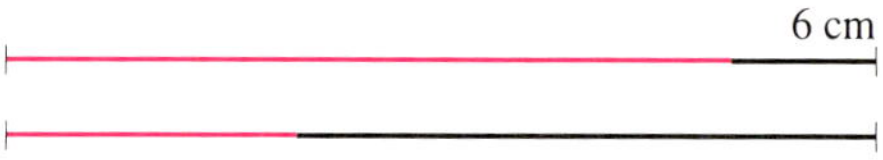


**19** a) Falte ein A4-Blatt so, dass du 8 gleich große Teile erhältst. Färbe $\frac{5}{8}$ der Fläche ein.
b) Falte ein A4-Blatt so, dass du 16 gleich große Teile erhältst. Färbe $\frac{9}{16}$ der Fläche ein.

c) Falte ein A4-Blatt so, dass du 32 gleich große Teile erhältst. Färbe $\frac{13}{32}$ der Fläche ein.

**20** Zeichne ein Quadrat mit 9 cm Seitenlänge und falte es so, dass du 8 gleich große Teile erhältst. Färbe $\frac{3}{8}$ der Quadratfläche ein.

**21** Zeichne ein Rechteck, dessen Seiten 4 cm und 6 cm lang sind. Teile es in 24 gleich große Flächen ein.
a) Färbe $\frac{7}{24}$ des Rechtecks ein.
b) Wie groß ist der Teil des Rechtecks, den du nicht eingefärbt hast?

**22** Zeichne jeweils ein Quadrat mit der Seitenlänge 12 cm. Färbe den angegebenen Bruchteil ein.

| | | | |
|---|---|---|---|
| a) $\frac{1}{2}$ | c) $\frac{3}{8}$ | e) $\frac{2}{3}$ | g) $\frac{1}{6}$ |
| b) $\frac{3}{4}$ | d) $\frac{5}{8}$ | f) $\frac{2}{4}$ | h) $\frac{5}{6}$ |

**23** Zeichne jeweils eine 9 cm lange Strecke in dein Heft. Teile sie in neun gleich lange Teile. Zeichne Teilstrecken mit verschiedenen Farben, die $\frac{3}{9}$, $\frac{5}{9}$ und $\frac{7}{9}$ der Strecke betragen.

**24** Das Kreisdiagramm zeigt, welcher Teil des gesamten Niederschlags der Bundesrepublik Deutschland an der Oberfläche verdunstet, durch Flüsse oder Bäche zum Meer abfließt oder durch den Boden zum Grundwasser absickert.

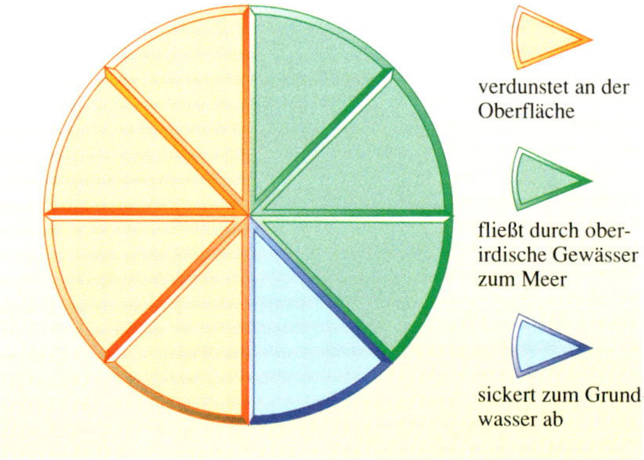


Welcher Teil des gesamten Niederschlags
a) verdunstet,
b) fließt oberirdisch ab,
c) versickert,
d) fließt oberirdisch zum Meer oder sickert zum Grundwasser ab?

Die Erdoberfläche ist 510 Millionen Quadratkilometer ($km^2$) groß. Ungefähr $\frac{2}{3}$ der Erdoberfläche sind Wasser und nur $\frac{1}{3}$ ist Land. Wie groß ist die Wasserfläche der Erde in $km^2$?

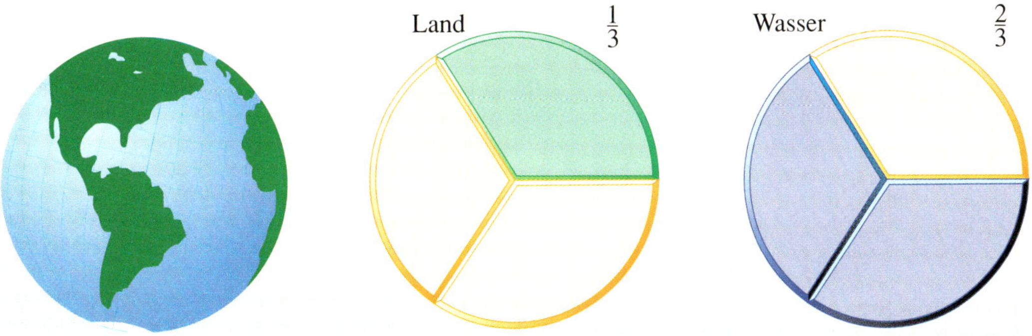


510 Mio. $km^2$ $\xrightarrow{:3}$ 170 Mio. $km^2$ $\xrightarrow{\cdot 2}$ 340 Mio. $km^2$

$\frac{2}{3}$ von 510 Mio. $km^2$ sind 340 Mio. $km^2$

Die Wasserfläche der Erde beträgt ungefähr 340 Mio. $km^2$.

**Beispiele**

**1.** Berechne $\frac{4}{5}$ von 350 DM.

350 DM $\xrightarrow{:5}$ 70 DM $\xrightarrow{\cdot 4}$ 280 DM

$\frac{4}{5}$ von 350 DM sind 280 DM.

**2.** Bestimme $\frac{3}{4}$ von 80 kg.

80 kg $\xrightarrow{:4}$ 20 kg $\xrightarrow{\cdot 3}$ 60 kg

$\frac{3}{4}$ von 80 kg sind 60 kg.

**Übungen**

**1** In der Klasse 5.2 sind 24 Schüler und Schülerinnen. Wie viele Schüler und Schülerinnen sind
a) die Hälfte,
b) ein Drittel,
c) ein Viertel,
d) ein Zwölftel,
e) zwei Drittel,
f) sieben Zwölftel?

**2** Berechne im Kopf.
a) $\frac{3}{4}$ von 16 m
b) $\frac{2}{3}$ von 18 kg
c) $\frac{3}{8}$ von 8 DM
d) $\frac{2}{4}$ von 12 cm
e) $\frac{5}{6}$ von 18 g
f) $\frac{2}{9}$ von 27 km
g) $\frac{3}{10}$ von 100 DM
h) $\frac{4}{5}$ von 10 kg

**3** Berechne.
a) $\frac{2}{9}$ von 360 DM
b) $\frac{2}{5}$ von 70 m
c) $\frac{3}{4}$ von 124 kg
d) $\frac{2}{3}$ von 15 mm
e) $\frac{5}{6}$ von 72 t
f) $\frac{3}{10}$ von 8210 m
g) $\frac{7}{10}$ von 710 g
h) $\frac{7}{9}$ von 630 cm

**4** Berechne.
a) $\frac{3}{12}$ von 168 g
b) $\frac{4}{15}$ von 240 m
c) $\frac{7}{11}$ von 176 DM
d) $\frac{9}{14}$ von 168 t
e) $\frac{2}{15}$ von 225 cm
f) $\frac{11}{17}$ von 289 km
g) $\frac{13}{18}$ von 270 kg
h) $\frac{3}{19}$ von 266 m

**5** Andrea kauft sich von den 42 DM ihres Taschengeldes einen Tischtennisschläger, dessen Preis $\frac{2}{3}$ des Geldes ausmacht. Wie teuer ist der Tischtennisschläger?

# Bruchteile mit Hilfe der kleineren Einheit bestimmen

Peter soll beim Metzger $\frac{3}{4}$ kg Gulasch kaufen. Nach dem Auswiegen zeigt die Waage 0,750 kg = 750 g an. Peter überlegt, ob 750 g tatsächlich $\frac{3}{4}$ kg sind.

| | | | | |
|---|---|---|---|---|
| 1 kg | $\xrightarrow{:4}$ | $\frac{1}{4}$ kg | $\xrightarrow{\cdot 3}$ | $\frac{3}{4}$ kg |
| 1000 g | $\xrightarrow{:4}$ | 250 g | $\xrightarrow{\cdot 3}$ | 750 g |

$\frac{3}{4}$ kg sind 750 g.

## Übungen

**1** Berechne.

a) $\frac{1}{2}$ Jahr = ☐ Monate
b) $\frac{5}{12}$ Jahr = ☐ Monate
c) $\frac{3}{4}$ Jahr = ☐ Monate
d) $\frac{1}{2}$ Stunde = ☐ Minuten
e) $\frac{3}{4}$ Stunde = ☐ Minuten
f) $\frac{1}{2}$ m = ☐ cm
g) $\frac{3}{4}$ m = ☐ cm
h) $\frac{1}{2}$ kg = ☐ g
i) $\frac{3}{4}$ kg = ☐ g
j) $\frac{3}{8}$ kg = ☐ g

**2** Schreibe in der nächstkleineren Einheit.

a) $\frac{1}{4}$ kg
b) $\frac{1}{8}$ kg
c) $\frac{1}{2}$ cm
d) $\frac{1}{5}$ cm
e) $\frac{4}{5}$ m
f) $\frac{7}{10}$ km
g) $\frac{3}{8}$ t
h) $\frac{3}{5}$ t
i) $\frac{7}{8}$ kg
j) $\frac{3}{10}$ m
k) $\frac{3}{4}$ km
l) $\frac{5}{8}$ kg

**3** Schreibe in der nächstkleineren Einheit.

a) $\frac{1}{2}$ m
b) $\frac{1}{4}$ dm
c) $\frac{1}{10}$ m
d) $\frac{1}{5}$ dm
e) $\frac{3}{4}$ dm
f) $\frac{5}{10}$ cm
g) $\frac{4}{5}$ m
h) $\frac{7}{10}$ dm
i) $\frac{3}{5}$ m
j) $\frac{2}{4}$ km
k) $\frac{2}{5}$ dm
l) $\frac{3}{10}$ cm

**4** Die Luft besteht ungefähr zu $\frac{1}{5}$ aus Sauerstoff und zu $\frac{4}{5}$ aus Stickstoff. Wie viel Sauerstoff und wie viel Stickstoff enthält 1 l Luft?
**1 Liter (l) = 1000 Milliliter (ml)**

**5** Jens kocht Kartoffelpüree.

### Rezept für Kartoffelpüree

1. $\frac{3}{4}$ l Wasser mit einem halben Kaffeelöffel Salz aufkochen.
2. Topf von der Kochstelle nehmen.
3. $\frac{3}{8}$ l kalte Milch und etwas Butter zugeben.

4. Püreeflocken einrühren.

a) Wie viel ml Wasser muss Jens abmessen?
b) Wie viel ml Milch muss Jens hinzufügen?

**6** Etwa fünf Liter Blut enthält der menschliche Körper. Pro Herzschlag wird $\frac{1}{50}$ dieser Blutmenge durch ein Netz von Adern geschickt. Welche Menge ist das?

**7** Rechne.

a) $\frac{1}{4}$ von 35 DM
b) $\frac{3}{5}$ von 128 DM
c) $\frac{5}{6}$ von 15 kg
d) $\frac{5}{8}$ von 114 kg
e) $\frac{7}{12}$ von 117 km
f) $\frac{5}{8}$ von 30 m
g) $\frac{3}{8}$ von 18 l
h) $\frac{3}{4}$ von 29 l

**8** Rechne.

a) $\frac{1}{2}$ von 55 cm
b) $\frac{3}{4}$ von 10 m
c) $\frac{1}{10}$ von 15 cm
d) $\frac{7}{10}$ von 15 m
e) $\frac{3}{5}$ von 2 m
f) $\frac{7}{8}$ von 3 m
g) $\frac{4}{5}$ von 12 cm
h) $\frac{3}{8}$ von 10 m

**9** Berechne.

a) $\frac{3}{4}$ von 125 kg
b) $\frac{1}{6}$ von 117 kg
c) $\frac{6}{10}$ von 175 t
d) $\frac{4}{5}$ von 28 kg
e) $\frac{1}{5}$ von 32 t
f) $\frac{5}{8}$ von 10 kg
g) $\frac{3}{10}$ von 15 t
h) $\frac{2}{8}$ von 55 kg

**10** Bestimme die Gesamtstrecke.

Beispiel: $\frac{4}{5}$ der Strecke sind 18 m

Also: $\xrightarrow{:5}$ $\xrightarrow{\cdot 4}$ 18 m
$\xleftarrow{\cdot 5}$ $\xleftarrow{:4}$ 18 m
2250 cm $\xleftarrow{\cdot 5}$ 450 cm $\xleftarrow{:4}$ 1800 cm

Die Gesamtstrecke ist 2250 cm oder 22,50 m lang.

a) $\frac{3}{4}$ der Strecke sind 51 km.
b) $\frac{5}{8}$ der Strecke sind 126 m.
c) $\frac{4}{9}$ der Strecke sind 99 km.
d) $\frac{5}{9}$ der Strecke sind 108 cm.

**11** Bestimme die Gesamtmenge. Verfahre ebenso wie im Beispiel der Aufgabe 10.

a) $\frac{4}{5}$ der Menge sind 35 kg.
b) $\frac{5}{12}$ der Menge sind 82 kg.
c) $\frac{2}{3}$ der Menge sind 125 t.
d) $\frac{2}{7}$ der Menge sind 9 t.

**12** Schreibe als Bruchteil der nächsthöheren Einheit.

a) 500 kg
b) 25 m
c) 125 g
d) 750 m
e) 75 Pf
f) 10 m
g) 30 min
h) 875 kg
i) 15 min
j) 45 min
k) 6 min
l) 625 mg

**13** An der Wuppertalsperre stand das Wasser an einer der Messstellen 920 cm hoch. Nach einer Woche war der Wasserstand um $\frac{3}{100}$ m gesunken.

a) Wie viel Zentimeter waren das?
b) Wie hoch ist nun der Wasserstand?

**14** Ein Passagierflugzeug braucht etwa sieben Stunden, um den Atlantik zu überqueren. Die Raumfähre Discovery benötigt $\frac{1}{42}$ dieser Flugzeit. In wie viel Minuten überquert sie den Atlantik?

**15** Die Gesamtfläche der Bundesrepublik Deutschland beträgt rund 35 Millionen Hektar. Davon entfielen 1996 etwa

a) $\frac{14}{25}$ auf die Landwirtschaft,
b) $\frac{3}{10}$ auf Waldflächen,
c) $\frac{7}{25}$ auf Gebäude- und Industrieflächen,
d) $\frac{1}{25}$ auf Straßen,
e) $\frac{1}{50}$ auf Wasserflächen.

Gib die einzelnen Flächen in Hektar an.

**16** Wie viel g Fett enthält 1 kg der verschiedenen Nahrungsmittel?

| Nahrungsmittel | Fettanteil |
|---|---|
| Äpfel | $\frac{1}{250}$ |
| Eis | $\frac{3}{25}$ |
| Goudakäse | $\frac{3}{10}$ |
| Haselnüsse | $\frac{3}{5}$ |
| Möhren | $\frac{1}{500}$ |
| Roggenvollkornbrot | $\frac{11}{500}$ |
| Salami | $\frac{1}{2}$ |

# Bruchteile als Ergebnis einer Division

Herr und Frau Schmetz fliegen mit ihren beiden Kindern nach Spanien. Der Flug soll insgesamt 3 Stunden dauern. Dem Sitzplan entnehmen sie, dass ihnen im Flugzeug nur ein Fensterplatz zur Verfügung steht. Jeder soll deshalb gleich lange am Fenster sitzen dürfen.

Jens und Katja rechnen aus, wie lange jeder am Fenster sitzen darf.

Jens rechnet so:

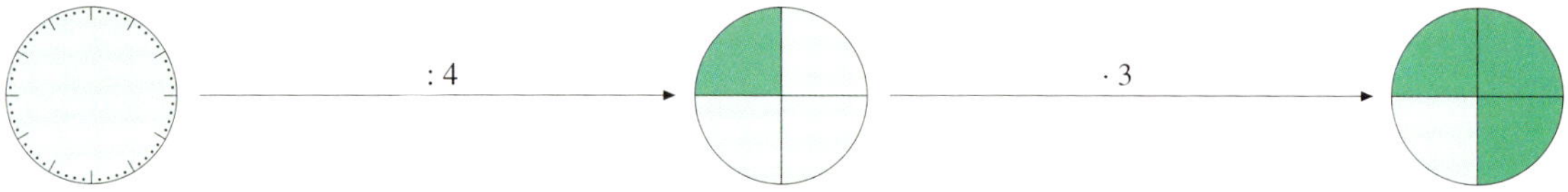


1 h

Jeder kann in jeder Flugstunde $\frac{1}{4}$ h am Fenster sitzen.

Insgesamt kann jeder $\frac{3}{4}$ h am Fenster sitzen.

Katja rechnet so:

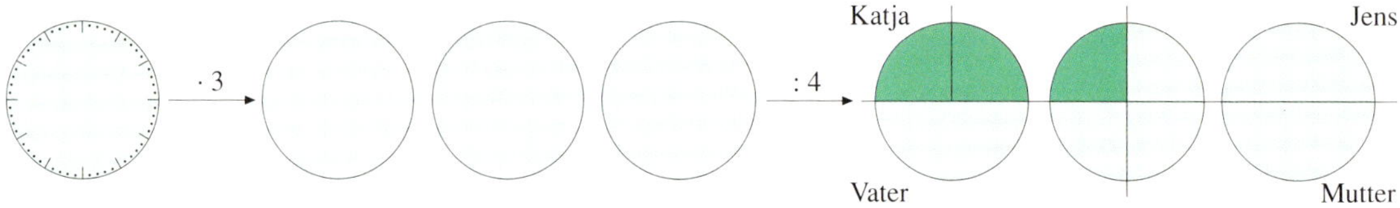


1 h

Gesamtdauer des Fluges: 3 h

3 h : 4

Jeder kann $\frac{3}{4}$ h ununterbrochen am Fenster sitzen.

Jens und Katja kommen zum gleichen Ergebnis. $3\text{ h} : 4 = \frac{3}{4}\text{ h}$

**Beispiel**

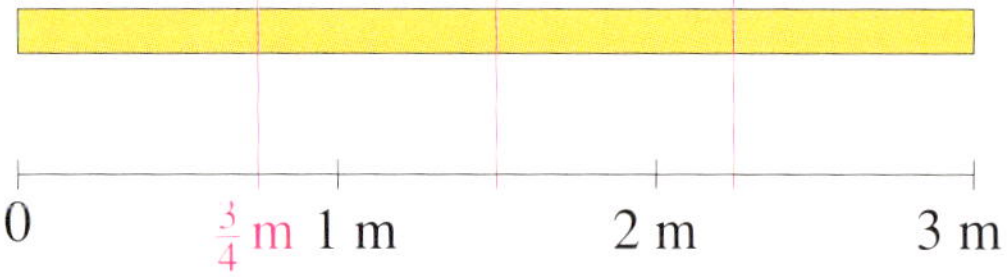


Ein Stab mit einer Länge von 3 Metern soll in vier gleich lange Teile zerlegt werden. Wie lang ist jedes Teilstück?

Wir erkennen: $3\text{ m} : 4 = \frac{3}{4}\text{ m}$.
Jedes Teilstück ist $\frac{3}{4}$ m lang.

## Übungen

**1** Die drei Tafeln Schokolade sollen an vier Kinder gleichmäßig verteilt werden. Übertrage und färbe den Anteil, den jedes Kind erhält, anders ein. Welchen Teil einer Tafel Schokolade erhält jedes Kind?

**2** In drei Kästen sollen insgesamt zu gleichen Teilen Flaschen mit Zitronenlimonade, Orangenlimonade, Mineralwasser und Apfelsaft gestellt werden. Wie groß ist der Teil eines Kastens, der mit Mineralwasser gefüllt wird?

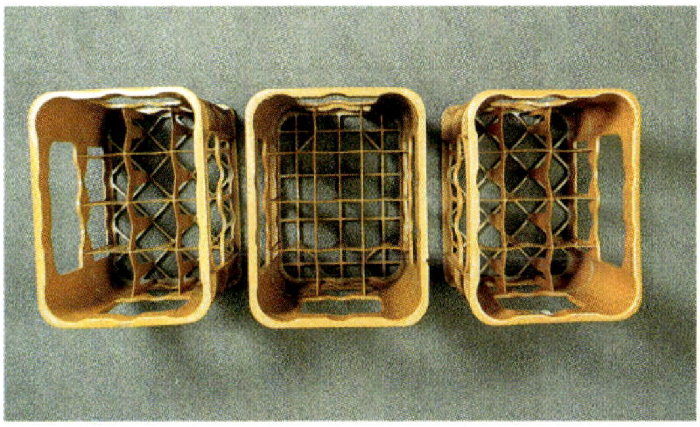

**3** Drei Liter Saft werden an vier Kinder gleichmäßig verteilt. Wie viel Liter Saft erhält jedes Kind?

1 Liter 1 Liter 1 Liter

**4** In großen Heimwerkermärkten wird häufig in besonderen Abteilungen Holz nach Maß zugeschnitten. Für einen Kunden soll ein 5 m langes Kantholz in vier gleich lange Teile zersägt werden.
Wie viel Meter ist jedes Teilstück nach dem Zuschnitt lang?

**5** Vier Netze mit Apfelsinen werden auf fünf Personen gleichmäßig verteilt. Welchen Teil eines Netzes erhält jeder?

**6** Vier Lagen Eier sollen an fünf Familien gleichmäßig verteilt werden. Welchen Teil einer Lage erhält jede Familie?

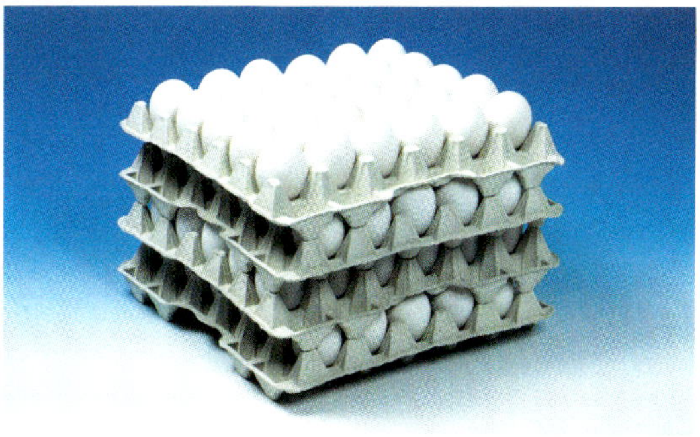

## checkpoint

**1** Berechne die fehlenden Zahlen.

| | a) | b) | c) |
|---|---|---|---|
| 1. Faktor | 8 | 6 | |
| 2. Faktor | 20 | | 11 |
| Wert des Produkts | | 90 | 55 |

| | a) | b) | c) |
|---|---|---|---|
| Dividend | 125 | 72 | |
| Divisor | 5 | | 9 |
| Wert des Quotienten | | 6 | 8 |

(6 Punkte)

**2** Berechne vorteilhaft.

a) $2 \cdot 36 \cdot 5$  d) $125 \cdot 11 \cdot 80$  g) $9 \cdot 25 \cdot 14 \cdot 4$

b) $9 \cdot 25 \cdot 4$  e) $8 \cdot 125 \cdot 29$  h) $50 \cdot 11 \cdot 2 \cdot 6$

c) $5 \cdot 18 \cdot 20$  f) $5 \cdot 17 \cdot 20 \cdot 3$  i) $3 \cdot 125 \cdot 7 \cdot 8$

(13 Punkte)

**3** Rechne aus.

a) $3 \cdot 1060$  c) $25 : 0$  e) $93 - 7 \cdot 8 + 14$

b) $2999 \cdot 0$  d) $37 + 4 \cdot 16$  f) $15 \cdot 3 - 4 + 9 \cdot 12$

(8 Punkte)

**4** Welcher Bruchteil ist eingefärbt?

a) 

b) 

c) 

d) 

(4 Punkte)

**5** Zeichne ein Rechteck, das 4 cm lang und 3 cm breit ist. Färbe $\frac{5}{8}$ ein.

(3 Punkte)

**6** Wie viel sind a) $\frac{7}{12}$ von 84 kg, b) $\frac{6}{7}$ von 14 DM?

(2 Punkte)

**7** Schreibe in der nächstkleineren Einheit.

a) $\frac{7}{8}$ von 1 kg  b) $\frac{1}{4}$ von 1 h

(4 Punkte)

# Division natürlicher Zahlen

Miriam, Nadine und Jens spielen ein Autoquartett. Jens hat alle 72 Karten gleichmäßig ausgeteilt. Wie viele Karten muss jeder haben?

Sie dividieren:

$72 : 3 = 24$

denn $3 \cdot 24 = 72$

Jeder Spieler muss 24 Karten haben.

Aus der Grundschule ist dir die Division als Umkehrung der Multiplikation bekannt.

**Vorsicht:**
Die Division durch 0 ist nicht erlaubt.

Quotient (12 : 3) — Wert des Quotienten (4)

$12 : 3 = 4$

Dividend (12) — Divisor (3)

~~15 : 0~~

## Übungen

**1** Dividiere.
a) 64 : 4 d) 36 : 3 g) 80 : 5
b) 24 : 6 e) 63 : 7 h) 96 : 8
c) 50 : 2 f) 23 : 1 i) 99 : 9

**2** Dividiere durch 2 (durch 4).
a) 28 c) 32 e) 64 g) 72 i) 100
b) 80 d) 96 f) 16 h) 212 j) 128

**3** Übertrage und ergänze.

a)

| : | 2 | 4 | 6 | 8 |
|---|---|---|---|---|
| 24 | | | | |
| 48 | | | 8 | |
| 72 | | | | |

b)

| : | 2 | 4 | 6 | 8 |
|---|---|---|---|---|
| 120 | | | | |
| 144 | | | | |
| 240 | | | | |

c)

| : | 1 | 3 | 6 | 9 |
|---|---|---|---|---|
| 18 | | | | |
| 36 | | | | |
| 54 | | | | |

d)

| : | 1 | 3 | 6 | 9 |
|---|---|---|---|---|
| 90 | | | | |
| 108 | | | | |
| 126 | | | | |

**4** Dividiere durch 10 (20, 30, 40).
a) 120 c) 240 e) 360 g) 480 i) 600
b) 1200 d) 2400 f) 3600 h) 4800 j) 720

**5** Dividiere durch 5 (15, 25).
a) 75 c) 150 e) 225 g) 300 i) 375
b) 525 d) 600 f) 750 h) 1500 j) 450

**6** Dividiere.
a) 125 : 25 = □ d) 320 : 40 = □
b) 25 : □ = 25 e) □ : 7 = 6
c) □ : 4 = 5 f) 56 : □ = 8

**7** Eine Fahrt mit dem Bus kostet 420 DM.
a) Wie viel DM zahlt jeder, wenn 30 Teilnehmer die Busfahrt mitmachen?
b) Wie viele Teilnehmer müssen mitfahren, damit jeder nur 10 DM bezahlen muss?

**8** Aus einem 200 cm langen Brett wird ein Bücherregal angefertigt. Wie viele Bretter von 50 cm Länge sind möglich?

**9** Berechne.

a) 240 : 10 = □
b) □ : 10 = 37
c) 460 : □ = 46
d) □ : 10 = 72
e) 4800 : 100 = □
f) □ : 100 = 12

**10** Berechne den Wert des Quotienten.

a) 480 : 40
b) 350 : 70
c) 480 : 80
d) 810 : 90
e) 21 000 : 300
f) 320 000 : 400
g) 4 500 000 : 50
h) 720 000 : 600

**11** Übertrage und ergänze.

| | a) | b) | c) | d) | e) | f) |
|---|---|---|---|---|---|---|
| Dividend | 300 | | 212 | | 105 | 916 |
| Divisor | | 9 | 4 | 16 | | 2 |
| Wert des Quotienten | 10 | 8 | | 4 | 15 | |

**12** a) Durch welche Zahl muss man 120 dividieren, um 15 zu erhalten?
b) Bilde den Quotienten aus 240 und 80 und berechne ihn.
c) Der Divisor hat den Wert 26, der Quotient den Wert 3. Bestimme den Dividenden.

**13** Übertrage und fülle aus.

a)

| : | 4 | 6 | 5 |
|---|---|---|---|
| 60 | 15 | | |
| 240 | | | |
| 360 | | | |
| 600 | | | |
| 720 | | | |
| 960 | | | |

b)

| : | | 8 | 6 |
|---|---|---|---|
| 48 | 24 | | |
| | | 18 | |
| | | | 32 |
| 240 | | | |
| | 48 | | |
| | | | 4 |

**14** Welche der folgenden Zahlen kann man durch 6 (durch 8, durch 9, durch 12) ohne Rest dividieren?

a) 81
b) 48
c) 72
d) 24
e) 90
f) 96
g) 150
h) 144
i) 198
j) 160
k) 216
l) 108

**15** Überprüfe das Ergebnis. Berichtige jedes falsche Ergebnis.

a) 95 : 19 = 7
b) 195 : 13 = 12
c) 98 : 7 = 15
d) 200 : 25 = 8
e) 144 : 36 = 6
f) 400 : 8 = 40

**16** Bei der Firma Limko bestellt Herr Knauf 72 Flaschen Limonade und 64 Packungen Apfelsaft.
a) Wie viele Kästen Limonade werden ihm geliefert?
b) Wie viele Kartons Apfelsaft werden Herrn Knauf geliefert?

**17** Eine Lieferung von 900 Hühnereiern wird in 6er-Kartons verpackt.
a) Wie viele Kartons sind nötig?
b) Wie viele Kartons sind nötig, wenn immer 10 Eier in einem Karton sind?

**18** Der Hausmeister einer Schule stellt für einen Elternabend 120 Stühle in 15 Reihen auf. Wie viele Personen können in einer Reihe sitzen?

**19** Für den Technikunterricht kaufte die Lehrerin einen Ballen mit 48 m Baumwollstoff.

a) Wie vielen Schülerinnen und Schülern könnte sie ein Stoffstück zum Zuschneiden geben, wenn sie Stücke von 4 m Länge abschneidet?
b) Wie lang würden die Stoffstücke sein, wenn sie den Stoff für 16 Schülerinnen und Schüler in gleich lange Stücke schneidet?

### 1. Punktrechnung vor Strichrechnung

Gib das Ergebnis an: $42 + 21 : 7 = \square$.
Wir können hier auf zwei verschiedene Arten Klammern setzen und rechnen.

$(42 + 21) : 7 = 9$ $\qquad$ $42 + (21 : 7) = 45$

Es wurde vereinbart, dass $42 + 21 : 7 = 42 + (21 : 7)$ bedeutet. Also ist $42 + 21 : 7 = 45$.

Wenn keine Klammern stehen, wird zuerst dividiert.

Kurz: **Punktrechnung vor Strichrechnung**

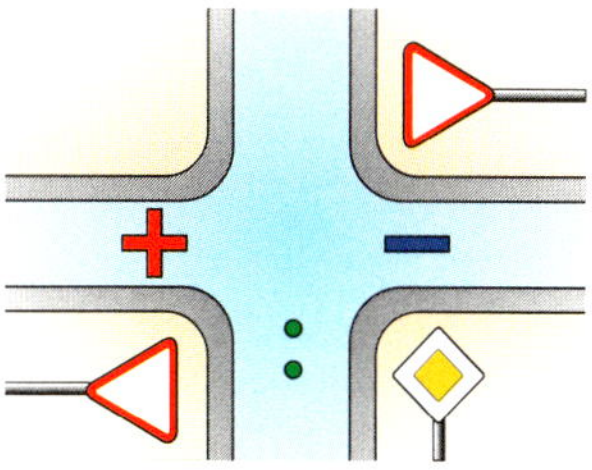

### 2. Das Distributivgesetz (Verteilungsgesetz)

Eine Schulklasse sammelte für sieben Waisenkinder. Anne sammelte 140 DM und Klaus sammelte 84 DM. Der Betrag soll gleichmäßig an die sieben Kinder verteilt werden. Wie viel DM bekommt jedes Kind?

Anne rechnet:

$(140\ \text{DM} + 84\ \text{DM}) : 7 = \square$
$224\ \text{DM} : 7 = 32\ \text{DM}$

Klaus rechnet:

$140\ \text{DM} : 7 + 84\ \text{DM} : 7 = \square$
$20\ \text{DM} + 12\ \text{DM} = 32\ \text{DM}$

Das Distributivgesetz gilt für die Addition und die Subtraktion.

$(140 + 84) : 7 = 140 : 7 + 84 : 7$ $\qquad$ $(140 - 84) : 7 = 140 : 7 - 84 : 7$
$(\boldsymbol{a} + \boldsymbol{b}) : \boldsymbol{c} = \boldsymbol{a} : \boldsymbol{c} + \boldsymbol{b} : \boldsymbol{c}$ $\qquad$ $(\boldsymbol{a} - \boldsymbol{b}) : \boldsymbol{c} = \boldsymbol{a} : \boldsymbol{c} - \boldsymbol{b} : \boldsymbol{c}$

**Übungen**

**1** Berechne.
a) $36 + 144 : 8$
b) $135 - 45 : 45$
c) $120 + 180 : 2$
d) $160 + 240 : 8 - 20$
e) $(670 - 70) : (14 + 6)$
f) $(320 - 80) : 40 + 30$

**2** Setze im Heft die fehlenden Klammern.
a) $12 + 13 \cdot 4 - 2 = 98$
b) $5 + 4 \cdot 12 - 6 = 54$
c) $12 + 8 \cdot 20 - 12 = 160$

**3** Setze im Heft Klammern so, dass stets das Ergebnis 30 ist.
a) $36 + 144 : 9 + 10$
b) $135 - 45 : 45 - 42$
c) $240 - 60 : 15 - 9$
d) $160 + 240 : 8 - 20$

*Rechne die Aufgaben 4 bis 8 wie im Beispiel.*

**4** Beispiel:
$504 : 9 = (450 + 54) : 9$
$= 450 : 9 + 54 : 9 = 50 + 6 = 56$

a) $432 : 4$
b) $594 : 9$
c) $144 : 6$
d) $345 : 5$
e) $448 : 8$
f) $375 : 25$

**5** Beispiel:
$522 : 9 = (540 - 18) : 9$
$= 540 : 9 - 18 : 9 = 60 - 2 = 58$

a) $272 : 4$
b) $792 : 9$
c) $261 : 9$
d) $553 : 7$
e) $342 : 6$
f) $245 : 5$
g) $441 : 9$
h) $336 : 7$
i) $376 : 8$
j) $475 : 25$
k) $408 : 6$
l) $152 : 8$

**6** Beispiel: $216 : 6 - 156 : 6 = (216 - 156) : 6$
$= 60 : 6 = 10$

a) $287 : 7 - 147 : 7$
b) $280 : 5 - 230 : 5$
c) $513 : 9 + 243 : 9$
d) $300 : 25 + 175 : 25$

**7** Beispiel:
$640 : 20 + 360 : 20$
$= (640 + 360) : 20 = 1000 : 20 = 50$

a) $125 : 25 + 875 : 25$
b) $165 : 15 + 135 : 15$
c) $700 : 50 + 1300 : 50$
d) $375 : 125 + 625 : 125$

**8** Beispiel: $(100 + 47) : 7 = 147 : 7$
$= 140 : 7 + 7 : 7 = 21$

a) $(200 + 25) : 9$
b) $(200 + 20) : 4$
c) $(300 - 69) : 7$
d) $(480 - 56) : 8$
e) $(400 + 14) : 6$
f) $(200 - 39) : 7$
g) $(300 + 36) : 8$
h) $(600 - 27) : 3$

**9** Zeichne die Rechenbäume ins Heft und fülle sie aus. Schreibe die Aufgaben mit Klammern.

a)
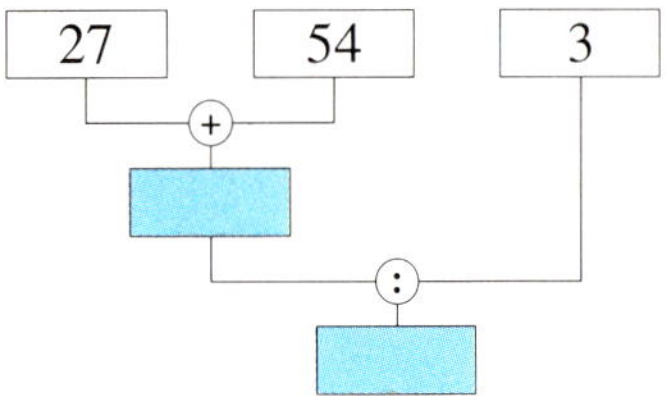


b)
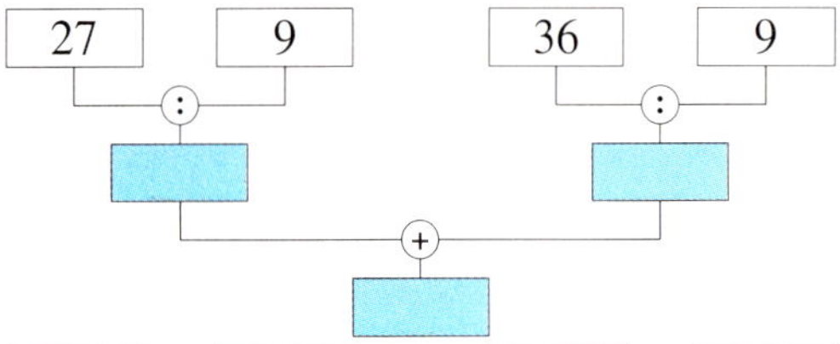


c)
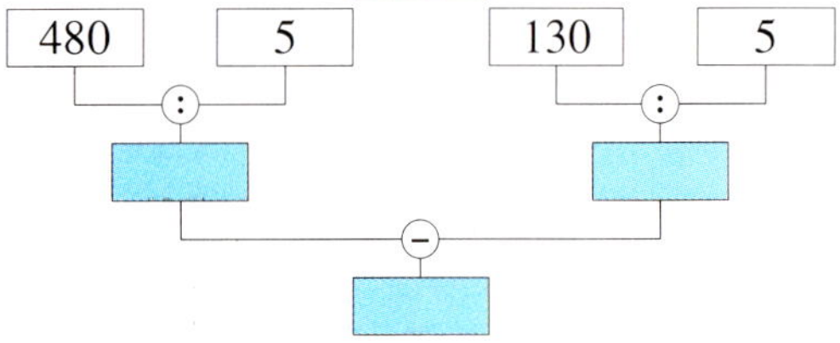


d)
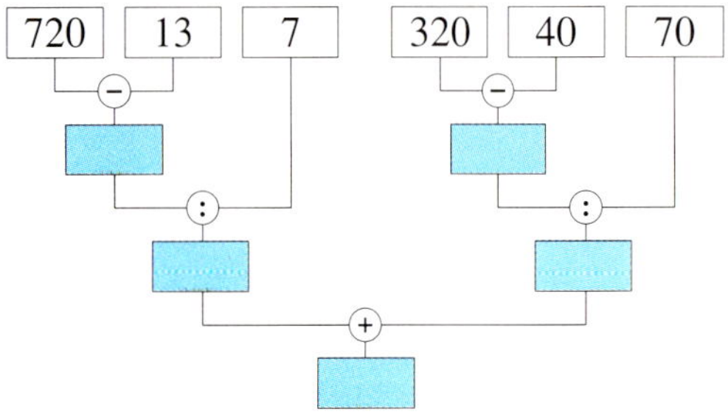


**10** Rechne vorteilhaft.

a) $591 : 3$
b) $784 : 4$
c) $198 : 2$
d) $490 : 5$
e) $679 : 7$
f) $1192 : 4$
g) $7182 : 9$
h) $2376 : 6$
i) $5373 : 9$
j) $4872 : 7$
k) $555 : 15$
l) $8376 : 12$

**11** Dividiere vorteilhaft durch 25.

a) 425
b) 550
c) 675
d) 1375
e) 1725
f) 2375

**12** Dividiere vorteilhaft durch 125.

a) 4375
b) 7375
c) 8250
d) 9625
e) 11 750
f) 13 125

Prüfzahlen für die Aufgaben 10 bis 12:
17; 22; 27; 35; 37; 55; 59; 66; 69; 77; 94; 95; 97; 98; 99; 105; 196; 197; 298; 396; 597; 696; 698; 798

**13** Schreibe aus dem Text die Aufgabe mit Klammern. Rechne aus.

a) Dividiere die Summe der Zahlen 32 und 76 durch die Zahl 18.
b) Dividiere die Differenz der Zahlen 225 und 50 durch die Zahl 35.
c) Wie oft ist die Zahl 40 in der Differenz der Zahlen 519 und 279 enthalten?
d) Wie oft ist die Differenz der Zahlen 68 und 47 in der Summe von 126 und 147 enthalten?

**14** Rechne die Aufgaben vorteilhaft aus.

a) $(175 + 50) : 25$
b) $(111 - 34) : 11$
c) $(30 + 54) : 14$
d) $(172 - 52) : 15$
e) $(280 - 42) : 14$
f) $(300 + 30) : 15$
g) $(255 + 51) : 17$
h) $(342 - 76) : 19$

**15** Berechne.

a) $35 : 5 + 18 : 3$
b) $8 \cdot 7 - 27 : 9$
c) $64 : 8 - 35 : 7$
d) $34 : 17 + 6 \cdot 4$
e) $49 : 7 + 75 : 15$
f) $8 \cdot 5 - 169 : 13$
g) $19 \cdot 8 - 143 : 13$
h) $17 \cdot 8 - 525 : 25$

Prüfzahlen für die Aufgaben 14 und 15:
3; 6; 7; 8; 9; 12; 13; 14; 17; 18; 22; 26; 27; 53; 115; 141

Mit einer Überschlagsrechnung können wir bereits vor der genauen Rechnung das Ergebnis abschätzen. In vielen Situationen genügt eine Überschlagsrechnung.

**Beispiele**

**1.** $46 \cdot 224 \approx 50 \cdot 200$
$50 \cdot 200 = 10\,000$, also: $46 \cdot 224 \approx 10\,000$ — Das genaue Ergebnis ist 10 304.

**2.** $528 : 33 \approx 510 : 30$
$510 : 30 = 17$, also: $528 : 33 \approx 17$ — Wir haben 528 durch 510 angenähert, weil wir dann teilen können.

Das genaue Ergebnis ist 16.

**Übungen**

*Überschlage. Vergleiche mit den Ergebnissen.*

**1** a) $389 \cdot 4$ c) $5007 \cdot 5$ e) $7654 \cdot 80$
b) $875 \cdot 6$ d) $6045 \cdot 50$ f) $6502 \cdot 90$

*Genaue Ergebnisse:* 1556; 5250; 25 035; 302 250; 612 320; 585 180

**2** a) $79 \cdot 50$ d) $19 \cdot 121$ g) $143 \cdot 96$
b) $38 \cdot 40$ e) $132 \cdot 27$ h) $437 \cdot 49$
c) $98 \cdot 51$ f) $298 \cdot 57$ i) $375 \cdot 36$

*Genaue Ergebnisse:* 3950; 1520; 4998; 2299; 3564; 16 986; 13 728; 21 413; 13 500

**3** a) 411 : 3 d) 8960 : 70 g) 372 : 62
b) 534 : 6 e) 7110 : 90 h) 2773 : 59
c) 7532 : 4 f) 72 320 : 80 i) 1344 : 32

*Genaue Ergebnisse:* 137; 89; 1883; 128; 79; 904; 6; 47; 42

**4** a) 1638 : 21 c) 8938 : 218 e) 11 025 : 175
b) 5781 : 123 d) 9660 : 345 f) 13 617 : 267

*Genaue Ergebnisse:* 78; 47; 41; 28; 63; 51

**5** Eine Gruppe mit acht Mitspielern hat im Lotto 15 782 DM gewonnen. Erhält jeder Mitspieler mehr als 2000 DM?

# Schriftliche Multiplikation

Produkte aus mehrstelligen Zahlen können wir mit Hilfe des Distributivgesetzes berechnen, indem wir einen Faktor zerlegen und die Ergebnisse wie in den Beispielen aufschreiben.

**Beispiele**

**1.** $423 \cdot 34 = 423 \cdot (30 + 4)$
Wir schreiben:

```
423 · 34                      oder kurz   423 · 34
423 · 30 = 12 690                         1269
423 ·  4 =  1 692                          1692
              1 1                           1 1
423 · 34 = 14 382                         14382
```

**2.** $423 \cdot 345 = 423 \cdot (300 + 40 + 5)$
Wir schreiben:

```
423 · 345     oder kurz   423 · 345
 126 900                   1269
  16 920                    1692
   2 115                     2115
    1 1                      1 1
 145 935                   145935
```

**Bei der verkürzten Schreibweise ist es wichtig, dass die Ziffern stellengerecht untereinander stehen.**

**3.** Vor der schriftlichen Berechnung überschlagen wir das Ergebnis.

a) $625 \cdot 19 =$ ▒

Überschlag: $600 \cdot 20 = 12\,000$

```
Rechnung:  625 · 19
            625
            5625
            1
           11875
```

Ergebnis: $625 \cdot 19 = 11\,875$

b) $175 \cdot 24 =$ ▒

Überschlag: $200 \cdot 20 = 4000$

```
Rechnung:  175 · 24
           350
            700
            1
           4200
```

Ergebnis: $175 \cdot 24 = 4200$

**Übungen**

**1** Berechne die Produkte. Überschlage vorher das Ergebnis.
a) $62 \cdot 4$ c) $3113 \cdot 6$ e) $356\,113 \cdot 8$
b) $112 \cdot 3$ d) $48\,912 \cdot 5$ f) $4\,899\,615 \cdot 9$

**2** Multipliziere. Überschlage vorher das Ergebnis.
a) $307 \cdot 60$ d) $2383 \cdot 70$ g) $37\,085 \cdot 90$
b) $640 \cdot 50$ e) $6465 \cdot 80$ h) $69\,429 \cdot 40$
c) $6203 \cdot 40$ f) $2387 \cdot 30$ i) $83\,275 \cdot 60$

**3** Multipliziere schriftlich. (Überschlag)
a) $297 \cdot 35$ c) $862 \cdot 77$ e) $191 \cdot 805$
b) $65 \cdot 47$ d) $84 \cdot 65$ f) $822 \cdot 932$

**4** Multipliziere.
a) $963 \cdot 273$ c) $884 \cdot 327$ e) $473 \cdot 125$
b) $645 \cdot 92$ d) $647 \cdot 477$ f) $4738 \cdot 32$

**5** Multipliziere.
a) $356 \cdot 465$ d) $6531 \cdot 423$
b) $8507 \cdot 309$ e) $7465 \cdot 111$
c) $3746 \cdot 681$ f) $3422 \cdot 999$

**6** Berechne schriftlich.
a) $324 \cdot 43$ c) $581 \cdot 44$ e) $4331 \cdot 32$
b) $217 \cdot 56$ d) $2645 \cdot 65$ f) $1247 \cdot 76$

**7** Multipliziere.
a) $324 \cdot 566$ c) $732 \cdot 251$ e) $3563 \cdot 377$
b) $281 \cdot 473$ d) $2487 \cdot 624$ f) $5165 \cdot 765$

**8** Multipliziere in Kurzform.

Beispiel: 423 · 305

| 423 · 305 | | 423 · 305 |
|---|---|---|
| 126 900 | kurz | 126 9 |
| 0 | | 2 115 |
| 2 115 | | 1 |
| 1 | | 129 015 |
| 129 015 | | |

a) 486 · 502 d) 1284 · 609 g) 1407 · 501
b) 726 · 404 e) 5847 · 850 h) 2032 · 704
c) 812 · 306 f) 8843 · 905 i) 5430 · 209

**9** Multipliziere.

a) 345 678 · 600 d) 366 778 · 803 000
b) 78 923 · 7500 e) 9 600 455 · 901 000
c) 88 777 · 405 000 f) 9 970 001 · 990 000

**10** Multipliziere. Überschlage vorher.

a) 21 473 · 300 c) 3008 · 534 e) 8507 · 308
b) 36 712 · 600 d) 16 016 · 908 f) 30 067 · 95

**11** Multipliziere. Überschlage vorher.

a) 105 · 36 d) 9007 · 56 g) 32 504 · 56
b) 1032 · 72 e) 20 056 · 83 h) 30 560 · 27
c) 2005 · 37 f) 350 067 · 77 i) 24 393 · 64

**12** Multipliziere. Überschlage vorher.

a) 491 · 4009 d) 2017 · 6080 g) 1100 · 3210
b) 574 · 7008 e) 9004 · 4003 h) 5050 · 4150
c) 128 · 1040 f) 4300 · 5006 i) 6700 · 1301

Prüfzahlen für die Aufgaben 11 und 12:
3780; 74 185; 74 304; 133 120; 504 392; 825 120; 1 561 152; 1 664 648; 1 820 224; 1 968 419; 3 531 000; 4 022 592; 8 716 700; 12 263 360; 20 957 500; 21 525 800; 26 955 159; 36 043 012

**13** Übertrage und ergänze.

a)
420□3 · 2□23
8□146
4□□73
84□□6
1□621□
89 320□□9

b)
2□4□0 · 56□4
14740□
176880
14□400
117□20
1□□□799□□

**14** Wer hat die Ausdauer und findet das seltsame Ergebnis?

4 119 345 674 893 · 2997

**15** Übertrage die Rätsel in dein Heft und fülle die leeren Felder aus.

a)

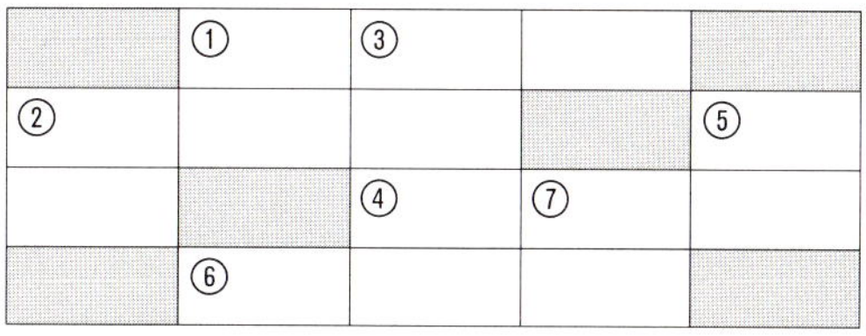


**waagerecht**
① 17 · 15
② 42 · 12
④ 3 · 93
⑥ 41 · 16

**senkrecht**
① 4 · 5
② 2 · 27
③ 155 · 35
⑤ 9 · 11
⑦ 19 · 4

b)

**waagerecht**
③ 392 · 48
⑤ 17 · 24
⑥ 3 · 231
⑦ 83 · 12
⑨ 5 · 100
⑩ 7 · 8479

**senkrecht**
① 18 · 16
② 3 · 72
③ 35 · 297
④ 863 · 81
⑧ 17 · 41
⑨ 62 · 9

# Potenzen

Peter baut in seinem Zimmer ein Modell einer Achterbahn. Die Talfahrtstrecke möchte er mit mehreren Pfeilern abstützen. Er beginnt mit einem 2 cm hohen Pfeiler und verdoppelt die Höhe der nachfolgenden Pfeiler jeweils. Mit Hilfe der Tabelle berechnet er die Pfeilerhöhe.

| Pfeiler | Höhe |
|---|---|
| 1. Pfeiler | 2 cm |
| 2. Pfeiler | $(2 \cdot 2)$ cm = 4 cm |
| 3. Pfeiler | $(2 \cdot 2 \cdot 2)$ cm = 8 cm |
| 4. Pfeiler | $(2 \cdot 2 \cdot 2 \cdot 2)$ cm = 16 cm |
| … | … … |

**1** Der wievielte Pfeiler ist 32 cm hoch?

**2** Berechne die Höhe des 8. Pfeilers.

> Produkte mit gleichen Faktoren schreiben wir kürzer als **Potenz**.
>
> $3 \cdot 3 \cdot 3 \cdot 3 \cdot 3 = 3^5$ (drei hoch fünf) $3^5 = 243$
>
> Grundzahl: 3 — Hochzahl: 5 — Potenz: $3^5$

## Übungen

**3** Schreibe die Rechnung zu Aufgabe 2 als Potenz.

**4** Schreibe die folgenden Produkte als Potenzen.

a) $3 \cdot 3 \cdot 3 \cdot 3$ b) $10 \cdot 10 \cdot 10$ c) $4 \cdot 4 \cdot 4$
d) $7 \cdot 7 \cdot 7 \cdot 7 \cdot 7 \cdot 7 \cdot 7$ e) $2 \cdot 2 \cdot 2 \cdot 2 \cdot 2$ f) $5 \cdot 5$

**5** Schreibe die folgenden Potenzen als Produkte und berechne sie.

a) $3^3$ c) $3^5$ e) $5^3$ g) $5^5$ i) $7^2$ k) $2^7$
b) $9^2$ d) $9^3$ f) $4^2$ h) $2^4$ j) $10^3$ l) $6^4$

**6** Vergleiche und setze das richtige Zeichen (=, >, <) ein.

a) $4^4$ □ $16^2$ c) $10^5$ □ $100^2$ e) $5^2$ □ $2^5$
b) $9^2$ □ $6^3$ d) $3^4$ □ $4^3$ f) $2^6$ □ $8^2$

**7** Zerlege in gleiche Faktoren und schreibe als Potenz.

a) 49 c) 81 e) 64 g) 27 i) 256
b) 128 d) 144 f) 121 h) 125 j) 343

**8** a) Zeichne, so weit du in Erfahrung bringen kannst, den Stammbaum deiner Familie der letzten 3 Generationen.

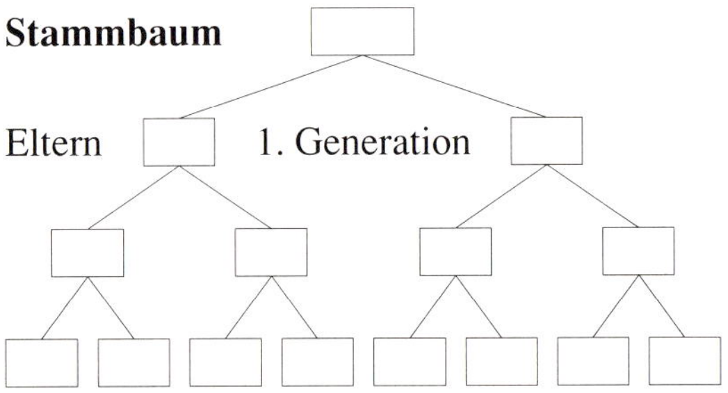


b) Rechne aus, wie viele Kästchen du für die 4. Generation und für die 7. Generation zeichnen müsstest?

# Potenzen für Stufenzahlen

Die Stufenzahlen im Dezimalsystem 100, 1000, 10 000 … kann man kürzer schreiben:

$100 = 10 \cdot 10 = 10^2$
$1000 = 10 \cdot 10 \cdot 10 = 10^3$
$10\,000 = 10 \cdot 10 \cdot 10 \cdot 10 = 10^4$
$100\,000 = 10 \cdot 10 \cdot 10 \cdot 10 \cdot 10 = 10^5$
⋮

Man liest: $10^2$ – *„zehn hoch zwei"*
$10^3$ – *„zehn hoch drei"*
$10^4$ – *„zehn hoch vier"*
$10^5$ – *„zehn hoch fünf"*
⋮

Man nennt $10^2$, $10^3$, $10^4$, … **Potenzen von 10** oder **Zehnerpotenzen**.

Beachte: $10^1 = 10$
$10^0 = 1$

Grundzahl — Hochzahl

$10^3 = 1000$

Potenz

**Beispiel**

Wir tragen die Zehnerpotenzen in die Dezimaltafel ein und schreiben Zahlen als Summe von Zehnerpotenzen.

| Milliarden | | | Millionen | | | Tausend | | | | | |
|---|---|---|---|---|---|---|---|---|---|---|---|
| H | Z | E | H | Z | E | H | Z | E | H | Z | E |
| $10^{11}$ | $10^{10}$ | $10^9$ | $10^8$ | $10^7$ | $10^6$ | $10^5$ | $10^4$ | $10^3$ | $10^2$ | $10^1$ | $10^0$ |
| | | | | | | | | 6 | 8 | 2 | 9 |
| | | 4 | 5 | 2 | 0 | 4 | 1 | 3 | 7 | 6 | 8 |

$= 6 \cdot 10^3 + 8 \cdot 10^2 + 2 \cdot 10^1 + 9 \cdot 10^0$
$= 4 \cdot 10^9 + 5 \cdot 10^8 + 2 \cdot 10^7 + 0 \cdot 10^6 + 4 \cdot 10^5 + 1 \cdot 10^4 + 3 \cdot 10^3 + 7 \cdot 10^2 + 6 \cdot 10^1 + 8 \cdot 10^0$

**Übungen**

**1** Schreibe als Potenz von 10.
a) $10 \cdot 10 \cdot 10$
b) $10 \cdot 10$
c) 10
d) 1
e) $10 \cdot 10 \cdot 10 \cdot 10$
f) $10 \cdot 10 \cdot 10 \cdot 10 \cdot 10 \cdot 10 \cdot 10$
g) $10 \cdot 10 \cdot 10 \cdot 10 \cdot 10$
h) $10 \cdot 10 \cdot 10 \cdot 10 \cdot 10 \cdot 10$

**2** Schreibe als Potenz von 10.
a) 1000
b) 10 000
c) 1 000 000
d) 100 000 000
e) 100 000
f) 10 000 000
g) 1 000 000 000
h) 10 000 000 000

**3** Schreibe mit Zehnerpotenzen.
a) 70 b) 400 c) 3000 d) 50 000

**4** Schreibe mit Zehnerpotenzen.
a) 90 000
b) 7 000 000
c) 30 000 000
d) 800 000
e) 3 000 000 000
f) 60 000 000
g) 500 000 000
h) 200 000 000 000

**5** Schreibe ohne Zehnerpotenzen.
a) $5 \cdot 10^4$
b) $3 \cdot 10^7$
c) $2 \cdot 10^2$
d) $9 \cdot 10^1$
e) $8 \cdot 10^3$
f) $7 \cdot 10^5$

**6** Schreibe die Zahlen als Summe von Zehnerpotenzen.
a) 9753
b) 82 097
c) 307 056
d) 4 206 084
e) 17 000 017
f) 32 085 200
g) 46 208 000
h) 357 063 091

# Schriftliche Division

Wie bei der schriftlichen Multiplikation können wir mit Hilfe des Distributivgesetzes die Division auch mit größeren Zahlen ausführen. Wir müssen hierbei aber beachten, dass wir den Dividenden in geeignete Vielfache des Divisors zerlegen.

## Beispiele

**1.** $6936 : 3 = \square$

Überschlag: $6000 : 3 = 2000$

$$6936 : 3 = \square$$
$$(6000 + 900 + 30 + 6) : 3 = \square$$
$$6000 : 3 + 900 : 3 + 30 : 3 + 6 : 3 = \square$$
$$2000 + 300 + 10 + 2 = 2312$$

*Kurzform*

```
6 9 3 6 : 3 = 2 3 1 2
6
-
  9
  9
  -
    3
    3
    -
      6
      6
      -
      0
```

Das Ergebnis der Division kann durch die Multiplikation überprüft werden.

*Probe:*

```
2312 · 3
--------
    6936
    ====
```

**2.** $9630 : 45 = \square$

Überschlag: $10\,000 : 50 = 200$

```
9630 : 45 = 214
90
--
 63
 45
 --
  180
  180
  ---
    0
```

*Probe:*

```
214 · 45
   856
  1070
     1
  ----
  9630
  ====
```

**3.** $142\,809 : 263 = \square$

Überschlag: $150\,000 : 300 = 500$

```
142 809 : 263 = 543
131 5
-----
 11 30
 10 52
 -----
    789
    789
    ---
      0
```

*Probe:*

```
543 · 263
   108 6
    32 58
     1 629
     1 1 1
   -------
   142 809
   =======
```

## Übungen

**1** Übertrage und ergänze.

a)

```
1 7 2 5 : 5 = 3 □
1 5
---
  2 2
  2 0
  ---
    2 5
```

b)

```
1 0 9 8 : 6 = 1 □
  6
---
  4 9
  4 8
  ---
    1 8
```

**2** Übertrage und ergänze.

a)

```
5 1 4 2 : 6 = 8 □
□ □
---
  3 4
  □ □
  ---
    4 2
    □ □
    ---
      0
```

```
7 2 4 0 : 8 = □ 0 □
□ □
---
  0 4
    0
  ---
    □ □
    □ □
    ---
      0
```

b)

```
5 0 4 0 : 9 = □ 0
4 5
---
  5 4
  □ □
  ---
    0 0
```

```
6 1 8 1 : 7 = □ 3
□ □
---
  □ 5 □
  □ □
  ---
    □ 2 □
    □ □
    ---
      0
```

**3** Überschlage, dividiere schriftlich und mache die Probe.
a) 9735 : 3 d) 7326 : 6 g) 8680 : 7
b) 9824 : 4 e) 7854 : 7 h) 8832 : 8
c) 6565 : 5 f) 7635 : 3 i) 9216 : 9

**4** Überschlage, dividiere schriftlich und überprüfe durch Multiplikation.
a) 4606 : 7 c) 4295 : 5 e) 6282 : 9
b) 6280 : 8 d) 1680 : 3 f) 4032 : 8

**5** Überschlage und dividiere.
a) 6650 : 7 c) 8045 : 5 e) 39 512 : 4
b) 77 200 : 8 d) 28 527 : 3 f) 48 265 : 7

**6** Vergleiche die Ergebnisse.
a) 11 220 : 2 und 11 220 : 20
b) 33 250 : 5 und 33 250 : 50
c) 31 360 : 4 und 31 360 : 40
d) 68 950 : 7 und 68 950 : 70
e) 50 760 : 9 und 50 760 : 90

**7** Übertrage und ergänze.

a) 43 960 : 56 = 7□□
□□□
476
□□□
280
□□□
0

c) 12 880 : 28 = □□0
112
168
□□□
00
□
0

b) 7548 : 37 = □0□
□□
14
0
148
□□□
0

d) 9555 : 65 = □□□
□□
30□
□□□
45□
□□□
0

**8** Dividiere. Überschlage vorher.
a) 41 100 : 30 d) 534 000 : 600
b) 62 400 : 40 e) 4 550 000 : 7000
c) 935 000 : 500 f) 9 128 000 : 8000

**9** Berechne. Mache dann die Probe.
a) 11 412 : 12 d) 50 464 : 16
b) 9152 : 11 e) 16 362 : 18
c) 102 326 : 14 f) 874 551 : 19

**10** Ist das Ergebnis 78 oder 87?
a) 3276 : 42 e) 2028 : 26
b) 2088 : 24 f) 5394 : 62
c) 2262 : 26 g) 3654 : 42
d) 1872 : 24 h) 3822 : 49

**11** Berechne. Überschlage zunächst das Ergebnis.
a) 10 716 : 19 e) 10 332 : 84
b) 17 243 : 43 f) 11 791 : 13
c) 27 816 : 61 g) 22 360 : 52
d) 12 920 : 34 h) 11 396 : 28

**12** Überprüfe folgende Aufgaben.
a) 12 152 : 49 = 248
b) 21 979 : 31 = 709
c) 53 290 : 73 = 730
d) 38 313 : 99 = 387
e) 367 744 : 52 = 7072
f) 196 056 : 28 = 7002
g) 331 380 : 42 = 1890

**13** Ist das Ergebnis 123 oder 213 oder 321?
a) 54 528 : 256 d) 43 542 : 354
b) 82 176 : 256 e) 75 402 : 354
c) 31 488 : 256 f) 113 634 : 354

**14** Überschlage, dividiere schriftlich und mache die Probe.
a) 122 488 : 502 d) 154 624 : 604
b) 131 454 : 201 e) 166 014 : 802
c) 103 936 : 406 f) 87 636 : 109

**15** Vergleiche die Ergebnisse.
a) 83 660 : 356 b) 95 931 : 209 c) 88 296 : 312
83 660 : 235 95 931 : 459 88 296 : 283

**16** Überschlage, dividiere und überprüfe deine Ergebnisse.
a) 43 050 : 175 d) 82 620 : 540
b) 90 160 : 245 e) 37 926 : 258
c) 65 975 : 455 f) 209 934 : 321

**17** Ist 712 immer das Ergebnis?
a) 41 296 : 58 d) 643 648 : 904
b) 65 988 : 94 e) 3 565 696 : 5008
c) 366 776 : 508 f) 6 491 884 : 9004

**1** Die Firma CM verkauft Taschenrechner zum Einzelpreis von 29,50 DM. Für Schulen gibt es Sonderpreise:

| | |
|---|---|
| 10 Stück zu | 290 DM |
| 15 Stück zu | 420 DM |
| 25 Stück zu | 625 DM |
| 50 Stück zu | 1050 DM |
| 75 Stück zu | 1350 DM |
| 100 Stück zu | 1400 DM |

Berechne die Einzelpreise.

**2** Die Firma Dorp verkaufte im Monat Dezember 8 Fernsehgeräte zu je 2127 DM, 4 Videorekorder zu je 1978 DM und 12 Kassettenrekorder zu je 248 DM. Berechne die Einnahmen im Monat Dezember.

**3** Überprüfe das Angebot der Firma Silko.

*Silko-Seife*

im Dutzend billiger

| | |
|---|---|
| Großpackung 12 Stück nur | 4,08 DM |
| Einzelpackung | 0,36 DM |

**4** Die Post verlegt in einem Neubaugebiet 28 Telefonanschlüsse und berechnet pro Anschluss eine Gebühr von 212 DM. Wie viel DM kann die Postverwaltung insgesamt berechnen?

**5** Die Stadtverwaltung berechnet die jährlichen Nebenkosten für das Hochhaus Nr. 104:

| | |
|---|---|
| Müllabfuhr: | 1512 DM |
| Kanalgebühren: | 9576 DM |
| Straßenreinigungskosten: | 126 DM |

a) Wie viel DM bezahlt jeder der 42 Mieter für die Müllabfuhr?

b) Welche Nebenkosten hat jeder der 42 Mieter monatlich?

**6** Für das Fußballspiel München gegen Hamburg wurden 2000 Karten für den VIP-Bereich, 14 000 Sitzplatzkarten und 38 000 Stehplatzkarten verkauft.

a) Bestimme die Zahl der Zuschauer.

b) Berechne die Gesamteinnahme.

**7** In einer Minute schaffte 1997 die deutsche Meisterin im Computerschreiben 651 Tastaturanschläge. Wie viele Anschläge würde sie bei gleichbleibendem Schreibtempo in 7 Minuten schaffen?

**8** Tim und Denise messen ihren Schulweg in Schritten aus. Tim zählt 4350 Schritte, Denise 3891. Wie viel Meter müssen beide täglich zurücklegen, wenn die Schrittlänge 75 cm beträgt?

**9**

a) Wie viele Umdrehungen macht das Rad dann in fünf Minuten, in 28 Minuten, in 45 Minuten?

b) Schätze ab, ob das Rad in 15 Minuten mehr als 10 000 Umdrehungen gemacht hat.

**10** Patrik legt mit seinem Rad in einer Stunde 15 km zurück, sein Vater schafft mit dem Pkw viermal so viel, und der D-Zug von Aachen nach Köln schafft in einer Minute 2 km. Wie viel km schafft Patrik (sein Vater, der D-Zug) in 6 Stunden?

**11** Ein Auto wird getestet. Dabei werden 476 km auf der Autobahn mit gleichbleibender Geschwindigkeit in genau vier Stunden zurückgelegt. Wie viel Kilometer wurden in einer Stunde gefahren?

**12** Herr Lopes kauft einen neuen Lieferwagen für 48 960 DM. Er zahlt 27 360 DM an, den Restbetrag will er in 36 gleichen Monatsraten bezahlen.

a) Berechne die Höhe der Monatsraten.

b) Wie viel DM müsste Herr Lopes monatlich bezahlen, wenn er den Restbetrag in 24 Monatsraten (12 Monatsraten) zurückzahlen würde?

**13**

Marion stellt bei einem Gewitter fest, dass nach der Beobachtung eines Blitzes noch 17 Sekunden vergehen, bis der Donner hörbar wird. Wie weit ist das Gewitter entfernt, wenn der Schall in einer Sekunde ungefähr 330 Meter zurücklegt?

**14** Sandra hat für ihre Klasse bei einer Buchhandlung eine Sammelbestellung für einen Buchtitel aufgegeben. Für die 29 Bücher wird ihr vom Buchhändler eine Rechnung über 506,05 DM ausgestellt. Welchen Betrag muss Sandra von jeder Schülerin und jedem Schüler einsammeln?

**15** Die Abendvorstellung im Filmtheater war am Sonntag ausverkauft. Besucher, die Karten für einen der 80 Logenplätze kauften, zahlten 12 DM. Für alle übrigen Plätze mussten 8 DM bezahlt werden. In der Abendkasse waren insgesamt 4160 DM. Wie viele Besucher waren in der Vorstellung?

**16** Spiel 71 (für 2 Personen)
benötigt werden: 3 Würfel, Zettel und Stift

Wer mit einem Würfel die höchste Augenzahl würfelt, beginnt. Abwechselnd wird mit drei Würfeln gewürfelt.

Ziel des Spiels: Die gewürfelten Augenzahlen werden mit den vier Grundrechenarten zusammengerechnet, auch mit Hilfe von Klammern. Die Ergebnisse werden auf dem Zettel notiert und nacheinander addiert. Wer den Wert 71 erreicht oder den „Gegner" über die 71 „befördert", hat gewonnen.

Tipp: Am Anfang sollte das Ergebnis möglichst groß werden, um den „Gegner" schnell in die „Klemme" zu bringen.

Beispiel:

Spieler A Spieler B

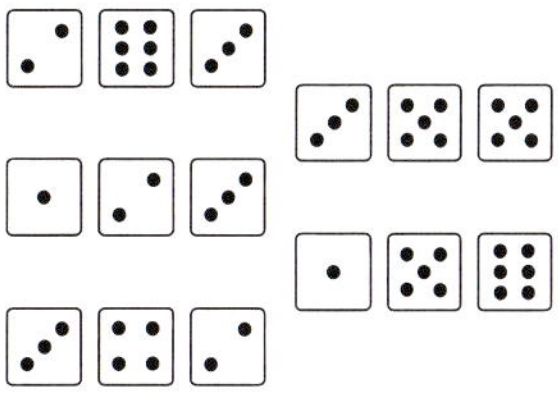

| | |
|---|---|
| $2 \cdot 3 \cdot 6 = 36$ | 36 |
| $3 \cdot 5 + 5 = 20$ | 56 |
| $(3 + 1) \cdot 3 = 12$ | 68 |
| $6 - 5 + 1 = 2$ | 70 |
| $3 - 4 : 2 = 1$ | **71** |

Spieler A hat gewonnen.

# Kosten für einen Hund

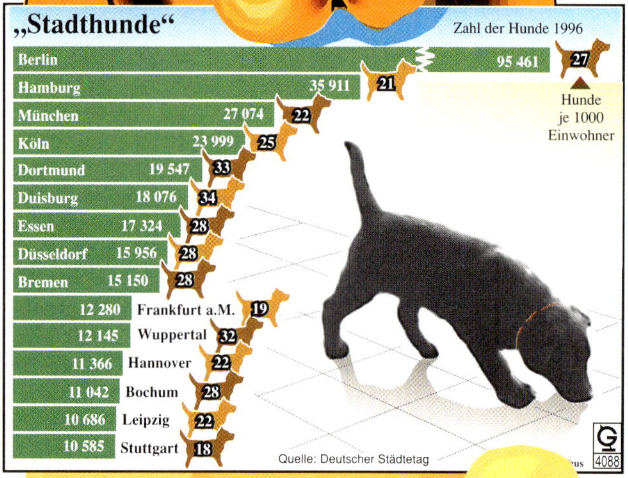


Die Ausgaben für die Heimtiere betrugen in einem Jahr insgesamt 3 200 000 Mark für Fertignahrung und 1 200 000 Mark für Zubehör.

Das Leben eines Hundes in der Großstadt ist nicht einfach. Oft ist der Auslauf begrenzt, die Haltung in Wohnungen problematisch.

Trotzdem halten Großstädter auch gerne Hunde.

Ein Hund kann mit jeder Vollnahrung gefüttert werden. Das Hundefutter kann aus einer Sorte bestehen oder auch gemischt werden.

Auf den Packungen stehen Richtwerte für die Fütterung. Der individuelle Bedarf hängt zum Beispiel von der Rasse, dem Alter oder der Aktivität des Hundes ab.

Große Hunde (30 kg bis 50 kg) benötigen ungefähr 500 g bis 800 g Futter pro Tag. Kleine Hunde (7 kg bis 12 kg) benötigen ungefähr 170 g bis 250 g Futter pro Tag.

In Deutschland ist die Zahl der Haustiere sehr hoch.

1996 gab es 23,3 Millionen Haustiere, davon 5 Millionen Hunde.

Anschaffungskosten:

| | Berner Sennen | Dackel |
|---|---|---|
| Welpe | 1200 DM | 800 DM |
| Korb | 145 DM | 75 DM |
| Halsband | 45 DM | 25 DM |
| Kette | 35 DM | – |
| 2 Fressnäpfe | 30 DM | 20 DM |
| Bürste | 38 DM | 25 DM |
| Leine | 75 DM | 45 DM |

Außerdem benötigt ein Hund einmal im Jahr eine Impfung, die für jeden Hund etwa 90 DM kostet. Eine Entwurmung zweimal im Jahr ist unumgänglich und kostet jedes Mal etwa 30 DM. Die Hundesteuer muss bezahlt werden. Sie wird meist in jedem Ort verschieden festgelegt. In Remscheid zum Beispiel kostet die Hundesteuer 180 DM pro Jahr, jedoch im nahegelegenen Wermelskirchen nur 108 DM pro Jahr.
Die Größe des Hundes spielt dabei keine Rolle. Hunde sollten auch versichert sein. Unabhängig von der Größe beträgt sie pro Jahr etwa 242 DM. Wer auch eine Krankenversicherung abschließen möchte, muss weiterhin mit mindestens 60 DM monatlich rechnen.

Eine mögliche Tagesration mit gemischtem Futter:

| | Berner Sennen | Dackel |
|---|---|---|
| Frischfleisch | $\frac{1}{2}$ Dose (Packung) | $\frac{1}{4}$ Dose (Packung) |
| trockene Vollnahrung | $\frac{1}{4}$ Karton | $\frac{1}{8}$ Karton |
| Doko | $\frac{1}{4}$ Karton | – |
| Leckerlis | 10 Stück | 4 Stück |

## checkpoint

**1** Zerlege mit Hilfe des Distributivgesetzes geeignet und rechne aus.
a) $11 \cdot 47$ b) $540 : 45$ (4 Punkte)

**2** Rechne einen Überschlag und berechne das Ergebnis.
a) $357 \cdot 49$ c) $34\,618 : 19$
b) $497 \cdot 306$ d) $223\,713 : 603$ (5 Punkte)

**3** Schreibe als Potenz.
a) $2 \cdot 2 \cdot 2 \cdot 2 \cdot 2 \cdot 2 \cdot 2$
b) $7 \cdot 7 \cdot 7$ (2 Punkte)

**4** Schreibe als Potenz und rechne aus.
a) $2^4$ b) $15^2$ c) $10^3$ (3 Punkte)

**5** Im Laufe eines Tages wurden folgende Lufttemperaturen gemessen:
18 °C; 19 °C; 21 °C; 25 °C; 22 °C.
Berechne die mittlere Lufttemperatur des Tages, indem du die Messwerte addierst und durch ihre Anzahl teilst. (2 Punkte)

**6** Ein Radiogerät wird in zwei Geschäften zum Ratenkauf angeboten. Elektro-Meier bietet 11 Monatsraten zu je 32,11 DM, Elektro-Schmitz bietet 9 Monatsraten zu je 36,79 DM. Wo würdest du kaufen? (3 Punkte)

**7** Im Skiurlaub kosten Sechserkarten für den Skilift 12,50 DM. Wie viele Sechserkarten kann sich Sabrina für ihre 75 DM Taschengeld kaufen? (2 Punkte)

**8** Jörg kauft sich ein Lineal für 1,50 DM, drei Päckchen Tintenpatronen zu je 1,65 DM, vier Hefte zu je 1,45 DM, zwei Bleistifte zu je 0,75 DM und fünf Hefter zu je 1,75 DM. Er bezahlt mit 30 DM. Wie viel Geld bekommt er zurück? (4 Punkte)

**Daten**

**1** Auf die Frage nach der Lieblingsfarbe antworten die Kinder nacheinander so:
blau, gelb, rot, rot, schwarz, lila, grün, rot, blau, orange, gelb, rot, schwarz, blau, lila, grün
Zeichne zu dieser Befragung eine Strichliste mit Häufigkeitstabelle.

**2** Die Tabelle zeigt, wie viel Niederschlag in mm im langjährigen Mittel monatlich in Köln fällt.

| Jan. | Febr. | März | April | Mai | Juni |
|---|---|---|---|---|---|
| 55 | 52 | 42 | 52 | 58 | 77 |

| Juli | Aug. | Sep. | Okt. | Nov. | Dez. |
|---|---|---|---|---|---|
| 69 | 82 | 59 | 54 | 60 | 57 |

a) In welchem Monat fällt am meisten, in welchem Monat fällt am wenigsten Niederschlag? Gib das Maximum und das Minimum an.
b) Bestimme die Spannweite des Niederschlags in Köln.
c) Wie viel Niederschlag fällt im Mittel in einem Monat in Köln? Bestimme dafür den Zentralwert.
d) Zeichne ein Säulendiagramm für die Niederschlagshöhen. Wähle 1 mm Säulenhöhe für je 1 mm Niederschlagshöhe.
e) Wie viel mm Niederschlag fallen jährlich insgesamt in Köln?

**3** Zeichne einen Zahlenstrahl und lege die Einheiten so fest, dass du die Zahlen darauf markieren kannst.
a) 3; 7; 9; 14; 17; 20
b) 300; 280; 520; 550; 220; 650
c) 860; 940; 1100; 790; 870; 980
d) 6100; 1400; 4500; 10 000; 8900

**4** Setze im Heft zwischen die Zahlen das richtige Zeichen (<; >; =).
a) 4000   3999
b) 80 707   80 799
c) 7 610 451   7 610 441
d) 20 010   20 200
e) 4 003 056   4 005 036

**5** Ordne die Flüsse der Länge nach:
Saar (246 km); Main (524 km); Rhein (1236 km); Elbe (1144 km); Donau (2850 km); Neckar (370 km); Oder (860 km).

**6** Schreibe ins Heft, rechne aus und setze das richtige Zeichen (<; >; =).
a) 1200 + 85   1285
b) 17 400 – 1400   12 200 – 200
c) 999 + 101   999 + 1101
d) 50 · 7   250 – 20

**7** Ordne die Zahlen der Größe nach. Beginne mit der kleinsten Zahl.
a) 4343; 4334; 3344; 4433; 3443; 3434
b) 3 960 000; 3 690 000; 3 669 000; 3 696 000; 3 966 000

**8** Wandle die römischen Zahlen bzw. die Dualzahlen ins Dezimalsystem um.
a) XXXII   c) CMLVII   e) $1110_{(2)}$
b) XLIX   d) $101_{(2)}$   f) $10011_{(2)}$

**9** Schreibe in römischen Zahlzeichen.
a) 94   b) 47   c) 317   d) 1999

**10** Übertrage ins Dualsystem.
a) 17   b) 27   c) 38   d) 111

**11** Zahle die Waren mit möglichst wenig Münzen. Wie viele Münzen benötigst du für jeden Artikel?

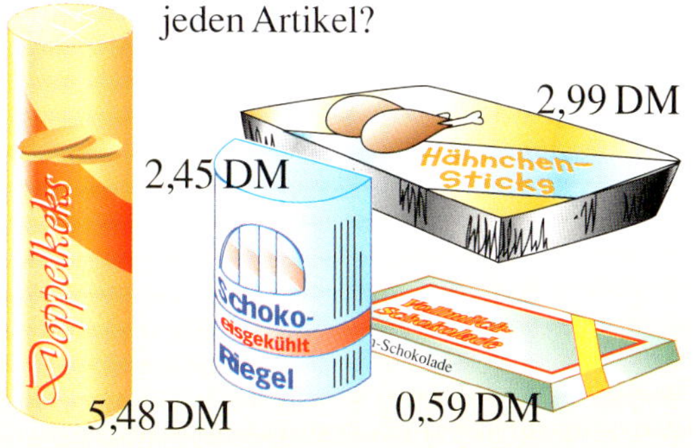


**12** Wandle in DM um.
a) 400 Pf   d) 4590 Pf   g) 7 DM 83 Pf
b) 1700 Pf   e) 1788 Pf   h) 3 DM 83 Pf
c) 23 500 Pf   f) 13 476 Pf   i) 17 DM 6 Pf

**13** Wandle in Pf um.

a) 7,25 DM d) 100 DM g) 2 DM 7 Pf
b) 6,72 DM e) 10,90 DM h) 34 DM 18 Pf
c) 5,02 DM f) 14,99 DM i) 90 DM 1 Pf

**14** Rechne in die nächstkleinere Einheit um.

a) 35 cm c) 6 dm e) 1,2 m g) 0,4 dm
b) 51 m d) 9 km f) 6,5 cm h) 0,25 km

**15** Schreibe in der angegebenen Einheit.

a) 5 m (cm) c) 13 km (m) e) 90 cm (m)
b) 17 dm (mm) d) 430 dm (m) f) 534 mm (cm)

**16** Schreibe in der angegebenen Einheit.

a) 13 000 g (kg) c) 2000 mg (g) e) 0,03 kg (g)
b) 450 kg (g) d) 8500 kg (t) f) 760 mg (g)

**17** Der jährliche Berg an Hausmüll wog 1995 in Deutschland 29 Millionen Tonnen (Sperrmüll ist dabei nicht mitgerechnet). Davon werden rund 8 600 000 t wiederverwertet. Am höchsten ist die Wiederverwertungsquote bei Glas mit 3 800 000 t, die niedrigste bei Aluminium mit 100 000 t. Rechne in kt und in Mt um.

**18** Rechne um.

a) in s: 8 min; 46 min; 15 min 53 s; 2 h 37 min
b) in min: 8 h; 240 s; 6 h 21 min; 5 h 30 min;
c) in min: 1410 s; 200 s; 2 min 15 s;
d) in h: 8 Tage; 3 Tage 12 h; 960 min;
e) in h: 930 min; 1040 min; 4 h 10 min;
f) in Tage: 48 h; 120 h; 2880 min; 5040 min

**19** Bestimme die Zeitspanne zwischen den gelben Fahrplanstreifen.

| Haltestellen | Abfahrzeiten | | | |
|---|---|---|---|---|
| Remscheid-Lennep ab | 5:11 | 6:23 | 6:53 | 7:25 |
| Kreishaus | 13 | 25 | 55 | 27 |
| Trecknase | 15 | 27 | 58 | 29 |
| Höhenweg | 17 | 29 | 7:00 | 32 |
| Schule zur Strasse | 18 | 30 | 01 | 33 |
| Bergerhöhe | 19 | 31 | 02 | 34 |
| Buchholzer Weg | 20 | 31 | 02 | 34 |
| Bergisch Born | 20 | 32 | 03 | 35 |
| Bornfeld | 24 | 36 | 07 | 39 |
| Langenbusch | 26 | 38 | 09 | 41 |
| Hückeswagen, Bahnhofstr. | 36 | 49 | 22 | 54 |
| Hämmern | 43 | 56 | 28 | 8:00 |
| Wipperführth, Busbf. | 49 | 7:03 | 36 | 10 |
| Marienheide, Busbf. | 6:16 | 23 | 8:01 | 39 |
| Gummersbach; Bf. an | 6:35 | 7:45 | 8:30 | 9:08 |

**20** Trage die Zahlen in eine Dezimaltafel ein.

a) fünf Millionen achthundertvierundvierzig
b) neunundvierzig Millionen achtzehn
c) achthundertfünfundneunzigtausendsieben
d) sechshundert Millionen achthundertviertausendeinundzwanzig
e) achthundertdreizehn Millionen viertausenddreihundertneunundneunzig

**21** Ausgaben für Berlins Grünanlagen

Runde die Beträge auf Hunderttausend.

**22** Runde die gegebenen Zahlen auf Zehner, Hunderter und Tausender.

a) 2286 c) 85 792 e) 99 999
b) 37 051 d) 17 386 f) 358 496

**23** Runde die Besucherzahlen der 6 meistbesuchten Kinofilme nach dem Stand der 2. Märzwoche 1997 auf Tausender.

1 Space Jam neu (1. Woche)
Besucher: 437 948

2 Rossini – oder die … (3. Woche)
Besucher: 367 851 Gesamt: 1 576 649

3 Daylight neu (1. Woche)
Besucher: 314 200

4 Sleepers (2. Woche)
Besucher: 286 384 Gesamt: 781 180

5 Liebe hat zwei Gesichter neu (1. Woche)
Besucher: 119 645

6 Evita (5. Woche)
Besucher: 81 850 Gesamt: 1 000 130

**24** Runde die Fischfangerträge von 1993 auf ganze Zahlen, zeichne ein Säulendiagramm.
China (10,1 Mio. t); Peru (8,4 Mio. t);
Japan (8,3 Mio. t); Norwegen (2,6 Mio. t);
Russische Förderation (4,2 Mio. t);
Chile (6 Mio. t)

## Mathematische Grundfertigkeiten – Zeichentechniken

**1** Übertrage das Koordinatensystem mit den angegebenen Punkten ins Heft.

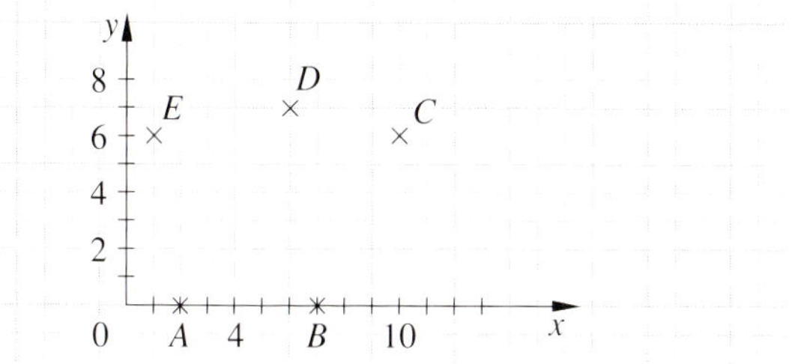


Verbinde nacheinander durch Strecken die Punkte *A*, *B*, *C*, *D*, *E* und *A* zu einem Fünfeck, zeichne auch die Strecken *AC*, *AD*, *BE*, *BD* und *CE*. Miss die Länge jeder angegebenen Strecke und schreibe sie auf.

**2** Zeichne von einem Punkt *P* aus acht Strahlen wie in der Zeichnung angegeben.

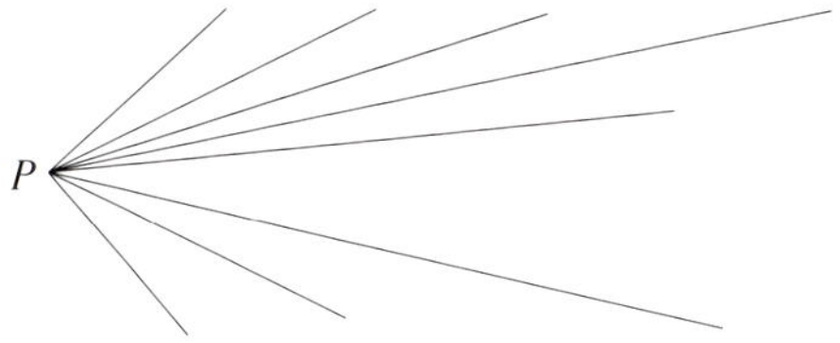


Zeichne von oben nach unten auf je einem Strahl jeweils die gegebene Strecke und beschrifte den Endpunkt.
(Denke daran: Punkte werden mit Großbuchstaben beschriftet.)

| | | |
|---|---|---|
| $PA = 3$ cm | $PD = 8{,}5$ cm | $PG = 38$ mm |
| $PB = 4{,}5$ cm | $PE = 52$ mm | $PH = 17$ mm |
| $PC = 7$ cm | $PF = 68$ mm | |

**3** Miss den Abstand zwischen den Parallelen und fülle die Tabelle aus.

| zwischen | Abstand |
|---|---|
| *g* und *h* | mm |
| *m* und *n* | cm |
| *s* und *t* | mm |

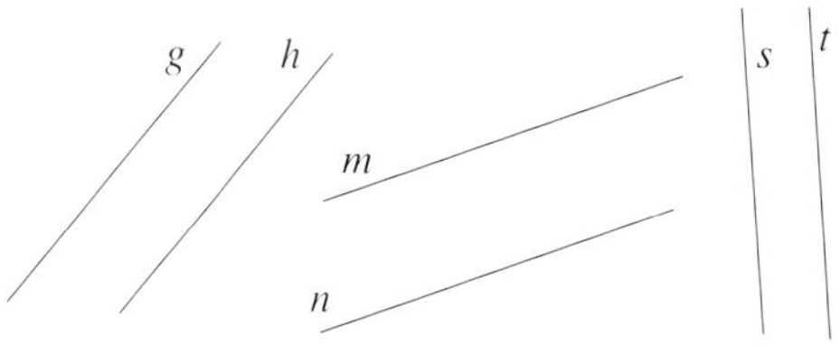


**4** Überprüfe mit dem Geodreieck, welche Geraden zueinander parallel sind. Ergänze im Heft die unvollständige Schreibweise für parallele Geraden.

| | | |
|---|---|---|
| $a \parallel$ | $f \parallel$ | $h \parallel$ |
| $e \parallel$ | $g \parallel$ | $i \parallel$ |

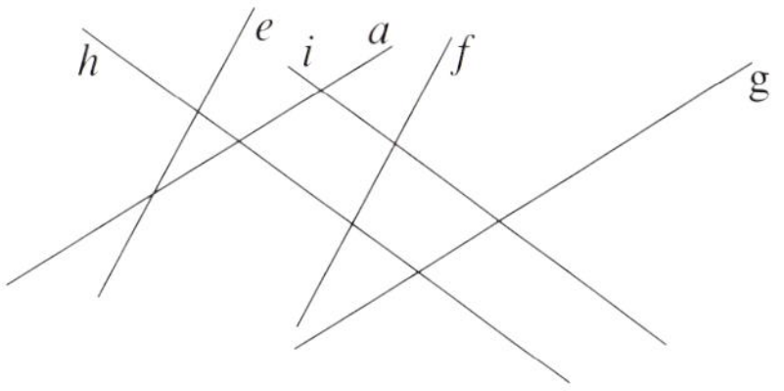


**5** Übertrage das Koordinatensystem mit den angegebenen Punkten ins Heft.

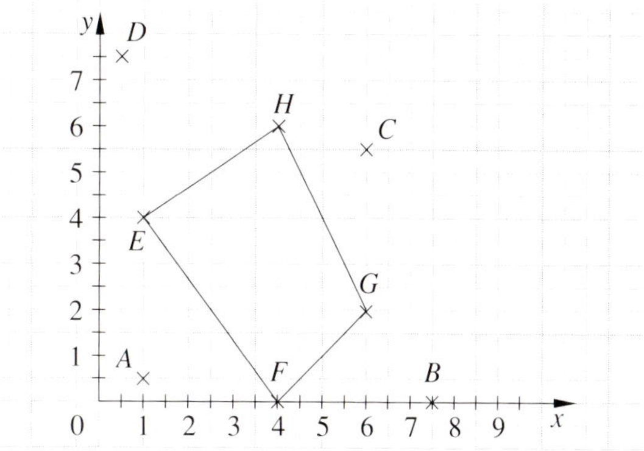


Zeichne nach der Tabelle jeweils die Senkrechte von dem Punkt auf die Strecke. Miss diesen Abstand.

| Punkt | Strecke | Abstand |
|---|---|---|
| *A* | *EF* | mm |
| *B* | *FG* | mm |

| Punkt | Strecke | Abstand |
|---|---|---|
| *C* | *GH* | mm |
| *D* | *EH* | mm |

**6** Zeichne wie im Beispiel zwei Geraden ins Heft.

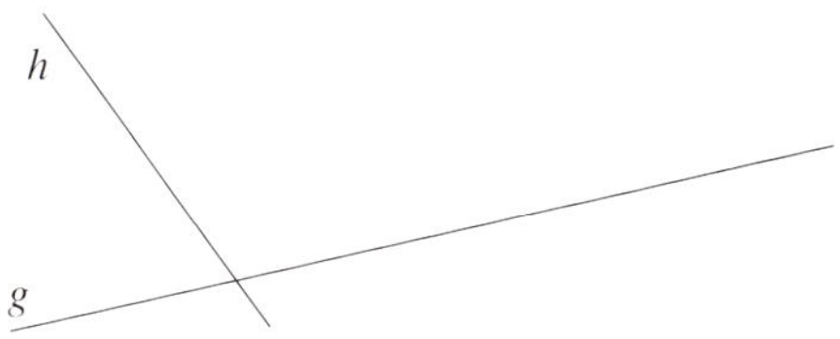


Zeichne zur Geraden *g* drei Parallelen mit je 1 cm, 1,5 cm und 2 cm Abstand. Zeichne zur Geraden *h* drei Parallelen mit je 1,3 cm, 2,6 cm und 3,9 cm Abstand.

**7** Miss die Radien der Kreise um den Punkt $N$ und ergänze im Heft.

$r_1 = \square$ mm; $r_2 = \square$ mm; $r_3 = \square$ mm

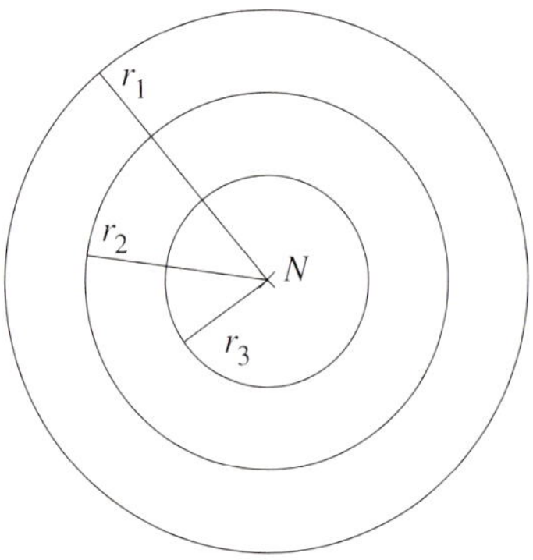


**8** Übertrage das Koordinatensystem mit den Punkten ins Heft.

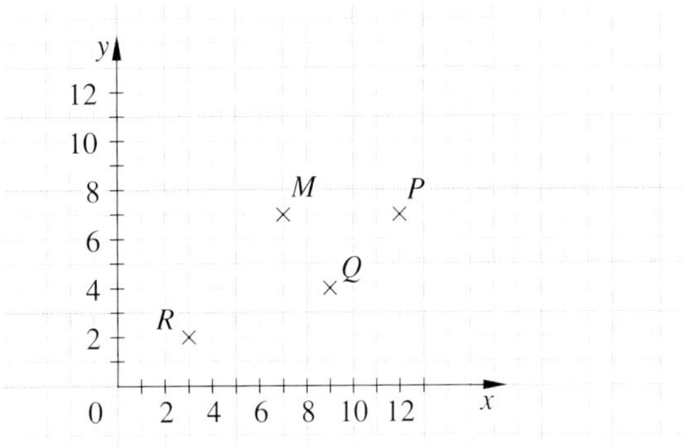


Zeichne um den Punkt $M$ je einen Kreis durch die Punkte $P$, $Q$ und $R$.

**9** Zeichne die Strecke $AB$ = 6 cm ins Heft. Lege in der Mitte der Strecke $AB$ den Punkt $M$ fest und zeichne um M den Kreis, der durch die Punkte $A$ und $B$ geht. Lege irgendwo auf der Kreislinie einen Punkt $C$ fest und verbinde $C$ mit $A$ und $B$.

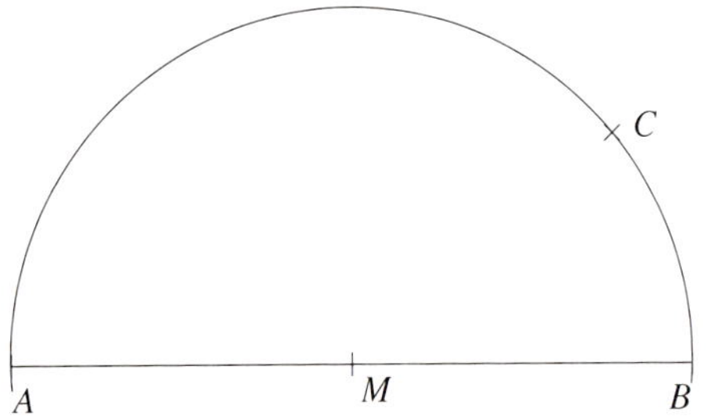


Wenn du richtig gezeichnet hast, sind die Strecken $AC$ und $BC$ senkrecht zu einander.

**10** Zeichne zwei Parallelen $g$ und $h$ im Abstand von 3 cm. Lege auf $g$ einen Punkt $A$ fest und zeichne durch diesen Punkt eine Gerade $m$, die senkrecht zu $g$ ist. Zeichne zu $m$ eine Parallele im Abstand von 3 cm. Wähle die Bezeichnung für die Punkte wie in der Zeichnung.

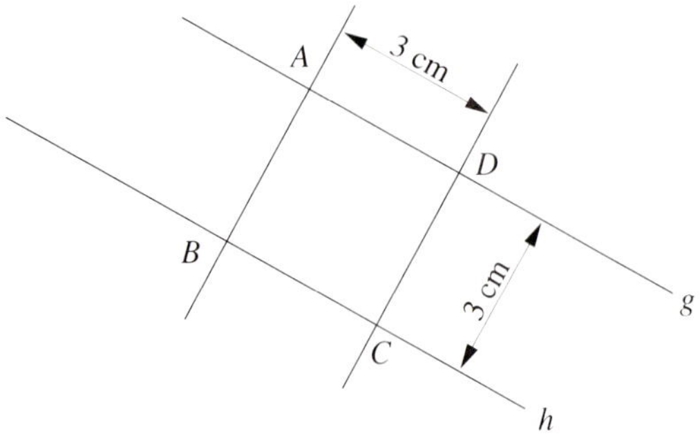


Verbinde $A$ mit $C$ und $B$ mit $D$ durch Strecken. Der Schnittpunkt der beiden Strecken ist $M$. Zeichne einen Kreis um $M$, der durch die Punkte $A$, $B$, $C$ und $D$ geht.

**11** Zeichne das Ziermuster und erweitere es um mehrere Elemente.

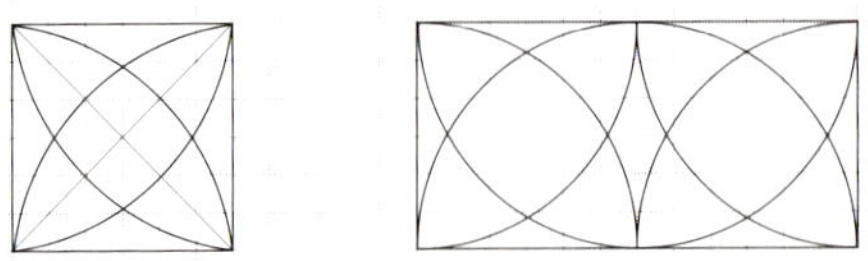

**12** Übertrage und zeichne um die Punkte $K$, $L$ und $M$ je einen Kreis mit dem Radius $r$ = 1,1 cm. Zeichne um den Punkt $P$ einen Kreis, der durch den Punkt $R$ verläuft und um den Punkt $Q$ einen Kreis, der durch den Punkt $S$ verläuft. Gib die Radien der zwei Kreise an.

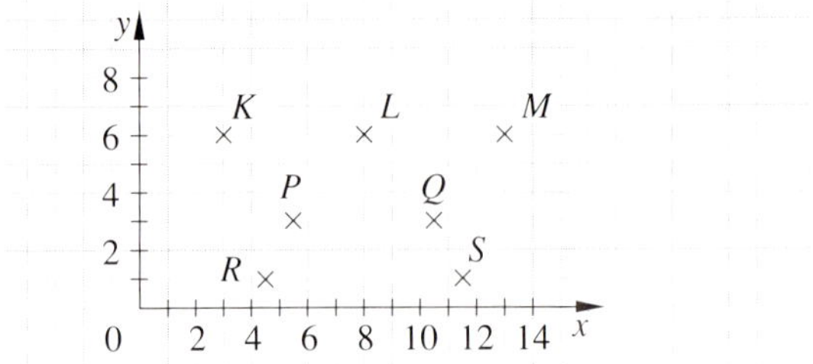


Woran erinnert dich das entstandene Bild im Koordinatensystem?

## Vergleichen und messen

**1** Zeichne einen Zahlenstrahl.
Addiere bzw. Subtrahiere.

a) 3 + 5 c) 40 + 50 e) 450 + 250
b) 7 – 2 d) 30 – 20 f) 850 – 150

**2** Rechne im Kopf.

| a) | b) | c) |
|---|---|---|
| 36 + 64 | 42 – 22 | 144 + 56 |
| 12 + 88 | 68 – 28 | 318 + 32 |
| 11 + 69 | 97 – 57 | 879 – 78 |
| 67 + 23 | 99 – 19 | 431 – 130 |
| 33 + 87 | 85 – 29 | 2320 + 117 |

**3** Rechne mit Rechenvorteilen.

a) 65 + 31 + 25 d) 23 + 25 + 12
b) 19 + 44 + 71 e) 54 + 47 + 36
c) 77 + 28 + 33 f) 38 + 63 + 12

**4** Addiere schriftlich.

a) 12 567 + 11 388
c) 235 828 + 211 112
b) 89 144 + 35 657
d) 33 889 667 + 13 416 728

**5** Subtrahiere schriftlich.

a) 1234 – 1127
c) 7 899 034 – 5 765 023
b) 7532 – 3421
d) 23 000 450 – 12 000 330

**6** Schreibe untereinander und addiere bzw. subtrahiere schriftlich.

a) 4387 + 94 110
b) 85 323 – 4322
c) 4 598 677 + 987 598 + 96 403
d) 843 054 – 571 374 – 168 256
e) 284 + 463 + 307 + 116
f) 2 500 755 – 630 842 – 935 978
g) 522 + 195 + 278 + 425
h) 455 + 987 + 96 + 1455 + 830
i) 128 327 – 72 830 – 1250 – 50 003
j) 179 000 + 64 699 + 5234 + 10 312
k) 6666 – 597 – 1263 – 2775
l) 158 811 + 6523 + 479 + 1640

**7** Ergänze die leeren Felder so, dass magische Quadrate entstehen.

a)

| | | | |
|---|---|---|---|
| 7 | 12 | | 6 |
| 14 | | | 15 |
| 2 | | 16 | |
| 11 | 8 | 5 | |

b)

| | | | |
|---|---|---|---|
| 11 | | | 10 |
| 2 | 13 | 16 | |
| 14 | 1 | | 15 |
| 7 | | 9 | |

**8** Ergänze die Tabelle im Heft.

a)

| | | | | |
|---|---|---|---|---|
| 1. Summand | 85 | | 17 | 99 |
| 2. Summand | 73 | 105 | | |
| Wert der Summe | | 199 | 58 | 301 |

b)

| | | | | |
|---|---|---|---|---|
| Minuend | 199 | | 355 | |
| Subtrahend | 61 | 125 | | 609 |
| Wert der Differenz | | 59 | 255 | 371 |

**9** Frau Hatzki kauft ein Motorrad für 9759 DM. Ihr altes Motorrad verkauft sie für 5600 DM. Auf dem Sparbuch hat sie 4898 DM. Wie viel Geld behält sie übrig?

**10** Janinas Vater will die Küche teilweise neu einrichten. Er kauft einen neuen Herd für 1298 DM, einen Spülschrank für 795 DM und eine Spülmaschine für 999 DM. Er bezahlt 800 DM sofort in bar und den Rest mit einem Scheck bei Lieferung.

**11** Janos Mutter erhält für ihre Mietwohnung folgende Nebenkostenjahresabrechnung.

| | |
|---|---|
| Straßenreinigung | 107,11 DM |
| Müllabfuhrgebühren | 168,65 DM |
| Kanalgebühren | 209,13 DM |
| Wasser | 154,75 DM |
| Gebäudeversicherung | 191,98 DM |
| Haftpflichtversicherung | 20,53 DM |
| Allgemeinstrom | 14,87 DM |
| Heizkosten | 1164,57 DM |
| Hausreinigung | 200,84 DM |
| Kabelfernsehen | 112,50 DM |

a) Wie hoch ist die Jahresabrechnung?
b) Janos Mutter hat 2340 DM, das sind 195 DM im Monat vorausgezahlt. Muss sie noch eine Nachzahlung leisten?

**12** Berechne.

a) 298 – (105 + 66)
b) 678 – (89 + 236 + 301)
c) 216 – (412 – 199)
d) (456 + 781) – 799
e) (416 – 386) + 193
f) (1315 – 535) – 195
g) (195 – 117) – (76 – 35)
h) 680 – (596 – 498) + 161

**13** Übertrage die Rechenbäume in dein Heft und vervollständige sie.

a)
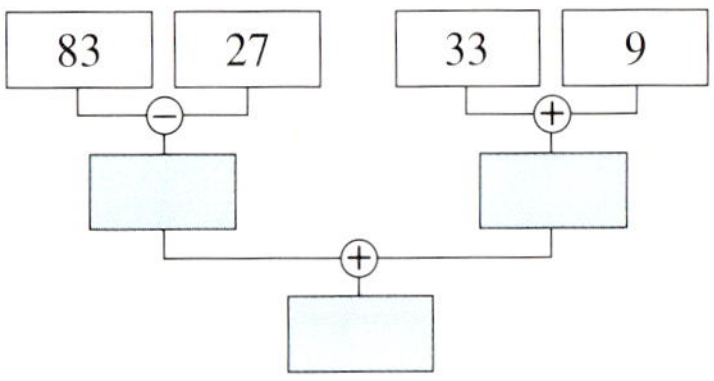


b)
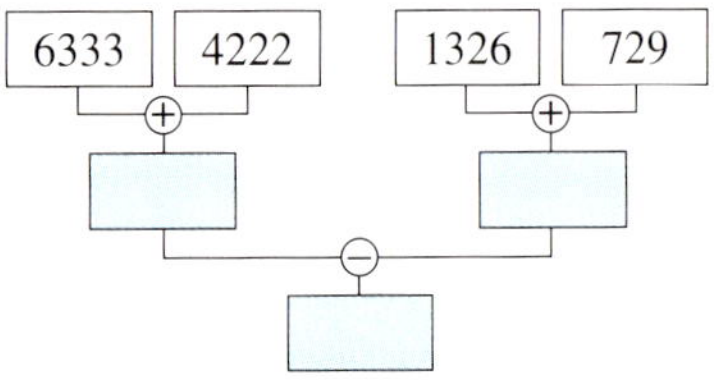


**14** Berechne.

a) (83 + 47) – (56 + 74)
b) (1365 + 3055) – (871 + 2566 + 116)
c) (3000 – 1876) – (4000 – 3776)
d) (112 + 666) – (83 + 99 + 213)
e) 636 – (251 – 53 + 99) + 401
f) 98 + (115 + 88 + 36) – (76 + 112 + 9 + 140)
g) 6470 – (3479 + 2095) – (28 171 – 27 276)
h) 2195 – (3000 – 1876) – (4000 – 3776)

**15** Schreibe die Aufgabe aus dem Text und berechne.

a) Vermehre die Differenz aus 8765 und 3876 um die Summe von 476 und 335.
b) Vermindere die Summe aus 14 386 und 15 628 um 29 889.
c) Subtrahiere von der Summe der Zahlen 3356 und 6789 die Summe der Zahlen 847, 927 und 494.
d) Subtrahiere die Differenz der Zahlen 3406 und 1916 von der Differenz der Zahlen 8036 und 5813.

## Gesellschaft und Wirtschaft

**1** Berechne im Kopf.

| | | |
|---|---|---|
| a) 8 · 7 | b) 20 · 3 | c) 18 · 9 |
| 7 · 9 | 30 · 5 | 14 · 5 |
| 6 · 10 | 70 · 6 | 17 · 8 |

**2** Setze in deinem Heft <, > oder = richtig ein.

a) 30 · 4 □ 30 + 30 + 30 + 30
b) 3 + 3 + 3 + 3 □ 3 · 5
c) 4 + 4 + 4 + 4 + 4 □ 10 + 10
d) 12 · 6 □ 12 + 12 + 12

**3** Berechne durch Vertauschen vorteilhaft.

| | |
|---|---|
| a) 2 · 9 · 5 | e) 8 · 19 · 125 |
| b) 5 · 6 · 20 | f) 125 · 95 · 8 |
| c) 25 · 7 · 4 | g) 36 · 4 · 5 · 50 |
| d) 4 · 69 · 25 | h) 125 · 20 · 5 · 8 |

**4** Rechne vorteilhaft.

| | |
|---|---|
| a) 16 · 3 + 12 · 3 | c) 12 · 12 + 12 |
| b) 1000 · 200 + 10 · 200 | d) 415 · 2 – 221 · 2 |

**5** Zerlege und wende das Distributivgesetz an.

| | |
|---|---|
| a) 99 · 15 | d) 295 · 5 |
| b) 54 · 15 | e) 697 · 7 |
| c) 103 · 15 | f) 49 · 16 |

**6** Bestimme den Teil der Fläche, der rot ist.

a)
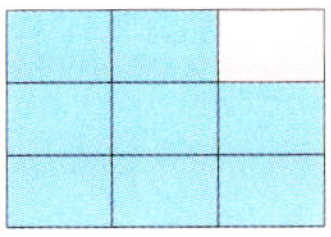

d)
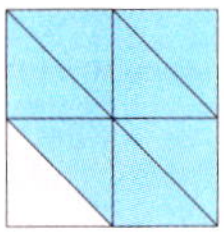

b)
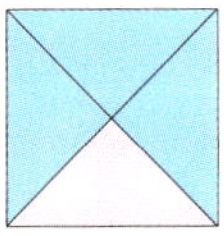

e)
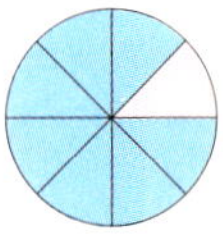

c)

f)
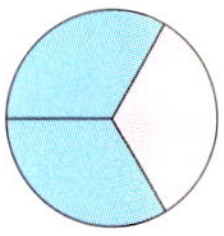

**7** Zeichne je ein Rechteck mit 8 Kästchen Länge und 2 Kästchen Breite. Färbe den Teil der Fläche ein.

a) $\frac{1}{2}$ b) $\frac{1}{4}$ c) $\frac{1}{8}$ d) $\frac{1}{16}$

**8** Welcher Teil der Fläche ist rot gefärbt?

a) 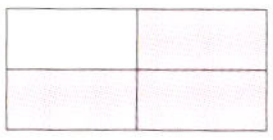

c) 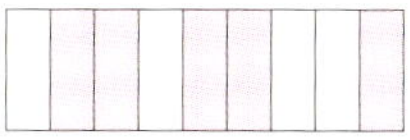

b) 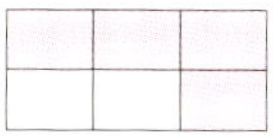

d) 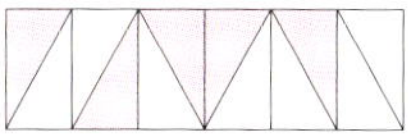

**9** Berechne im Kopf.

a) $\frac{1}{3}$ von 60 DM
b) $\frac{2}{3}$ von 90 cm
c) $\frac{1}{5}$ von 20 kg
d) $\frac{4}{5}$ von 45 cm
e) $\frac{1}{4}$ von 60 l
f) $\frac{3}{4}$ von 72 t
g) $\frac{1}{10}$ von 20 DM
h) $\frac{1}{50}$ von 100 t

**10** Berechne.

a) $\frac{1}{4}$ Stunden = ☐ min
b) $\frac{3}{4}$ Tag = ☐ Stunden
c) $\frac{1}{8}$ kg = ☐ g
d) $\frac{3}{10}$ m = ☐ dm
e) $\frac{3}{4}$ km = ☐ m
f) $\frac{3}{8}$ kg = ☐ g
g) $\frac{1}{5}$ t = ☐ kg
h) $\frac{7}{8}$ $m^2$ = ☐ $cm^2$

**11** Schreibe in der größeren Einheit.

a) 9 Monate = ☐ Jahr
b) 75 Pf = ☐ DM
c) 125 g = ☐ kg
d) 50 cm = ☐ m

**12** Dividiere im Kopf.

a) 42 : 6; 63 : 9; 36 : 4
b) 80 : 16; 24 : 12; 57 : 19
c) 90 : 5; 88 : 8; 132 : 12

**13** Dividiere durch 2 (5, 10).

a) 150
b) 360
c) 450
d) 100
e) 190
f) 1050
g) 2400
h) 3600
i) 6000

**14** Berechne. Wende das Distributivgesetz an.

a) (21 + 84) : 7
b) (121 – 66) : 11
c) 78 : 2 + 94 : 2
d) 99 : 9 – 63 : 9
e) (200 – 12) : 4
f) 188 : 4
g) 588 : 6
h) 996 : 3
i) 684 : 12
j) 4482 : 9

**15** Berechne schriftlich.

a) 48 912 · 5
b) 356 113 · 8
c) 224 · 76
d) 7269 · 56
e) 9613 · 44
f) 77 · 112
g) 345 · 446
h) 7814 · 987

**16** Multipliziere schriftlich.

a) 307 · 60
b) 440 · 50
c) 105 · 36
d) 32 504 · 56
e) 2005 · 37
f) 400 320 · 19
g) 3644 · 405
h) 27 835 · 7004

**17** Berechne schriftlich.

a) 1278 : 9
b) 1372 : 7
c) 1872 : 8
d) 6030 : 6
e) 2160 : 40
f) 3360 : 30
g) 20 480 : 80
h) 44 910 : 90

**18** Dividiere schriftlich.

a) 1856 : 32
b) 4416 : 46
c) 1 267 452 : 51
d) 8643 : 67
e) 46 665 : 85
f) 71 111 : 89
g) 98 304 : 96
h) 11 655 : 111
i) 13 224 : 152
j) 27 674 : 202
k) 85 261 : 253
l) 906 510 : 902
m) 7 531 304 : 506
n) 760 272 : 1011

**19** Rechne zuerst in Pf um, berechne den Gesamtbetrag und gib das Ergebnis in DM an.

a) Eine Tiefkühlpizza kostet 3,49 DM. Wie teuer sind 2, 4, 7 Pizzas?
b) 100 g Schinken kosten 1,79 DM. Wie viel kosten 200 g, 500 g, 700 g, 900 g, 1 kg?
c) 500 g Spargel kosten 2,99 DM. Wie viel kosten 1000 g, 2 kg, 3 kg?

**20** Rechne zuerst in g um, bestimme das Gesamtgewicht und gib das Ergebnis in kg an.

a) Im Baugeschäft werden Farben in Eimern mit 12,5 kg Gewicht abgeladen. Im Lkw sind 34 Eimer.
b) Ein Pflasterstein wiegt 0,985 kg. Auf einen Anhänger werden 325 Steine aufgeladen.
c) Auf einer Palette befinden sich 120 Kartons mit Getränkeflaschen. Jeder Karton enthält 6 Flaschen, und jede Flasche wiegt 1,36 kg.
d) Nach der Getreideernte werden 146 Säcke zur Mühle gefahren. Jeder Sack wiegt durchschnittlich 46,37 kg.
e) Um wie viel Kilogramm ist bei einem Transporter das Ladevermögen von einer Tonne überschritten, wenn 250 Packungen Waschpulver zu je 4,5 kg geladen werden?

**21** Diana hat einen Sparvertrag für 4 Jahre abgeschlossen. Wie viel DM hat sie am Ende eingezahlt, wenn sie monatlich 45 DM überweist?

**22** Ein Hotelier zahlt seinen Angestellten 12 DM Stundenlohn. Wie viele Angestellte kann er beschäftigen, die 38 Stunden pro Woche arbeiten, wenn der Hotelier im Monat 13 500 DM insgesamt für Personalkosten ausgeben kann?

**23** Eine Rakete erreicht den von der Erde 384 000 km entfernten Mond, nach 12 Stunden. Wie viel Kilometer fliegt die Rakete in einer Stunde?

**24** Sigurs Mutter kauft einen neuen Pkw für 19 998 DM. Ihr alter Wagen wird für 7200 DM in Zahlung genommen. Den Rest möchte sie in 6 gleichen Monatsraten bezahlen.

**25** Nina möchte sich ein Fahrrad für 792 DM kaufen. Wie viel Geld muss sie monatlich sparen, wenn sie sich das Fahrrad nach einem Jahr kaufen möchte? Sie hat die Hälfte des Geldes schon auf ihrem Sparkonto.

**26** Sven hat zum Skiwochenende 70 DM mitgenommen. Wie viele Sechserkarten zu 8,25 DM kann er sich für den Lift kaufen?

**27** An einer Gesamtschule sind 1243 Schülerinnen und Schüler. Jedes Kind verbraucht im Durchschnitt 4 Blätter Schreibpapier pro Tag.
a) Wie viele Blätter werden insgesamt pro Tag verbraucht?
b) Wie viele Blätter sind es in einer Woche?
c) Wie viele Blätter werden in einem Schuljahr (39 Wochen) verbraucht?

**28** a) Uwe schätzt die Länge einer Brücke auf 70 m. Beim Überschreiten der Brücke zählt er 152 Schritte. Um wie viel Meter hat er sich verschätzt? Jeder seiner Schritte ist 60 cm lang.
b) Von zu Hause bis zur Schule zählt Anne 1136 Schritte. Ihre Schritte sind jeweils 62 cm lang. Wie viel Kilometer läuft Anne in einer Schulwoche zur Schule und zurück?

**29** Die Klasse 5 b fährt drei Tage in eine Jugendherberge. Für Fahrt, Unterkunft und Verpflegung zahlt die Klassenlehrerin 3770 DM. Welchen Betrag muss jeder der 16 Jungen und 13 Mädchen bezahlen?

**30** Bei der Prüfung für das Jugendsportabzeichen schwimmt Thomas 400 m in 1018 Sekunden. Er muss die Strecke in 17 min 30 s schaffen. Hat Thomas die Bedingung erfüllt?

**31** In einer Gastwirtschaft können die Gäste aus Vorspeise und Hauptgericht genau 20 verschiedene Mahlzeiten zusammenstellen. Der Gastwirt bietet fünf verschiedene Hauptgerichte an. Aus wie viel verschiedenen Vorspeisen kann ein Gast auswählen?

**32** a)
```
□1□ · 2□2
---------
  4□4
   □1□
     4□4
---------
  4□9□4
=========
```
b)
```
□5□□ : 3□ = 11□
□1
--
 □6
 □□
---
 □55
 □□□
----
   0
```

**33** Schreibe als Potenz.
a) $4 \cdot 4$
b) $5 \cdot 5 \cdot 5$
c) $8 \cdot 8 \cdot 8 \cdot 8$
d) $10 \cdot 10 \cdot 10 \cdot 10 \cdot 10 \cdot 10$
e) $15 \cdot 15 \cdot 15 \cdot 15$
f) $2 \cdot 2 \cdot 2 \cdot 3 \cdot 5 \cdot 5$

**34** Schreibe die folgenden Potenzen als Produkte und berechne sie.
a) $2^4$
b) $3^3$
c) $10^6$
d) $5^4$
e) $16^2$
f) $25^2$
g) $100^2$
h) $3004^2$
i) $6058^2$

**35** Welche Potenzen sind in folgenden Zahlen enthalten?
a) 49
b) 16
c) 125
d) 81
e) 121
f) 169

**36** Vergleiche und setze das Zeichen >, <, = richtig ein.
a) $2^4$ □ $4^2$
b) $3^4$ □ $6^3$
c) $10^6$ □ $100^2$
d) $3^2$ □ $2^3$
e) $2^6$ □ $6^2$
f) $8^2$ □ $2^6$

**37** Übertrage die Tabelle in dein Heft und fülle die Lücken aus.

| | | | |
|---|---|---|---|
| Potenz | $3^4$ | | |
| Produkt | | 50 · 50 | |
| Ergebnis | | | 125 |

**38** Vertausche vorteilhaft und rechne aus.
a) 2 · 47 · 50
b) 40 · 96 · 5
c) 250 · 196 · 4
d) 125 · 8 · 77
e) 125 · 20 · 5 · 8
f) 4 · 48 · 5 · 50

**39** Bilde das Produkt.
a) 18 · 1
b) 17 · 0
c) 29 · 0
d) 107 · 1
e) 0 · 999
f) 4 · 0 · 5 · 7

**40** Rechne vorteilhaft.
a) 18 · 5 + 14 · 5
b) 800 · 12 + 20 · 12
c) 13 + 13 · 13
d) 56 · 21 – 21 · 24

**41** Verwende Rechenvorteile.
a) 62 · (10 + 5)
b) 79 · 16
c) 107 · 19
d) 276 · 15

**42** Rechne vorteilhaft.
a) (400 – 3) · 4
b) 99 · 4
c) 396 · 5
d) 697 · 7
e) 69 · 14
f) 288 · 3

**43** Rechne mit Rechenvorteil.
a) 231 · (10 – 1)
b) 64 · 9
c) 94 · 9
d) 79 · 9
e) 620 · 9
f) 419 · 9

**44** Berechne.
a) 8 · (12 + 9 + 3)
b) 7 · (9 + 3 + 2)
c) (8 + 5 + 3) · 4
d) (100 + 3 + 2) · 12

**45** Berechne.
a) 17 · 4 + 28 · 4
b) 20 · (9 + 1 + 10)
c) 19 · 6 + 11 · 6
d) (16 + 7 + 13) · 12

**46** Berechne mit Rechenvorteil.
a) 588 : 4
b) 396 : 3
c) 684 : 6
d) 1992 : 8

**47** Berechne.
a) (837 + 255) : 7
b) (487 – 179) : 11
c) (6536 + 9576) : 76
d) (969 – 867) : 51
e) 78 : 2 + 94 : 2
f) 288 : 18 + 252 : 18
g) 425 : 17 + 1632 : 17
h) 228 : 19 – 209 : 19
i) (405 + 432 – 567) : 27
j) (516 – 430 + 731) : 43

**48** Beachte die Rechenregeln. Rechne.
a) 45 : 9 + 26
b) 18 + 3 · 12
c) (32 – 23) · 5
d) 8 · (7 + 12)
e) (17 – 12) · (23 + 27)
f) 9 · 12 – 7
g) 8 · 3 + 7 · 2
h) 64 : 8 + 121 : 11

**49** Rechne schriftlich.
a) 33 · (25 + 16) · 21
b) 29 · (667 – 183)
c) 73 926 : (159 + 63)
d) (54 636 – 32 155) · (635 – 596)
e) (1728 – 768) : 48
f) (2052 – 936) : 36 – 24

**50** a) Dividiere die Summe aus 8036 und 4039 durch 69 und vermehre das Ergebnis um 1076.
b) Multipliziere die Summe der Zahlen 94 und 72 mit der Differenz von 154 und 54.
c) Die Differenz von 1661 und 1346 ist durch die Differenz von 917 und 872 zu dividieren.
d) Multipliziere die Differenz der Zahlen 245 und 188 mit der Summe der Zahlen 65 und 47.

**51** Der internationale Fußballverband (Fifa) hat sich über eine Torvergrößerung Gedanken gemacht.
Breite + 2 Fußballdurchmesser
Höhe + 1 Fußballdurchmesser

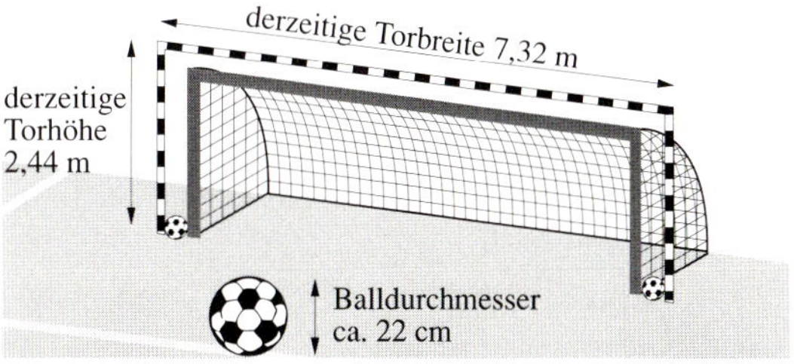

## Körper und Flächen

**1** Übertrage die Figur in dein Heft und vervollständige zu einem Rechteck.

a)

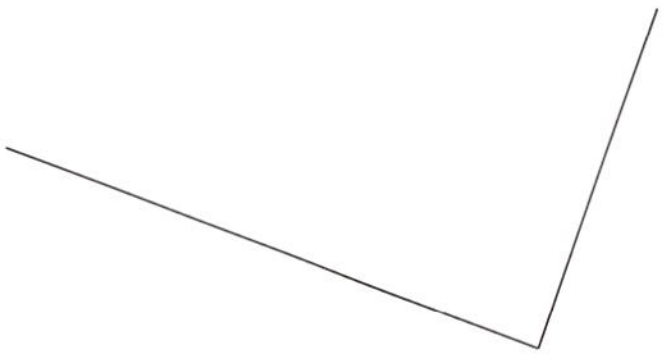

b)

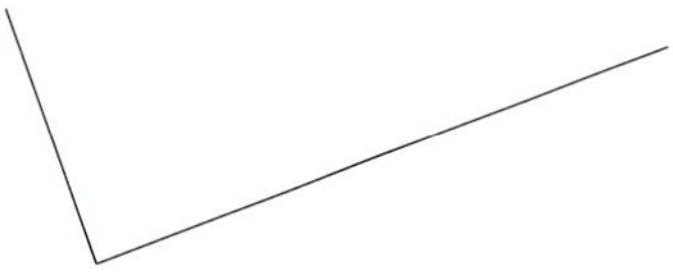

**2** Das Rechteck hat die Endpunkte $A, B, C$ und $D$. Trage die gegebenen Eckpunkte in ein Koordinatensystem ein. Zeichne das Rechteck. Gib die Koordinaten des Eckpunkts $D$ an.

a) $A\,(2|13)$; $B\,(5|10)$; $C\,(13|8)$

b) $A\,(6|10)$; $B\,(3|7)$; $C\,(10|0)$

**3** Von einem Rechteck sind die Eckpunkte $A\,(3|1)$, $B\,(11|5)$ und $C\,(8|11)$ gegeben. Verfahre wie in Aufgabe 2. Miss die Längen der Diagonalen.

**4** Von einem Parallelogramm sind drei Eckpunkte gegeben. Trage die Punkte in ein Koordinatensystem ein, ergänze zu einem Parallelogramm. Gib die Koordinaten des fehlenden Eckpunkts an.

a) $A\,(1|7)$; $C\,(5|10)$; $D\,(2|10)$

b) $B\,(2|0)$; $C\,(4|3)$; $D\,(2|6)$

c) $A\,(5|3)$; $B\,(9|4)$; $D\,(9|6)$

d) $A\,(8|8)$; $B\,(12|5)$; $C\,(13|7)$

e) $B\,(10|2)$; $C\,(11|3)$; $D\,(6|2)$

**5** Welche Aussagen sind richtig, welche sind falsch?

a) Deckfläche und Grundfläche sind beim Quader immer gleich groß.

b) Beim farbigen Quader sind die Seitenflächen immer gelb.

c) Die Grundfläche beim Quader kann quadratisch sein.

**6** Welche Eigenschaften gehören unbedingt zum Würfel?

a) Ein Würfel hat acht Ecken.

b) Die Oberfläche besteht aus Quadraten.

c) Die Ecken sind rot, die Kanten sind blau.

d) Deckfläche und Grundfläche sind gleich groß.

e) Der Würfel ist innen hohl.

f) Auf den sechs Begrenzungsflächen steht immer:

**7** Zeichne ab und vervollständige zum Schrägbild eines Würfels.

a)

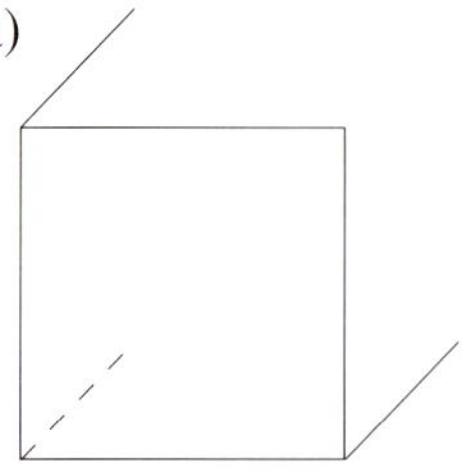

b)

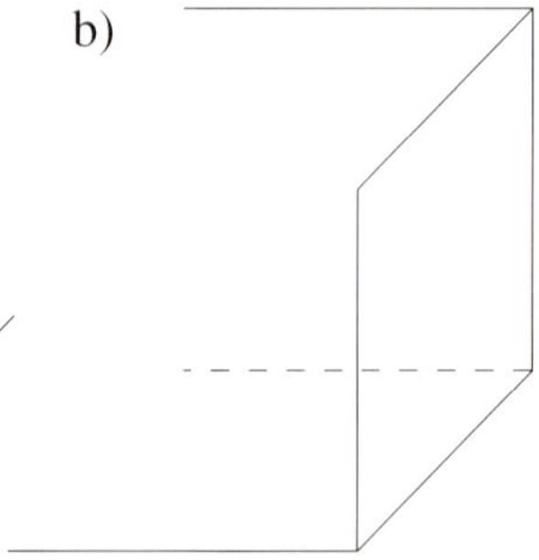

**8** Bei Spielwürfeln beträgt die Augensumme auf gegenüberliegenden Flächen 7. Übertrage die Abwicklungen und vervollständige sie für einen Spielwürfel. Wenn du die Lösung nicht gleich findest, schneide die Abwicklung aus und falte sie zu einem Würfel.

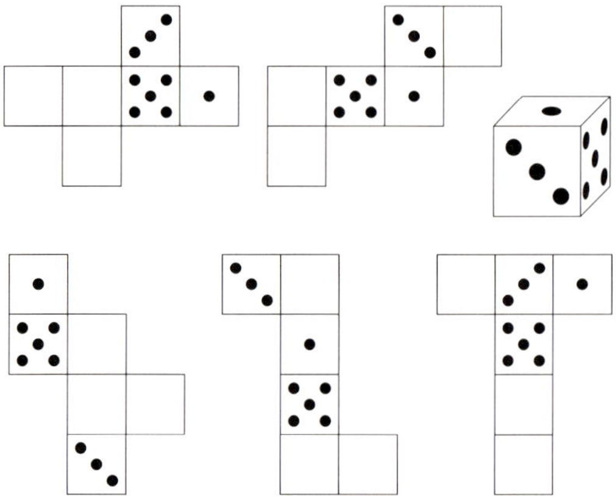

## Zum Training

### Daten

**1** blau: 3; gelb: 2; rot: 4; schwarz: 2; lila: 2; grün: 2; orange: 1

**2** a) am meisten: August, 82 mm; am wenigsten: März, 42 mm
b) Spannweite: 40 mm
c) Zentralwert: 57,5 mm
d) Maßstab 1 : 2

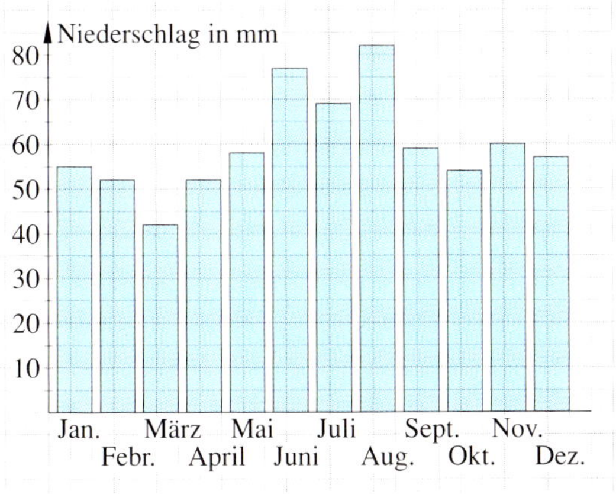


e) 717 mm

**3** individuell verschieden

**4** a) > b) < c) > d) < e) <

**5** Saar; Neckar; Main; Oder; Elbe; Rhein; Donau

**6** a) 1285 = 1285 c) 1100 < 2100
b) 16 000 > 12 000 d) 350 > 230

**7** a) 3344 < 3434 < 3443 < 4334 < 4343 < 4433
b) 3 669 000 < 3 690 000 < 3 696 000 < 3 960 000 < 3 966 000

**8** a) 32 b) 49 c) 957 d) 5 e) 14 f) 19

**9** a) XCIV c) CCCXVII
b) IVVII d) MCMXCIX

**10** a) $10001_{(2)}$ c) $100110_{(2)}$
b) $11011_{(2)}$ d) $1101111_{(2)}$

**11** Hähnchensticks: **1** *2 DM*, **1** *50 Pf*, **4** *10 Pf*, **1** *5 Pf*, **2** *2 Pf* (9 Münzen)
Kekse: **1** *5 DM*, **4** *10 Pf*, **1** *5 Pf*, **1** *2 Pf*, **1** *1 Pf* (8 Münzen)
Schokoriegel: **1** *2 DM*, **4** *10 Pf*, **1** *5 Pf* (6 Münzen)
Schokolade: **1** *50 Pf*, **1** *5 Pf*, **2** *2 Pf* (4 Münzen)

**12** a) 4 c) 235 e) 17,88 g) 7,83 i) 17,06
b) 17 d) 45,90 f) 134,76 h) 3,18

**13** a) 725 c) 502 e) 1090 g) 207 i) 9001
b) 672 d) 10 000 f) 1499 h) 3418

**14** a) 350 mm c) 60 cm e) 12 dm g) 4 cm
b) 510 dm d) 9000 m f) 65 mm h) 250 m

**15** a) 500 cm c) 13000 m e) 0,9 m
b) 1700 mm d) 43 m f) 53,4 cm

**16** a) 13 kg c) 2 g e) 30 g
b) 450 000 g d) 8,5 t f) 0,76 mg

**17** Hausmüll: 29 000 kt = 29 Mt
wiederverwertet: 8600 kt = 8,6 Mt
Glasverwertung: 3800 kt = 3,8 Mt
Aluminiumverwertung: 100 kt = 0,1 Mt

**18** a) 480; 2760; 953; 9420 d) 192; 84; 16
b) 480; 4; 381; 330 e) $15\frac{1}{2}$; $17\frac{1}{3}$; $4\frac{1}{6}$
c) $23\frac{1}{2}$; $3\frac{1}{3}$; $2\frac{1}{4}$ f) 2; 5; 2; $3\frac{1}{2}$

**19** Spalte 1: 9 min; $1\frac{1}{4}$ min
Spalte 2: 9 min; 1 h 14 min
Spalte 3: 9 min; 1 h 28 min
Spalte 4: 9 min; 1 h 34 min

**20** Stellenwerttafel
a) 5 000 844 c) 895 007 e) 813 004 399
b) 49 000 018 d) 600 804 021

**21** 1992: 89 200 000 DM
1993: 91 500 000 DM
1994: 85 800 000 DM

**22** a) 2290; 2300; 2000
b) 37 050; 37 100; 37 000
c) 85 790; 85 800; 86 000
d) 17 390; 17 400; 17 000
e) 100 000; 100 000; 100 000
f) 358 500; 358 500; 358 000

**23** Platz 1: 438 000
Platz 2: 368 000 1 577 000
Platz 3: 314 000
Platz 4: 286 000 781 000
Platz 5: 120 000
Platz 6: 82 000 1 000 000

**24** China (10 Mio. t); Peru (8 Mio. t); Japan (8 Mio. t); Norwegen (3 Mio. t); Russische Föderation (4 Mio. t); Chile (6 Mio. t)
Säulendiagramm

### Mathematische Grundfertigkeiten – Zeichentechniken

**1** Zeichenübung
$AB = 25$ mm; $BC \approx 33{,}5$ mm; $CD \approx 20{,}5$ mm; $DE \approx 25{,}5$ mm; $AE \approx 30{,}5$ mm; $AC = 50$ mm; $BE \approx 42{,}5$ mm; $BD \approx 32{,}5$ mm

**2** Zeichenübung

**3** Abstände: 7 mm; 9 mm; 5 mm

**4** $a \parallel g$; $e \parallel f$; $f \parallel e$; $g \parallel a$; $h \parallel i$; $i \parallel h$

**5** Zeichenübung
Abstand: $A = 21$ mm; $B \approx 24{,}7$ mm; $C \approx 15{,}7$ mm; $D \approx 31{,}9$ mm

**6** Zeichenübung

**7** $r_1 = 23$ mm; $r_2 = 16$ mm; $r_3 = 9$ mm

**8 – 11** Zeichenübungen

**12** Zeichenübung
Die Radien beider Kreise sind etwa 1,1 cm lang. Das Bild erinnert an die olympischen Ringe.

## Vergleichen und messen

**1** a) 8 b) 5 c) 90 d) 10 e) 200 f) 700

**2** a) 100 100 80 90 120
b) 20 40 40 80 56
c) 200 350 801 301 2437

**3** a) 121 c) 138 e) 137
b) 134 d) 60 f) 113

**4** a) 23 955 c) 446 940
b) 124 801 d) 47 306 395

**5** a) 107 c) 2 134 011
b) 4111 d) 11 000 120

**6** a) 98 497 e) 1170 i) 4244
b) 81 001 f) 933 935 j) 259 245
c) 5 682 678 g) 1420 k) 2031
d) 103 424 h) 3823 l) 167 453

**7** a)

| | | | |
|---|---|---|---|
| 7 | 12 | **9** | 6 |
| 14 | 1 | **4** | 15 |
| 2 | **13** | 16 | **3** |
| 11 | 8 | 5 | **10** |

b)

| | | | |
|---|---|---|---|
| 11 | **8** | **5** | 10 |
| 2 | 13 | 16 | **3** |
| 14 | 1 | **4** | 15 |
| 7 | **12** | 9 | **6** |

**8** a)

| | | | | |
|---|---|---|---|---|
| 1. Summand | 85 | **94** | 17 | 99 |
| 2. Summand | 73 | 105 | **41** | **202** |
| Wert der Summe | **158** | 199 | 58 | 301 |

b)

| | | | | |
|---|---|---|---|---|
| Minuend | 199 | **184** | 355 | **980** |
| Subtrahend | 61 | 125 | **100** | 609 |
| Wert der Differenz | **138** | 59 | 255 | 371 |

**9** 5600 + 4898 – 9759 = 739
Es bleiben 739 DM übrig.

**10** 1298 + 795 + 999 – 800 = 2292
Der Scheck enthält den Betrag 2292 DM.

**11** a) 2344,93 DM
b) Nachgezahlt werden müssen 4,93 DM.

**12** a) 298 – 171 = 127
b) 678 – 626 = 52
c) 216 – 213 = 3
d) 1237 – 799 = 438
e) 30 + 193 = 223
f) 780 – 195 = 585
g) 78 – 41 = 37
h) 680 – 98 + 161 = 743

**13** a) 83 − 27 = **56**; 33 + 9 = **42**; 56 + 42 = **98**
b) 6333 + 4222 = **10 555**; 1326 + 729 = **2055**; 10 555 − 2055 = **8500**

**14** a) 130 – 130 = 0
b) 4420 – 3553 = 867
c) 1124 – 224 = 900
d) 778 – 395 = 383
e) 636 – 297 + 401 = 740
f) 98 + 239 – 337 = 0
g) 6470 – 5574 – 895 = 1
h) 2195 – 1124 – 224 = 847

**15** a) (8765 – 3876) + (476 + 335) = 4889 + 811 = 5700
b) (14 386 + 15 628) – 29 889 = 30 014 – 29 889 = 125
c) (3356 + 6789) – (847 + 927 + 494) = 10 145 – 2268 = 7877
d) (8036 – 5813) – (3406 – 1916) = 2223 – 1490 = 733

## Gesellschaft und Wirtschaft

**1** a) 56 63 60 c) 162 70 136
b) 60 150 420

**2** a) 120 = 120 c) 20 = 20
b) 12 < 15 d) 72 > 36

**3** a) 90 c) 700 e) 19 000 g) 36 000
b) 600 d) 6900 f) 95 000 h) 100 000

**4** a) 28 · 3 = 84 c) 10 · 12 + 3 · 12 = 156
b) 202 000 d) 194 · 2 = 388

**5** a) 100 · 15 – 15 = 1485
b) 54 · 10 + 54 · 5 = 810
c) 100 · 15 + 3 · 15 = 1545
d) 300 · 5 – 5 · 5 = 1475
e) 700 · 7 – 3 · 7 = 4879
f) 50 · 16 – 16 = 784

**6** a) $\frac{1}{9}$ b) $\frac{1}{4}$ c) $\frac{1}{6}$ d) $\frac{1}{8}$ e) $\frac{1}{8}$ f) $\frac{1}{3}$

**7** a)
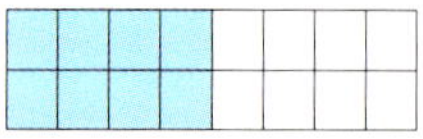
c)
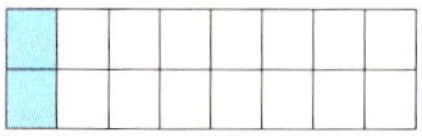
b)
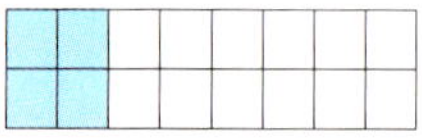
d)
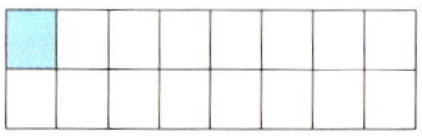

**8** a) $\frac{3}{4}$ b) $\frac{2}{3}$ c) $\frac{5}{9}$ d) $\frac{5}{12}$

**9** a) 20 DM d) 36 cm g) 2 DM
b) 60 cm e) 15 l h) 2 t
c) 4 kg f) 54 t

**10** a) 15 min d) 3 dm g) 200 kg
b) 18 Stunden e) 750 m h) 8750 $cm^2$
c) 125 g f) 375 g

**11** a) $\frac{3}{4}$ Jahr c) $\frac{1}{8}$ kg
b) $\frac{3}{4}$ DM d) $\frac{1}{2}$ m

**12** a) 7 7 9 c) 18 11 11
b) 5 2 3

**13** a) 75; 30; 15 f) 525; 210; 105
b) 180; 72; 36 g) 1200; 480; 240
c) 225; 90; 45 h) 1800; 1200; 600
d) 50; 20; 10 i) 300; 1200; 600
e) 95; 38; 19

**14** a) 15 c) 86 e) 47 g) 98 i) 57
b) 5 d) 4 f) 47 h) 332 j) 498

**15** a) 244 560 d) 407 064 g) 153 870
b) 2 848 904 e) 422 972 h) 7 712 418
c) 17 024 f) 8624

**16** a) 18 420 d) 1 820 224 g) 1 475 820
b) 22 000 e) 74 185 h) 149 956 340
c) 3780 f) 76 060 080

**17** a) 142 c) 234 e) 54 g) 256
b) 196 d) 1005 f) 112 h) 499

**18** a) 58 e) 549 i) 87 m) 14 884
b) 96 f) 799 j) 137 n) 752
c) 24 852 g) 1024 k) 337
d) 129 h) 105 l) 1005

**19** a) 6,98 DM; 13,96 DM; 24,43 DM
b) 3,58 DM; 8,95 DM; 12,53 DM; 16,11 DM; 17,90 DM
c) 5,98 DM; 11,96 DM; 17,94 DM

**20** a) 34 Eimer wiegen 425 kg.
b) 325 Steine wiegen 320,125 kg.
c) 720 Flaschen wiegen 979,2 kg.
d) 146 Säcke wiegen 6770,02 kg.
e) 250 Packungen wiegen 1125 kg.
Das sind 125 kg über einer Tonne.

**21** $45 \cdot 12 \cdot 4 = 2160$
Nach 4 Jahren sind es 2160 DM.

**22** $12 \cdot 38 \cdot 4 = 1824$
13 500 : 1824 = 7 R732
Es könnten 7 Angestellte beschäftigt werden.

**23** 384 000 : 12 = 32 000
In einer Stunde fliegt die Rakete 32 000 km.

**24** 19 998 – 7200 = 12 798
12 798 : 6 = 2133
Eine Monatsrate beträgt 2133 DM.

**25** 792 : 12 = 66
Nina muss monatlich 66 DM sparen.

**26** 7000 : 825 = 8 R400
Sven könnte 8 Sechserkarten kaufen.

**27** a) 4972 b) 34 804 c) 1 357 356

**28** a) Brückenlänge: 91,20 m
verschätzt um 21,2 m
b) $1136 \cdot 62 \cdot 2 \cdot 5 = 704\,320$
704 320 cm ≈ 7 km
Anne hat etwa 7 km Schulweg täglich.

**29** 3770 : 29 = 130 Jeder zahlt 130 DM.

**30** 1018 s = 16 min 58 s
Thomas hat die Bedingung erfüllt.

**31** $5 \cdot \mathbf{4} = 20$ Es sind 4 Vorspeisen.

**32** a)
$$\begin{array}{r} \underline{212 \cdot 212} \\ \mathbf{424} \\ \mathbf{212} \\ 424 \\ \hline \mathbf{44944} \end{array}$$
b)
$$\begin{array}{l} \mathbf{3565} : \mathbf{31} = 115 \\ \underline{31} \\ \;\;\mathbf{46} \\ \;\;\underline{\mathbf{31}} \\ \;\;\mathbf{155} \\ \;\;\underline{\mathbf{155}} \\ \;\;\;\;\;0 \end{array}$$

**33** a) $4^2$ c) $8^4$ e) $15^4$
b) $5^3$ d) $10^6$ f) $2^3 \cdot 3 \cdot 5^2$

**34** a) $2 \cdot 2 \cdot 2 \cdot 2 = 16$
b) $3 \cdot 3 \cdot 3 = 27$
c) $10 \cdot 10 \cdot 10 \cdot 10 \cdot 10 \cdot 10 = 1\,000\,000$
d) $5 \cdot 5 \cdot 5 \cdot 5 = 625$
e) $16 \cdot 16 = 256$
f) $25 \cdot 25 = 625$
g) $100 \cdot 100 = 10\,000$
i) $6058 \cdot 6058 = 36\,699\,364$

**35** a) $7^7$ c) $5^3$ e) $11^2$
b) $2^4$; $4^2$ d) $9^2$; $3^4$ f) $13^2$

**36** a) 16 = 16 d) 9 > 8
b) 81 < 216 e) 64 > 36
c) 1 000 000 > 10 000 f) 64 = 64

**37**

| | | | |
|---|---|---|---|
| Potenz | $3^4$ | $\mathbf{50^2}$ | $\mathbf{5^3}$ |
| Produkt | $\mathbf{3 \cdot 3 \cdot 3 \cdot 3}$ | $50 \cdot 50$ | $\mathbf{5 \cdot 5 \cdot 5}$ |
| Ergebnis | **81** | **2500** | 125 |

**38** a) 4700 c) 196 000 e) 100 000
b) 19 200 d) 77 000 f) 48 000

**39** a) 10 b) 0 c) 0 d) 107 e) 0 f) 0

**40** a) 160 b) 9840 c) 182 d) 672

**41** a) 930 b) 1264 c) 2033 d) 4140

**42** a) 1588 c) 1980 e) 966
b) 396 d) 4879 f) 864

**43** a) 2079 c) 846 e) 5580
b) 576 d) 711 f) 3771

**44** a) 192 b) 98 c) 64 d) 1260

**45** a) 180 b) 400 c) 180 d) 432

**46** a) 147 b) 132 c) 114 d) 249

**47** a) 156 d) 2 g) 121 i) 10
b) 28 e) 86 h) 1 j) 19
c) 212 f) 30

**48** a) 31 c) 45 e) 250 g) 38
b) 54 d) 672 f) 101 h) 19

**49** a) 28 413 c) 333 e) 20
b) 14 036 d) 876 759 f) 7

**50** a) $(8036 + 4039) : 69 + 1076 = 1251$
b) $(94 + 72) \cdot (154 - 54) = 16\,600$
c) $(1661 - 1346) : (917 - 872) = 7$
d) $(245 - 188) \cdot (65 + 47) = 6384$

**51** neue Torhöhe: 2,88 m
neue Torbreite: 7,76 m

## Körper und Flächen

**1** Zeichenübung

**2** a) $D(10|11)$ b) $D(13|3)$

**3** $D(0|7)$ Diagonalen ≈ 11,2 cm (bei Einheit 1 cm)

**4** a) $B(4|7)$ c) $C(8|7)$ e) $A(5|1)$
b) $A(0|3)$ d) $D(9|10)$

**5** richtig: a); c) falsch: b)

**6** Die Eigenschaften a), b) und d) gehören unbedingt zum Würfel.

**7** Zeichenübung

**8**

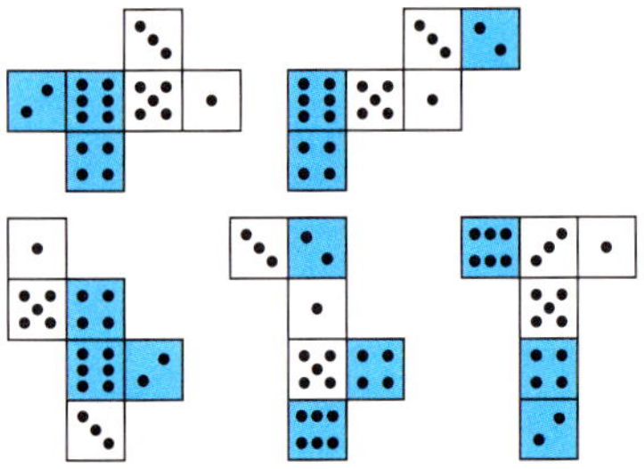

## Zum Checkpoint

### Seite 50

**1** *Maximum* Tag: Do. (15 °C)
Nacht: Mi. (6 °C) *(1 P.)*
*Minimum* Tag: Sa. (4 °C)
Nacht: Sa. (0 °C) *(1 P.)*
*Spannweite* Tag: 11 °C
Nacht: 6 °C *(1 P.)*
*Zentralwert* Tag: 10,5 °C
Nacht: 4 °C *(2 P.)*

**2** $87 < 135 < 351 < 513 < 870 < 1309 < 3190 < 9013$ *(4 P.)*

**3** a) 24 b) 1998 *(je 1 P.)*

**4** a) 11 b) 54 *(je 1 P.)*

**5** a) 29 b) 60 c) 135 d) 79 *(je 1 P.)*

**6**

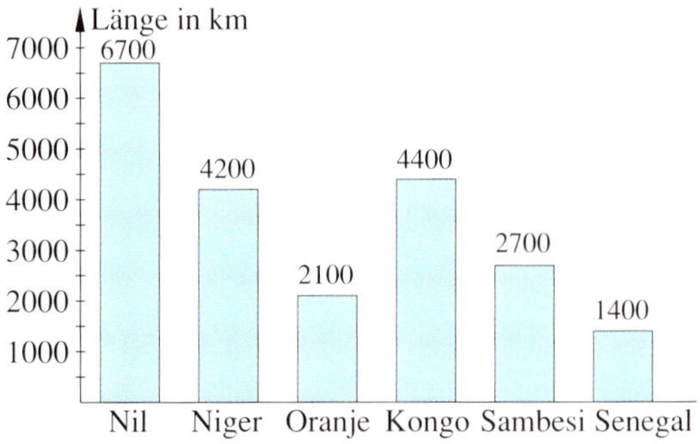


Runden *(3 P.)*; Diagramm *(2 P.)*; Eintrag *(3 P.)*

**7** a) 270 mm c) 1,35 m e) 0,213 kg g) 1800 kg
b) 130 cm d) 5,2 cm f) 1520 g h) 2880 s
*(je 1 P.)*

### Seite 72

**1** a) $\overline{AB} = \overline{DE} = 20$ mm; $\overline{BC} = \overline{AF} = 11$ mm; $\overline{CD} = \overline{EF} = 13$ mm
b) $\overline{HI} = \overline{KL} = 15$ mm; $\overline{IJ} = \overline{ML} = 10$ mm; $\overline{JK} = \overline{HM} = 19$ mm *(je 1 P.)*

**2** Zeichenübung *(3 P.)*

**3** $g_1 \perp g_3$; $g_1 \perp g_4$ *(je 1 P.)*

**4**

| Punkt | *A* | *B* | *C* | *D* | *E* |
|---|---|---|---|---|---|
| Abstand von *h* in mm | 7 | 12 | 4 | 16 | 10 |

*(je 1 P.)*

**5** Zeichenübung
Zeichnung *(3 P.)*; Hauptstraße *(1 P.)*

**6** Zeichenübung *(2 P.)*

**7** Maßstab 1 : 4

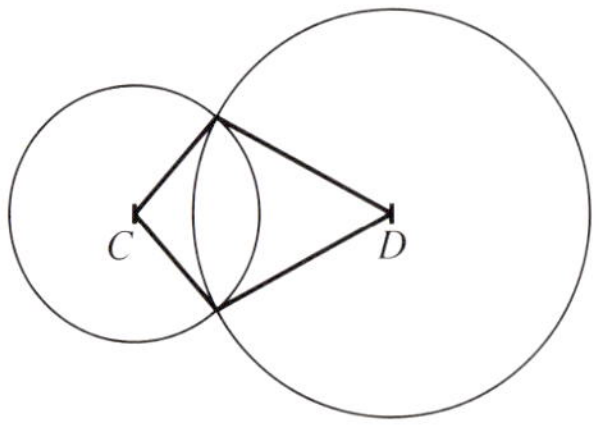


je Einzelschritt *(1 P.)*

### Seite 108

**1** 7511 *(3 P.)*

**2** a) 3494 b) 32 519 *(je 2 P.)*

**3** a) 1629 – 1449 = 180 *(2 P.)*
b) 4421 – 3727 = 694 *(3 P.)*

**4** (9466 – 3278) – 1599 = 4589 *(3 P.)*

**5** 200 + 200 + 200 + 150 + 10 = 760 *(2 P.)*
Summe 787 *(2 P.)*
Das Geld reicht nicht. *(1 P.)*

**6** 126 – 32 – 16 – 19 = 59; 59 DM *(4 P.)*

## Seite 132

**1** Koordinatensystem *(1 P.)*;
Eintragen, Verbinden *(2 P.)* $D(0|9)$ *(1 P.)*

**2**

| ∥ | *BC* | *BF* | *CD* | *CG* | *EH* |
|---|---|---|---|---|---|
| *AB* | | | × | | |
| *AE* | | × | | × | |
| *AD* | × | | | | × |
| *DH* | | × | | × | |
| *EF* | | | × | | |
| *FG* | × | | | | × |
| *GH* | | | × | | |

*(3 P.)*

**3**

| ⊥ | *BC* | *BF* | *CD* | *CG* | *EH* |
|---|---|---|---|---|---|
| *AB* | × | × | | | |
| *AE* | | | | | × |
| *AD* | | | × | | |
| *DH* | | | × | | × |
| *EF* | | × | | | × |
| *FG* | | × | | × | |
| *GH* | | | | × | × |

*(3 P.)*

**4** Skizze:

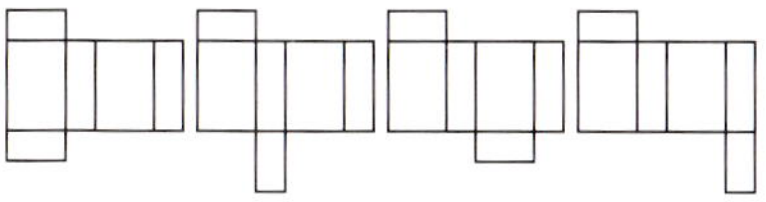

*(3 P.)*

**5** Zeichenübung *(4 P.)*

**6** Übertragen, Zeichnen *(1 P.)*
$D(2|5)$; $AC$ = 85 mm; $BD$ = 45 mm *(je 1 P.)*

## Seite 160

**1** a) 160 b) 15 c) 5 a) 25 b) 12 c) 72
*(je 1 P.)*

**2** a) 360 d) 11 000 g) 12 600
b) 9000 e) 29 000 h) 6600
c) 1800 f) 5100 i) 21 000
a) – e) *(je 1 P.)* f) – i) *(je 2 P.)*

**3** a) 3180 c) 0 e) 51 a) – c) *(je 1 P.)*
b) 0 d) 101 f) 149 d) – f) *(je 2 P.)*

**4** a) $\frac{1}{3}$ b) $\frac{3}{6}$ c) $\frac{7}{18}$ d) $\frac{2}{5}$ *(je 1 P.)*

**5**

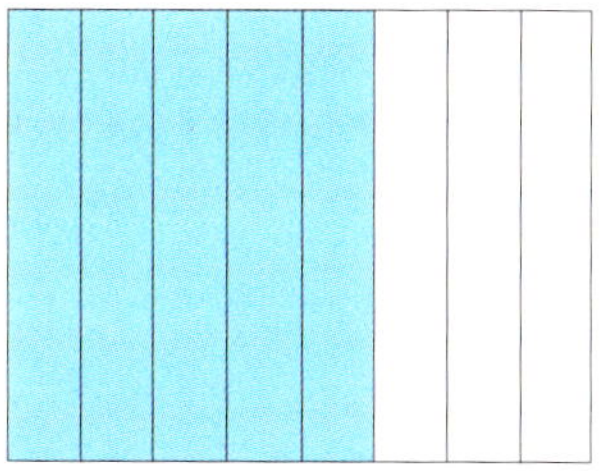

*(3 P.)*

**6** a) 49 kg b) 12 DM *(je 1 P.)*

**7** a) 875 g b) 15 min *(je 2 P.)*

## Seite 176

**1** a) 517 b) 12 *(je 2 P.)*

**2** a) 17 493 b) 152 082 c) 1822 d) 371
a) – c) *(je 1 P.)* d) *(2 P.)*

**3** a) $2^7$ b) $7^3$ *(je 1 P.)*

**4** a) $2 \cdot 2 \cdot 2 \cdot 2 = 16$ c) $10 \cdot 10 \cdot 10 = 1000$
b) $15 \cdot 15 = 225$ *(je 1 P.)*

**5** 105 : 5 = 21 *(2 P.)*

**6** Elektro-Meier: 353,21 DM
Elektro-Schmitz: 331,11 DM
bei Elektro-Schmitz einkaufen *(je 1 P.)*

**7** 7500 : 1250 = 6 *(2 P.)*

**8** 150 + 495 + 580 + 150 + 875 = 2250
22,50 DM *(3 P.)*
Jörg bekommt 7,50 DM zurück. *(1 P.)*

**Längenmaße**

1 km = 1000 m
1 m = 10 dm
1 dm = 10 cm
1 cm = 10 mm

---

100 cm = 1 m
100 000 cm = 1 km

100 mm = 1 dm
1000 mm = 1 m
1 000 000 mm = 1 km

---

**Gewichtsmaße**

1 Mt = 1000 kt
1 kt = 1000 t
1 t = 1000 kg
1 kg = 1000 g
1 g = 1000 mg

---

1 000 000 g = 1 t
1 000 000 mg = 1 kg

---

**Zeitmaße**

1 Jahr = 365 Tage
1 Tag = 24 h
1 h = 60 min
1 min = 60 s

---

1440 min = 1 Tag
3600 s = 1 h

# Stichwortverzeichnis / Bildnachweis



**Bildnachweis**

Airport, Köln/Bonn: **97**.1 ▮ Tony Angermayer, Holzkirchen: **14**.3 ▮ AP, Frankfurt/Main: **134**.1 ▮ © 1996 arsEdition, München: **5**.2 ▮ Archiv für Kunst und Geschichte, Berlin: **52**.2, 3; **84**.2; **85**; **86**.1 ▮ Audi AG, Ingolstadt: **45**.4 ▮ Bavaria Bildagentur, Gauting: **25** ▮ Christoph Berten, Berlin: **19**; **20**.1, 3 ▮ Deutsche Fährgesellschaft Ostsee GmbH, Rostock: **23** ▮ Deutsche Luftbild, Hamburg: **148** ▮ Deutsche Lufthansa AG, Köln: **142** ▮ doublés, Milano: **146** ▮ dpa, Frankfurt: **98**.2, 3; **99**.2, 3; **157**; **173** ▮ Pressefoto R. Eckert, Bamberg: **42**; **43** ▮ Globus Kartendienst, Hamburg: **5**.1; **174**.1 ▮ Hagos, Stuttgart: **83**.2 ▮ © Haupka & Co., Bad Soden (Ts.)/ADAC-Verlag, München: **74**; **75** ▮ Bärbel Hollatz, Wismar: **40** ▮ Hudora GmbH, Radevormwald: **86**.2, 3 ▮ Imperial Sportartikel, Schleswig: **79**.2 ▮ Informationszentrum Schokolade, Düsseldorf: **47**.2 ▮ Internationales Bildarchiv Horst von Irmer, München: **21** ▮ Japan-Photo-Archiv Pohling, Kaarst: **84**.1 ▮ Carl Zeiss Jena, Jena: **14**.2 ▮ Juniors Bildarchiv, Senden: **174**.3; **175**.1 ▮ Kali und Salz GmbH, Werk Werra: **111** ▮ Regina Kohl, Hagen: **36**.1 ▮ Kurverwaltung, Oberstdorf: **38**.1 ▮ Mairs Geographischer Verlag, Ostfildern: **38**.2 ▮ Klaus Manzek, Berlin: **6** ▮ Mauritius, Mittenwald: **97**.2; **100**.2, 3 ▮ Horst Müller, Düsseldorf: **12**.2, 5, 6, 7, 9, 10, 11; **87**; **172**.2 ▮ Otto-Versand, Hamburg: **79**.1 ▮ Quelle Schickedanz AG & Co., Fürth: **79**.3 ▮ Rheinbraun AG, Köln: **46** ▮ Jens Schacht, Düsseldorf: **13**.3, 4; **14**.1; **15**.2; **27**; **31**; **32**; **33**; **35**; **38**.3; **39**; **45**.1; **54**; **61**.1; **66**; **68**; **102**; **106**.3; **121**; **130**; **131**; **136**; **138**.2; **158**; **172**.1, 3 ▮ Silvestris Fotoservice, Kastl/Obb.: **13**.1, 2 ▮ Spaarnestad Fotoarchif, NL-Haarlem: **84**.3 – 6 (Dr. J. Klaarenbeek) ▮ Superbild, Grünwald: **52**.1; **99**.1 ▮ Sven Simon, Essen: **12**.3, 4, 8; **14**.4; **24**.1; **100**.1 ▮ Verlagsarchiv, Berlin: **24**.2; **104**; **109**; **138**.1; **175**.2 ▮ Mathias Wosczyna, Rheinbreitbach: **14**.5; **15**.1; **34**; **36**.2; **37**; **44**; **45**.2, 3; **47**.1; **56**; **80**; **83**.1; **89**; **94**.1, 2, 3; **100**.4; **106**.1; **107**; **110**; **116**; **118**; **120**; **133**; **159**; **162** ▮ Wostok Verlag, Köln: **98**.1 ▮ Gerald Zörner, Berlin: **5**.2; **10**; **12**.1; **52**.3; **53**; **61**.2; **71**; **73**; **75**; **76**; **94**.4; **106**.2, 4; **123**; **125**; **134**.2; **149**; **154**; **155**; **156**; **161**; **174**.2; **175**.3

Skip Langkafel, Berlin: *(Grafik)* 5 – 7; 9; 15; 17; 25; 26; 27.2; 28; 32; 33; 35; 39; 40 – 44; 46; 48; 50; 52; 53; 55; 57; 58; 62; 65; 70; 71; 74; 75; 79; 80; 82 – 86; 89 – 92; 96 – 100; 103 – 105; 107; 111; 113; 116; 122; 124; 129 – 131; 134 – 136; 139 – 142; 144; 147; 148; 150 – 152; 154 – 156; 163; 167; 172; 174; 175; 177; 178; 186

Carin Eichholz, Krefeld: *(Illustration)* 18; 20; 27.1; 51; 70.1; 95; 112; 113

Jörn Hennig, Berlin: *(Illustration)* 10; 16; 29; 30; 36; 41; 81; 86; 119; 165; 168; 173

Ulrich Sengebusch, Geseke: *(Zeichnung)* 15; 16.3, 4; 17;23.1; 24; 26; 36; 54 – 68.1, 4, 5; 69; 72; 76; 77; 87.2, 3; 89.1; 110; 111; 113; 115.1, 6; 116.2; 117; 118.1, 3; 119.3, 4; 120; 121.3, 4; 122.1, 3, 4; 125; 126. 1, 2, 3; 127.1, 2, 3; 128; 131; 132; 138; 139; 170; 179.1, 5; 180.2, 6; 187; 190.1

Stürtz AG, Würzburg: *(Zeichnung)* 16.1, 2; 23.2; 31; 68.2, 3; 78; 82; 87.1; 88; 89.2; 112; 114; 115.2 – 5; 116.1; 118.2, 4; 119.1, 2; 121.1, 2; 122.2; 123; 124; 126.4; 127.4, 5; 137; 147 – 154; 158; 160; 179.2, 3, 4, 6; 180.1, 3, 4, 5; 182; 183; 185; 186; 190.2; 191